FILOSOFIA HERMÉTICA E ALQUIMIA CRIATIVA

Marlene Seven Bremner

FILOSOFIA HERMÉTICA E ALQUIMIA CRIATIVA

A *Tábua de Esmeralda*, o *Corpus Hermeticum* e a Jornada Através das Setes Esferas

Tradução
Mário Molina

Editora Pensamento
SÃO PAULO

Título do original: *Hermetic Philosophy and Creative Alchemy.*

Publicado originalmente nos USA por Inner Traditions, One Park Street, Rochester, Vermont 05767.

1ª edição 2024.

Arte da capa: Marlene Seven Bremner

Editor: Adilson Silva Ramachandra
Gerente editorial: Roseli de S. Ferraz
Gerente de produção editorial: Indiara Faria Kayo
Preparação de originais: Miriam dos Santos
Editoração eletrônica: Join Bureau
Revisão: Adriane Gozzo

Dados Internacionais de Catalogação na Publicação (CIP)
(Câmara Brasileira do Livro, SP, Brasil)

Bremner, Marlene Seven
Filosofia hermética e alquimia criativa: a tábua de esmeralda, o corpus hermeticum e a jornada através da sete esferas / Marlene Seven Bremner; tradução Mário Molina. – 1. ed. – São Paulo: Editora Pensamento, 2024.

Título original: Hermetic philosophy and creative alchemy
Bibliografia.
ISBN 978-85-315-2383-0

1. Alquimia 2. Hermetismo I. Título.

24-217077 CDD-135.45

Índices para catálogo sistemático:

1. Hermetismo 135.45
Cibele Maria Dias – Bibliotecária – CRB-8/9427

Direitos de tradução para o Brasil adquiridos com exclusividade pela
EDITORA PENSAMENTO-CULTRIX LTDA., que se reserva a
propriedade literária desta tradução.
Rua Dr. Mário Vicente, 368 – 04270-000 – São Paulo – SP – Fone: (11) 2066-9000
http://www.editorapensamento.com.br
E-mail: atendimento@editorapensamento.com.br
Foi feito o depósito legal.

Para Hermes

Macrocosmo e Microcosmo

de *Opus Medico-Chymicum*, de Johann Daniel Mylius, 1618

Sumário

PARTE II

Cosmogonia Hermética e Alquimia

PARTE III

A Jornada do Andarilho

Mito, Alquimia e Anatomia Esotérica

Agradecimentos

O NÚMERO DE PESSOAS A QUE TENHO DE AGRADECER pela materialização deste livro está além de minha capacidade de reconhecê-las aqui. Por isso, se deixei alguém de fora, por favor, saibam que estou grata a todos que me conheceram e fizeram parte de minha vida. Agradeço o apoio emocional e psíquico e por terem, de muitas maneiras, me instruído. Em primeiro lugar, quero agradecer à minha família o amor e apoio no decorrer dos anos, em especial à minha falecida mãe, que foi minha maior professora nesta vida.

Minha gratidão mais profunda vai para meus queridos e devotados financiadores, sem os quais não teria podido dispor do imenso tempo necessário para levar este livro ao fim. O apoio de vocês tem sido uma verdadeira bênção. Em particular, gostaria de agradecer aos seguintes patrocinadores pela significativas contribuições financeiras e assistência editorial: Rich Lilly, minha maior benfeitora e verdadeiro anjo; Gregory A. Copley, amigo maravilhoso e patrono muito generoso; Mark F. Barone, pela amizade, pelo patrocínio e pelo suporte espiritual; Steve Bremner, meu pai e minha rocha, que sempre acreditou em mim; Greg e Lynn Simmons, meus arrecadadores número um e entusiásticos defensores, em todos os níveis, de meu trabalho; Kelly Murphy, pela amizade mágica e pelo patrocínio de longa data; dr. Rev. Richard William Banach, cuja crença em meu trabalho e apoio têm sido inigualáveis; Erik L. Arnemancy, amigo e colega ocultista que tanto me ensinou; June Kerseg-Hinson, amiga cósmica cuja contribuição para este livro transcende o mundo material; Kenzie Cagle, por ser uma luz brilhante e apoiadora de longa data; Bob Brzuszek, cuja experiente assistência editorial tem sido inestimável; e Scott Thompson, pelo generoso apoio e encorajamento.

Gostaria de expressar minha sincera gratidão a toda a equipe da Inner Traditions, em particular a Jon Graham, Editor de Aquisições, pela resposta entusiástica à minha proposta inicial à publicação do livro. Sou profundamente grata a ele e a Jeanie Levitan, vice-presidente e editora-chefe, por acreditar na minha visão e pela oportunidade de compartilhá-la com o mundo. Agradeço também a Patricia Rydle, gerente editorial, a gentileza, a paciência comigo e a imensa ajuda para levar este livro até o fim. Gostaria de agradecer ainda ao meu editor de projeto, Albo Sudekum, e à publicitária Manzanita Carpenter Sanz o árduo trabalho na edição e marketing.

Agradecimentos especiais a William Kiesel, da Ouroboros Press e Mortlake and Co., pela amizade, pela sabedoria sobre o oculto e os pelos muitos livros que serviram como referências inestimáveis, além do cuidado de sua revisão. Minha gratidão também a John, da Mortlake, e aos muitos amigos que compartilham da paixão pela *royal art* e pelo ocultismo, por todas as conversas instigantes e inspiradoras ao longo dos anos. Em particular: Adam One, Michelle Anderst, Melissa Gonzales, Carlos Melgoza, John Leary, Daniel Harm, Jonah Dempcy, Bryan LeFey, Kiyan Fox, Elliot Kurtz, China Faith Star, Arrington de Dionyso e tantos outros que tenho em meu coração.

Agradecimentos especiais aos que estiveram mais próximos de mim durante o último ano de escrita e forneceram apoio moral muito necessário e outras contribuições inestimáveis: Russell Moore, pelo refúgio de eremita rústico e tranquilo no deserto, onde pude me concentrar na escrita, e pela amizade, pelo apoio e pelo encorajamento contínuos; James Martinez, pela inabalável amizade e inspiração; Willhelm Curius, pelo cuidadoso apoio e pela assistência mágica; Iris Tanja, pela presença marcante; Jonah Dempcy, pelas conversas inspiradoras sobre psicologia e alquimia; Von Paul, meu colega artista e desajeitado, pela gentileza e pelo apoio; e Sky Cosby, da Last Word Books, pela amizade e por todos os livros Herméticos e alquímicos que separou para mim ao longo dos anos. Gostaria de agradecer também às minhas professoras de Terapia da Polaridade: à dra. Leslie E. Korn e à falecida dra. Mary Jo Ruggieri; foi por meio do meu treinamento com elas que vim, pela primeira vez, a entender os princípios Herméticos e as profundas conexões entre Mente, Corpo e Alma.

Lista de Abreviaturas

Asc. *The Asclepius* (ou *the Perfect Sermon*). Fontes: *Mead, Thrice-Greatest Hermes*, 2:307-90; Copenhaver, *Hermética*, pp. 67-92; Scott, *Hermética*, pp. 286-377.

CH *Corpus Hermeticum*. Fontes: *Mead, Thrice-Greatest Hermes*, 2:3-303; Copenhaver, *Hermética*, pp. 1-66; Salaman et al., *The Way of Hermes*, pp. 17-78; Scott, *Hermética*, pp. 114-285.

DH *The Definitions of Hermes Trismegistus to Asclepius*. Fonte: Salaman et al., *The Way of Hermes*, pp. 101-22.

NHC *The Nag Hammadi Codex*. Fonte: Meyer, *The Nag Hammadi Scriptures*.

PGM *The Greek Magical Papyri*. Fonte: Betz, *The Greek Magical Papyri*.

Stob. *Excerpts by Stobaei*. Fonte: Mead, *Thrice-Greatest Hermes*, 3:3-134.

INTRODUÇÃO

O Caminho Hermético da Autoiniciação

E que ninguém se espante na escola de nosso aprendizado. Embora ela seja contrária aos cursos e métodos dos antigos, continua baseada com firmeza na experiência, que é a senhora de todas as coisas e pela qual todas as artes devem ser provadas.

— *Paracelso*, de A. E. Waite, *Escritos de Paracelso*

HERMES TRISMEGISTO, O "TRÊS VEZES GRANDE", é, ao mesmo tempo, homem e mito, deus e sacerdote, mensageiro e psicopompo.* É aquele imortal e eternamente antigo de quem este trabalho é extremo devedor, pois Hermes é o coração e a língua do Hermetismo ou Hermeticismo. Da aurora da civilização egípcia até a era moderna, esse mago benfazejo e sábio tem sido encarado como entidade incorpórea, divina, doadora dos segredos das estrelas, do Sol e da Lua: mediador entre os deuses e a humanidade. Contudo, muitos dos que ouvem o nome Hermes Trismegisto têm apenas vaga noção de quem é esse ser. Da mesma maneira, o

* Alguém que conduz espíritos ou almas para a vida após a morte, como Caronte, na mitologia grega. (N. do T.)

Hermetismo, tradição filosófica, religiosa e mística que lhe é atribuída, não está incluído nas grandes religiões do mundo, parecendo perdido em algum lugar entre as fronteiras do cristianismo, do gnosticismo e do paganismo. O nome Hermes não tem a mesma fama que Buda, Jesus, Maomé, Alá, Javé ou Shiva. Para muitos, Hermes é simplesmente o trapaceiro grego, o inventor da lira, o mensageiro do Monte Olimpo, também conhecido como Mercúrio pelos romanos. No entanto, esse deus de ladrões e pastores é somente um aspecto parcial das características imensas e numinosas personificadas pelo Hermes maior, isto é, Hermes Trismegisto, que o sacerdote egípcio Mâneto (ca. de início do século III a.C.) chamou de "segundo Hermes".[1] Mâneto, cujo nome significa "verdade de Thoth",[2] atribuiu o "primeiro Hermes" à divindade egípcia Thoth, creditada com a invenção da fala, da escrita, da matemática, da medicina, da engenharia, da astronomia, da magia e da alquimia. Thoth foi responsável pela inscrição nas estelas, em hieróglifos, dos ensinamentos sagrados e também o segundo Hermes – Hermes Trismegisto – que copiou para os livros, após o dilúvio, as inscrições sagradas que seriam, mais tarde, traduzidas do egípcio para o grego.[3]

A versão de Hermes, o Três Vezes Grande, formou-se quando o Hermes grego e a divindade egípcia Thoth se fundiram durante o período helenístico (323-31 a.C.). Esse deus composto, certamente muito mais vasto que a soma de suas partes, é hoje reverenciado em círculos ocultistas e por solitários místicos Herméticos, alquimistas, filósofos, magos, pagãos e bruxas. Como veremos ao explorar um pouco da história do Hermeticismo, essa tradição passou por vários períodos de florescimento ou crescimento e por fases de relativo enigma e dormência. No início do período moderno, os textos Herméticos foram, em essência, desacreditados como mero plágio. O culto a Hermes, no entanto, vive nas correntes subterrâneas e emergentes do pensamento esotérico de hoje, onde seu nome torna a ressoar com significado.

No momento atual de turbulência, incerteza, superpopulação, escassez, conflito global, degradação ambiental e grave injustiça social, as artes e ciências ocultas da astrologia, da alquimia e da magia estão subindo para a superfície da consciência, tornando-se cada vez mais aceitas pela cultura convencional. Podemos estar na vanguarda de um renascimento Hermético comparável ao florescimento do Hermeticismo na Renascença? Será que o nome Hermes Trismegisto conquistará a mesma força que o nome de Buda ou de Jesus? De que maneira a tradição Hermética serve para ajudar a humanidade – em termos coletivos e individuais?

Hermes Trismegisto é equiparado ao *logos*, a Mente Divina, por meio da qual todas as formas e ideias inteligíveis encontram sua realização no mundo sensível. As artes sagradas da alquimia, da astrologia e da teurgia, transmitidas à humanidade pela Mente Divina, nos ensinam a relação entre a Alma imortal e o corpo material, ou a consciência e a matéria; entre o destino e a vontade; e entre uma ideia e sua realização. Como seres humanos, somos dotados da mesma capacidade criativa que existe na Mente Divina, e, por meio do processo criativo, somos parte da criação do eterno Universo de incessante mudança. O Cosmos vem à luz por intermédio da Mente em sua multiplicidade de formas, todas emanando do ilimitado potencial do Uno. Entender o processo criativo anda de mãos dadas com as histórias da humanidade sobre a criação do Cosmos e da própria humanidade; é o conhecimento essencial de que precisamos para a criação de um futuro que não seja apenas sustentável, mas também florescente e próspero para o conjunto da vida.

Quando o coração anseia por saber de onde veio e para onde pode ir, Hermes está lá, nas encruzilhadas, para apontar o caminho. Em nível mais profundo, mais intenso e fundamental, a pergunta ecoa pela eternidade: "Por que estou aqui?" e se estende a todos os níveis das interrogações e explicações religiosas, filosóficas, místicas, científicas e metafísicas. Essa pergunta, no entanto, pode permanecer em algum lugar no fundo de nossa mente enquanto uma pergunta mais imediata permanece em primeiro plano. Para os antigos e para os seres humanos modernos, a pergunta continua sendo a mesma: "Como pode alguém ser feliz?". No mundo de hoje, muita gente, com certeza, está se perguntando: "Como alguém pode ser feliz em um mundo tão repleto de injustiça e sofrimento?".

Para os gregos, a verdadeira felicidade estava resumida na palavra *eudaimonia* (também *eudaemonia* e *eudemonia*), que se estendia além do simples prazer ou contentamento para significar "florescimento humano", "prosperidade" ou "bem-aventurança". Consistindo das palavras *eu* ("bom" ou "bem") e *daimon* ("espírito", "divindade" ou "guardião"), *eudaimonia* se refere ao cumprimento do potencial divino de alguém e surge para indicar seu *daimon*, sua verdadeira natureza que participa da natureza dos deuses. Para Sócrates, Platão e Aristóteles, *eudaimonia* era o bem mais alto que o ser humano poderia atingir. O compartilhamento da natureza dos deuses está no centro da filosofia Hermética e alquímica, e é por meio do processo criativo, em todos os aspectos da vida, que comungamos com os reinos imortais.

Quem são esses deuses de que falamos? Na tradição Hermética, há sete energias arquetípicas personificadas como deuses, cada uma tendo um aspecto masculino e feminino, pelo qual a mente humana é modelada. Essas sete energias, descritas como esferas, abrangem as sete energias errantes (planetas), pelo que se pretende indicar os cinco planetas tradicionais (Saturno, Júpiter, Marte, Vênus, Mercúrio) e os dois astros luminares (o Sol e a Lua). Essas esferas têm espíritos (*daimones*) assistentes, poderes espirituais ou divinos. Ao longo de nossa vida, encontramos essas energias sob uma multiplicidade de formas, interna e externamente. São nossas professoras e guias tanto em relação ao sofrimento interno quanto externo. Ao mergulhar em suas histórias e aprender as maneiras como elas se manifestam na realidade, passamos a compreender nossa própria natureza e nossas habilidades divinas.

Como podemos viver com alegria, paz e compreensão e como acessamos o vasto estoque de potencial latente dentro de cada ser humano? Como liberamos nossas capacacidades criativas divinas e transcendemos os limites desses corpos materiais? Como vivemos entre a humanidade em um mundo material e ainda mantemos nosso contato com o Divino? A resposta proposta por muitos dos antigos filósofos era que a felicidade (*eudaimonia*) é atingida pela virtude (*arete*), um estado de excelência moral. Para Aristóteles, que defendia o mesmo que Sócrates e Platão, a virtude é central para levar uma boa vida. Nessa visão, porém, a virtude está em encontrar o devido equilíbrio, ou "média de ouro", entre os vícios extremos do excesso ou da deficiência, não necessariamente se alinhando ao exato ponto médio entre eles, mas estando, às vezes, mais próximo de um ou do outro, dependendo das circunstâncias nas quais o indivíduo se encontra.

Para o presente trabalho, estamos preocupados com o conceito Hermético de virtude, ou "sementes de Deus", entendendo por virtude autocontrole e devoção (definida como "gnose de Deus"), e como vícios o oposto daimonal, como explicado no *Corpus Hermeticum* (9.4).[4] O conhecimento de Deus é nascer em Deus, reconhecer o eu imortal enquanto se permanece encarnado na carne mortal. O processo envolve despojar de energia as paixões do corpo que levam à ignorância: "E o vício da alma é a ignorância. Pois a alma que não tem conhecimento das coisas que são, ou conhecimento de sua natureza, ou de Deus, é cegada pelas paixões do corpo e jogada de um lado para o outro (*CH* 10.8).[5] Por sua vez, a pessoa substitui os vícios da alma pela consciência divina e *eônica*, alinhando-se com o Uno e o Bem, pois é dito que, "por outro lado, a virtude da alma é a Gnose. Pois aquele que sabe é bom e piedoso, e enquanto ainda está na terra divina" (*CH* 10.9).[6]

Embora todos nós bebamos do rio Lete (rio do esquecimento) após nossa descida ao corpo, sucumbindo ao vício, o caminho da virtude nos leva ao graal, transbordando com o Néctar da Verdade e da Imortalidade. Não vamos, no entanto, fingir que tudo é tão simples e direto como mero abandono do vício e alinhamento com Deus. Como é dito no tratado Hermético chamado *A Taça ou A Mônada*, "é muito difícil deixar as coisas a que nos acostumamos, que encontram nosso olhar de todos os lados, e nos voltarmos para o Velho, Velho [Caminho]" (*CH* 4.9).[7] Na vida, acontece com frequência que as linhas estejam borradas, e há vezes em que o vício é um poderoso e necessário aliado no caminho para a totalidade.

Todos nós temos a chave de nossa própria libertação, conhecida na alquimia Hermética como pedra filosofal, mas nem todos encontrarão essa chave, e só uns poucos vão se dispor a procurá-la. Muitos acharão que tudo não passa de um mito ou de uma tarefa assustadora demais para ser enfrentada, um caminho longo e árduo capaz de desencorajar até mesmo quem parte com a melhor das intenções. Esse sentimento ecoa do início ao fim dos escritos alquímicos através dos tempos. Nas palavras do alquimista Basílio Valentim, do século XV, "muitos estão envolvidos na busca por essa Pedra, e ela, sem dúvida, será encontrada, mas por muito poucos. Pois Deus nunca pretendeu que devesse se tornar de conhecimento geral. Serve mais para ser encarada como uma dádiva reservada por Ele aos poucos privilegiados que amam a verdade e odeiam a mentira, que dia e noite estudam seriamente nossa Arte, e cujo coração está posto em Deus com afeição nunca fingida".[8]

Como um breve mas necessário aparte, não nos deixemos distrair ou desencorajar pela palavra *deus* ao abordar esse assunto; para o teísta, ele se torna uma busca por Deus, mas para o ateu ou agnóstico é simplesmente uma busca por aquele indestrutível núcleo de verdade que está dentro do mistério da matéria. A nociva relação entre religião e ciência tem sido causa de muito sofrimento desnecessário. Por mais irreconciliáveis que pareçam ser, quando abordamos a questão de um lado ou de outro, elas não são mutuamente exclusivas e podem coexistir como duas lentes válidas para ver o Cosmos e nosso lugar nele. A reconciliação dos opostos, ou uma aceitação de paradoxo, desempenha papel importante no despertar espiritual e na *opus alchymicum*, pois "nossa Pedra... é derivada de duas coisas e de uma coisa em que é oculta uma terceira coisa".[9] Devemos ser capazes de nos colocar em ambas as pontas do polo, digamos assim, de modo a conceituar o todo. Além disso, devemos ser suficientemente flexíveis e sábios para meditar sobre diferentes conceitos religiosos e místicos sem apego ou preconceito. Essa empatia espiritual e mente aberta é descrita de maneira correta nas palavras de G. R. S. Mead, quando ela diz: "Até que possamos nos colocar de maneira compreensível no lugar dos outros, nunca poderemos ver mais que um lado da Vida Infinita de Deus".[10]

Como rios encontrando seu caminho para o mar, a multiplicidade de tradições religiosas, espirituais, místicas, filosóficas e científicas é extraída da mesma fonte e flui para o mesmo fim, embora, em nossa ignorância, as águas do espírito tenham sido poluídas, represadas, desviadas e apropriadas de maneira indevida, de modo que aqueles que desejariam beber diretamente da fonte acabam sendo levados para beber das mãos do ordenado e do iniciado. Para alguns, basta que sejam dadas as regras da conduta espiritual ou moral por essas autoridades ortodoxas; basta se esforçarem para viver de acordo com elas e confiar que seus esforços serão recompensados por uma pós-vida mais agradável ou encarnação subsequente. Para outros, há um desejo mais premente de dissolver o véu entre o mundo das percepções sensoriais e o mundo das causas não vistas; de empreender um processo iniciático que desperta Mente, Corpo e Alma para o infinito "Eu Sou" e desbloqueia os mistérios da matéria. Esse desejo pode levar o buscador a um caminho autoiniciado de investigação filosófica e metafísica sobre a natureza e o Cosmos, alcançando, talvez, a revelação divina e o desenvolvimento de uma relação direta com Deus.

O que separa o caminho do autoiniciado de uma abordagem estritamente religiosa é a ênfase na experiência direta do Divino, atingida pela prática pessoal da virtude e por meio da devoção, do estudo e da contemplação. A autoiniciação não fornece títulos ou notas, nem honras, medalhas ou provas de realização espiritual. A recompensa para os esforços diligentes e fervorosos é a gnose, que não pode ser concedida por outro – a própria pessoa tem de experimentá-la. Para aqueles que desejam o reconhecimento e o treinamento que a iniciação organizada pode oferecer, há ordens como a Ordem Hermética da Aurora Dourada, a Ordo Templi Orientis (O.T.O.), a Antiga Ordem Mística Rosa-Cruz (AMORC), lojas maçônicas e muitas outras entidades, e, sem dúvida, as iniciações que elas oferecem podem ser de grande valia para muitos indivíduos. Pode ser da natureza de alguém tentar o ingresso em uma ordem e ficar sempre nela ou passando de uma para a outra, retendo a essência de cada uma delas, ou ainda buscar a gnose fora dos círculos estabelecidos. Para aqueles que querem confiar na própria alma como guia para a gnose, sem intermediários, há um caminho diferente.

Para onde a pessoa se volta em busca de orientação e apoio ao se colocar no caminho da autoiniciação e da gnose? Existe em muitos livros sobre o assunto, e podemos facilmente começar em qualquer ponto no qual nos sintamos intuitivamente inclinados a começar, já que a intuição é a faculdade mais elevada para direcionar nossos sentidos na direção da verdade, como plantas que brotam na escuridão e crescem em direção à luz. Devemos seguir esse impulso da intuição, e talvez seja por causa dele que você está lendo este livro. Permanece, no entanto, o fato de que nenhum livro jamais servirá para lhe fornecer aquilo que você procura.

O OBJETIVO DESTE LIVRO

O objetivo do presente trabalho é iluminar um pouco as origens, o desenvolvimento e a filosofia geral, a teologia e o misticismo do Hermeticismo e a arte da alquimia, para que uma base sólida possa ser construída. Atenção especial é dada à alquimia como arte psicoespiritual de engajamento com a vida, envolvendo Alma, Mente e Corpo ou, em outras palavras, Consciência, Pensamento e Matéria. Coloca-se ênfase no valor da autoiniciação, no cultivo de um relacionamento direto com o Divino e na plena imersão nos mistérios Herméticos. O que talvez me falte na formação acadêmica e técnica compenso na experiência pessoal das verdades Herméticas por meio da disciplina criativa, da devoção, da revelação pessoal e de mais de vinte anos de estudo, prática e experimentação intensivos no oculto. Além disso, minha própria experiência de unir arte e alquimia tem influenciado bastante meus pontos de vista neste trabalho. É minha convicção que essa união capacita o iniciado a confiar na própria intuição em suas aptidões criativas para a tranformação pessoal e global.

Não é intenção deste livro ser uma fonte abrangente e solitária para a filosofia Hermética, nem me proclamo algo mais que uma buscadora que foi inspirada (chamada pelo Espírito) a pôr sua experiência e compreensão sob a forma de escrita, esperando que outros possam dela se beneficiar na própria busca. O objetivo deste livro é apresentar ao leitor os ensinamentos Herméticos e os temas associados da alquimia, da astrologia, da filosofia e da magia, que têm servido, dos tempos mais antigos aos dias atuais, como meios para a autoiniciação, e demonstrá-los como discursos meditativos que penetram na alma intuitiva além da mente racional. Como meio de ajudar o leitor a integrar e conceituar o que historicamente tem sido chamado de filosofia perene (*philosophia perennis*), é oferecida uma análise comparativa entre várias culturas e suas mitologias, suas tradições místicas e religiosas, bem como textos sagrados, para revelar os fios condutores que as conectam ao longo do tempo e do espaço. Contudo, o foco principal deste trabalho continua sendo Hermético, portanto busca apresentar o cerne dos ensinamentos Herméticos à medida que se desenvolveram durante os séculos, com um método que é, ao mesmo tempo, acadêmico e iniciático.

Ao seguir os ensinamentos de Hermes, o iniciado pode abrir a mente e se sintonizar com a divindade que lhe é inerente, participando de sua essência imortal e vindo a conhecer "Deus", ou aquela presença, final e eterna, que lhe é interior. Não é tanto uma descoberta de algo novo; é mais como uma descoberta do que esteve lá o tempo todo, como se fosse o despertar de um sono ou estupor provocado pela embriaguez, como no "Poimandres" (*CH* 1.27): "Ó povo, gente nascida da terra, vós que vos entregastes à embriaguez, ao sono, à ignorância, ficai agora sóbrios, parai com os excessos, parai com o fascínio pelo sono irracional".[11] A qualidade numinosa de tal experiência pode beirar o surreal e despertar uma participação mística, vibrante, de vida.

Na alquimia, esse processo de despertar é chamado "a Grande Obra" (*magnum opus*), e certamente não é um esforço pequeno. Entre os traumas pessoais e coletivos que carregamos e o profundo condicionamento que sofremos de nossas famílias e culturas, podemos estar profundamente enredados em uma concepção materialista e alienada do mundo que resiste, de modo fundamental, à noção de que a comunicação com a mente infinita de Deus seja mesmo possível. Contudo, assim como a terra forma uma pedra bruta para que o rio possa mais tarde poli-la e transformá-la em forma pacífica e harmoniosa, experimentar o trauma da vida suaviza e molda a alma. Desse modo, somos preparados pelas provações da vida para abordar a verdade inefável de quem e do que somos e de qual é nosso propósito. Ao conciliar os princípios opostos dentro de nós, enfrentando nossos próprios dragões interiores e purificando nossa consciência, despertamos para um Eu muito maior, em sintonia com nossa paixão e nosso propósito individuais, e nos capacitamos a criar uma vida que é benéfica aos outros e a nós mesmos. Subjacente às cosmogonias, às teologias, às filosofias e às práticas teúrgicas do Hermeticismo encontra-se a verdade fundamental de que estamos criando o mundo a cada dia, por meio da nossa imaginação e de nossos pensamentos.

DEFINIÇÕES: HERMÉTICO, HERMETISMO E HERMETICISMO

Antes que possamos descrever, de maneira adequada, as origens da tradição Hermética, vamos esclarecer os termos a serem usados ao longo deste trabalho. Ao examinarmos obras pertencentes à tradição Hermética, encontramos as palavras *Hermetismo* e *Hermeticismo,* que podem parecer intercambiáveis, mas carregam significados diferentes e específicos. Segundo Antoine Faivre, no ensaio "Hermeticismo da Renascença e o Conceito de Esoterismo Ocidental", a diferença pode ser atribuída ao próprio deus Hermes, de cujo nome deriva tanto Hermetismo quanto Hermeticismo.[12]

Hermetismo, como explica Faivre, relaciona-se ao antigo deus greco-egípcio Hermes Trismegisto, extensão do ainda mais antigo deus egípcio Thoth. Abrange o conjunto de escritos e ensinamentos teológicos e filosóficos atribuídos a Hermes Trismegisto, em especial um acervo de obras cumulativamente mencionado como *Hermética.* Hermeticismo, por outro lado, refere-se ao Hermes grego, também conhecido como Mercúrio, psicopompo e mensageiro entre os seres humanos e os deuses, que facilita as transmutações da alquimia. Assim, os termos *ciência Hermética* e *Hermeticismo* às vezes se referem especificamente à alquimia, embora o Hermeticismo tenha também passado a abranger o Hermetismo, a astrologia, a Cabala, a teosofia cristã, o ocultismo e a magia.[13] Este livro foi escrito primariamente de dentro da gema multifacetada chamada Hermeticismo, com referências frequentes às suas origens na tradição do Hermetismo.

Há quem teria preferido rejeitar por compelto o termo popular *Hermeticismo*. Wouter J. Hanegraaff afirma que o Hermeticismo deriva de conclusões equivocadas tiradas por Frances A. Yates, na década de 1960, sobre os escritos Herméticos e a chamada tradição Hermética que se desenvolveu no final da Idade Média. Ele está de acordo em usar *Hermetismo* para descrever os escritos religiosos e filosóficos da *Hermética*. Contudo, segundo Hanegraaff, apesar de haver algumas obras importantes de ciência oculta – escritos astrológicos, teúrgicos e alquímicos – atribuídas a Hermes Trismegisto, muitas não se incluem aí e, portanto, não é apropriado rotulá-las de Hermeticismo.[14] Para simplificar, no entanto, usaremos o termo *Hermeticismo* para nos referirmos à ampla dimensão coberta pelo ocultismo Hermético, e *Hermetismo* quando nos referirmos especificamente às obras teológicas da *Hermética*.

A palavra *Hermético* é usada de várias maneiras, todas dizendo algo sobre a natureza do próprio Hermes. *Hermético* é utilizado para descrever assuntos de natureza obscura, oculta, esotérica ou misteriosa, e também se aplica, especificamente, aos ensinamentos de Hermes. Um selo Hermético é usado quando algo precisa estar completamente selado e protegido de influências externas, aspecto importante da alquimia laboratorial operativa e metáfora poderosa para a alquimia interna. Uma pessoa que leva uma vida Hermética é alguém que se adaptou ao recolhimento e à solidão, ao estudo e à contemplação. Todos esses significados são importantes no contexto de estudos Herméticos e alquímicos, pois os mistérios transmitidos por meio de Hermes e do caminho para a gnose, o conhecimento da Alma, são mais bem abordados de modo Hermético, com devoção, estudo, contemplação, solidão suficiente, e de forma que proteja o processo de qualquer influência externa que possa corrompê-lo.

O CAMINHO À FRENTE

Este livro está organizado em três partes, cada uma delas baseada na anterior. Na Parte I, responderemos à pergunta sobre o que é exatamente o Hermeticismo e por que ele é importante para nós hoje, em especial se estamos, de alguma maneira, envolvidos com as artes ocultas e ainda mais para os que querem levar uma vida criativa e espiritualmente orientada, sintonizada com o Cosmos e atraída pelo potencial mais interior. Para começar, é apresentada uma breve visão geral dos vários textos antigos que constituem a *Hermética*, incluindo o *Corpus Hermeticum* e a *Tábua de Esmeralda*, fundamentais para uma compreensão da tradição. Ao longo do livro, trechos desses profundos ensinamentos de Hermes serão empregados para mostrar os caminhos que nos iniciam na gnose e liberam a imaginação. Depois, seguiremos o arco do desenvolvimento do Hermeticismo, de seu distante passado aos dias atuais, finalizando com um olhar sobre os três ramos do Hermeticismo: astrologia, teurgia e alquimia.

A Parte II fornece uma visão da história Hermética da criação e ordenação do Cosmos e de como isso se relaciona com a filosofia alquímica. É um sistema para entender a relação entre consciência e matéria, entre alma individual e Cosmos e entre o Criador e o criado. A teoria alquímica é fundamental para qualquer compreensão verdadeira da alquimia, seja praticando num laboratório ou como processo espiritual e criativo.

Por fim, na Parte III, faremos uma viagem com as estrelas errantes, esses sete planetas interiores do sistema solar cujos arquétipos estão vivos em cada um de nós. O objetivo dessa viagem é saturar a mente com mitos planetários e correspondências que falarão com o inconsciente e catalisarão uma transformação interior. Cada um dos sete planetas tem o próprio conjunto de lições indispensáveis para transmitir aos que estão no caminho da autoiniciação e são a chave para desbloquear os sete chakras para a liberação do potencial criativo. Como estas páginas são escritas de modo iniciatório, o leitor vai interpretá-las com base em seu próprio nível pessoal de iniciação, e quaisquer ideias que despertem a inspiração e acendam esse fogo alquímico devem ser investigadas mais a fundo, tendo a intuição como guia. Esses capítulos devem ser digeridos lentamente, com bastante espaço para reflexão pessoal e integração no Corpo, Mente e Alma.

Que esses ensinamentos possam ser uma inspiração e uma luz para você em seu caminho, assim como possam continuar a estar presentes no meu, alimentando as chamas da transformação: liberando sua imaginação para criar uma vida mística, expansiva, e instilando em você um profundo apreço pelos ensinamentos de Hermes e tudo o que eles têm a oferecer à humanidade nesse momento crucial de nossa evolução. Nas palavras de Virgílio, *sic itur ad astra,* "assim se vai para as estrelas".

PARTE I

Hermeticismo

Seu pai é o Sol, e sua mãe, a Lua.

– Hermes

1

Textos Herméticos

Os estudantes de Religiões Comparadas compreenderão facilmente a influência dos Preceitos Herméticos em qualquer religião digna desse nome, quer seja uma religião conhecida pelo homem, uma religião morta ou que esteja em pleno vigor em nossos dias. Sempre há alguma correspondência entre elas, apesar das aparências contraditórias, e os Preceitos Herméticos atuam como o seu Grande Reconciliador.

– OS TRÊS INICIADOS, *O CAIBALION*[*]

FOI ATRIBUÍDA A HERMES-THOTH a escrita de muitos dos textos que lançaram as bases da filosofia Hermética. Segundo Jâmblico, Hermes foi autor de mais de 20 mil obras. Como mencionado anteriormente, Mâneto diferenciava entre o primeiro Hermes, pelo qual queria se referir a Thoth, e o segundo, que foi o professor Hermes Trismegisto.[1] Foi dito que Thoth viveu cerca de 400 anos antes de Moisés, no tempo anterior aos faraós,[2] embora muitos desses textos sejam de origem

* *O Caibalion – Estudo da Filosofia Hermética do Antigo Egito e da Grécia*. São Paulo: Pensamento, 2ª ed., 2021, p. 11.

mais recente e tenham sido escritos em grego, latim e copta. Para confundir mais o assunto, a Catedral de Siena tem uma imagem de Hermes que diz: "Hermes Trismegisto, contemporâneo de Moisés", e alguns chegaram a se perguntar se Hermes e Moisés não seriam a mesma pessoa.[3] Foi então dessa antiga criatura conhecida como Thoth que os ensinamentos Herméticos teriam chegado até nós, mas não sabemos se Thoth de fato existiu como homem vivo, mito ou mera personificação da Mente. Florian Ebeling, no livro *The Secret History of Hermes Trismegistus* [A História Secreta de Hermes Trismegisto], declara de maneira categórica que "o patrono epônimo de quem o Hermeticismo teria ganhado seu nome jamais existiu: Hermes Trismegisto foi uma ficção, uma ficção frutífera com efeitos duradouros".[4] A afirmação é feita com base no fato de que Hermes Trismegisto é, na realidade, uma divindade sincrética derivada de Thoth e Hermes.

Se Thoth ou Hermes já andaram na Terra em forma humana – e quando –, não podemos dizer com certeza. Contudo, sabe-se que, como homem ou mito, profeta, deus ou sábio, Hermes Trismegisto exerceu inequívoca influência sobre o coração e a mente da humanidade desde o início da história antiga. Encontram-se vestígios de seus ensinamentos espalhados por todas as tradições de sabedoria do mundo, tendo influenciado os sabeus, seita de muçulmanos heterodoxos que se proclamavam pagãos, e os místicos sufis, que identificaram Hermes com seu profeta Idris, também identificado com o profeta judeu Enoque. Escritos Herméticos foram tidos em alta estima pelos primeiros padres da Igreja Cristã, Santo Agostinho, Lactâncio, Cirilo e outros, que viram neles os mistérios cristãos e acreditavam com convicção na autoria de Hermes Trismegisto.[5] Dos filósofos gregos, sabemos que Pitágoras, Tales, Demócrito e Platão fizeram peregrinações à terra do Egito. Vemos a evidência da influência Hermética nas obras de artistas da Renascença como Michelangelo, Botticelli e Rafael, assim como nas artes simbolista e surrealista. Hermes é mais que um antigo sábio; como mensageiro da Mente Una, está presente em todas as épocas, em todos os lugares.

Hermes Trismegisto é fonte eterna e incorpórea de iniciação nos mistérios, a pura iluminação de pensamento que sempre esteve e sempre estará acessível a quem a procura. Assim, muitos textos atribuídos a Hermes eram pseudoepigráficos,*

* Textos cuja atribuição de autoria é considerada errônea. (N. do T.)

escritos por iniciados que acreditavam estar escrevendo de um ponto de comunhão com uma extremamente numinosa voz interior. Apesar da ambiguidade quanto à verdadeira autoria, podemos definir as obras consideradas Herméticas como aquelas que se referem especificamente à autoridade de Thoth-Hermes e são instiladas com temas tanto teológicos quanto filosóficos, estendendo-se a trabalhos sobre alquimia, astrologia e teurgia.

Os escritos chamados coletivamente de *Hermética* datam da Antiguidade Tardia, mas foram o resultado de processos muito mais longos de desenvolvimento que tiveram início no Antigo Egito. Os escritos Herméticos, no entanto, não foram meras traduções diretas do egípcio, mas modificados e adaptados pelas visões filosóficas de tradutores, como Jâmblico afirma em *Sobre os Mistérios*: "Pois os livros que circulam sob o nome de Hermes contêm opiniões hermaicas, embora empreguem, com frequência, a linguagem dos filósofos: foram traduzidos da língua egípcia por homens que não eram inexperientes em filosofia".[6] No espírito sincretista do período helenístico, os ensinamentos Herméticos do Egito adotaram elementos não só dos filósofos clássicos gregos, incluindo o pensamento de Aristóteles e Pitágoras, assim como o platonismo e o estoicismo, mas também influências iranianas e judaicas.[7]

A *Hermética*, composta nos primeiros séculos d.C., é uma coleção de escritos filosóficos e teológicos que abrangem o *Corpus Hermeticum* e o *Asclepius*, os trechos coletados de Stobæus, incluindo "A Virgem do Mundo", e os textos Herméticos descobertos no século XX em Nag Hammadi. Esses escritos são unificados pela reverência com Thoth ou Hermes, a Mente Divina e iniciadora de almas. Muitas vezes apresentados como discursos entre entidades divinas ou falas de mestres se dirigindo a discípulos, como Hermes diante de Asclépio ou Tat, ou como Nous diante de Hermes, esses textos revelatórios têm função iniciática nos mistérios Herméticos. Seu propósito é despertar e iniciar a alma na gnose, ou conhecimento de Deus, facilitando a transmutação espiritual e o renascimento. Os textos belamente escritos da *Hermética* transmitem a versão Hermética do Gênesis: descrições das hierarquias celestiais e da sabedoria astrológica; conhecimento da alma quando ela desce (ou cai) no corpo e como pode ascender, por meio das sete esferas, para os céus; e o que significa levar uma vida piedosa e virtuosa.

O trabalho de ascensão por meio das esferas pode ser abordado pela piedade filosófica e pelo estudo devocional desses textos sagrados Herméticos. Tais escritos iniciáticos vão desde discursos completos, como os do "Poimandres" no *Corpus Hermeticum*, aos breves aforismos das *Definitions of Hermes Trismegistus to Asclepius* [Definições de Hermes Trismegisto a Asclépio], e incluem hinos de louvor e orações ao Uno. Embora a maior parte da *Hermética* tenha orientação filosófica e teológica, o trabalho de Walter Scott e André-Jean Festugière sobre o estudo inicial do Hermeticismo levou à prática de fazer referência a certos textos Herméticos desse período como *Hermética* "popular" ou "técnica", o que inclui obras de natureza teúrgica, astrológica, alquímica e até mesmo oculta.[8] A avaliação de Scott soa com desgosto óbvio por esses textos, chamando-os de "pseudociência" e "lixo".[9] Deixando de lado a dureza do julgamento, podemos ao menos concordar que a distinção é justificada com base no fato de que as doutrinas filosóficas são menos diretamente focadas em material Hermético técnico. Há, no entanto, descrições de astrologia Hermética em toda a *Hermética*, assim como alguns elementos teúrgicos, que vamos explorar a seguir, mostrando que é melhor não tomar como absoluta essa distinção entre *Hermética* filosófica e técnica, mas, sim, como uma declaração geral sobre a qualidade global e o foco dessas diversas fontes Herméticas.

Cada uma dessas artes Herméticas – astrologia, magia e alquimia – pode ser aplicada ao criativo, despertando o Criador Divino interior. No cerne dos ensinamentos Herméticos está a mensagem de que a alma individual não está separada do Uno, portanto o processo criativo que trouxe à existência o Cosmos é o mesmo processo pelo qual uma forma-pensamento ou ideia é tornada manifesta. A contemplação da filosofia Hermética e a prática da arte Hermética, integradas com disciplina criativa, permitem níveis profundos de cura de traumas pessoais e ancestrais enquanto despertam os iniciados para seu verdadeiro poder criativo. Ao ascender pelas esferas e nos reunindo com a Fonte, trazemos a gnose divina de volta para o corpo, ancorado na Terra, para começar a criar um novo mundo impregnado da verdade eterna. Entender nosso poder como criadores individuais unidos com a Fonte criativa Única é a chave para criar e sustentar um mundo mais harmonioso.

HERMÉTICA FILOSÓFICA E TEOLÓGICA

*O sono do corpo tornou-se o despertar da alma, e o fechamento dos olhos, a visão verdadeira, a gestação do Bem; meu silêncio e a pronúncia de minha palavra (*logos*) geraram conhecimento e coisas boas.*

– *Corpus Hermeticum* (1.30)

Tabula Smaragdina

Talvez o mais lendário e certamente um dos mais essenciais textos Herméticos de uma perspectiva alquímica seja a *Tábua de Esmeralda,* ou *Tabula Smaragdina*, uma curta série de preceitos Herméticos que descreve a criação do mundo, as relações elementares, a correspondência do acima e abaixo e os milagres da Coisa Única. É também o segredo para a transmutação da *prima materia* alquímica (matéria primordial), e, como escreve Brian Coitnoir, apresenta o "fluxo cíclico da criação – de toda a criação, não importa a escala ou o tempo do arranjo. Atesta a verdade da unidade e do ato de criação"[10].

Existem várias histórias sobre como se dizia que a tábua foi encontrada. Dennis William Hauck, no livro *A Tábua de Esmeralda*, deixou um excelente relato da lendária história da tábua, que teria sido originalmente descoberta na tumba de Hermes por Alexandre, o Grande, em cerca de 331 a.C. Alexandre sentiu-se divinamente capacitado a promulgar os ensinamentos de Hermes depois de visitar o Oráculo de Siwa,[11] também conhecido como Oráculo de Zeus-Amon, onde foi declarado "filho de Amon" ou "filho de Zeus".[12] A tábua, que seria feita de um material esverderdeado semelhante a vidro, estava gravada em baixo-relevo com uma antiga escrita fenícia. Alexandre reuniu uma equipe de sacerdotes e estudiosos para traduzi-la para o grego, supostamente para incluir uma menção ao sacerdote egípcio Mâneto.

A tábua foi colocada em exibição pública em Heliópolis. A partir daí, não se sabe o que aconteceu com ela, mas Hauck especula que Alexandre a tenha escondido com outros itens sagrados em uma caverna subterrânea da Capadócia (atual Turquia), na área na qual surgiria uma cidade chamada Tiana. A tábua nunca voltou às suas mãos e, séculos mais tarde, foi redescoberta por Balinas (nascido em 16 d.C.),

Figura 1.1. Representação feita por um artista de *A Tábua de Esmeralda*.
De Heinrich Khunrath, *Amphitheatrum Sapientiae Aeternae, solius verae*, Hanôver, 1609.

também conhecido como Apolônio de Tiana, que a levou para Alexandria, onde foi mantida na Grande Biblioteca após a morte de Balinas em 98 d.C. Segundo Hauck, a tábua permaneceu na biblioteca até por volta de 400 d.C., quando foi removida e escondida no platô de Gizé para ficar a salvo de invasores cristãos.[13] Cópias traduzidas de *A Tábua de Esmeralda* acabaram chegando aos árabes, que criaram as próprias versões.

A mais antiga versão conhecida da *Tabula Smaragdina* (*A Tábua de Esmeralda*) foi encontrada em um texto do século VIII atribuído ao muçulmano alquimista Jabir ibn Hayyan (ca. 721-815). Chamado *Kitab Sirr al-Khalīqa wa Ṣan' at al-Ṭabī'a* ("Livro do Segredo da Criação e da Arte da Natureza", também conhecido como "Mistério da Criação"), o texto foi atribuído por Hayyan a Apolônio de Tiana.[14]

A *Tabula Smaragdina* foi traduzida para o latim no século XII, e muitas outras traduções se seguiram, incluindo as de M. Georgio Beato, Isaac Newton, Helena Petrovna Blavatsky e Fulcanelli. A seguir, uma tradução da versão de Jabir ibn Hayyan, mais tarde conhecido como Geber:

0) Balinas menciona o entalhe na mesa, na mão de Hermes, que diz:
1) Verdade! Certeza! Aquilo sobre o qual não há dúvida!
2) Assim em cima como embaixo, assim embaixo como em cima, operando os milagres do que é uno.
3) Como todas as coisas eram do uno.
4) Seu pai é o Sol, e sua mãe, a Lua.
5) A Terra o carregou em seu ventre, e o Vento o alimentou em seu ventre, como a Terra que se tornará Fogo.
6) Alimente a Terra com o que é sutil, com o maior poder.
7) Ele sobe da terra ao céu e se torna governante daquilo que está em cima e daquilo que está embaixo.
8) E eu já expliquei o significado de tudo isso em dois desses meus livros.[15]

A Tábua de Esmeralda é a fonte do axioma familiar "Assim em Cima Como Embaixo", base da doutrina de correspondência tão prevalecente em toda a filosofia Hermética, que nos diz como as coisas que observamos em nível microcósmico (o reino da humanidade e nossas experiências subjetivas) se relacionam com e refletem circunstâncias que podemos observar em nível macrocósmico (os céus e as esferas de influência celestial, os grandes ciclos da natureza), e vice-versa. Ao estudar essas correspondências, passamos a conhecer a verdade da Coisa Única, pela qual todos os milagres são cumpridos, e assim compreendemos o mecanismo que fundamenta o próprio processo criativo.

O *Corpus Hermeticum*

A maior parte dos escritos que compõem a *Hermética* está contida no *Corpus Hermeticum*, coleção de antigos textos greco-egípcios dos primeiros três séculos d.C. Esses escritos estavam perdidos havia séculos, mas foram preservados em um único manuscrito encontrado no século XI. Faltavam seções inteiras, e a deterioração de boa parte da escrita a deixava ilegível. O manuscrito danificado chegou às mãos de Miguel Pselo, saudosista platônico de Bizâncio, que o pôs de novo em circulação[16]. Ele foi redescoberto na Macedônia (Bulgária), em 1460, por um monge chamado Leonardo de Pistoia, enviado pela corte da Renascença italiana de Cosme de' Médici, filantropo, intelectual e governador de Florença, para pesquisar os mosteriros da Europa em busca dos escritos esquecidos.[17]

Médici fora muito influenciado pela introdução do neoplatonismo na Itália, trazido de Bizâncio por Jorge Gemisto Pletão em fins do século XIV ou início do século XV, e coletara manuscritos de Platão e Plotino, os quais entregara ao filósofo humanista Marsilio Ficino para serem traduzidos.[18] Contudo, quando obteve uma cópia do manuscrito do *Corpus Hermeticum* por volta de 1460, Cosme entregou-a a Ficino para tradução imeditata. Esses escritos, que se acreditava serem antigas revelações do Hermes Trismegisto vivo, que antecedeu Platão, eram de tamanha importância que Cosme pediu que Ficino pusesse de lado os ainda não traduzidos *Diálogos*, de Platão, para traduzir primeiro o *Corpus.* Ficino só completou a tradução em 1463, um ano antes da morte de Cosme.[19]

A tradução de Ficino do grego para o latim, publicada em 1471 e intitulada *Mercurii Trismegisti Liber de Potestaie et Sapientia Dei*, ou "O Livro de Mercúrio Trismegista sobre o Poder e a Sabedoria de Deus", foi extremamente popular, sendo impressa em 22 edições.[20] No decorrer de vários séculos, foram feitas numerosas traduções, das quais G. R. S. Mead escreveu em seu *Thrice-Greatest Hermes* [Hermes, o Três Vezes Grande], publicado em 1906, comentando suas várias falhas.

O *Corpus Hermeticum*, como chegou até nós, é uma compilação de 17 tratados, 14 dos quais incluídos na tradução grega de Ficino, sobre a natureza da consciência, o relacionamento da humanidade com Deus e os mistérios Herméticos do Cosmos. Como era costume na época, estão escritos como diálogos teológico-filosóficos e sermões envolvendo um pequeno grupo de pessoas, nomeadamente Hermes, Nous, Asclépio, Tat, Amon e Agathodaimon.

A principal dessas figuras é *Nous*, palavra grega geralmente traduzida por "Mente", embora seu real significado seja difícil de precisar. Na teologia Hermética, Nous, Deus, o Uno, a Fonte ou a Mente é onipresente no Universo, o bem invisível e imutável que é ainda visível no mundo sensível. No primeiro tratado do *Corpus Hermeticum*, Nous se autodenomina Poimandres (Poemandres) ou "Pastor de Homens", descrevendo a si mesmo como a "mente de soberania", segundo a tradução de Brian P. Copenhaver; "*Nous* do Supremo", segundo Clement Salaman *et al.*; ou "Mente de toda Maestria", como G. R. S. Mead o traduz. Poimandres só aparece duas outras vezes em todo o *Corpus*, no trecho 13. Hermes Trismegisto é o discípulo da Mente e, então, por sua vez, tem os próprios discípulos: Tat, Asclépio, Agathodaimon e Amon. Asclepius é o nome grego para o deus egípcio da cura, Imhotep ou Imouthes, originalmente funcionário da Terceira Dinastia, mais tarde deificado graças ao grande renome na cura, na arquitetura, na escrita e na astrologia.[21] Agathodaimon é o pai de Hermes Trismegisto, "o segundo Hermes", como Mâneto o chamou, e Tat é o filho de Hermes. O nome Amon se refere a um deus primordial, criador dos egípcios, identificado com o Zeus grego.

É digno de nota o fato de o trecho 15 estar estranhamente ausente do *Corpus*. A numeração, em geral, salta o trecho perdido e termina em 18 para um total de 17 trechos, como fizeram Copenhaver e Salaman. Mead, no entanto, inseriu "O Sermão Geral" como trecho 2. Para explicar isso, ajusta a numeração nos trechos seguintes para incluir tanto a numeração original quanto, em parênteses, sua numeração corrigida. Desse modo, segundo a tradução de Mead, o trecho 14 – "Uma Carta para Asclépio" – torna-se o trecho perdido 15. O que é "O Sermão Geral" não podemos dizer, pois Mead nos conta que somente o título é preservado, tendo o texto em si desaparecido antes que o *Corpus* chegasse às mãos de Pselo.

O primeiro tratado, "Poimandres, o Pastor de Homens", fornece um fundamento da cosmogonia e da escatologia Herméticas, além de alguma astrologia essencial, enquanto *CH* 3 apresenta quase a mesma cosmogonia de forma condensada. A cosmogonia Hermética será discutida mais adiante na Parte II. "O Cálice ou a Mônada", como Mead intitula *CH* 4, é um tratado relativamente curto que explica a Unidade da Fonte, que é a Mônada ou o Cálice, o Deus sem Corpo, o qual é a causa de todos os outros corpos. Hermes explica ao filho e discípulo, Tat, que, embora todos os homens tenham recebido a Razão (*logos*), nem todos receberam a Mente. A Mente deve ser encontrada como um prêmio colocado em um Cálice poderoso para que aqueles que atenderam ao chamado do Arauto sejam batizados na gnose.

É no décimo tratado do *CH*, intitulado "A Chave", que Hermes apresenta seu discurso a Tat sobre Deus, o Pai e o Bem. O Bem é o princípio criativo de Deus. Na Criação de todas as coisas que existem, Deus envia seu desejo para o Bem por intermédio do Sol, que gera seus filhos por meio dos mundos Inteligível e Sensível. Interessante é a criatividade que flui e reflui do Criador, com a qual o indivíduo pode certamente se relacionar quando se trata do processo criativo, pois, às vezes, como criadores, nada criamos e, às vezes, criamos em abundância; às vezes, criamos com qualidade e, às vezes, em quantidade, mas com pouca qualidade. Contudo, isso é contradito mais tarde no sermão, quando Hermes diz que o Cosmos está sendo continuamente criado, e a criação é o movimento de toda matéria. Todas as formas estão sujeitas à mudança evolutiva e ao que equivale a uma transmigração de almas, pela qual um ser humano, contemplando a Beleza do Bem, pode se tornar como Deus. O apego a um comportamento selvagem (brutalidade) inicia um movimento involutivo, para a matéria, de modo que o ser humano, em suas transformações, regride às coisas rastejantes, em vez de avançar para a imortalidade e a devoção religiosa. Hermes também informa Tat sobre os temas da gnose e do sentido (muito diferentes um do outro), da polaridade, da matéria, do Nous e da Esfera, em forma de cabeça, do Cosmos.

The Definitions of Asclepius Unto King Ammon, ou *The Perfect Sermon of Asclepius Unto the King* [As Definições de Asclépio ao Rei Amon, ou O Sermão Perfeito de Asclépio ao Rei] *(CH* 16.17), é um discurso em que Asclépio define a Unidade e o Pleroma, ou plenitude, perfeição e completude de Deus. O Sol é estabelecido como o Demiurgo, ou Artesão de Deus, que recebe o Poder Criativo (*tou agathou*)[22] – fluxo de consciência de Deus – e o dissemina para a Terra. A essência do Sol sustenta imortais, mortais e todas as coisas. A ênfase do poder do Sol nesse discurso o diferencia dos demais tratados do *Corpus Hermeticum*, e a veneração do Sol evidencia forte influência egípcia.[23] Asclépio também explica os *daimones* que operam na esfera inferior abaixo do Sol, os deuses (os planetas) e a roda zodiacal do destino. Esses *daimones*, como Mead os denomina em sua tradução, são também chamados demônios ou poderes espirituais;[24] sua essência é atividade, e eles podem ser bons, maus ou simultaneamente bons e maus. A alma humana tem duas partes – uma acima, racional e além da influência das esferas do destino ou das energias planetárias e dos *daimones* que as acompanham; e outra abaixo, impulsionada e moldada pela tirania dos *daimones*.

Por ora, bastará dar alguns exemplos do caráter dos vários trechos Herméticos, embora um resumo completo esteja além do escopo deste trabalho. Faremos referência a eles ao longo do livro, recorrendo, no entanto, às traduções de Mead, Copenhaver e Salaman e outros.

As *Definições de Hermes Trismegisto a Asclépio*

Definitions of Hermes Trismegistus to Asclepius, também chamadas *Hermes Trismegistus to Asclepius: Definitions* [*Hermes Trismegisto a Asclépio: Definições*], foram descobertas mais recentemente em uma tradução armênia do grego e acredita-se que remontem à segunda metade do século VI d.C. O texto original é, provavelmente, tão antigo quanto o primeiro século, pois podemos observar similaridades entre as *Definitions* e os "Poimandres", entre outras Herméticas filosóficas, com evidências sugerindo a relativa antecedência das *Definitions*.[25] Muitos tratados do *Corpus Hermeticum* expõem as ideias apresentadas nas *Definitions*. G. Quispel, no artigo "The Asclepius: From the Hermetic Lodge in Alexandria to the Greek Eucharist and the Roman Mass ["O *Asclepius*: da Loja Hermética em Alexandria à Eucaristia grega e à Missa Romana"], chama as *Definitions* "manuais para meditação"[26], uma descrição apropriada. Elas são escritas como uma série de aforismos que elucida, de forma concisa, verdades místicas e espirituais Herméticas: cada um tem valor próprio para contemplação e meditação. Começam com uma estrutura cosmológica descrevendo três mundos: Deus, o Cosmos e o Homem. Deus é o bem inteligível, imóvel e invisível que permeia o mundo vísivel. Cosmos é o mundo visível e sensível, e dentro do mundo sensível está o Homem, o mundo destrutível e razoável, visível e dependente do invisível para existir (*DH* 1). O ser humano tem duas naturezas – mortal e imortal – e três essências: inteligível (alma), animada (espírito) e material (corpo) (*DH* 6). Por meio do conhecimento (gnose), o indivíduo tem a oportunidade de aperfeiçoar sua alma (*DH* 6) e pode até mesmo se tornar um deus (*DH* 8).[27]

O *Asclepius* (ou *Sermão Perfeito*)

Acredita-se que o *Asclepius*, também chamado *Sermão Perfeito*, tenha sido escrito no segundo ou terceiro século.[28] A versão mais completa é uma tradução latina, mas também há referências ao original grego por outros autores, incluindo Lactâncio, Johannes Laurentius Lydus e Stobæus.[29] Do original grego, intitulado "Discurso Perfeito", temos apenas alguns fragmentos e as citações dos autores, mencionados anteriormente, com as quais podemos comparar a tradução latina. Partes do "Discurso Perfeito" original, escrito em copta, estão contidas na Biblioteca de Nag Hammadi, a coleção de textos gnósticos e Herméticos descoberta em 1945 (*NHC* 6.8). A versão latina do *Asclepius* tem sido creditada a Apuleio, autor de *O Asno de Ouro*, mas isso tem sido objeto de controvérsia. Comparando as traduções latina e copta do original grego, fica claro que a versão latina foi bastante liberal, enquanto a copta se manteve mais fiel ao original.[30] Parece que o *Asclepius* foi o único tratado Hermético conhecido durante a Idade Média.[31]

Embora não faça parte do *Corpus Hermeticum* propriamente dito, o *Sermão Perfeito* (ou o *Asclepius*) é mencionado em *CH 9*, "Sobre o Pensamento e o Sentido", que começa: "Fiz ontem o Sermão Perfeito (*logos*), *Asclepius*". No início do *Sermão Perfeito* (1.1), Hermes Trismegisto diz a Asclépio que vai fazer um sermão piedoso que será "mais piedoso que a piedade da fé [comum]".[32] Esse texto é um diálogo entre Trismegisto (o Três vezes grande) e Asclépio (estudante) que se expande para incluir Tat e Amon, de modo a haver um "grupo sagrado de quatro" reunido no lugar sagrado na "boa presença de Deus – para eles, afundados em reverente silêncio, suas almas e mentes pendendo nos lábios de Hermes, assim o Amor Divino começou a falar".[33] Ninguém mais tem permissão de estar presente a esse ensinamento tão sagrado para evitar profaná-lo compartilhando-o com os muitos que não são dignos.

Nesse sermão, Trismegisto ensina a "Verdadeira Filosofia – o Puro e Santo [Amor]" (14.1);[34] que é Uno e Tudo, e Tudo é Um; que o Cosmos é Um, e sua Alma é Una; que Deus é Uno; que o Cosmos consiste dos Quatro Elementos – Fogo, Água, Terra e Ar; que o Céu governa todos os corpos; e o Sol e a Lua são responsáveis por todo crescimento e declínio. Aprendemos, entre outras coisas, que Júpiter é um deus do princípio como governante do céu; que o Sol é um segundo deus e doador de luz abençoada; e que há 36 "horóscopos" (Decanatos) e sete esferas governadas pela Fortuna e pelo *Heimarmenē* (destino).

Além disso, o *Asclepius* descreve a natureza do mistério sagrado do divino intercurso entre macho e fêmea; as consequências da impiedade e como ela produz um abscesso pútrido que corrói a alma; e como a piedade, o aprendizado e o conhecimento foram dados à humanidade por Deus para que as pessoas possam subjugar a paixão e o vício. Os seres humanos superam os deuses, pois receberam de Deus uma natureza dupla como mortais e imortais, enquanto os deuses são apenas imortais. Os seres humanos, como Deus, podem até se tornar divinos e criar os próprios deuses. Fazem isso à própria imagem, assim como Deus criou a humanidade à sua semelhança. Tais ídolos, então, partilham de duas naturezas e são chamados "animais sagrados", com os poderes do bem e do mal, assim como seus criadores humanos (*Asc. 37*).[35]

Essa habilidade dos seres humanos para criar deuses e ritos teúrgicos como descritos no *Asclepius* representa um exemplo das linhas borradas entre a Hermética técnica e filosófica. O *Asclepius* professa descrever a religião egípcia e os meios mágicos pelos quais as estátuas dos deuses são feitas para ficarem "com alma e consciência, cheias de espírito e fazendo grandes feitos; estátuas que predizem o futuro e o predizem por sorteio, por profecia, por sonhos e por muitos outros meios; estátuas que fazem as pessoas adoecerem e se curarem, trazendo dor e prazer como cada um merece" (*Asc.* 24).[36] Esses deuses são considerados "terrenos", e seu poder é derivado da magia ou correspondência simpática, usando plantas, pedras e especiarias... que têm em si um poder natural de divindade" (*Asc.* 38).[37] Por meio do uso de sacrifícios, hinos, louvores e sons celestiais, os poderes do céu são despertados na estátua ou ídolo.

Hermes compara o Egito à imagem do céu, o "templo do mundo inteiro" (*Asc.* 24).[38] No entanto, apesar do culto santo de seu povo, Hermes faz uma profecia de que o Egito será abandonado pelos deuses e pela humanidade: "Ó Egito, Egito, de teus feitos reverentes apenas histórias vão sobreviver, e elas serão indignas de crédito para teus filhos! Só palavras talhadas em pedra sobreviverão para contar tuas obras fiéis e o cita, o indiano ou algum vizinho bárbaro habitará no Egito" (*Asc.* 24).[39] Uma completa desolação do mundo é descrita, pois tudo sucumbe à total depravação, à instabilidade, à ausência de Deus e à desesperança. Mas Deus vê essa profanação e executa um plano, restaurando o mundo. Expele o mal e o erro por meio dos efeitos purificadores de uma grande conflagração, guerra, praga ou enchente.

Hermes fala da virtude do mundo e do Criador, Júpiter, que governa entre o Céu e a Terra. Descreve uma nova cidade para os lados do Ocidente que será governada pelos "deuses que governam a Terra" (*Asc.* 27), os quais, segundo Mahé e Meyer, serão, provavelmente, os governantes ptolomaicos na cidade de Alexandria.[40] Hermes fala da morte e da dissolução do corpo; quando deixa o corpo, diz ele, a alma é recebida por um grande *daimon* (demônio) que reside entre a Terra e o Céu e foi indicado por Deus como juiz das almas humanas. Esse *daimon* avaliará se a vida da alma foi piedosa ou má. Se foi má, a alma será punida pelo próprio sofrimento eterno, "varrida para a frente e para trás entre o Céu e a Terra nas correntes de matéria" (*Asc.* 28).[41] Tal sofrimento após a morte pode ser evitado por meio da reverência para com Deus e pela união do eu com o Divino, pelo amor que liberta o eu dos laços mortais e instila nele uma confiança permanente na imortalidade. O discurso continua descrevendo os poderes doadores de vida do Cosmos e a natureza da eternidade, do tempo, do *Heimarmenē* (destino), da necessidade e da ordem.

Os Excertos de Estobeu

Incluídos entre os escritos da *Hermética* estão os excertos de João Estobeu, estudioso pagão do século V. Estobeu recolheu os escritos de autores gregos (com notável omissão de quaisquer autores cristãos) e compilou-os para seu filho, preservando alguns escritos altamente valiosos que, de outra maneira, teriam sido inteiramente perdidos.[42] Esses excertos, às vezes chamados "Hermética de Estobeu", assumem a forma de diálogos entre um professor e um discípulo (Hermes e Tat), cobrindo temas como piedade, matéria, tempo, energia e sentimento, providência, necessidade, destino, morte e astrologia. Embora a maioria dos excertos sejam um tanto breves, "A Virgem do Mundo" ou *Koré Kosmou* é, comparativamente, bastante longo e de qualidade diferente dos outros. Esse "discurso mais sagrado" é entregue por Ísis, ou uma representante de Ísis-Sofia, que "derramou para Hórus o doce gole (o primeiro) de imortalidade que as almas costumam receber dos Deuses".[43] Bebendo desse elixir imortal, o recém-nascido Hórus é resgatado da ignorância e da amnésia de mortal limitação e iniciado nos mistérios Herméticos do que está acima e abaixo.

A Biblioteca de Nag Hammadi: Hermética Copta

Embora sejamos muito gratos a Mead pelo incomparável esforço para compilar a sabedoria Hermética e fornecer um comentário valioso do qual nós, como buscadores sinceros da tradição trismegista, podemos todos nos beneficiar, sua pesquisa precedeu a descoberta de um texto muito importante conhecido como "O Discurso sobre o Oitavo e o Nono". O relato a seguir dessa descoberta inicial está resumido na introdução ao livro *The Gnostic Gospels,** de Elaine Pagels.

Em 1945, uma coleção de textos gnósticos foi encontrada por um camponês árabe chamado Muhammed 'Alī al-Sammān no Alto Egito, perto da cidade de Naj 'Hammadi, ou Nag Hammadi na transliteração inglesa. Quando estavam cavando em busca de *sabakh*, solo fertilizante, Muhammed e os irmãos se depararam com um jarro de barro vermelho, dentro do qual havia 13 livros de papiro amarrados com tiras de couro. Muitas páginas seriam queimadas pela mãe de Muhammed, que não percebendo o que eram usou-as para acender um fogo. As páginas restantes foram, por fim, vendidas no mercado negro do Cairo e acabaram chegando às mãos do governo egípcio, que comprou um códice e enviou outros dez e meio restantes para o Museu Copta do Cairo. O décimo terceiro códice foi enviado, em grande parte, para os Estados Unidos e, mais tarde, adquirido pela Fundação Jung em Zurique, a mando do professor Gilles Quispel. Quispel, reparando que estavam faltando algumas páginas, viajou para o Museu Copta do Cairo e começou a juntar as peças. Sua pesquisa dos textos revelou que um deles era, de fato, o Evangelho apócrifo de Tomé, com muitas passagens semelhantes às do Novo Testamento, mas com diferentes significados. Também identificou o Evangelho de Filipe e o *Apocryphon* (ou livro secreto) de João. Esse volume era um dos 52 que

* *Os Evangelhos Gnósticos*. São Paulo: Cultrix, 1990 (fora de catálogo).

haviam sobrado da descoberta inicial de Muhammed. Quispel datou esses textos de cerca de 140 d.C., mas eles foram considerados traduções coptas de textos ainda mais antigos.[44] Incluído nessas 52 obras havia o texto Hermético "O Discurso sobre o Oitavo e o Nono", até então desconhecido entre o que havia sobrado do *Corpus*. Esse importante texto fornece um vislumbre dos aspectos visionários e experimentais da prática Hermética a serem discutidos mais à frente.

"A Prece de Ação de Graças" é uma oração relativamente breve encontrada no códice seis da Biblioteca de Nag Hammadi e serve de epílogo ao "O Discurso sobre o Oitavo e o Nono". No entanto, originalmente, era uma oração específica para ser usada conforme necessário ou anexada a outros textos. Em uma de suas versões, conclui o *Asclepius* latino e também foi o final de uma coleção de escritos mágicos gregos do "Papiro Mimaut".[45] Na conclusão de "O Discurso sobre o Oitavo e o Nono", a "Prece de Ação de Graças" é uma confirmação da iniciação recebida e uma súplica para servir de suporte à gnose. Termina com uma nota instrutiva que descreve os participantes concluindo a oração, abraçando-se e sentando-se para compartilhar uma refeição "sem sangue" ou "sem carne" (*NHC* 6.7).[46]

O "Excerto de O Discurso Perfeito" (Nag Hammadi códice 6) é um excerto copta de "O Discurso Perfeito" original, do qual só alguns fragmentos – traduzidos para o grego – se conservam. Como previamente discutido, o *Asclepius* latino é uma tradução completa, embora um pouco menos precisa de "O Discurso Perfeito". Esse excerto se correlaciona com as seções 21-29 do *Asclepius* latino e, como tal, compartilha, com seu tom inteiramente diferente, do tratado "Poimandres" e até mesmo alguma coisa de outros textos Herméticos da Biblioteca de Nag Hammadi. Como as seções correspondentes do *Asclepius*, esse excerto descreve os mistérios sexuais, o papel da piedade, a superioridade da humanidade perante os deuses e os poderes de criar deuses e a previsão da desintegração do Egito. A literatura apocalíptica e de pesar relativa à morte do Egito não é exclusiva desse tratado, e podemos seguir suas raízes até tão longe quanto o primeiro período intermediário (2190-2070 a.C.), com as *Lamentações de Ipou-our,* que recorda os dias mais felizes de um passado egípcio, e a *Profecia de Neferti*, em 2000 a.C., que descreve uma profecia apocalíptica e uma subsequente restauração, como nosso discurso.[47]

Fragmentos

Muitos fragmentos de escritos Herméticos foram preservados nos escritos dos primeiros pais da igreja: o apologista cristão Justino (*Iustinus*) Mártir, Atenógoras, Clemente de Alexandria, Tertuliano, Cipriano, Arnóbio, Lactâncio, Agostinho, Cirilo de Alexandria e Suidas. Outros fragmentos são encontrados nas obras dos filósofos Zózimo, Jâmblico, Juliano, o Imperador, e Fulgêncio, o Mitógrafo. Clemente de Alexandria chegou a documentar uma procissão egípcia inteira, envolvendo vários participantes, e 42 livros de Hermes.[48]

2

Thoth e as Antigas Raízes Egípcias da Tradição Hermética

Você sabe, Asclépio, que o Egito é uma imagem do céu ou, para ser mais preciso, que tudo governado e movido no céu desceu ao Egito e foi transferido lá? Se a verdade fosse contada, veriam em nossa terra o templo do mundo inteiro.

– Hermes, da *Hermética*, de Brian Copenhaver

SE A TRADIÇÃO HERMÉTICA FOSSE conceitualizada como uma árvore crescendo no tempo, suas raízes se encontrariam na "terra negra" do Antigo Egito, seu tronco, na era helenística da cultura greco-egípcia, e seus ramos seriam vistos se estendendo ao longo dos séculos, abrangendo toda a Tradição Esotérica Ocidental e todas as suas expressões ocultas e metafísicas. Vista de cima, a árvore é um círculo – seus vários níveis percebidos como um todo, desde as antigas raízes pagãs até os ramos de crescimento recente que surgem à medida que o Hermetismo continua a evoluir.

As raízes do Hermetismo e da Tradição Esotérica Ocidental, embora profundamente entrelaçadas com o gnosticismo e o cristianismo primitivo, são anteriores a essas religiões e remontam ao período pré-dinástico do Egito. Desde cerca de 6000 a.C., o mítico fundador da arte Hermética, conhecido como o deus egípcio Thoth, já estava sendo adorado. Foi Thoth, deus da escrita, da sabedoria e da magia, que inicialmente transmitiu os ensinamentos Herméticos à humanidade. Como previamente mencionado, essa divindade, cultuada desde os tempos mais antigos, acabou, mais tarde, sendo identificada com o grego Hermes durante a fusão helenista das culturas grega e egípcia.

No "discurso extremamente sagrado" da *Hermética*, "A Virgem do Mundo" ou *Koré Kosmou* (*Stob. 23*), Ísis descreve a Idade de Ouro antes de a humanidade existir sobre a Terra, quando havia somente os deuses gerados pelo Criador, imortais, mas ainda imersos no mistério da criação, não iluminados e sem o conhecimento de Deus. Então Deus, desejando iluminar sua criação e ser conhecido, soprou nos deuses, ou homens divinos, o desejo e o poder de conhecê-lo.[1] Entre esses deuses, existiu um ser onisciente chamado Hermes, que detinha o conhecimento divino e o poder de transmiti-lo; ele o gravou em pedras e o escondeu para que as épocas viessem buscá-lo. Hermes recitou um feitiço para tornar os livros de sabedoria "invisíveis, impossíveis de serem encontrados por todo aquele cujo pé tivesse pisado as planícies desta [nossa] terra, até que o velho Céu produzisse para nós instrumentos de encontro que o Criador chamasse de almas".[2] Assim, os livros estão escondidos na alma e só podem ser recuperados por meio da gnose.

Thoth, também chamado *Tehuti* ou *Djehuti*, é, muitas vezes, retratado como um homem com a cabeça de uma íbis usando uma Lua Crescente e um disco, ou, às vezes, como um babuíno com cabeça de cachorro (uma assimilação do antigo deus Asten).[3] A derivação do nome *Tehuti* é *tehu*, palavra egípcia para íbis, mais o sufixo *ti*, que significa "aquele dotado dos sagrados poderes da íbis". Outra derivação para o nome *Tehuti* vem da palavra *tekh*, significando "peso", representado pelo signo do coração. A íbis era desenhada pelos egípcios onde a palavra *coração* pudesse servir de referência, talvez aludindo a Thoth como aquele que preside a pesagem do coração em *O Livro Egípcio dos Mortos*.

Equilibrando-se em quietude meditativa sobre uma perna, a íbis é uma ave aquática e pernalta: fica entre mundos. Posicionada sobre uma perna esbelta, a meio caminho sobre a água, as garras afundando no submundo lamacento, a íbis permanece atentamente focada e aguarda sua presa. É uma criatura em contato com as profundezas de um instinto de caçador, mas também dotada de asas para escapar para os céus. No Antigo Egito, a íbis branca era considerada a íbis sagrada (*ibis religiosa*) e a encarnação física de Thoth. Essas aves eram, com frequência, mumificadas e postas em tumbas na necrópole de Hermópolis, cidade também conhecida como *Khmunu/Khemmenu* (a moderna Al-Ashmūnayn no Alto Egito), onde Thoth era cultuado. A íbis de crista enfeitada era usada como hieróglifo significando "estar radiante" e também como metáfora para a transfiguração, sugerindo os poderes de iluminação e de transformação de Thoth.[4]

Thoth era um deus autogerado e o Criador do mundo, emergindo sobre uma flor de lótus na aurora dos tempos; criado pelo poder da palavra articulada, foi também o inventor da fala. Era o "coração de Rá", deus do Sol, defendendo sua barca solar e recuperando seu olho quando ele escapava. E como recompensa Rá criou a Lua para Thoth. Assim, Thoth está associado ao Disco Branco da Lua como "governador dos deuses das estrelas vivas" ou "Touro entre as Estrelas". Com o movimento da Lua e das estrelas, Thoth é o "Medidor do Tempo", e a ele é atribuída a invenção da matemática, da astronomia e da engenharia. Como Senhor da Magia, ensinou ao rei Osíris as artes da civilização e ensinou a Ísis os feitiços que ela usou para devolver a vida a Osíris e curar Hórus de suas doenças na juventude. A posição de Thoth como o Grande Mago é derivada, naturalmente, de sua invenção da escrita, pela qual ficou conhecido como Mestre das Palavras de Deus. Seu livro de magia, um texto de 42 volumes que conteria toda a sabedoria do mundo, foi usado em tribunais de justiça na Décima Oitava Dinastia.[5]

Como inventor da escrita, Thoth foi o escriba ou mensageiro dos deuses. Por isso, ao entrar em contato com os egípcios, os gregos o identificaram com seu próprio deus, Hermes, que teria sido um sábio antigo a quem era atribuída a escrita de doutrinas sagradas sobre magia, alquimia, astrologia e filosofia. Hermes também compartilhava uma associação lunar com Thoth, e o papel de Thoth como protetor de Osíris e guia aos falecidos estava relacionado a Hermes como condutor de almas.[6] Os dois deuses passaram por um processo de sincretismo e foram cultuados em conjunção no período helenista no Templo de Thoth em Khemmenu. O nome *Hermes Trismegisto* ou "Hermes, o Três Vezes Grande" foi usado para indicar seus poderes polivalentes e os três princípios ubíquos na Natureza (Corpo, Mente e Alma), ou os três níveis da Natureza (mineral, vegetal, animal). Pode também se aplicar aos três aspectos personificados de Hermes, que são o

Figura 2.1. Antiga divindade egípcia Thoth. Alto-relevo do Templo de Ramsés II (1279-1213 a.C.), Abydos. Cortesia de Olaf Tausch e Wikimedia Commons.

Mercúrio romano, o Hermes grego e o egípcio Thoth. Como o deus romano Mercúrio, ele é o mensageiro dos deuses com pés alados transportando mensagens entre o reino da humanidade e o reino dos deuses, o que significa dizer entre os aspectos mais elevados e mais baixos da Mente.

TRANSMISSÃO EGÍPCIA

Os antigos ensinamentos Herméticos egípcios originalmente se difundiram para a Grécia por meio dos filósofos que faziam expedições ao Egito para serem iniciados nos mistérios, incluindo Orfeu, Demócrito, Platão, Pitágoras e Eudoxo. Entre os primeiros deles, estava o mítico e encantador Orfeu (ca. 725-675 a.C.), a quem é atribuída a escrita dos hinos órficos. Diodoro nos conta que Orfeu viajou para o Egito e teria grande influência no desenvolvimento da cosmogonia órfica, na qual Dionísio, deus agrário da morte e do renascimento, como o egípcio Osíris, desempenhava papel essencial.[7] Um pouco mais tarde, Pitágoras de Samos (ca. de 570-495 a.C.), filósofo grego pré-socrático, tendo viajado pela Fenícia e recebido iniciação nos mistérios de Byblos e Tyre, viajou para o Egito, onde esses ritos sagrados tiveram origem, mergulhando na sabedoria dos sacerdotes egípcios. O filósofo neoplatônico Jâmblico (ca. 242-325 d.C.), discípulo de Porfírio, afirmou que as filosofias de Platão e Pitágoras foram desenvolvidas com base nos "antigos pilares de Hermes".[8] Plutarco escreve que Pitágoras copiou os símbolos e os ensinamentos ocultos egípcios, e, em consequência disso, seus ensinamentos refletem os enigmáticos escritos hieroglíficos.[9] Grande parte de sua vida, vinte e dois anos, segundo Jâmblico, foi passada entre os templos do Egito estudando geometria, astronomia e sendo iniciado nos mistérios antigos, passando depois outros doze anos de estudo na Babilônia, antes de retornar a Samos.[10] Como um testamento à iniciação Hermética de Pitágoras, ele é elogiado por ter "um dom de Deus e de Sabedoria maior que o concedido a qualquer um depois de Hermes", e é descrito como "discípulo dos discípulos pela graça do três vezes grande Hermes"[11] na *Turba Philosophorum* (Assembleia dos Filósofos), tratado árabe de discurso filosófico e alquímico (ca. de 900 d.C.).[12]

Acreditava-se também que Platão (ca. 428-427–348-347 a.C.), que foi muito influenciado por Pitágoras, Heráclito, Parmênides e Sócrates, tinha viajado para o Egito. A influência pitagórica está evidenciada em suas ideias relativas à imortalidade, ao orfismo e na atenção à matemática e à música.[13] Os escritos da *Hermética* lembram profundamente a obra de Platão, em particular seu *Timeu*, sendo depois um tanto modificados pelas filosofias dos estoicos.[14] Escrita, ao que tudo indica, por pitagóricos e platonistas, a *Hermética* está imbuída dos ensinamentos dos antigos sacerdotes egípcios como transmitida por meio desses filósofos gregos.

Mead, citando a obra de Reitzenstein, aponta a relação entre a cosmogênese apresentada no tratado "Poimandres" (*CH* 1) e uma inscrição egípcia datada do século VIII a.C.[15] Contudo, a própria inscrição declara que foi reproduzida de um texto ainda mais antigo do templo de Ptah em Mênfis. O mito de Osíris é identificado na inscrição, porém a figura principal é Ptah, o Grande, o "coração e língua do círculo divino", também identificado com "Thoth, o Sábio". Como Demiurgo e Poder Criativo, o nome de Ptah foi anexado à Ogdóade, grupo de oito divindades que emanam do único Deus Supremo, Atum. Isso é comparável com as oito esferas dos "Poimandres". A inscrição representa um sincretismo inicial de Atum-Ptah-Thoth e a concepção de Deus como pluralidade de oito emanações, o "círculo divino".

Na comparação feita por Mead dessa inscrição egípcia anterior com o "Poimandres", Thoth, que completa a ordem do Cosmos e é então corrigido (unificado) com Ptah, é o *logos* do "Poimandres", que completa o ordenamento cósmico e é então unificado com a Mente Demiúrgica. Em sua estimativa, afirma Mead, a semelhança dessas concepções cosmológicas é demasiado forte para ser considerada mero acaso, e os escritos Herméticos do *Corpus Hermeticum*, em particular o "Poimandres", estão definitivamente enraizados no Antigo Egito.[16]

Houve, é claro, outras influências na *Hermética*, como o Livro do Gênesis mostrando influência judaica em *CH* 1 e *CH* 3, embora haja pouco mais para sugerir que os judeus tiveram grande influência no *Corpus*.[17] Nem o cristianismo parecia ter muita coisa a ver com a *Hermética*, e, de fato, onde os cristãos são mencionados (*Asc.* 3), os comentários sobre eles são hostis.[18] Além disso, embora possamos encontrar as raízes do Hermetismo nos solos do Nilo, não sabemos onde a semente da qual elas brotaram possa ter se originado. Talvez a semente seja encontrada na lendária cidade de Atlântida, sobre a qual Platão escreve em *Timeu e Crítias*. Nos círculos contemporâneos da Nova Era, há histórias relativas a Thoth, "o atlante", que atribuem sua existência como pessoa viva – rei sacerdote – a essa cidade mítica. Como os anteriormente mencionados primeiro e segundo Hermes descritos por Mâneto, os árabes também descreveram o "primeiro" Hermes que viveu antes do Dilúvio. Foi o primeiro astrólogo e preservou a antiga ciência da destruição, gravando-a nas paredes do templo de Akhmim.[19]

Se considerarmos que Thoth é a Mente, então seus ensinamentos têm estado conosco desde o começo sob uma forma ou outra. Seja como for, vemos que os mistérios egípcios permeavam a Grécia pré-clássica e clássica, influenciando de maneira profunda os filósofos da época. Os ensinamentos de Hermes, então, desempenharam papel importante nos períodos helenístico e romano, experimentando um ressurgimento nas filosofias do neopitagorismo, do platonismo médio e do neoplatonismo durante a Renascença.

3

O Tronco Hermético

Períodos Helenístico e Romano

Se nos elevamos além de nós mesmos, como imagem se elevando ao seu modelo, atingimos o objetivo de nossa jornada.

– Plotino

ASCENDENDO DAS PROFUNDEZAS das raízes do Hermeticismo no Antigo Egito, levantamo-nos para encontrar o tronco de nossa árvore se formando no mundo helenístico. Após a morte de Alexandre, o Grande, em 323 a.C., e se estendendo até a Batalha de Áccio em 31 a.C., o período helenista foi uma confluência de diferentes culturas, religiões e filosofias, visto que a cultura helênica (grega) se espalhou do Mediterrâneo Oriental para o nordeste da África, a Pérsia, a Mesopotâmia e o sul da Ásia. O reino da Macedônia estabelecido pelas conquistas de Alexandre incluía três poderosas dinastias: os ptolomeus (Egito), os selêucidas (Síria e Pérsia) e os antigônidas (Grécia e Macedônia). Nessas dinastias, egípcios, caldeus (babilônios e assírios), sírios e persas, asiáticos e gente de outras culturas se misturaram ao que era o "caldeirão" original. Foi um tempo de experimentação e mudança nas áreas da filosofia, magia, religião, ciência, arte, literatura e política. Reis governavam com autoridade absoluta e extremamente preocupados em acumular riquezas de todo o mundo helenista, bem como da Índia e do Extremo Oriente. Como para exibir sua riqueza, bancaram a construção de grandes museus, palácios, jardim zoológicos, obras de arte e escultura e criaram bibliotecas, entre as quais se inclui a renomada Biblioteca de Alexandria.

Cidades multiculturais, como Alexandria, tornaram-se pontos de encontro para diferentes ideologias. Essa mistura de culturas teve, no entanto, implicações positivas e negativas. Os gregos, embora dominantes e detentores de uma visão superior de si mesmos como acima dos "bárbaros",[1] eram imigrantes superados em número pelos efetivos das populações indígenas locais. A segregação, tanto social quanto cultural, foi incorporada aos reinos helenísticos. Tensões entre grupos étnicos estavam em evidência, e foi negada cidadania aos não gregos, que tiveram de viver em áreas separadas.[2] Assim como em nossa época, porém, entre os conflitos inter-raciais, desigualdades de classe e o racismo inerente de sistemas sociais e políticos, houve quem aproveitasse a oportunidade multicultural para expandir a compreensão humana da natureza, do Cosmos e do relacionamento da humanidade com Deus.

SINCRETISMO HELENÍSTICO

Durante o período helenístico, os deuses gregos foram sincretizados com os deuses egípcios, muitas vezes por razões políticas e sociais, às vezes lhes dando maiores potencialidades e poderes, às vezes os despojando de sua prévia autoridade. Daí surgiu o deus greco-egípcio Hermanúbis, uma combinação dos psicopompos gregos Anúbis e Hermes. Osíris veio a ser identificado com o deus grego Dionísio (o Baco romano) para se tornar Dionísio-Osíris ou Osíris-Dionísio, um sincretismo excepcional dos deuses moribundos no Egito ptolomaico. Serápis foi uma fusão de Osíris e Hápi (o touro Ápis), cujo culto centrado nos Ptolomeus recebeu os atributos do Zeus grego, de Esculápio, de Dionísio, de Plutão e de Cronos. Aprendemos com Tácito que Serápis foi introduzido por Ptolomeu I Sóter em Alexandria, onde adquiriu poderosa influência por servir a propósitos religiosos oficiais.

A mitologia babilônica também foi introduzida aos gregos nessa época, assim como as crenças zoroastristas dualistas e até mesmo, até certo ponto, o budismo.[3] Os babilônios causaram impressão formidável nos gregos, em particular no que diz respeito a assuntos relacionaidos à astrologia e à magia. A mente grega estava madura para receber essa sabedoria, impressionada pela antiguidade dos registros sacerdotais babilônicos e por sua capacidade de prever eclipses. Foi, no entanto, a religião egípcia que causou o impacto mais profundo sobre a teologia helenística, como evidenciado pela extensão em que a religião egípcia é citada na literatura grega, ao contrário das poucas referências feitas às religiões babilônica, persa ou síria.[4]

Essas duas influências primárias, egípcia e caldeia, diferiam de modo importante. Enquanto a religião egípcia se concentrava basicamente na vida após a morte e nos rituais e feitiços aos moribundos, os babilônios colocavam mais ênfase na aplicação de sua magia, astrologia e adivinhação para garantir prosperidade e bem-estar nesta vida. Na era helenística, o Hermetismo situava-se nas encruzilhadas de três culturas primárias: grega, egípcia e caldeia. Os antigos ensinamentos de Hermes chegaram como filosofia mística e prática religiosa unificadoras, ou rito de iniciação, que naturalmente abarcava o raciocínio filosófico da mente grega, a preparação para a vida após a morte, como cultivada pelos egípcios, e a abordagem teúrgica para a melhoria da vida da pessoa no aqui e agora, como praticada pelos babilônios.

FILOSOFIA HELENÍSTICA

Os filósofos do período helenístico se preocupavam menos com a política que os filósofos do período anterior, quando as cidades-Estados cederam aos reinos macedônicos. Para a pessoa média, era a vida privada que predominava sobre o que era público e político, e as filosofias da época davam atenção às preocupações de uma população mais ampla. As filosofias de Platão e Aristóteles representavam os afluentes e politicamente envolvidos, sendo a questão básica como criar um bom Estado.[5] No período helenístico, porém, as indagações assumiram natureza mais pessoal, discutindo como a pessoa poderia aspirar ao virtuosismo e à felicidade em um mundo de depravação e sofrimento.[6]

Das quatro escolas filosóficas que surgiram no período helenístico – estoicismo, epicurismo, cinismo e ceticismo –, foram os estoicos que se alinharam mais de perto com a escola de pensamento Hermético que então se desenvolvia. O conceito estoico do *logos* foi de primordial importância na teologia helenista e no Hermetismo. Os princípios ativo e passivo do Universo, respectivamente nas formas de Deus e da Natureza, são facilmente reconhecíveis no pensamento Hermético. De acordo com Zenão de Cítio (ca. 336-264 a.C.), fundador do estoicismo, o Universo era governado por leis naturais, tendo todas as coisas emergido do fogo e retornado a ele em uma conflagração cósmica, já que o processo de criação e destruição se repete continuamente por toda a eternidade.[7]

O *logos*, sendo o princípio ativo, ou a razão e a mente de Deus, estava relacionado a Thoth e a Hermes, o "coração" e a "língua" de Rá e do Mundo Criativo.[8] Por outro lado, Nehe-maut era a personificação da natureza (substância, matéria), o princípio passivo continuamente criado e destruído. Juntos, Thoth e Nehe-maut mantêm a ordem cósmica e a lei universal.[9] Deus, estando integrado com a totalidade da natureza e presente em todo o tecido do Cosmos, não estava separado do mundo, em comparação com a teologia cristã e os conceitos aristotélicos de Deus como ser incorpóreo ou motor primário (*primum movens*).[10]

O filósofo judeu helenístico Fílon de Alexandria foi influenciado pelo platonismo, pelo neopitagorismo e pelo estoicismo, embora não se filiasse a nenhuma filosofia em particular.[11] Para ele, o *logos* era como a faculdade criativa de Deus em que as polaridades se expressavam enquanto Deus existia em unidade.[12] A filosofia estoica, entretanto, não via distinção entre o *logos* e a transcendência de Deus. Essa perspectiva materialista afirmava que alcançar a virtude é estar em harmonia com a natureza, tendo sua vontade alinhada com causas naturais. Independentemente de quais males e atrocidades possam nos atingir, é possível manter nossa virtude, que é o único bem, pois a virtude é derivada da vontade que está em harmonia com a natureza.[13]

O PERÍODO ROMANO: NEOPITAGORISMO, PLATONISMO MÉDIO E NEOPLATONISMO

O neopitagorismo, começando no século I a.C. e florescendo no primeiro e segundo séculos d.C., coexistiu com o médio platonismo, cada um influenciando o outro e desempenhando papel proeminente na continuação e evolução do pensamento Hermético. De particular importância a esse respeito foram os conceitos neopitagóricos em torno do simbolismo numérico, a Mônada (relativa à filosofia estoica) e a Díade (relativa à filosofia platônica), os preceitos morais contidos nos *Versos Áureos*, o ser humano como microcosmo e a imortalidade da alma. Apolônio de Tiana (16-100 d.C.), Fílon de Alexandria (ca. 30 a.C.-45 d.C.) e Plutarco de Queroneia (ca. 45-125 d.C.) são exemplos notáveis dos platonistas médios.

Plutarco compreendia todas as religiões de seu tempo como diferentes expressões de uma eterna verdade, que ele demonstrou pelo uso da alegoria em *De Iside et Osiride* ("De Ísis e Osíris"), importante texto de sincretismo greco-egípcio ao qual devemos grande parte de nosso conhecimento do mito de Ísis e Osíris. O *logos* era comparado por ele tanto à mente transcendente de Deus quanto ao corpo imanente de Osíris, ciclicamente desmembrado por Tífon e reconstruído por Ísis.[14] A versão órfica disso nos é dada por Macróbio, quando ele se refere a Dionísio como o "Intelecto Colorido", "que, após seu nascimento do Indivisível [Mente], é ele próprio dividido em [mentes] individuais".[15]

O neoplatonismo formou-se como uma filosofia místico-religiosa da sincretização das filosofias platônicas e gnósticas, cristãs, judaicas, com influências Herméticas pagãs. Começou por volta do início do século III com o filósofo Amônio Saccas (175-242 d.C.) em Alexandria, onde ele abriu uma escola filosófica em 193 d.C. Tudo, no entanto, que sabemos sobre o neoplatonismo chega a nós não por meio de Amônio, mas de seu aluno Plotino (205-270 d.C.), e, com relação a Plotino, temos de confiar nos escritos de seu aluno Porfírio (234-305 d.C.), que compilou, mais tarde, suas obras em *Enéadas*.

Plotino nasceu no Egito e estudou em Alexandria, onde morou até os 39 anos de idade. Após uma breve e fracassada expedição com o imperador

Gordiano III contra os persas, a que Plotino se juntou graças à vontade de estudar religiões orientais, acabou em Roma, onde se fixou e começou a ensinar suas filosofias. Porfírio, ao editar e organizar os escritos de Plotino, acrescentou uma influência bem mais pitagórica ao neoplatonismo, introduzindo a ele teor mais sobrenatural.[16]

O ensinamento metafísico mais fundamental de Plotino é seu conceito da sagrada trindade, que forma um sistema de emanação da Fonte e uma aspiração de retorno a ela, um transbordamento da Divindade como de tudo que há na Existência e um influxo da Existência de volta à Divindade. Essa trindade é constituída de três "Hipóstases",* como ele as chama querendo se referir aos princípios básicos. Esses são, com frequência, relacionados às três "Pessoas" (Primeira, Segunda e Terceira Pessoa) da Trindade cristã, embora, ao contrário da Trindade cristã, elas sejam enviadas do Um Supremo e depois comecem a descer níveis de proeminência.[17] Primeiro vem o Uno, depois o *Nous* e a Alma. Plotino admite que essa tríade hipostática não é uma nova concepção, e a triplicidade de Platão foi a primeira fundamentação da ideia na Antiguidade.

Essencial para a filosofia neoplatônica era a imortalidade da alma, que existe como emanação do Uno transcendente. Esse Uno não tem limites, não tem movimento nem um começo, mas emana do Cosmos, vindo do transbordamento do próprio esplendor. Surge, assim, a Inteligência, imagem do Uno existente no reino inteligível como unidade e multiplicidade. A alma, dentro da qual estão as muitas almas, é nascida da Inteligência. Do Um, de seu Ser sem esforço, emanam várias esferas, cada qual cada vez menos perfeita e dividida, terminando com a esfera mais distante da Fonte, que se manifesta como o mundo material e sua extrema diferenciação. É aqui que a alma humana se encontra em estado decaído, separada de sua Fonte e tendo adquirido, na descida ao corpo e na passagem pelas esferas, várias qualidades irracionais. Ainda na concepção de Plotino, cada alma individual tem uma parte terrena que a atrai para baixo, para o mundo Sensível, e uma parte superior dirigida para o Inteligível.

Ao Supremo, à Fonte ou à Divindade, de onde emana a existência, Plotino chamou "o Único", "o Bom" ou o "Primeiro Existente". É também às vezes chamado

* Supostas naturezas essenciais. (N. do T.)

"Deus", às vezes "o Pai", "o Simples", "o Absoluto", "a Transcendência", "o Infinito" ou "o Incondicionado". Não há muito a ser dito sobre isso, porque desafia a linguagem humana explicar. Embora onipresente, está ao mesmo tempo em lugar nenhum para ser encontrado. Transcende o Todo, e essa Transcendência vai até mesmo além do papel do Criador, pois esse papel de Causa Primeira pertence a um nível de existência inferior à existência do Um. O Cosmos, no entanto, emerge como um ato de geração sem esforço do Uno, que é ele mesmo inefável e se experimenta apenas como si mesmo. Essa geração gera a Segunda "Hipóstase" (Pessoa) da Divina Trindade.[18]

A Segunda Pessoa é aquela que Plotino chama Nous, que tem sido chamada Mente Divina, Inteligência Divina ou Percepção Divina, além de Princípio Intelectual, por Stephen MacKenna, na sua tradução de *Enéadas*. Nous, como a Divina Mente do Primeiro, representa o primeiro ato expressivo do Um, por meio do qual o Um agora se percebe como Outro. Em essência, Nous é a visão do Um. É o primeiro princípio verdadeiro que representa a Díade porque está dividido dentro de si, dá lugar à dualidade e a uma multiplicidade de formas. Esse é o reino dos pensamentos ou das ideias espirituais, ou dos deuses menores, das Inteligências e dos arquétipos, dos anjos e dos espíritos, e do Cosmos inteiro em forma de pensamento ideal.

O Intelecto Divino, ou Nous, é organizado em pensamentos ou Formas, de onde emerge a Alma, a Terceira Pessoa, quando o Nous é capaz de realizar seu pensamento, o que significa dizer que é capaz de criá-lo. A Criação, portanto, embora enraizada no Um como Fonte, é o ato de Nous. As Terceiras Hipóstases (Pessoas) da Tríade Divina são chamadas por Plotino de "Tudo-Alma", "Alma Universal" ou "Alma do Todo". Enquanto a Segunda Pessoa é a imagem da Primeira, a Terceira é a imagem da Segunda, a do "Divino Intelecto". Em outras palavras, "alma é um enunciado do Princípio Intelectual",[19] enquanto Natureza é o resultado do ato criativo da Alma.

A Alma sopra vida em todas as criaturas vivas, em todas as estrelas e até mesmo no Sol. As coisas podem ir e vir deste mundo de acordo com a Alma e para onde ela pode ir, mas a Alma é eterna e não pode abandonar a si mesma.[20] Além disso, é o objetivo, ou desejo inato, da Alma retornar às origens no Supremo, no Uno e no Primeiro, para colocar-se na união com o Bem. Plotino aconselha uma abordagem dupla para a Alma ser devolvida às origens: primeiro, mostrar a ela as coisas que considera honroso desonrar; segundo, ensinar a ela ou lembrar-lhe seu valor. Ele acrescenta que a lembrança do verdadeiro valor da Alma tem precedência e, quando percebida, ilumina o baixo valor das coisas neste mundo.[21]

Sobre a questão de como as Segundas Hipóstases podem ter surgido do Supremo Um, Plotino enfatiza a imobilidade do Supremo, comparando a autoemanação do Uno com as emanações do Sol. Embora gere uma aura de emanações brilhantes que fluem dele de maneira incessante, a "mesmice"[22] do Sol permanece inalterada, e o mesmo acontece com a radiante geração do Uno.[23] Do mesmo modo, essas emanações nunca estão verdadeiramente separadas do Um, mas só no sentido de serem distintas dele. Se a Alma busca conhecer a si mesma e suas origens, olha para trás ou para dentro pela "cadeia do ser" para perceber a Mente Divina, o Nous ou o Princípio Intelectual. Em seguida, por meio da mediação desse princípio, a Alma pode vislumbrar o Um.[24] Como apontado por Paul Henry em sua introdução à tradução de MacKenna, não apenas o sábio do neoplatonismo é uma "mônada" na busca da felicidade por meio da busca de Deus, mas a própria salvação já foi alcançada. Isso é latente dentro da alma, de modo que o sábio só precisa se voltar para dentro e perceber seu verdadeiro ser.[25]

HERMETISMO NA IDADE MÉDIA E NO RENASCIMENTO

O Hermetismo e o cristianismo foram reconciliados pelos primeiros pais da igreja e apologistas cristãos, que viam Hermes como profeta do Cristo. Apontaram para o Supremo Um, residindo acima dos deuses menores, como evidência de que o Hermetismo era monoteísta, apesar da aparência politeísta. Outros escritores cristãos, no entanto, em particular Agostinho, condenaram o Hermetismo como idolatria pagã, indicando especificamente o *Asclepius* e seus trechos sobre demônios, que revelavam as crenças errôneas e heréticas dos Hermetistas.

Costuma-se declarar que o Hermetismo era relativamente desconhecido na Idade Média, e o *Asclepius,* o único texto Hermético conhecido na época. No entanto, como aponta Florian Ebeling, isso não é de todo exato. Outros textos, como o *Livro dos 24 Filósofos* e vários escritos sobre astrologia atribuídos a Hermes, também circulavam nesse período.[26] No entanto, a influência do Hermetismo foi menos proeminente na Idade Média do que tinha sido antes. O que vemos nessa época é uma rica tradição de astrologia, magia e alquimia, grande parte da qual poderia ser considerada Hermética técnica. Literatura Hermética foi transmitida e traduzida em grande parte pelos árabes, desde seu assentamento no Egito no século VII e, mais tarde, no século XIV, introduzida na Alemanha.[27]

Com a ascensão do humanismo durante o Renascimento, o interesse pelo neoplatonismo e pelo Hermetismo se espalhou na Europa. Tem sido tendência geral na historiografia do Hermetismo atribuir as traduções latinas de Ficino do *Corpus Hermeticum*, Platão e Plotino à crescente popularidade do Hermetismo durante esse período. No entanto, Wouter J. Hanegraaff (2018) afirma que essa ideia amplamente difundida, iniciada com Frances A. Yates, foi desacreditada. Sem dúvida, os indivíduos que supostamente estariam no centro dessa tradição – Ficino, Pico della Mirandola e Giordano Bruno – não são hermeticistas, mas orientalistas platônicos, cujos interesses residem nos ensinamentos egípcios, persas ou hebraicos.[28] *Orientalismo Platônico* é um termo que se refere às antigas origens orientais dos ensinamentos de Platão relativos à salvação da alma. Hanegraaff escreveu que o Orientalismo Platônico tinha várias formas: zoroastrista (persa), mosaico (hebraico) e Hermético (egípcio).[29] Ao que parece, o próprio Ficino aderiu à fonte zoroastrista do Orientalismo Platônico.[30]

Ludovico Lazzarelli (1447-1500) e seu mestre espiritual Giovanni da Correggio (ca. 1451 a pós-1503) estiveram no centro da tradição Hermética que floresceu no Renascimento.[31] Lazzarelli, que estava mais focado em Hermes e na Bíblia que em Platão, traduziu uma série de textos Herméticos e escreveu o próprio diálogo Hermético cristão chamado *Crater Hermetis*. Essa última obra teve influência profunda sobre Henrique Cornélio Agrippa, em particular a doutrina de Lazzarelli da "deificação através da gnose", que postula que atingir o verdadeiro conhecimento deifica o ser humano e permite que ele compartilhe o poder criativo de Deus.[32]

No século XV, a Nova Academia Platônica de Florença foi o epicentro de um renascimento dos ensinamentos Herméticos e das antigas filosofias pagãs. Durante esse período, a ideia de uma filosofia universal ou perene (*pansophia* ou *philosophia perennis*) que pudesse ser rastreada até os antigos e seu legado de sabedoria cativou a mente de estudiosos e filósofos. Hermes desempenhou papel essencial nessa filosofia perene. Como suposto autor do *Corpus Hermeticum*, foi considerado contemporâneo de Moisés e, portanto, um dos pais fundadores da tradição judaico-cristã.[33]

Escolas de pensamento oculto, incluindo Hermetismo, Kabbalah judaica,* alquimia, astrologia e *magia* (filosofia da natureza), surgiram em resposta a um interesse crescente por esses assuntos. Estudiosos do sincretismo recorriam a textos antigos, incluindo material das teologias helenísticas e das filosofias do neoplatonismo, do pitagorismo, do neopitagorismo, do gnosticismo, da literatura Hermética e da Stoa, com tendência geral para a síntese. Adicionada a esse corpo existente de material religioso e filosófico estava a descoberta por estudiosos europeus da Kabbalah judaica. Pensadores cristãos interpretaram a Kabbalah com o desejo de harmonizar as duas correntes, dando origem à Kabbalah cristã, uma das correntes do Renascimento Hermeticista que também se tornou conhecida como Cabala Hermética, parte importante da magia renascentista.[34]

A magia Hermética durante o Renascimento foi muito influenciada pelos ritos de criação de deuses descritos no *Asclepius*, bem como em outro livro bastante divulgado de magia Hermética da Idade Média, chamado *Picatrix*, texto clássico de magia filosófica e prática.[35] Ambas as obras foram fontes para o trabalho de Ficino, Pico della Mirandola, Ludovico Lazzarelli, Henrique Cornélio Agrippa, Giordano Bruno e outros. O terceiro livro do *De Vita,* de Ficino, chamado *O Livro "Sobre Obter Vida dos Céus",* é seu maior trabalho mágico, onde ele descreve a magia simpática que atrai para o mundo material a essência espiritual dos reinos superiores.[36] Pico, proeminente estudioso judeu, levou ainda mais longe a magia natural de Ficino com a magia da Kabbalah Hermética, magia prática e teológica que foi de grande importância para a evolução da magia Hermética e do Qabalismo nos séculos seguintes, inclusive nas obras de Agrippa, Johannes Trithemius e John Dee, entre muitos outros.

---

* No contexto do misticismo judaico, usaremos esta grafia de Cabala, diferenciada de Qabala, como é usado em outros contextos ao longo deste livro e que se refere à tradição ocultista que evoluiu da Kabbalah Judaica e da Kabbalah Hermética, como aqui descrito. (N. da A.)

Esforços para harmonizar diferentes tradições estavam no coração do Hermeticismo da Renascença, em particular nas tradições egípcias, cristãs, judaicas e gregas. Faivre sugere que essas várias tradições foram pensadas como teclas em um instrumento musical que poderia ser tocado para evocar harmonias de sabedoria[37]; ele chama esse movimento sincrético de "Hermetismo neoalexandrino", que se desenvolveu em paralelo com a Kabbalah Cristã, o paracelsianismo e a tradição alquímica, a *philosophica occulta* e a teurgia, o pensamento Rosa-Cruz e a Teosofia Cristã.[38]

INÍCIO DO PERÍODO MODERNO

No início do século XVII, a antiguidade e a validade dos ensinamentos Herméticos foram questionadas com o trabalho do calvinista Isaac Casaubono, que, em 1614, revelou que os escritos Herméticos se originaram nos primeiros três séculos da era cristã e seriam pouco mais que recitações de fontes platônicas e bíblicas.[39] Casaubono, conhecendo bem o cristianismo, encontrou muitos paralelos entre fontes cristãs e trechos do *Corpus Hermeticum*. E atribuiu, sem rodeios, aos filósofos gregos os ensinamentos que não se derivavam da escritura, chegando a chamar Hermes de "falso Mercúrio", e os escritos, de falsificações do *Corpus*.[40] Estudiosos protestantes aceitaram essa argumentação desprezível de que os escritos Herméticos não eram de origem egípcia, e foi essa a visão defendida no mundo acadêmico no início do século XX.[41] Frances A. Yates considera a datação do *Corpus Hermeticum* feita por Casaubono um golpe decisivo no neoplatonismo e na magia renascentistas, marcando o fim da Renascença.[42]

O legado de Hermes, no entanto, não foi de todo destruído pelos argumentos de Casaubono contra as origens antigas do *Corpus*. Houve aqueles que simplesmente ignoraram Casaubono e levaram adiante a reverência da Renascença por Hermes Trismegisto, como no caso de Athanasius Kircher, Robert Fludd e outros, cujas concepções Herméticas foram muito afetadas pelos argumentos de Casaubono, nomeadamente os platonistas de Cambridge Ralph Cudworth e Henry More.[43] Quanto à datação do *Corpus*, Cudworth argumentou que a avaliação de Casaubono era relevante apenas para alguns tratados, e Casaubono falhara em reconhecer sua diversidade, um erro provavelmente tornado público pela tradução de Ficino, que apresentou os vários livros distintos como capítulos de um só livro, o "Poimandres".[44]

Apesar da oposição às críticas de Casaubono, o Hermetismo havia perdido seu ímpeto. No século XVIII, porém, recebeu impulso de P. E. Jablonski em *Pantheon Aegyptiorum* (1750-1752). Embora sem defender exatamente o *Corpus*, ele apontou para os livros sagrados de Hermes ritualmente decorados pelos sacerdotes egípcios – como documentado por Clemente de Alexandria – para defender a santidade do conhecimento egípcio.[45]

Como anteriormente apontamos, embora as folhas do *Corpus Hermeticum* estivessem impregnadas de filosofia grega, esses filósofos tinham ficado conhecidos pelas viagens que fizeram e pelos estudos no Egito, sendo claramente influenciados pelo que aprenderam dos sacerdotes egípcios. Salaman observa como a teurgia egípcia, especificamente a cerimônia da "abertura da boca", se reflete tanto no *Corpus* quanto na *Hermética* técnica. O *Corpus* também compartilha da autoidentificação teúrgica egípcia com os deuses para obter seu favor, como mostrado nas *Definitions* (8.7) e no *CH* (5.11).[46]

O interesse na Hermética começou a borbulhar novamente em fins dos anos 1800 e início dos 1900 com as traduções para o inglês de J. D. Chambers, William Wynn Wescott, Walter Scott, André-Jean Festugière, G. R. S. Mead e as obras de Richard Reitzenstein.[47] Grande parte disso ocorreu em conjunto com o movimento teosófico, o trabalho dos rosa-cruzes, a Ordem Hermética da Aurora Dourada e as ciências ocultas da astrologia, da magia e da alquimia.

4

Os Três Ramos do Hermeticismo

Lá em cima no Céu, filho, habitam os Deuses, sobre quem com todo o resto rege o Arquiteto de tudo; e no Éter [habitam] as Estrelas, sobre as quais o poderoso Sol Doador de Luz domina; mas no ar [vivem] apenas almas, sobre quem a Lua governa; e na Terra [habitam] pessoas e o restante das coisas vivas, sobre quem aquele que por acaso é rei domina.

– Ísis para Hórus, "A Virgem do Mundo"

AGORA QUE DEFINIMOS A RAIZ e o tronco de nossa árvore Hermética, vamos definir os galhos principais que surgem daí. Diz-se que Hermes Trismegisto, o Três Vezes Grande, teria revelado três ramos da tradição Hermética. Embora a Hermética seja primariamente teológica e filosófica, incorpora aspectos desses três ramos que estavam presentes em suas primeiras formas no período helenístico e se desenvolveram de modo distinto durante a Idade Média, a Renascença e, agora, os tempos modernos. Esses três ramos são a astrologia – a operação das estrelas; a magia ou teurgia – a operação da Lua; e a alquimia – a operação do Sol. Embora esses ramos se sobreponham e compartilhem da filosofia, da cosmologia, da soteriologia* e da escatologia Herméticas básicas, cada um tem tradições distintas e práticas que emergiram delas.

A relação entre a alquimia e a astrologia, particularmente na Idade Média, é um tanto ambígua. Havia entre os alquimistas medievais um desdém geral ou desrespeito pela astrologia, e, de fato, as duas disciplinas eram consideradas distintas uma da outra.[1] Embora a alquimia relacione os planetas aos metais chumbo (Saturno), estanho (Júpiter), ferro (Marte), ouro (*Sol*),** mercúrio (Mercúrio) e prata (*Luna*), muitos manuscritos alquímicos dependem de uma astrologia simplificada, focada principalmente em conduzir operações no dia e da hora do planeta correspondente, deixando de lado as complexidades de aspectos, ângulos, horóscopos e escolhas.*** A alquimia foi considerada *astronomia inferior* ou *astronomia terrestris* na Idade Média, o que significava que estava, em parte, relacionada à astronomia e à astrologia, mas não dependia diretamente delas.[2] No entanto, a astrologia está presente no Hermetismo tradicional, assim como a teurgia e a alquimia. Praticar alquimia, seja espiritual ou operativa, com compreensão das influências e correspondências celestiais só beneficiará os resultados da arte, aprofundando a apreciação do alquimista das relações entre microcosmo e macrocosmo.

Na arte da teurgia, a astrologia é mais fundamental, embora assuma caráter mais ativo que a astrologia dos horóscopos. Teurgia é a arte de invocar energias divinas para interceder em assuntos humanos e, em última instância, facilitar a *henosis*, ou união divina com o Uno, a Fonte, o Supremo, a Mônada ou Deus. Pode envolver rituais e operações específicas que dependem do momento astrológico, de correspondências naturais e encantamentos, de orações ou petições aos deuses planetários. Podemos dizer que a teurgia, compreendida como magia benéfica, é simplesmente um aspecto do próprio Hermes, encarregado de trazer magia para a humanidade. A magia toca em uma relação fundamental entre o ser humano e a vontade divina, fornecendo uma solução para o problema do destino

---

* Parte da teologia que trata da salvação humana. (N. do T.)

** *Sol* e *Luna*, em latim, são a representação arquetípica do masculino e feminino universal. (N. do T.)

*** Escolhas da astrologia eletiva. (N. do T.)

(*Heimarmenē*) ou sorte. O determinismo cósmico astrológico é contrariado pela capacidade que tem o mago de exercer sua vontade e conseguir ajuda dos deuses, ou dos planetas, para mudar o destino. A teurgia Hermética respousa sobre uma compreensão da astrologia, fundamental para a cosmologia Hermética, como evidenciado pelas referências ao zodíaco e às esferas planetárias do início ao fim dos escritos Herméticos.

Um mago inconsciente do momento planetário e zodiacal, ou até mesmo dos ciclos da Lua, está ignorando um dos fatores mais importantes para conduzir rituais de sucesso. Também se pode argumentar que, na astrologia, sem magia e a arte da transmutação alquímica, ficamos simplesmente à mercê do destino, dos *daimones*. Teurgia e alquimia são práticas que ajudam o iniciado a superar as sete esferas e ascender para a oitava, o nível da Mente Divina. A alquimia, que explora a relação entre consciência e matéria, ou entre o Uno e a Multiplicidade, está relacionada tanto à teurgia quanto à astrologia. O alquimista aplica sua vontade, às vezes em conjunção com o momento astrológico, em comunhão com divindades planetárias e correspondências naturais para facilitar transmutações de matéria e espírito. É ao mesmo tempo um movimento para dentro e uma expressão para fora da união entre Deus e o ser humano. Alquimia e Hermetismo estão conectados de forma tão íntima e compartilham tantas sobreposições em suas filosofias e desenvolvimento histórico que é difícil separá-los em duas tradições distintas, mas os textos alquímicos variam de mais espirituais e filosóficos a mais práticos, com receitas e instruções alquímicas específicas.

Por meio da transmutação das energias planetárias, alquimicamente relacionadas aos sete metais, purificamos e refinamos o eu. Rituais e feitiços mágicos podem ser benéficos em nível muito material para a obtenção de riqueza, *status*, bens ou amor, os quais podem ser excluídos de quaisquer objetivos teológicos ou espirituais. A magia, no entanto, pode ser usada para sensibilizar o corpo para as energias sutis dentro dele e ao seu redor e para ativar o "corpo de luz". É um meio poderoso para nos conectarmos com os *daimones* planetários, para integrar seus padrões energéticos e arquetípicos por meio da invocação das divindades correspondentes e das qualidades induzidas por transe do ritual. O mago é mestre de sua vontade pessoal e de sua consciência, alguém que se alinhou com a Vontade Divina e, assim, compreende a arte da criação.

A imaginação é parte integral de cada ramo do Hermeticismo, pois é o meio pelo qual a mente humana percebe o mundo; e, na concepão Hermética, é o modo como o mundo é criado. Hanegraaff, ao discutir a imaginação no romantismo esotérico, lista quatro maneiras pelas quais a imaginação pode ser compreendida em diferentes contextos esotéricos: "(1) como poder de visualizar imagens para fins mágicos; (2) como a faculdade pela qual imagens e símbolos (por exemplo, na alquimia) podem se tornar veículos de transformação interior ou de transmutação; (3) como a faculdade que dá acesso a um *mesocosmos* ou *mundus imaginalis* que está entre o mundo dos sentidos e o mundo do espírito puro; (4) como o processo de 'internalização do Cosmos', descrito, por exemplo, no décimo primeiro trecho do *Corpus Hermeticum* e de fundamental importância para a celebrada 'Arte da Memória'".[3]

Podemos ver como essas várias faculdades se aplicam aos três ramos do Hermeticismo. Na operação da Lua (teurgia), a imaginação é usada basicamente no primeiro contexto para visualizar imagens específicas de ritual e estender-se à magia da manifestação. Já na operação do Sol (alquimia), a imaginação é empregada em transmutações internas, facilitadas pela correspondência e pela linguagem simbólica da arte. Em termos astrológicos, na operação das estrelas, a imaginação no terceiro e quarto contextos acima serve para nos colocar nos papéis dos deuses, para explorar, pela projeção astral ou dentro de nossa própria paisagem interior, as mitologias, as cosmogonias, as teogonias e os arquétipos dos regentes celestiais. O trecho do *Corpus Hermeticum* a que Hanegraaff está se referindo é "Atenção a Hermes" (11.19), em que um trecho particularmente poderoso exaltando os poderes da imaginação diz:

> E, então, pensa por ti mesmo e pede que tua alma vá para qualquer terra; antes mesmo que tenhas tempo de oferecer qualquer serviço. E dá início à tua jornada para o oceano; e de novo, de imediato, estarás lá, não como se estivesses passando de lugar para lugar, mas como se já estivesses lá.
>
> E manda também que ela suba aos céus; ela não precisará de asas e nada vai impedi-la, nem o fogo do Sol, nem o Éter, nem o rodopiar do vórtice, nem os corpos das outras estrelas; cortando todos, ela subirá até o último Corpo [de todos

eles]. E também isto hás de querer romper e contemplar o que está além – se houver algo além do Cosmos; isto é permitido a ti.[4]

"Atenção a Hermes" continua afirmando que, "a menos que te tornes igual a Deus, não poderás entender a Deus; semelhante é entendido por semelhante". Assim, por meio da imaginação, é alcançada a gnose.

ASTROLOGIA: A OPERAÇÃO DAS ESTRELAS

A astronomia celestial é a fonte e o guia da astronomia inferior.

– John Dee

A astrologia Hermética está intimamente relacionada à astrologia helenística tradicional praticada na Grécia e em Roma, que começou já no século III a.C., emergindo primariamente da antiga Babilônia e, em grau menor, do Egito. Os astrólogos babilônios, chamados "caldeus", tinham nomes para os planetas visíveis a olho nu e criaram a divisão de 30 graus para os signos. Os caldeus denominavam essas divisões de acordo com as constelações que haviam identificado e rastrearam eclipses, conjunções, oposições e exaltações dos planetas. Originalmente, desde 1000 a.C., os astrólogos reconheceram 18 constelações, mais tarde consolidadas para corresponder aos doze signos, alguns sendo combinados em pares e outros atribuídos individualmente. Os babilônios identificaram cinco planetas: "Mercúrio (chamado 'Saltador'), Vênus, Marte, Júpiter (chamado 'a Balsa') e Saturno (chamado 'Constante')".[5] Adivinhação e magia astral foram praticadas desde o início da história da Mesopotâmia, mas foi apenas por volta do século V a.C. que os babilônios começaram a aplicar técnicas astrológicas para lançar horóscopos individuais.[6] Esse sistema inicial de adivinhação astrológica foi integrado na fusão de ideias religiosas e filosóficas que estava ocorrendo entre os povos babilônio, grego, egípcio, persa e judeu durante a época helenística.

Embora tenha se desenvolvido a partir da tradição mesopotâmica, a astrologia helenística era, em essência, uma forma diferente de astrologia. A astrologia helenística tende a se concentrar na influência que os planetas exercem sobre o destino humano, enquanto os babilônios originalmente confiavam nos eventos celestiais como pistas para as intenções dos deuses, para prever eventos futuros do mundo e controlar o calendário.[7] A astrologia baseada em presságios dos mesopotâmios não era um conjunto simplista de correlações entre eventos celestiais e terrestres, mas um modo de interpretar o significado dos sinais enviados pelos deuses especificamente para os reis da Mesopotâmia. Esses sinais dos céus eram lidos e interpretados como um roteiro celestial revelando o prazer ou o desprazer dos deuses, ao qual o rei poderia responder de maneira adequada.[8] Como forma de adivinhação, a astrologia na Mesopotâmia e em seu entorno estaria correlacionada com o que Cícero chamou "adivinhação artificial", como oposto à "adivinhação natural". A diferença é que a adivinhação natural deriva de inspiração externa, como sonhos e oráculos, enquanto a adivinhação artificial confia em observações e cálculos para determinar a vontade dos deuses (*de Divinatione* 1.11, 2.26).[9]

Havia, no entanto, muitas características comuns nas astrologias helenística e babilônica, incluindo o conceito de exaltação, conhecido pela palavra grega *hypsoma* e correlacionado com a palavra babilônica *bīt niṣirti* ou *ašar niṣirti*, "lugar seguro/secreto".[10] A exaltação de um planeta dentro de um signo zodiacal específico – seu *hypsoma* – era considerada um posicionamento auspicioso. No entanto, ao que parece, as casas da astrologia helenística, chamadas *oikoi*, derivam de uma tradição diferente, embora a ideia seja semelhante.[11] Descendente direto da tradição mesopotâmica foi o conceito de triângulos (trinos), assim como a *dodecatemoria* ("décima segunda parte"), o "microzodíaco", criado quando cada signo é ainda dividido por doze partes iguais de 2½°.[12] Outro detalhe correspondente é a atribuição de qualidades benéficas e maléficas aos planetas. Como na astrologia helenística, os babilônios consideravam que os planetas benéficos eram Júpiter e Vênus; os maléficos, Saturno e Marte; Mercúrio era maléfico ou ambivalente; e a Lua benéfica quando não eclipsada.[13]

A doutrina da *melotesia*, na qual o Cosmos é mapeado sobre o microcosmo da forma humana, também pode ter sido praticada pelo babilônios e influenciado a astrologia helenística.[14] Sobre esse assunto trata a obra atribuída a Hermes Trismegisto conhecida como *Iatromathematica of Hermes Trismegistus to the Egyptian*

Ammon [Iatromatemática de Hermes Trismegisto para o Egípcio Ammon], de acordo com a tradução latina do século XVI. A iatromatemática, ramo da astrologia que teria sido inventado por Hermes, trata da relação entre o corpo humano e o Cosmos, em especial como os planetas provocam certos sintomas físicos e como tratá-los.[15]

O Egito teve a própria tradição astrológica se desenvolvendo durante essa época. Ela viria a convergir com a tradição mesopotâmica por volta de meados do primeiro milênio a.C.[16] Aprendemos alguma coisa com o teólogo cristão e filósofo Clemente de Alexandria, autor dos "Livros de Hermes", dos quais 42 são "absolutamente indispensáveis" ao sacerdócio de Hermes. Descrevendo uma procissão ritual dos egípcios, ele esboça como esses livros foram compostos e os vários graus de sacerdotes envolvidos. Quatro desses livros pertencem à astrologia, tratando das estrelas fixas, das conjunções, das variações solares e lunares e dos surgimentos helíacos das estrelas, enquanto outros lidam com as constituições do Sol, da Lua e dos cinco planetas.

Os egípcios identificaram 36 deuses para cada um dos Decanatos.[17] O conhecimento do zodíaco foi descrito no famoso "Zodíaco de Dendera", um motivo circular dos céus originário do Teto do Templo de Dendera (ver figura 4.1). Budge, no entanto, afirma que os egípcios derivavam seu conhecimento do zodíaco dos gregos, que o transmitiram para o Egito no período ptolomaico. Os gregos o aprenderam dos babilônicos, que entrelaçaram teologia e astrologia em seus mitos de criação.[18] Os egípcios reconheceram muitas constelações, as quais associaram a vários deuses, dando particular atenção ao Grande Urso, a Órion e à estrela binária Sirius. Sirius foi associada à deusa Hathor desde um período inicial e, mais tarde, a Ísis, enquanto Órion, que reside perto dela, foi pensado como Osíris. A ascensão heliacal de Sirius foi intimamente correlacionada com a inundação do Nilo, ponto ao qual voltaremos mais tarde.

Encontramos a astrologia espalhada por toda a literatura Hermética filosófica, por exemplo no *Sermão Perfeito* ou no *Asclepius* (19.3), em que aprendemos sobre os "'trinta e seis', que têm o nome de Horóscopos",[19] indicando os Decanatos, que também são discutidos no *Stobæus* (9.1), "Dos [Decanatos e] das Estrelas"[20]. Aqui, Hermes explica ao filho, Tat, como o Universo pode ser concebido como uma esfera que abrange tudo, sob a qual estão distribuídos os 36 Decanatos entre o "Círculo do Universo" e o Círculo dos Animais, ou zodíaco. Os Decanatos mantêm o zodíaco no lugar e assim o definem, participando do movimento das sete esferas planetárias. Ele chama os Decanatos de "Vigilantes" porque estão observando as sete esferas e mantendo todas as coisas em ordem. Hermes explica que os Decanatos têm grande influência sobre os assuntos da humanidade graças à mediação das sete esferas, subordinadas aos Decanatos.

Hermes descreve em particular os efeitos dos Decanatos nas "quedas de reinos, rebeliões de Estados, pragas [e] fomes, maremotos [e] tremores de terra". Continua explicando a natureza esotérica dos meteoros e cometas ou das estrelas de "cabeleira", que agem como mensageiras de coisas futuras ou profetas. Ao falar dos doze signos do zodíaco, diz que, por meio de seu conhecimento, podemos vir a saber o que Deus é.

Outro texto iatromatemático, *O Livro Sagrado de Hermes para o Asclepius,* descreve da seguinte maneira as partes do corpo associadas a cada um dos signos (animais) do zodíaco: Áries é o chefe do Cosmos; Libra, as nádegas; Touro é o pescoço; Escorpião, os genitais; Gêmeos, os ombros; Sagitário, as coxas; Câncer, o peito; Capricórnio, os joelhos; Leão, as costas, o coração e as costelas; Aquário, as pernas; Virgem, a barriga; Peixes, os pés. Ele descreve ainda os 36 Decanatos, cada um tendo o próprio nome secreto, imagem e parte do corpo ou órgão associado. A imagem deve ser gravada em um tipo específico de pedra, como um talismã, colocada sob determinada planta e levada pela pessoa para curar males relacionados a esse Decanato particular. O texto também adverte contra comer certos alimentos em função dos Decanatos.[21]

Voltando ao *Asclepius* (2.2), aprendemos que as "'Sete' chamadas esferas têm chefes-essência, isto é, [têm cada uma] seus próprios regentes, que chamam [em conjunto] Sorte e *Heimarmenē*, por meio dos quais todas as coisas são mudadas pela lei da natureza; perpétua estabilidade sendo alternada com movimento incessante"[22]. Essas sete têm bons e maus efeitos sobre a vida de seres humanos e animais sobre a terra, dependendo da colocação na esfera das estrelas fixas, do zodíaco e dos Decanatos.

Figura 4.1. Os signos egípcios do zodíaco. De E. A. Wallis Budge, *The Gods of the Egyptians: Studies in Egyptian Mythology*, 1904.

Em um dos textos Herméticos, *The Definitions of Asclepius Unto King Ammon*, os planetas têm ministros, chamados *daimones*, que agem como governantes do destino e existem em pé de igualdade com os agentes do karma hindus ou budistas que agem por meio da Roda do Gênesis.[23] Nesse texto, o Sol é descrito como um canal ou um Raio de Deus, a forma superior da mente, como o Demiurgo, enquanto os planetas – os "Errantes" com a esfera das estrelas fixas (as "Não Errantes") e a esfera da Terra – são oito esferas que governam por meio das ações dos *daimones* (*CH* 16.17).[24] Os *daimones* são de influência variada, quer benévola, quer malévola ou ambas:

> A todos esses foi atribuída a autoridade sobre as coisas que estão na Terra; e são eles que provocam a múltipla confusão do tumulto na Terra para Estados e nações em geral e para cada indivíduo em particular.
>
> Pois moldam nossas almas como se fossem as suas e as colocam em movimento com eles, obcecando nervos, medula, veias e artérias, o próprio cérebro, e descendo até o coração (*CH* 16.14).[25]

O Sol, que repousa como uma coroa sobre a cabeça, tem o poder de unificar os *daimones* e colocá-los em direção comum, como faria um cocheiro, guiando-os com segurança na ordem da Vontade Divina. Nessa carruagem, "as rédeas são Vida, e Alma, e Espírito, e Imortalidade, e Gênese" (*CH* 16.7), sendo livre o que aponta para o fluxo da força de vida, do Espírito e da Alma agindo em harmonia, com firme aceitação da imortalidade e do poder de criação deliberada dentro do Ego.[26] O texto continua afirmando que os *daimones* agem sobre as partes inferiores e irracionais da Alma, que são duas: paixão e desejo. A parte racional repousa acima dos *daimones*; é superior a eles e à sua influência:

> Quem tem um Raio brilhando sobre si graças ao Sol no interior de sua parte racional (e essas pessoas costumam ser poucas), nela não atuam os *daimones,* pois nenhum deles ou dos deuses tem qualquer poder contra um Raio de Deus.
>
> Quanto ao resto, são todos conduzidos e guiados, alma e corpo, pelos *daimones* – amando e odiando as atividades deles.

A razão (*logos*) [então] não é o amor que se engana e engana.

Os *daimones*, portanto, exercem toda essa economia terrena usando nossos corpos como [seus] instrumentos.

E essa economia foi chamada por Hermes de *Heimarmene*.* (CH 16.16).[27]

Comparemos isso à seguinte passagem da *Antologia* do astrólogo helenístico Vettius Valens (século II d.C.):

Cada estrela é a governante da própria essência pelas simpatias e antipatias e pelos sentimentos mútuos em relação ao Cosmos, e elas têm a autoridade para se misturar umas às outras de acordo com a aplicação, separação, superioridade, contenção, atitude com a lança, arremesso dos raios e aproximação dos mestres.

A Lua é estabelecida como regente da previsão, o Sol da luz, Cronos da ignorância e necessidade, Zeus da opinião e dos atos de cargo e vontade, a estrela de Ares das ações e nos problemas, a estrela de Afrodite do amor, do desejo e da beleza, e a estrela de Hermes da lei, do costume e da fidelidade. As verdadeiras estrelas [se são dispensadoras] dos próprios efeitos...[28]

Embora tanto a passagem Hermética quanto as palavras de Valens identifiquem os planetas com os Destinos regentes, o Sol, na filosofia helenística, está incluído neles. Em *The Definitions of Asclepius Unto King Ammon*, o Sol está separado como a parte racional da Alma, que tem a capacidade de controlar os *daimones*, os destinos, os Governantes, e os dirige de acordo com um plano mais elevado. Valens rejeita a ideia de que o destino pode ser mudado e subscreve um modelo mais determinista, apresentando astrólogos como profetas do destino.[29] Contudo, se o objetivo da astrologia é simplesmente anunciar o que está por vir ou oferecer a oportunidade de mudar de rumo, ela não é de grande interesse na moldura Hermética. Como apresentado em *The Definitions of Asclepius Unto King Ammon*, é a parte racional da Alma que oferece a oportunidade de desenergizar as sortes e, assim, tomar as rédeas do nosso próprio destino como Criadores.

---

* *Destino*. (N. da A.)

TEURGIA: A OPERAÇÃO DA LUA

O segredo desta operação divina (ou teurgia) baseia-se no fato de que a alma pode ser transformada em todas as suas semelhanças. A Grande Semelhança de Deus é a Ordem Cósmica; a criação de si mesmo nessa Semelhança é a suprema transformação ou transfiguração da alma.

– G. R. S. Mead

Astrologia e magia* estão ligadas de maneira tão íntima que seria justo dizer que astrologia e divinação são em si mesmas um tipo de magia, como Lynn Thorndike e outros concluíram; no entanto, em contraste com o determinismo da astrologia, a magia Hermética visa libertar a alma dos limites do destino, levando Yates a chamá-la pelo nome alternativo de "magia astral".[30] A Lua é o ponto de entrada mais fundamental para os mistérios celestiais que se desenrolam acima de nós, os quais têm sido observados em seus ciclos e usados em divinação e magia desde tempos antigos. Como vamos explorar mais tarde, a Lua é o planeta da Mente, em particular da mente inconsciente e daqueles mistérios que jazem nas profundezas da noite, iluminados pela reflexão. A magia é, em essência, uma forma de controle mental, tornando-se o mestre da própria mente para gerar efeitos desejados nos mundos material e espiritual. Os princípios subjacentes à sua eficácia estão enraizados nas técnicas que unificam o corpo, a mente e a alma para trabalhar em harmonia para o aperfeiçoamento do eu superior.

É natural que a magia deva ser atribuída à Lua, pois Thoth é o deus de ambos, e é por meio da práxis mágica que se faz contato com o mundo de causas invisíveis. Como deus da medicina, Thoth empregou a hipnose e "fórmulas mágicas"

* Especificamente magia no ocultismo, que visa efetuar mudanças reais no praticante individual e no mundo e não deve ser confundida com mágica performática, de entretenimento ou de palco, magia que depende de truques, prestidigitação e ilusões. Embora tenha se tornado popular escrever a palavra inglesa *magic* com *k* no final, como em *Magick*, prática atribuída a Aleister Crowley, vamos nos limitar, para simplificar, a tomar por base a forma tradicional *magic*, magia. (N. da A.)

para curar.[31] Em "A Virgem do Mundo" (*Stob.* 25.1.5), Ísis relata como Hermes pronunciou palavras mágicas sobre os livros sagrados para mantê-los escondidos, a salvo da corrupção,[32] e como passou a ela e a Osíris toda a sabedoria das artes, das ciências e das leis, as quais por sua vez, "estabeleceram na Terra os ritos sagrados sobre os quais os mistérios presidem no Céu", garantindo que "magia e filosofia alimentem a alma" (*Stob.* 25.1.37).[33] Ísis, a "grande da magia", como Thoth, é chamada "Senhora do coração e da língua", sendo, assim, equiparada ao *logos*, à Palavra, por meio da qual o pensamento criativo se manifesta.[34] Assim como não podemos colocar uma data para a exata emergência de Thoth, um esforço para identificar o início da magia não teria sentido. A magia não é apenas um elemento intrínseco do Cosmos; é, segundo as doutrinas Herméticas, a própria razão da existência dele.

A magia se refere ao uso de rituais específicos, invocações, litanias, sacrifícios, oferendas e feitiços para obter a ajuda de entidades incorpóreas, sejam elas deuses, espíritos, inteligências, anjos, arcanjos, *daimones* ou demônios, para efetuar mudanças no eu e no mundo material. No entanto, como aponta Thorndike em *A History of Magic During the First Thirteen Centuries of Our Era* [A História da Magia Durante os Primeiros Treze Séculos de Nossa Era], a magia foi mais que simplesmente uma arte operativa, pois a palavra abrangia uma maneira particular de perceber a realidade. Thorndike aborda a história da magia como uma história do pensamento, pois se refere a um estado mental.[35] O latim *magi*, "mago, mago erudito", deriva da palavra grega *magos,* que se refere aos sacerdotes e curandeiros persas ou babilônios, e remonta à palavra persa *magush*, "mágico".[36] Acredita-se que *magush* pode derivar da raiz proto-indo-europeia *magh*, "ser capaz, ter poder".[37] A palavra grega arcaica para mago ou "feiticeiro", *góēs*, aludia a um psicopompo ou "guia das almas". Aaron Cheak afirma que o fato de a cura e a magia estarem intimamente relacionadas na Grécia homérica à palavra *phármakon*, "remédio, veneno", indica uma prática médico-mágica, prenunciando, assim, a justaposição alquímica de remédio e veneno, ou cura e morte.[38]

Existem dois tipos principais de práxis mágica, chamados teurgia e taumaturgia. Por um lado, ritos teúrgicos auxiliam a alma do mago na ascensão às esferas planetárias dos deuses imortais. Jâmblico escreve sobre os egípcios praticarem uma teurgia sacerdotal ("clerical"), em que eram "capazes de ascender a essências mais elevadas e universais e àquelas colocadas acima do Destino – isto é, Deus e o Demiurgo –, sem empregar matéria nem presumir qualquer outra coisa além da observação de um momento adequado".[39] Por outro lado, a taumaturgia, que deriva do grego *thaumatourgos*, significando "operador de maravilhas"[40], invoca as energias dos planetas, ou dos deuses, para operar milagres no mundo material. Energias divinas e deuses são invocados e trazidos de cima sob a forma de estátua ou pessoa. São esses os ritos descritos no *Asclepius* na criação de deuses por meio dos poderes da magia simpática.

As raízes da magia Hermética são encontradas nas tradições mágicas egípcias, babilônicas, gregas e judaicas. A magia foi parte integral da vida de egípcios e caldeus e assim se tornou para os gregos com a fusão dessas culturas no período helenístico. Embora muito do que encontraram na religião egípcia fosse mal compreendido, os viajantes gregos que foram ao Egito retransmitiram seu conhecimento à Grécia, incluindo as práticas mágicas.[41] Segundo Budge, os egípcios empregavam a magia para comandar seus deuses em benefício próprio e obrigá-los a atender seus pedidos, em contraste com outras civilizações do Antigo Oriente que usavam a magia contra poderes das trevas com a ajuda de entidades benevolentes.[42] Assim, os egípcios fizeram uso tanto da magia branca quanto da magia negra, ou "arte negra", a primeira sendo empregada visando efeitos positivos para os vivos ou os mortos, e a segunda usada com a inteção de prejudicar os outros.[43]

A magia branca no Egito foi usada principalmente para preservar e proteger o corpo e a alma do falecido na vida após a morte e para unir o Espírito-alma ao Espírito-corpo. Esse trabalho era atribuído ao *Kher-heb*, que poderíamos chamar de mago – homem com poderes ocultos excepcionais oficialmente reconhecido pelo rei do Egito e nomeado diretor do cerimonial e das cerimônias religiosas.[44] Seus deveres eram extensos e se apoiavam em um conhecimento sem paralelo dos livros sagrados, na habilidade para entoar, de maneira adequada, palavras mágicas, na familiaridade com feitiços mágicos, preces, encantamentos e na compreensão da medicina e das causas das doenças.[45] O *Kher-heb* também tinha função oracular, interpretando sonhos, prevendo o futuro, e se dizia que tinha os poderes da invisibilidade e do exorcismo.[46]

A magia negra, por outro lado, era usada com a intenção de infligir danos, o que é um uso indevido da arte. Os magos faziam bonecos de cera dos inimigos ou dos inimigos daqueles que os empregavam. Gravavam o nome da pessoa na figura e recitavam feitiços para amaldiçoar o indivíduo pretendido. O que fizessem com a figura afetaria o indivíduo em forma viva.[47]

O Livro Egípcio dos Mortos está repleto de palavras que se relacionam a magias e feitiços para ser recitados, na vida e na morte. Para os egípcios, não havia essencialmente nenhuma distinção entre religião e magia ou, na realidade, entre magia e ciência, como tende a haver contra uma ou outra em modernas escolas dualistas de pensamento. Uma das principais palavras egípcias para magia, *ḥeka*, é equivalente a Ḥeka, deus da magia e filho mais velho do criador dos *Coffin Texts* (*Textos dos Sarcófagos**). Algum tempo depois de criar Ḥeka, o criador deu *ḥeka* como presente aos deuses e à humanidade, a ser usada para o bem ou para o mal. Ela é empregada por meio da fala, do pensamento, da imaginação, e seu poder é aumentado pelo uso de amuletos e talismãs. O poder da palavra, intimamente relacionado ao *logos* grego, é central para a visão de mundo mágico-religiosa dos egípcios.[48] O deus criador da cosmogonia menfita, Ptah, era considerado um grande mago e o "Maior dos Artesãos", que criava por meios mais espirituais que físicos.[49] Foi por intermédio do coração e da língua de Ptah – sua palavra – que o mundo foi construído.[50] Outra palavra egípcia para magia usada no *Livro dos Mortos* é *akhu*, cuja raiz etimológica significa tanto "ser eficiente" quanto "ser brilhante". Embora *akhu* e *ḥeka* sejam usados do mesmo modo, *akhu* só pode ser empregado pelo falecido.[51]

Assim como a magia egípcia influenciou os gregos helênicos e, portanto, a tradição Hermética, os ritos mágicos dos babilônios foram também fonte comum de inspiração e sabedoria. Os *Oráculos Caldeus* emergiram como produto do sincretismo alexandrino, visto que a mitologia, os oráculos, a teosofia e os ritos iniciatórios da antiga Caldeia foram filosofados do mesmo modo que no Egito.[52] Caldeu é sinônimo grego para babilônio, transliteração do assírio Kaldū.[53] Acredita-se que os *Oráculos*, também chamados "teurgos", tenham sido escritos ou submetidos a uma edição final por Juliano, o teurgista. Em um léxico bizantino particular, ele é descrito como trazendo uma tempestade furiosa por meio de sua sabedoria para saciar a sede dos romanos.[54] O texto original, contudo, sobrevive

* Inscrições funerárias rituais. (N. do T.)

apenas em fragmentos nos escritos dos platônicos posteriores, assim como em cinco tratados bizantinos e nas obras de Proclo e Pselo.[55]

Os *Oráculos* influenciaram muito os neoplatônicos. Começando com Porfírio, os platônicos posteriores exaltaram os *Oráculos*, incluindo Jâmblico, o imperador Juliano, Sinésio, Sírio, Proclo, Hiérocles, Simplício, Damáscio e Olimpiodoro.[56] Plotino, por outro lado, não tinha grande estima pelos *Oráculos.*[57] Crystal Addey explica que a filosofia neoplatônica enfatiza a unificação do intelectual com o espiritual, pois é somente por meio da purificação do corpo e da alma que se pode alcançar a sabedoria.[58] Além disso, o universo hierárquico, o conceito de *sympatheia*, como a correspondência Hermética e a devoção à verdade, todos intrínsecos à visão neoplatônica, apoiavam o uso do ritual e da práxis religiosa.[59] Ter disciplina espiritual era essencial para a vida filosófica e incluía reverência aos deuses, ao ritual e aos oráculos. Marinus descreve a práxis ritual de Proclo, que fazia jornadas ao mar para ser purificado pela água salgada, cultuava a Lua e a Grande Deusa Mãe e praticava teurgia de acordo com os *Oráculos Caldeus.*[60] O livro de Jâmblico, *Sobre os Mistérios dos Egípcios, dos Caldeus e dos Assírios*, é uma defesa (*apologia*) da prática teúrgica nas formas de ritual, adivinhação e adoração dos deuses.

Filosofia dos Oráculos, de Porfírio, traz um registro dos *Oráculos* e seu comentário preservado em fragmentos por autoridades cristãs como Eusébio e Agostinho, entre outros. Ele descreve o livro nas próprias palavras como "registro de muitas doutrinas de filosofia, segundo os deuses declararam ser a verdade". Os *Oráculos*, diz ele, incluem adivinhação por meio da observação das estrelas para fins de contemplação e purificação.[61] A partir de extensas citações e comentários dos *Oráculos*, podemos nos certificar de que, quando devidamente estudadas, essas passagens e instruções oraculares poderiam ser usadas para facilitar a salvação da alma, recorrendo ao emprego de artes mágicas para escapar das amarras do destino.[62]

Os *Oráculos Caldeus* apresentam um complexo sistema cosmológico de planos de existência povoados por espíritos e demônios. O plano mais alto e mais transcendente, o Primeiro Intelecto Paterno, é a morada de um Pai trinitário: Pai, *Magna Mater* (Hécate*) e Intelecto. O Intelecto ou Mente – o Filho – vem *do* Pai,

* Deusa da magia. (N. do T.)

enquanto a *Magna Mater*, a Mãe – o Poder, ou Alma do Mundo, está *com* o Pai.[63] Abaixo desse plano existem os Mundos Empíreo,* Etérico e Elemental. As estrelas e as influências astrológicas dos signos – agentes do destino – eram vistas escravizando a alma na prisão física da matéria e tinham de ser superadas pelo ritual teúrgico e pelo ascetismo para que a alma pudesse ascender pelos mundos sem ser constrangida pelos vários demônios neles encontrados.[64] Na descida à forma, a alma inferior aceita seu *ochēma* ("veículo")** ou *chitōn* ("roupa"), a qual é removida quando a alma mais elevada torna a ascender pelas estrelas e pelos planetas.[65] Um fragmento dos *Oráculos* sobre o caminho de retorno aconselha o iniciado a "buscar o canal do fluxo da Alma – de onde vem e sob que ordem é que a alma escravizada ao corpo [desceu e] e para que ordem tu outra vez te levantarás, unindo a obra com a palavra sagrada".[66] A palavra sagrada pode ser entendida como uma invocação ritual ou como o *logos* – a "palavra iluminadora" (*CH* 1.6), que é o "filho de Deus". Essa "palavra de soberania" (*CH* 1.30) é o meio de libertação, sinônimo de redenção*** com a *magnum opus*. É a realização e a identificação com a mente de Deus, como em *CH* 5.11, em que Hermes canta em louvor ao pai, "você é tudo que eu sou; você é tudo que eu faço; você é tudo que eu digo".[67] Essa magia espiritualmente dirigida instila no iniciado a gnose das próprias habilidades criativas para viver fora dos laços do destino.

O que os *Oráculos Caldeus* ofereciam contrastava com o determinismo cósmico incorporado na filosofia estoica da época. De acordo com Hans Dieter Betz, com o predomínio de uma visão de mundo determinista, segundo a qual os seres humanos são dependentes de forças universais, surgiu um lugar para o papel do mago na sociedade.[68] Do mesmo modo, com o conhecimento das tradições e os recursos da antiga sabedoria na comunicação com os deuses ou na condução de rituais, escreve Betz, o mago servia como "perito do poder e das comunicações, gerente de crises, curandeiro milagroso ou causador de danos, terapeuta polivalente e assistente de almas preocupadas, perturbadas e problemáticas".[69]

---

* A mais alta das quatro esferas celestes que continha todos os astros. (N. do T.)

** Sua prisão física na matéria. (N. do T.)

*** *Redenção* deve ser entendida como unificação ou ser "em um". (N. da A.)

Ao longo do período helenístico e nos séculos seguintes, existia um verdadeiro culto a Hermes, do qual encontramos clara referência nos *Papiros Mágicos Gregos*, coleção de escritos mágicos originários do Egito greco-romano. Os grupos gnósticos e Herméticos da época certamente possuíam livros mágicos e é provável que tivessem cópias dos papiros. Hermes é identificado mais claramente com o *logos* e invocado para todo tipo de assistência mágica. Esses textos sincréticos, consistindo de hinos, liturgias, rituais, mitologia, feitiços e remédios, são de diferentes origens e datam do início do período helenístico ao final da Antiguidade, ou do século II a.C. ao século V d.C.

Contudo, embora os *Papiros Mágicos Gregos* revelassem sincretismo, representam, de maneira mais adequada, o universo de uma nova religião, não um conglomerado de várias religiões. Em essência, os papiros representavam ideias religiosas de origem grega, judaica e egípcia, mas o foco desses textos está, em grande parte, no submundo e nos deuses e deusas a eles associados, incluindo, em particular, Hécate, a quem estavam ligadas Ártemis, Selene, Perséfone e Ereshkigal (Suméria). Hermes, Afrodite e o deus judeu Iao (uma das traduções para YHWH) foram incluídos no panteão das divindades do submundo. Essas divindades eram invocadas para fins relativos a uma vida melhor no aqui e agora – mais riqueza, amor, influência, saúde, e assim por diante –, indicando que a morte e as forças que a acompanham eram vistas como a chave para alcançar o sucesso na vida.[70]

O interesse pela morte e pelo submundo manteve correlação, talvez por acaso, com uma tendência para o sigilo e o desenvolvimento de um submundo esotérico, em particular entre escolas Herméticas, gnósticas e caldeias de pensamento.[71] A supressão e a destruição de literatura mágica por meio de eventos como a queima de livros de magia (por exemplo, a queima de livros em Éfeso descrita no Livro de Atos) levaram ao desenvolvimento de uma "literatura clandestina" para preservar o conhecimento mágico.[72] Não era raro que filósofos ou estrangeiros fossem expulsos por seus ensinamentos serem considerados subversivos ou contrários aos interesses do Estado. Foi esse o caso da expulsão de dois filósofos epicuristas de Roma, em 155 a.C., por medo de que a vida de prazeres que levavam estivesse corrompendo a juventude – o que se aliava a uma antipatia geral pelos filósofos epicuristas e ao fato de também já os terem expulsado de Messênia. De igual modo, os caldeus (astrólogos babilônios) foram expulsos de Roma em 139 a.C. por seus ensinamentos subversivos.[73]

Outra forma de magia praticada durante o período helenístico foi a magia dos sonhos. O templo de Sarapion em Mênfis, batizado em homenagem ao deus sincrético greco-egípcio Serápis, era conhecido por fazer leituras oraculares, interpretações oníricas e "incubação de sonhos". Essa última prática envolvia dormir no templo para estimular sonhos em resposta a preocupações ou dúvidas específicas que o sonhador pudesse ter. Registros dos egípcios e gregos que lá dormiram foram preservados, e muita pesquisa foi aplicada à sua análise.[74]

Uma enquete e investigação completa da magia Hermética ia requerer um livro inteiro dedicado a ela, o que está longe dos objetivos deste trabalho, cujo foco principal é a filosofia Hermética e a alquimia; vamos, no entanto, analisar de maneira suscinta o desenvolvimento da magia Hermética nos últimos séculos e duas obras em particular que foram de grande influência na era moderna. Como já mencionado, na Idade Média, a magia estava intimamente associada ao nome de Hermes Trismegisto, quando o *Asclepius* e o *Picatrix* eram bem conhecidos entre estudiosos medievais. Vemos a magia Hermética e o cabalismo integrados à magia angélica de Johannes Trithemius, Agrippa e John Dee nos séculos XV e XVI. Ocultistas ingleses dos séculos XVI e XVII foram grandemente influenciados por *Picatrix*, incluindo Simon Forman, Elias Ashmole e William Lilly.[75] A magia Hermética continuou a evoluir no século XIX e início do XX com as obras de Éliphas Lévi, Arthur Edward Waite, Helena Petrovna Blavatsky e o movimento teosófico, a Ordem Hermética da Aurora Dourada, a magia cerimonial de Aleister Crowley e a religião de Thelema.

Escrito originalmente em árabe em algum momento do século IX, mais tarde traduzido para o espanhol e o latim, *Picatrix* é um texto oculto clássico baseado na teurgia neoplatônica e na filosofia de que Tudo é Um, e o mundo é composto de uma hierarquia de vários níveis de existência com influências divinas vindas de cima para baixo e dirigidas pelo mago ou sábio experientes. Um trecho inteiro é dedicado a Hermes no livro quatro, descrevendo como ele construiu uma cidade mágica com quatro portões e deuses animais colocados como figuras para guardá-los, figuras que eram preenchidas de essências espirituais que falavam por intermédio delas.[76] *Picatrix* descreve o uso de imagens mágicas na criação de talismãs;

a importância do momento astrológico para atrair os espíritos para a matéria; como essas imagens devem ser desenhadas e quando e por quais nomes e materiais; os espíritos dos planetas devem ser invocados, incluindo metais, pedras, plantas e sufumigações (incenso). No início, *Picatrix* faz comparações entre magia e alquimia, diferenciando entre magia teórica e prática. A primeira é definida pelo conhecimento da astrologia das estrelas fixas, pelo momento astrológico, pela criação de imagens e pelo emprego de palavras mágicas. A magia prática é questão de virtude obtida pela união das três naturezas e pela virtude das estrelas fixas, além do uso de sufumigações e do calor natural ou digestão.[77]

Vigorosamente influenciada por *Picatrix*, a pesquisa de Agrippa da magia renascentista em seu *Três Livros de Filosofia Oculta* é baseada em uma tríplice ordenação da magia: no nível mais baixo está a magia natural do mundo elementar; em seguida, a magia celestial, pertencente à astrologia e à matemática; e seu terceiro livro sobre magia cerimonial corresponde ao mundo intelectual, superior aos demais, desempenhando função religiosa e teológica. Como é típico da teurgia neoplatônica, os mundos inferiores recebem as virtudes dos mundos superiores por meio da simpatia e correspondência, ou de inúmeras inteligências presentes nos elementos, nas plantas, nas pedras, nos metais, nos animais, nos anjos e nas estrelas. Por esses mesmos princípios, o Mago é capaz de ascender pelos mundos, conseguindo chegar à primeira Causa de todas as coisas e atrair as virtudes desses reinos superiores para baixo, para o mundo material.[78]

A magia nem sempre foi uma prática benéfica entre Hermetistas, e, para alguns, o processo de ascender pelas esferas adquiriu primazia sobre o uso de rituais mágicos para obter os poderes dos deuses e espíritos dos diversos mundos. Foi esse o caso do alquimista egípcio Zózimo (séculos III-IV), de Panópolis, que menosprezava a magia e enfatizava o espiritual sobre o material, atribuindo essa posição ao próprio Hermes:

> Hermes, no entanto, em seu "Sobre a Porta Interna", de fato deprecia [essa] magia, declarando que:
>
> O homem espiritual, [o homem] que conhece a si mesmo, não deve realizar qualquer coisa por meio de magia; mesmo que a considere uma boa coisa, não deve forçar a Necessidade, mas sofrê-la [para assumir seu curso], conforme a natureza e a determinação dela; [deve] progredir apenas pela busca, por meio do conhecimento

de si mesmo e de Deus, para chegar à Trindade que ninguém pode nomear e deixar o Destino fazer o que a Necessidade quiser com sua própria argila, isto é, o corpo.[79]

De acordo com isso, não é por meio de manipulações mágicas do mundo material que alcançamos a liberdade e a soberania, mas pela rendição à Necessidade e ao Destino, abrindo mão do controle. A gnose, no entanto, que ele defende é o meio para a liberação das amarras do Destino, pois sem isso as pessoas são "estúpidas – nada além de 'cortejos' do Destino – no sentido de que não têm noção de qualquer coisa não corpórea [*sic*], ou mesmo se é o próprio Destino que legitimamente as conduz, pois blasfemam contra suas instruções corpóreas [*sic*] e não têm noção de qualquer outra coisa senão de seus privilégios".[80]

Do mesmo modo, em outro de seus escritos, Zózimo aconselha a senhora Teosébia a ficar quieta, pois Deus está por toda parte e não virá por meio da busca, mas da quietude. Pede que ela acalme não apenas o corpo, mas as paixões e os doze destinos:

> E [então], sem invocá-los, executa os ritos sagrados para os demônios, oferecendo coisas a eles não só para que se acalmem e fiquem nutridos, mas também para que se afastem de ti e possas destruir seu poder como Jambres ensinou a Salomão, rei de Jerusalém, e a todos que Salomão apartou da própria sabedoria.
>
> E, se efetivamente executares esses ritos, chegarás às condições físicas do puro nascimento. E continua assim até aperfeiçoares por completo tua alma.
>
> E, quando souberes com certeza que és perfeita em ti mesma, afasta... de ti as coisas naturais da matéria, procura te abrigar nos braços de Poimandres e, depois de aninhada dentro de Sua Taça, retorna outra vez à tua própria [e verdadeira] raça.[81]

Observe que Zózimo vincula Teosébia a dois tratados específicos do *Corpus Hermeticum*, os "Poimandres" (*CH* 1) e "A Taça ou a Mônada" (*CH* 4), tratados que enfatizam a possibilidade de passar por cima das esferas do destino ou ascender além delas e contar com um misticismo espiritual superior aos ritos mágicos que buscam apaziguar os deuses e ganhar seu favor.

Envolver-se ou não em ritual teúrgico parece ser menos uma pergunta de "um ou outro" e mais uma questão de progressão, pois a magia é um meio pelo qual podemos desenvolver compreeensão relacional com os Destinos que desenvolvem a intuição, a vontade e a imaginação. Tão logo essas faculdades estejam desenvolvidas o bastante, o mago se torna tão hábil em sua arte que infunde todos os seus atos com autoridade criativa e intenção clara. A partir daqui, desenvolve-se uma magia natural, intuitiva e personalizada que tem como fundamento uma visão não dualista e a gnose de ser cocriadora com o Divino.

No centro dessa práxis mágica tão desenvolvida está a imaginação, em particular como se aplica à manifestação. Lemos no *Corpus Hermeticum* (5.1): "Vir a ser nada mais é que imaginação".[82] Como as coisas passam a ser é apenas questão do quanto somos conscientes no uso de nossa imaginação, pois estamos criando a partir daí, independentemente de estarmos ou não cientes disso. A imaginação consciente é desenvolvida por meio da purificação do pensamento, da fala e da imagem, para que cada um desses poderes seja levado à mais alta perfeição. É onde a alquimia entra em jogo, pois é a arte alquímica que nos fornece os processos necessários para tornar realidade a pedra filosofal – a imaginação pela qual somos unificados com o Criador. Muito do que se seguirá neste livro é comum tanto à magia teórica quanto à alquimia, e é provável que o leitor perceba os conceitos mágicos presentes em toda parte. Enquanto continuamos, vamos nos lembrar de que cultivar a imaginação em sua expressão mais verdadeira é parte integrante de todas as três artes Herméticas. O modo como empregamos a imaginação no processo criativo revela o poder pelo qual criamos a substância de nossa experiência vivida.

ALQUIMIA: A OPERAÇÃO DO SOL

> *Cabe a quem quer penetrar nesta arte e sabedoria secreta repelir o vício da arrogância, tornar-se virtuoso, honesto e de razão ponderada, cortês aos homens, alegre e de semblante agradável, paciente e guardador de segredos.*
>
> – Hermes, *Rosarium Philosophorum*

É para o soberano Sol que tudo vê que o ramo alquímico da árvore Hermética está voltado, pois o Sol é representado no mundo mineral pelo metal ouro, e a perfeição final é alcançável pela arte alquímica. Os gregos conheciam a alquimia como *chrysopoeia*, que significa "fabricação de ouro" ou "composição de ouro", do grego *khrysos*, "ouro", e *poiesis*, "fazer" ou "compor". Para muita gente, a palavra *alquimia* conjura imagens de malucos em laboratórios medievais ou buscadores de ouro se envenenando com mercúrio nas tentantivas de transmutar chumbo em ouro. Do mesmo modo que a magia tem sido encarada como antitética em relação à ciência ou como falsa religião, a alquimia tem sido considerada precursora ingênua e primitiva da química moderna, pseudociência e domínio de charlatães. O que tem sido deixado de lado nessa concepção dualista é o objetivo espiritual e transcendental dessa arte, assim como a validade da transmutação alquímica e as virtudes dos medicamentos derivados dessas operações.

Embora os químicos tenham, em geral, desconsiderado os escritos alquímicos como pura algaravia – palavra que dizem ter vindo da escrita críptica do alquimista árabe Geber –, é em parte devido ao trabalho de C. G. Jung que a alquimia chegou a ser compreendida como arte mística que se equipara à tradição yogue da Índia.[83] Como tal, a alquimia pode ser abordada como uma técnica espiritual-religiosa para atingir uma união mística interior e uma reconciliação de opostos, o casamento sagrado ou *hieros gamos*. Segundo essa visão, por meio da projeção do mundo inconsciente de sonhos e fantasias na réplica alquímica, os alquimistas eram envolvidos em uma *participation mystique* que unificava consciência e matéria. Processos alquímicos de transmutar metais básicos em ouro espelham os processos internos de transmutação que a alma sofre enquanto se move em direção à própria e indissolúvel perfeição e imortalidade. Dentro disso, há processos cíclicos de purificação e refinamento que trabalham para separar o puro do impuro, o que é feito no mundo físico no processo de fazer espagírica. A palavra *spagyrica* vem do grego *spao*, significando "selecionar" ou "separar", como se aplica à seleção dos elementos puros e à separação dos impuros.[84] Esses mesmos processos são internalizados na purificação da alma e na separação do refugo ou profano.

Sem dúvida alguma, há muito mais na alquimia que conduzir operações químicas em um laboratório. O credo alquímico enfatiza a importância da própria pureza do alquimista na condução de suas operações, encorajando-o à saúde, à humildade, à paciência, à castidade, à devoção, ao estudo e à oração ou à meditação, bem como a uma relação geral harmoniosa com o próprio trabalho.[85] A meditação alquímica é comparável ao yoga hindu e à imaginação pertencente ao corpo sutil, assim como o método desenvolvido por Jung chamado "imaginação ativa", que envolve confrontar as fantasias do inconsciente por meio da visualização.[86] No caso dos alquimistas, a esfera interna da imaginação é projetada no recipiente alquímico. Torna-se, contudo, evidente, em particular quando estudamos gravuras e obras de arte alquímicas, que o receptáculo é sinônimo do corpo humano. Esse conceito forma a base do trabalho a seguir, quando exploramos a relação entre anatomia esotérica, como desenvolvida nas tradições hindus e taoistas, e a doutrina Hermética das sete esferas e a influência alquímica, mágica e astrológica dos sete planetas e metais associados. Mas, antes de embarcarmos nessa exploração, vamos dar uma breve olhada nas origens da tradição alquímica ocidental.

A ideia de que a alquimia surgiu simplesmente do desejo que tinham os pesquisadores de ouro de criar ouro é negada pela longa história do conhecimento sobre a análise do ouro que remonta ao segundo milênio a.C. Nem o rico simbolismo espiritual e místico do textos alquímicos gregos suporta a noção de que a alquimia tenha surgido do espírito da pesquisa científica grega.[87] É muito mais provável, como conclui Mircea Eliade, que as origens da alquimia e o fascínio com a transmutação tenham como base a paixão, a morte e a ressurreição de Osíris ou Dionísio e o conceito de um princípio eterno dentro da alma e da matéria. Em suas palavras, "é o drama místico do deus – sua paixão, sua morte, sua ressurreição – que é projetado na matéria a fim de transmutá-la".[88] Concordando com isso, Marie-Louise von Franz identifica o ritual egípcio de embalsamamento e os mistérios de Ísis como a mais pura raiz da alquimia ocidental, envolvendo uma dissolução e dissecação do cadáver, como o de Osíris, e uma subsequente ressurreição e regeneração saída do mar primordial.[89]

Os seres humanos se envolveram com a alquimia, possivelmente, desde a Idade da Pedra, quando começaram a fazer ferramentas de pedra e descobriram a magia do fogo – elemento da transmutação. É, no entanto, geralmente aceito que as origens da alquimia podem ser rastreadas até as habilidades metalúrgicas que se desenvolveram no Egito e na Mesopotâmia, remontando a milhares de anos. Esse conhecimento encontrou a filosofia natural dos gregos, continuou a evoluir com a filosofia e a teologia Herméticas e foi levado adiante pelos alquimistas Herméticos medievais e pelo Renascimento.[90] A alquimia chinesa, por outro lado, que estava focada na transmutação de metais em ouro, assim como na salvação da alma, pode ser rastreada até o quarto século antes de nossa era.[91] Há também um registro de Chang Tao-Ling, nascido em 35 d.C., primeiro papa taoista que se dedicou ao estudo alquímico e obteve, com êxito, o Elixir da Vida, tendo supostamente recebido um tratado místico das mãos de Lao-Tzu.[92]

São, no entanto, as origens egípcias da alquimia que agora nos interessam. A palavra *alquimia* vem de *al-khimia* / *al-kimiya* / *al-khemeia*, composta pelo prefixo árabe *al*, significando "a", e *khimia*, de *khemet*, palavra egípcia para Egito, ou "a Terra Negra". Por isso a alquimia é às vezes mencionada como "a arte negra" ou "a arte egípcia". Ela nasceu nos solos negros do fértil vale do rio Nilo, que sustentava a civilização egípcia. Segundo Budge, a palavra *khemeia* também significava "a preparação do minério negro" e era identificada com o conhecimento químico que tinham os egípcios dos metais e suas transmutações, em particular de um pó "preto" que continha vários metais dentro dele. Esse pó era identificado com o corpo do Osíris do submundo e dotado de propriedades mágicas.[93]

Os egípcios eram bem conhecidos, desde um período remoto, pelas técnicas metalúrgicas. Usando mercúrio, faziam operações alquímicas em que o ouro e a prata eram separados do minério nativo.[94] Os sacerdotes egípcios, treinados na arte da metalurgia, da mumificação, da medicina e da cerâmica, estavam essencialmente usando química em seu trabalho.[95] Esses sacerdotes estavam envolvidos de maneira ativa no estudo das forças da natureza, as quais chamavam de "Neteru", tocando em uma das ideias fundamentais da alquimia: a de que a natureza pode ser resgatada pela humanidade para atingir a perfeição.[96] Por exemplo, é comum os alquimistas dizerem que todos os minérios de metal bruto acabarão, por fim, se tornando, de maneira natural, ouro, se lhes for dado o tempo suficiente; o alquimista só acelera o processo por meio de sua arte.

Mircea Eliade, seguindo os historiadores, identifica três períodos de desenvolvimento na historiografia da alquimia greco-egípcia: (1) receitas técnicas de liga, coloração e imitação de ouro, como as encontradas nos papiros de Leiden e Estocolmo datados do século III a.C.; (2) alquimia filosófica, representada por Bolos de Mendes no século II a.C., e sua *Physika kai Mystika* ("Das Coisas Naturais e Místicas"), escrita sob o pseudônimo de Demócrito; e (3) literatura propriamente alquímica, a começar com Zózimo de Panópolis nos séculos III e IV, e comentários subsequentes emergindo do séculos IV e V.[97]

Os papiros de Leiden e Estocolmo, que se acredita serem de uma tumba tebana, contêm palavras codificadas e instruções para replicar a prata.[98] Em *Physika kai Mystika*, escrito por Pseudo-Demócrito, autoproclamado discípulo do lendário sábio Ostanes,* encontramos receitas alquímicas para transmutar metais básicos em metais preciosos.[99] Enquanto Bolos ou Pseudo-Demócrito escreveram no início da era cristã, o pai da filosofia experimental, Demócrito de Abdera, floresceu em cerca de 420 a.C. e também lhe foi creditada autoridade alquímica por Sêneca, Diógenes Laércio, Sinésio e Jorge Sincelo. A ele foi atribuído o conhecimento de processos para amaciar o marfim, criar esmeraldas artificiais e vitrificações coloridas, trabalhar com plantas, pedras, minerais e metais.[100] Durante uma viagem a Mênfis, Demócrito encontrou Maria, a Profetisa, também conhecida como Maria, a Judia, renomada e pioneira praticante da alquimia cuja sabedoria é transmitida no tratado intitulado *Sapientisima Maria de Lapide Philosophica Proescripta, Maria Practica*, a quem é atribuído o axioma alquímico: "Um torna-se dois, dois tornam-se três, e do terceiro vem o um como o quarto".[101] Outra alquimista famosa associada a essa escola e que teria conversado com Ostanes era Cleópatra.[102] Ela ganhara a reputação de ter produzido, com sucesso, a pedra filosofal e também lhe foi atribuída a criação da *Chrysopoeia de Cleópatra.*[103] Esse documento de folha única com símbolos alquímicos é considerado a chave para o *opus alchymicum*. Demócrito era contemporâneo mais jovem de Anaxágoras (ca. 500-428 a.C.), filósofo jônico e célebre alquimista. A matéria, segundo Anaxágoras, podia ser infinitamente decomposta em *spermata*, "as sementes das coisas", conceito a ser repetido por textos alquímicos como *The New Chemical Light* [A Nova Luz Química], de Michael Sendivogius (século XVII).[104]

Uma série de textos alquímicos surgiu na era cristã, o que Eliade atribui à confluência da sabedoria oriental, da astrologia, do neopitagorismo e do neo-orfismo com os Mistérios, o gnosticismo e certas tradições "populares" que

---

* Pseudo-Demócrito é, na realidade, a alcunha utilizada por estudiosos e eruditos para designar o conjunto de autores anônimos de uma série de escritos gregos atribuídos, de forma apócrifa, ao filósofo pré-socrático Demócrito. (N. do E.)

guardavam os segredos da Antiguidade.[105] No entanto, segundo Sincelo e outros, por volta do ano 296 d.C., muitas das antigas obras Herméticas e alquímicas foram destruídas pelo imperador Diocleciano, que queria pôr um ponto-final na produção da imitação de ouro pelos alquimistas egípcios.[106] Além de estar preocupado com o efeito que um influxo de ouro teria sobre a economia romana, temia que alguém pudesse se tornar rico o bastante para formar um exército contra Roma. Muitos textos foram também perdidos para sempre no incêndio da Grande Biblioteca de Alexandria. É mais provável que tenha havido pelo menos três diferentes incêndios no decorrer de vários séculos em vez de uma única e grande conflagração desde a ocupação de Alexandria por Júlio César, em 48 a.C., quando ele tentou incendiar uma frota de navios egípcios e o fogo saiu de controle, até o imperador Teodósio I, o Grande, em 391 d.C. e sua ambição de aniquilar o paganismo.[107] A onda final de destruição, contudo, veio quando os árabes invadiram Alexandria em 640 d.C. Ao que parece, o califa Omar ordenou que todos os livros gregos em desacordo com o livro de Deus (o Alcorão) fossem destruídos. Por um período de seis meses, os volumes aqueceram as quatro mil casas de banho da cidade.[108]

Com seu assentamento em Alexandria, os árabes se depararam com os mistérios egípcios e caldeus da astrologia, da alquimia e da magia, traduzindo e produzindo textos Herméticos e alquímicos que influenciariam e informariam, em grande medida, filósofos e alquimistas vindouros. Jabir ibn Hayyan (ca.720-800), famoso alquimista árabe do século VIII, cujo nome foi ocidentalizado como Geber, foi muito influenciado pela tradição Hermética. A alquimia que ele desenvolveu estava alinhada com noções aristotélicas sobre os quatro elementos e suas transmutações, e ele sugeriu que todos os metais eram compostos de dois princípios: enxofre e mercúrio.[109] Os árabes foram particularmente inspirados pela *Tabula Smaragdina* (a *Tábua de Esmeralda*), que exemplifica uma associação entre a sabedoria Hermética e alquímica por meio do princípio da correspondência macrocósmica e microcósmica.

Ambos os aspectos, exotéricos e esotéricos, da alquimia foram reconhecidos na alquimia árabe, os segundos claramente presentes nas obras de Jabir e mais ainda na de Abu Abdullah Muhammad Ibn Musa al-Khwarizmi, com sua *Ḥall ar-rumūz* "Explanation of the Symbols" ("Explicação dos Símbolos").[110] Alquimistas árabes contribuíram em grande medida para a arte, agindo como intermediários para levar ao Ocidente o conceito do *Elixir vitae*, a pedra como panaceia universal e elixir da imortalidade.[111] Um dos mais antigos textos alquímicos, o *Turba Philosophorum* (também conhecido como "Assembleia dos Filósofos"), é um tratado árabe de discurso filosófico e alquímico datado de cerca de 900 d.C.[112] É composto de uma série de discursos apresentados por filósofos gregos, servindo para integrar a alquimia com a filosofia grega.

Zózimo é considerado pelos estudiosos o primeiro autor grego de textos alquímicos.[113] Originalmente de Panópolis e mudando-se mais tarde para Alexandria, foi venerado por outros autores como "príncipe dos sábios", "sábio universal e chama brilhante", e seus escritos alquímicos circularam pelo mundo árabe.[114] Embora seu trabalho incluísse aspectos técnicos, era mais orientado ao culto místico e gnóstico-Hermético do Homem-Deus interior, como evidenciado no *Muṣḥaf aṣ-ṣuwar* ("O Livro das Imagens").[115] As visões de Zózimo, do *Tratado de Zózimo sobre o Divino Relativo à Arte*, envolviam um encontro onírico com um padre chamado Íon, que se submete a um "tormento insuportável" – punhaladas ritualísticas com uma espada, esfolamento, desmembramento e combustão, de modo a transformar seu corpo físico em espírito impregnado do desmembramento de Osíris.[116] Nessa visão, ele encontra um altar em forma de tigela de água fervente cheio de pessoas "queimando vivas", o que lhe é explicado como uma transformação e "o lugar da operação chamada embalsamamento", onde "aqueles que procuram obter a arte entram aqui e se tornam espíritos escapando do corpo".[117] Há uma alusão a múltiplos processos alquímicos, e vários metais são mencionados por toda parte.

Outro bem conhecido alquimista árabe, Morienus (século V), conhecido como o "Velho Eremita de Jerusalém", foi procurado e contatado pelo rei Khalid por seu conhecimento alquímico. Ele compartilhava da visão de Zózimo de que o divino segredo da alquimia – o *lapis* – pode ser encontrado dentro do corpo humano e disse a Khalid: "Você é sua matéria-prima; ela está incluída em você; você a mantém escondida, e ela é extraída de você, como é você que a reduz à sua essência e a dissolve, pois ela não pode ser completada sem você, e você não pode viver sem ela; e assim o começo nos lembra do fim, e vice-versa".[118]

A alquimia era relativamente desconhecida na Europa medieval até ser introduzida pelo mundo muçulmano no século XII. Alguns notáveis alquimistas medievais incluem Roger Bacon, Arnaud de Villanova, Raimundo Lúlio, Alberto Magno, George Ripley, Thomas Norton, Johann Isaac Hollandus e o lendário Nicolus Flamel.[119] Tanto a alquimia interior quanto a exterior eram praticadas na Idade Média. Por um lado, a alquimia operacional estava preocupada com a transmutação de metais em ouro por meio da preparação da pedra filosofal, além de se beneficiar com as propriedades de cura e de extensão de vida da pedra. Por outro, desenvolveu-se uma alquimia espiritual em que uma atitude devocional foi aplicada ao trabalho de laboratório, o que, por sua vez, afetava a transmutação da alma.[120]

No fim da Idade Média e no Renascimento (1550-1650), a experiência alquímica ressurgiu, quando os antigos textos greco-egípcios foram postos de novo em circulação por Ficino. Eliade escreve que "uma série de pressupostos básicos [da alquimia] – como o crescimento de minérios, a transmutação de metais, o Elixir e o segredo obrigatório – foi levada da Idade Média ao Renascimento e à Reforma".[121] Ideais neoplatônicos e Herméticos expandiram o meio alquímico, substituindo o modelo aristotélico.[122] A alquimia também ganhou um componente médico, em particular na obra do proeminente alquimista e teórico médico suíço Paracelso (Theophrastus Bombastus von Hohenheim, 1493-1541).[123] O paracelsianismo, movimento que emergiu dos escritos de Paracelso, e os que por ele foram influenciados, com foco em observações da natureza e correspondências alquímicas, médicas e astrológicas, foram fundamentais nas filosofias da Renascença e em uma proliferação da literatura alquímica em fins do século XVI.[124] Paracelso era bem versado em filosofia Hermética, e seus escritos ajudaram a deslocar o foco da alquimia da trivial busca de fabricação de ouro para o preparo de remédios curativos para o corpo e a alma.[125]

Um dos mais importantes textos alquímicos a emergir nesse período foi o *Rosarium Philosophorum* (publicado em Frankfurt, em 1550): "The Philosophers' Rose Garden" [O Jardim de Rosas dos Filósofos] ou "The Rosary of the Philosophers" [O Rosário dos Filósofos], que diz respeito ao *hieros gamos* (casamento sagrado). O estilo dessa obra exerceu grande influência sobre a literatura alquímica que se seguiu no final do século XVI e princípio do século XVII.[126] É composto de vários ditos de escritores famosos (Geber, Hermes, Aristóteles, Avicena, Senior, Platão), de uma série de ilustrações alquímicas e de um poema alemão. Embora o texto seja uma mistura de física e alquimia mística, as ilustrações são decididamente espirituais e progridem por vários estágios da *opus* alquímica, resolvendo-se no *hieros gamos* ou conjunção das polaridades solar e lunar da alma.

Durante o século XVI, o alquimista Heinrich Khunrath (1560-1605) comparou o *lapis* com Cristo, "Filho do Macrocosmo", um paralelo mais tarde explorado a fundo por C. G. Jung.[127] A alquimia, ou filosofia química, passou a ser vista não apenas como uma chave para destravar os segredos da natureza, mas como força redentora para a humanidade.[128] A noção paracelsiana de redenção por meio da alquimia encontraria eco nas obras do alquimista, matemático, astrólogo e mago John Dee (1527-1608) e do alquimista inglês Elias Ashmole (1617-1692).[129]

Duas correntes de esoterismo espiritual e pensamento alquímico a emergir nessa época na Alemanha protestante foram a Teosofia Cristã e o Rosacrucianismo.[130] A primeira foi representada pela teologia mística de Jacob Boehme (1575-1624), cujas obras eram ricas em linguagem e imagens alquímicas e para quem a pedra era uma metáfora de Cristo.[131] Obras rosa-cruzes como *Fama Fraternitatis* (1614), *Confessio Fraternitatis* (1615) e *As Núpcias Químicas de Christian Rosenkreutz* (1616) promoveriam a evolução da alquimia espiritual. Michael Maier (1568-1622), que escreveu o livro alquímico de emblemas, fugas e discursos conhecido como *Atalanta Fugiens,* foi muito influenciado por Paracelso e pelos rosa-cruzes.[132] O paracelsiano inglês Robert Fludd (1574-1637) foi médico, filósofo e apologista rosa-cruz cuja obra se concentrou em relações micro-macrocósmicas, na Kabbalah Hermética e na astrologia.[133] Por sua alquimia mística, Fludd expressou como um conhecimento do corpo humano como microcosmo podia revelar as estruturas macrocósmicas do Universo, e vice-versa.

Com o Iluminismo veio a era do descrédito da alquimia, quando escritores científicos conceberam a nova química como decorrente da ingenuidade e obscuridade do passado alquímico, atitude que persiste em nossa era moderna.[134] Foi apenas no início do século XVIII que começou a ser feita uma distinção entre alquimia e química, e a alquimia tornou-se cada vez mais encarada como pouco mais que "fabricação de ouro", e seus praticantes, como charlatães.[135] Sobreviveu, no entanto, o simbolismo alquímico, particularmente no contexto espiritual, passando a ser associado ao ocultismo do século XIX e aos temas de magia natural, astrologia e teurgia.[136]

Uma alquimia espiritual unilateral foi proposta por Mary Anne Atwood (1817-1910), muito influenciada pelo magnetismo animal, pelo mesmerismo e pela alquimia moralista de Ethan Allen Hitchcock (1798-1870). Atwood negou a relevância da alquimia exotérica de laboratório, escrevendo que "nenhuma arte ou química modernas, não obstante todas as suas sub-reptícias alegações, tem qualquer coisa em comum com a alquimia".[137] Ela enfatizou que o segredo da arte está escondido no ser humano, dizendo que "o homem [é] o laboratório adequado de toda a arte", embora admitisse que as transmutações físicas, como a de chumbo em ouro, eram possíveis por meios espirituais e adequada sintonia espiritual do alquimista.[138]

A alquimia continuaria a ser propagada pela maré espiritual e oculta em fins do século XIX e início do XX por Éliphas Lévi, Anna Kingsford, Edward Maitland, William Wynn Westcott, Helena Petrovna Blavatsky, Arthur Edward Waite e pela Sociedade Teosófica e a Ordem Hermética da Aurora Dourada. Arthur Edward Waite escreveu sobre alquimia ao longo de suas obras de temas ocultos como maçonaria, rosacrucianismo, Cabala, tarô e magia. Em contraste com a interpretação puramente espiritual – ou psíquica – da alquimia, Waite não descartava os aspectos químicos da arte. Embora enfatizasse os objetivos místicos da *opus alchymicum*, reconhecia a validade de uma pedra filosofal física que possibilitava as transmutações de metais.[139]

A alquimia física, porém, não desapareceu por completo com o surgimento da nova química e foi praticada por certas "sociedades secretas" e na AMORC (Antiga Ordem Mística da Rosa-Cruz) no início dos anos 1900, que ensinava alquimia de laboratório na tradição dos rosa-cruzes.[140] Albert Richard Reidel, mais conhecido como Frater Albertus, transmitiu esses ensinamentos na Paracelsus Research Society, aberta em 1960.[141]

No século XX, as obras de C. G. Jung iluminaram o lado psicológico e místico da alquimia. Embora estivesse de acordo com Waite no sentido de não descartar a realidade da alquimia operativa, ou alquimia de laboratório, Jung não lhe deu atenção, pois isso se relacionava muito pouco com sua interpretação psicológica da arte, que tinha relação com a projeção de conteúdos psíquicos sobre a matéria. Mircea Eliade ofereceu um modelo panpsíquico da arte baseado em uma abordagem antropológica.[142] Mais recentemente, alquimistas contemporâneos como

Brian Cotnoir e Robert Allen Bartlett forneceram guias práticos de alquimia operativa que são tanto físicos quanto espirituais.[143] De fato, Cotnoir diz que "a alquimia sempre consistiu de dois aspectos: o físico e o espiritual. Alguns dos primeiros alquimistas tinham orientação muito forte para os aspectos químicos do trabalho, enquanto outros, mais tarde, assumiram orientação quase puramente mística".[144]

A alquimia é uma busca científica e espiritual destinada a compreender os mecanismos da consciência e da matéria. Embora se possa argumentar que uma verdadeira compreensão da alquimia é inatingível sem o componente operativo, a pessoa média, que muito provavelmente não está inclinada a montar o próprio laboratório alquímico, tem muito a ganhar ao buscar uma compreensão espiritual da *opus alchymicum* pela imaginação e faculdade criativa. Nas palavras de Paracelso, "a alquimia nada mais é que o propósito definido, a intenção e o esforço sutil para transmutar os diferentes tipos de metais uns nos outros. De acordo com isso, cada pessoa, por discernimento próprio, pode escolher para si o que lhe parece ser o melhor caminho, a melhor arte, e a partir daí encontrar a verdade, pois o homem que segue algo com verdadeira atenção encontra a verdade"[145]. Mas "quando os Filósofos falam de ouro e prata, de onde extraem sua matéria, devemos supor que se referem ao ouro e à prata comuns? De modo algum; prata e ouro comuns estão mortos, enquanto aqueles dos Filósofos estão cheios de vida".[146] Cabe a cada um de nós, individualmente, encontrar "o melhor caminho, a melhor arte" para nós mesmos, e, caso seja necessário, ao iniciar esse esforço, buscar a orientação e a sabedoria de professores respeitáveis; em última análise, a realização da meta começa e termina com o Eu.

Frater Albertus descreveu a alquimia como "a elevação das vibrações", o que é uma definição útil aos propósitos desse discurso filosófico sobre a alquimia como meio de liberação criativa.[147] Tudo – desde as menores partículas do próprio Universo – está vibrando em taxas variáveis, assim como cada indivíduo está vibrando no próprio ritmo. A alquimia nos ensina as operações para transmutar energia nos planos físico, mental e espiritual, essencialmente mudando e incrementando as vibrações, de maneira ideal, para trazê-las à perfeição. As transmutações dos metais básicos (chumbo, estanho, ferro, cobre) em metais nobres (prata e ouro) guiam o alquimista ao objetivo supremo da *magnum opus* (Grande Obra). Ele é cumprido com a pedra filosofal – o *lapis philosophorum.*

Segundo o filósofo Malchamech, "a Pedra necessária nessa obra é a de vida sutil. Encontraremos essa Pedra por toda parte, nas planícies, nas montanhas e nas águas, e tanto os pobres quanto os ricos a têm. É o que há de mais barato e de mais estimado, cresce no frasco e no sangue, é muito preciosa para o homem que a tem e a conhece".[148] A criação da pedra é um dos objetivos básicos da alquimia, porém encontramos várias duplicações de suas características de uma ponta à outra das tradições religiosas e místicas do mundo. Por exemplo, o *chintamani,* nas tradições hindu e budista, é uma pedra mágica que realiza desejos, em geral apresentada na mão dos *bodhisattvas* Avalokiteshvara e Ksitigarbha. O Livro do Apocalipse também se refere ao *calculus albus* (pedra branca) em 2:17: "Quem tem ouvidos, ouça o que o Espírito diz às Igrejas: ao vencedor darei do maná escondido e lhe darei também uma pedrinha branca, uma pedrinha na qual está escrito *um nome novo*, que ninguém conhece, exceto aquele que o recebe".* No hinduísmo, o *vajra* é uma arma simbólica que expõe o caráter indestrutível de um diamante e o poder espiritual do raio, uma variante do *dorje*, do tibetano, *do* significando "pedra" e *rje* significando "nobre, mestre ou príncipe", ou seja, "pedra mestre". É indestrutível, adamantina, indissolúvel e eterna, como a pedra filosofal. O *lapis* é variadamente conhecido como a Coisa Única e o Elixir, e Paracelso o elogia como "a substância mais pura e mais nobre de um corpo indestrutível, que não pode ser destruído nem danificado pelos Elementos e é produzido pela Arte".[149]

O *lapis philosophorum*, assim como o *chintamani*, o *calculus albus* e o *vajra*, tem as próprias propriedades mágicas singulares, em particular o poder de transmutar substâncias impuras para seu estado perfeito, como na transmutação de metais básicos em prata ou ouro, e na apoteose do ser humano dentro de sua existência. Como Filaletes explica, "ele é preparado de uma substância, com a qual a arte da química está familiarizada, na qual nada é adicionado, da qual nada é tirado, exceto suas superfluidades, que são removidas".[150] A remoção dessas superfluidades separa o puro do impuro e é realizada por várias operações alquímicas, como a calcinação, destilação, sublimação, digestão, fermentação, separação, dissolução e coagulação. Uma vez devidamente preparada, essa pedra age como panaceia para todo o padecimento e enfermidade.[151]

---

* *Bíblia de Jerusalém*. São Paulo: Paulus Editora, 2017. p. 2.144.

A transmutação da alma é conduzida da mesma maneira, pela remoção de superfluidades e várias operações que a refinam e a tornam portadora de um poder sublime e sutil. Esses metais com os quais estamos trabalhando existem como arquétipos encontrados na psique e expressos por meio do corpo de energia. Em razão da pesada corrupção que nossas experiências de vida podem ter conferido aos nossos metais, é necessário que tenhamos um guia neste trabalho. Hermes, Thoth e Mercúrio são todos considerados psicopompos, ou seja, guiam as almas para o reino do submundo ou morte. Do ponto de vista psicológico, facilitam a comunicação entre o consciente e o inconsciente. Como tal, Hermes e a filosofia Hermética oferecem um meio de curar traumas, reconectando a mente consciente (acima) à mente inconsciente (abaixo) para estabelecer uma harmonia entre elas. É por intermédio dessa harmonização que atingimos uma unidade criativa, despertando como seres únicos, autocriados, buscando nos conhecermos por meio da projeção e da reflexão.

A reconciliação dos opostos está no cerne do processo alquímico, assim como o processo criativo. Como afirma Eliade: "A Pedra torna possível a identificação de opostos. Purifica e 'aperfeiçoa' os metais".[152] O impulso criativo inicial do um se divide e se transforma nas polaridades dos dois, e de imediato o terceiro princípio emerge como polo neutro ou campo onde as polaridades dançam. Por meio da reconciliação, ou casamento sagrado, dos opostos, a unidade inicial é recuperada. Dentro da triunidade que forma o céu, existimos em nossa extrema divindade, tornando-nos como deuses. Contudo, uma vez que tivemos a experiência transcendente que nos eleva das águas inconscientes, devemos também retornar à terra para integrar nossa consciência divina superior com o corpo. Enquanto a trindade representa o céu, a terra é encontrada na quaternidade e nos sistemas de quatro – as quatro estações, as quatro direções, os quatro elementos (Fogo, Água, Terra e Ar), o quadrado e todas as coisas materiais.

A alquimia tem sido chamada de "Arte Real" porque é, em essência, um processo criativo que leva à perfeição, ou obra-prima, da consciência humana. Os estágios da *opus* alquímica espelham os do processo criativo, com níveis crescentes de refinamento e sutileza à medida que o trabalho avança para sua conclusão. Tanto o alquimista quanto o artista são profundamente transformados pela interação de consciência e matéria, pois realidades ocultas e transcendentes são reveladas

Figura 4.2 "A Pedra que é Mercúrio é lançada na Terra, exaltada em Montanhas, reside no Ar e é nutrida nas Águas." De Michael Maier, *Atalanta Fugiens*, 1618. Cortesia do Instituto de História da Ciência.

por meio da obra. Empregando os processos da alquimia em nosso processo criativo, embarcamos em uma jornada para a gnose.

Agricultura, cerâmica, metalurgia e arquitetura são, desde tempos mais remotos, outros tantos meios de os seres humanos transmutarem a matéria em formas inteiramente novas. Desse modo e de muitos outros, temos a oportunidade de nos envolver com a matéria de uma perspectiva holística, alquímica, que leva consciência para tudo que fazemos e criamos. Qualquer um interessado em liberar seu pleno potencial criativo tem muito a ganhar embarcando no caminho alquímico. Em determinado nível, é a transmutação dos "metais pesados" que se encontra na psique, na pura luz da consciência divina, ou do ouro. Em outro, estamos externalizando nossa consciência e sua transmutação por meio da matéria física, sob a forma de um poema, pintura, livro, canção, casa, jardim, refeição, negócio ou de qualquer coisa que criarmos no reino físico. Em um caso ou em outro, os princípios alquímicos da criação se aplicam, e, no entanto, a "arte" será única para cada indivíduo. A chave é ter um domínio físico no qual observar as transmutações acontecendo, pois a essência da alquimia é a relação entre consciência e matéria, que pode ser observada em ilimitadas manifestações e experimentada por todo indivíduo, independentemente de haver ou não trabalho de laboratório envolvido.

A alquimia é algo a ser experimentado, uma iniciação, equivalente à morte, ao desmembramento e à reintegração xamânicos ou dionisíacos. Há quatro fases primárias de transmutação que podem ser aplicadas ao processo criativo, começando com uma de morte e putrefação e progredindo por várias fases de purificação e refinamento. Os alquimistas observaram essas fases como uma progressão de mudanças de cor, ocorrendo com a transmutação de matéria física (em geral plantas, minerais e metais) dentro de seus alambiques, retortas e cadinhos. As fases avançam em ordem progressiva de um estágio de escurecimento (*nigredo*), tornando-se branco (*albedo*), amarelo (*citrinitas*) e, por fim, vermelho (*rubedo*). Ao longo deste trabalho, vamos falar sobre essas quatro fases, porém a *magnum opus* será explorada com mais profundidade em meu próximo livro. Por ora, voltamos nossa atenção para uma visão geral da cosmogonia Hermética e da filosofia e teoria alquímicas.

PARTE II

Cosmogonia Hermética e Alquimia

Todas as coisas são uma única coisa, e, mais que tudo, os corpos que a mente percebe sozinha. Nossa vida se deve à Energia, ao Poder e à Eternidade [de Deus]. Sua mente é Boa, assim como Sua Alma. E, sendo assim, as coisas inteligíveis nada conhecem de separação. Então, a Mente, sendo a Governante de todas as coisas, e sendo a Alma de Deus, pode fazer o que quiser.

– *Corpus Hermeticum* (12.8)

5

Céu e Terra

E Deus-a-Mente, sendo tanto masculino quanto feminino, como subsistência de Luz e Vida, trouxe outra Mente para dar forma a coisas que, como Deus era de Fogo e Espírito, formavam Sete Regentes que encerram o Cosmos que os sentidos percebem. As pessoas chamam o governo deles de Destino.

– *Corpus Hermeticum* (1.9), de Mead, *Hermes, o Três Vezes Grande*

A UNIÃO ENTRE A HUMANIDADE E DEUS é um núcleo doutrinário ao longo dos escritos Herméticos, assim como os vários níveis ou esferas e seres concomitantes que existem como intermediários entre eles. A Essência Divina permeia todas as coisas grandes e pequenas. Contudo, apesar da inerente bondade do mundo, pois o mundo existe como emação do Um, ocorre necessariamente uma diminuição da energia da Fonte. A humanidade é descrita em sua queda na matéria e no esquecimento e recebe instruções sobre uma nova ascensão a seu estado anterior em unidade. Existe, assim, uma ênfase na ascensão por meio de várias esferas de influência planetária e cósmica para retornar à Divina Fonte. O iniciado deve, contudo, aprender a viver no mundo, encarnado, mas ainda desperto para o Eu imortal e divino, e no momento da morte manter essa consciência de nossa verdade eterna e infinita. Além da ênfase soteriológica, há uma responsabilidade implícita da parte do iniciado para apreciar e cuidar do mundo material, pois o corpo e a terra são infundidos com o céu, e Deus é onde o céu está. A humanidade, posicionada nas encruzilhadas do Acima e Abaixo, é tanto terrena quanto divina e tem o poder de usar essa conexão divina para restaurar, regenerar e cuidar da Terra.

O primeiro tratado do *Corpus Hermeticum*, "Poimandres, o Pastor de Homens", é um texto essencial para a compreensão do esquema geral da visão de mundo Hermética e de seu relato do Gênesis. Ele se inicia com uma visão mística, experimentada por Hermes, e um diálogo subsequente com uma entidade divina que se autodenomina "Homem-Pastor". Essa experiência direta do Divino é um elemento intrínseco da iniciação Hermética. Além disso, Hermes recebe a visão quando está em estado de suspensão sensorial, ou hipnagogia, estado mental caracterizado como estar em algum lugar entre a vigília e o sono, onde a lucidez do pensamento e as imagens mentais são intensificadas e podem-se ter alucinações:

> Aconteceu uma vez, quando minha mente estava meditando sobre as coisas que existem, e meu pensamento foi levado a uma grande altura, e os sentidos de meu corpo foram retidos, como acontece com os homens que estão caindo de sono após grande fartura de comida ou por efeito da fadiga do corpo. (*CH* 1.1)[1]

O autor encontra um ser "de tamanho além de todos os limites", que se identifica como "Homem-Pastor, Mente de toda a maestria", e diz a ele: "Sei o que desejas e estou contigo em toda parte" (*CH* 1.2).[2] O Homem-Pastor é Nous, a Mente Divina ou o Divino Intelecto. Quando perguntado sobre o que quer saber e aprender, o discípulo implora pela gnose: "Desejo aprender as coisas que existem, compreender sua natureza e conhecer a Deus". O Homem-Pastor diz a ele que guarde tudo o que deseja saber na mente, e, desse modo, tudo será revelado. Segue-se uma grande visão, em que "todas as coisas lhe foram abertas" com luz ilimitada, o que foi, então, superado pelas trevas. Das trevas emergiu uma Natureza Úmida, misturada com fumaça e fogo; e logo – uma "Voz de Fogo", que Mead descreve como um desejo de união como o Verbo Cósmico.[3] Da Luz que precedeu as trevas, veio "uma Palavra Santa", a "Palavra-Luz" (*logos*), que é "Deus, Mente" (*CH* 1.5-6).[4]

A união desses dois – Fogo, que é semelhante ao Desejo, e Luz (*logos*), dá origem aos três princípios elementais vindos da Natureza Úmida: Fogo, Ar e Terra/Água, os últimos permanecendo "misturados". Hermes é instruído de que sua mente é o *logos*, a Mente de Deus, e lhe é dada uma visão da ordem cósmica. Aqui aprendemos que a natureza é a imagem da palavra de Deus. Dito de outra forma, a palavra de Deus, que é a Mente, molda a matéria (a natureza), de acordo com sua imagem, ou imaginação. Vemos, assim, que está sendo dada a Hermes a sabedoria secreta da criação, que é um ato de partenogênese.

Deus é ao mesmo tempo masculino e feminino, equiparados à Luz e à Vida. Para dar forma às coisas, Deus criou uma segunda Mente – Nous –, a qual, por sua vez, criou os sete regentes que determinam o Destino. Esses sete correspondem aos sete planetas que também existem como macho e fêmea. A Natureza, somos informados, é irracional, como são os animais. Só aos seres humanos foram dadas a razão e a capacidade de criar por meio da imaginação. Esse poder é verdadeiramente realizado na oitava esfera, que transcende as limitações dos sete regentes planetários. Então, mesmo sendo advertidos de que o Destino governa o ser humano, há uma possibilidade para a transcendência, apesar da influência das esferas do destino. Quando a imaginação é usada de modo consciente, em união com Deus, com a Mente na oitava esfera, a pessoa se torna mestra dos sete regentes e deixa de ser comandada pelo Destino. De dentro da esfera "formativa" ou criativa, ela passa a criar a realidade em alinhamento com a Vontade Divina. Conhecer o verdadeiro Eu é gnose, e isso dá origem ao ser humano essencial, que permanece na imortalidade.

A cosmogonia Hermética fornece o fundamento para a teoria alquímica tal como ela se desenvolveu ao longo dos séculos. Veremos, então, como os conceitos de polaridade, da trindade, dos quatro elementos, das sete esferas e daquelas acima e dos doze signos do zodíaco formam um sistema completo, por meio do qual podemos compreender a relação entre consciência e matéria.

MICROCOSMO/MACROCOSMO

O que está em cima vem do que está embaixo, e o que está embaixo vem do que está em cima, operando os milagres do Uno.

– HERMES

Qualquer coisa que exista no reino celestial existe também no reino da experiência humana, e vice-versa. De um nível científico e racional, reconhecemos que somos feitos de poeira estelar e tudo o que sabemos tem fonte nas estrelas, mas as implicações disso vão muito mais fundo, revelando como podemos vir a conhecer nossa verdadeira essência. Retornando à *Tabula Smaragdina* e ao princípio da correspondência, ou "aquilo que está em cima vem daquilo que está embaixo, e aquilo que está embaixo vem daquilo que está em cima", reconhecemos que o macrocosmo e o microcosmo são reflexos um do outro. O "em cima" se refere ao Criador ou Deus, ao céu e ao reino celestial; às dimensões eternas, infinitas e interiores. Em contrapartida, o "embaixo" se refere à Criação, à matéria, à humanidade e à Terra; a tudo finito, físico, manifesto; e ao que existe fora e é externo ao eu. Assim, também podemos dizer "como dentro, fora" ou "como fora, dentro". Não apenas somos um reflexo do Cosmos em forma finita, mas o Cosmos é um reflexo de nós.

A correspondência macrocosmo-microcosmo era parte integrante das filosofias de Pitágoras, Platão, Aristóteles e Plotino e das escolas de filosofia neoplatônica e estoica; e é um elemento fundamental dos ensinamentos Herméticos. Dentro do microcosmo do ser humano estão todos os deuses, planetas, estrelas, elementos, animais, minerais e plantas. Do mesmo modo que o corpo humano é animado pela alma, o próprio mundo é encarado como um ser vivo com sua própria consciência, chamada "alma do mundo" ou *Anima Mundi* (ver figura 5.1). Essa consciência divina contém em si as multidões de consciências finitas de indivíduos e outros seres vivos, existindo como intermediária entre os reinos eterno e temporal. Por isso, na figura ela é descrita como ligada a Deus e à humanidade com corpo animal, que assume a forma de um macaco, sugerindo o macaco da mente que ainda tem de progredir pelas esferas na jornada para a autorrealização.

Figura 5.1. *Anima Mundi:* a Alma do Mundo em forma de deusa usando uma coroa de doze estrelas. Em torno dela se desenrola a ordenação do Cosmos. De Robert Fludd, 1617.

Um aspecto da correspondência micro-macrocosmo é a simpatia entre os padrões, movimentos e estruturas da anatomia humana – tanto física quanto esotérica – e o Cosmos maior. Somos constituídos de átomos com elétrons girando que espelham os movimentos das luas em torno de planetas ou de planetas em torno de estrelas. Os corpos celestes de nosso sistema solar não só influenciam a humanidade por meio de seus movimentos cósmicos, mas existem dentro do corpo sutil e regem vários órgãos, estruturas e sistemas fisiológicos, afetando nosso bem-estar mental, emocional, físico e espiritual. Os quatro elementos – Terra, Água, Fogo e Ar – estão presentes no corpo como padrões energéticos que governam a fisiologia.

Estudar o Universo e a natureza é aprender sobre o ser humano, e vice-versa. Há poesia no modo como o microcosmo e o macrocosmo espelham um ao outro, e o uso da analogia nos ajuda a ganhar percepções profundas sobre nossa realidade e sobre nós mesmos. Embora existam claras diferenças entre sistemas cósmicos e terrestres, onde encontrarmos similitudes encontraremos pistas para entender nosso lugar no Cosmos.

PRIMA MATERIA

Nas profundezas havia escuridão sem limites e água e refinado espírito inteligente, tudo existindo pelo poder divino no caos.

– Hermes, de Copenhaver, *Hermética*

Segundo os egípcios, o primeiro princípio nas teogonias de Damáscio era uma *escuridão três vezes desconhecida*,[5] além da compreensão intelectual. Essa escuridão ambígua dá à luz a criação dentro de si e a partir de si. É chamada Caos e conhecida pelos alquimistas como *prima materia,* matéria-prima da qual a obra começa.

Tanto a cosmogonia egípcia quanto a suméria e muitas outras começam com uma escuridão primordial, conceituada como um mar insondável. Em uma versão da cosmogonia egípcia, a criação foi precedida por Nun, um oceano primordial, imóvel e sem superfície; comparado tanto às enchentes do Nilo e quanto a um ovo cósmico.[6] Outra versão amplamente aceita dizia que o Universo começou quando uma colina primordial surgiu de Nun, e os sacerdotes heliopolitanos foram os primeiros a afirmar que seu templo foi construído sobre essa colina.[7] O monte primordial, segundo a cosmogonia heliopolitana, foi equiparado a Atum, deus de Heliópolis, ou teria sido criado por ele quando emergiu das águas residuais de Nun. Quando Atum se tornou, mais tarde, solarizado como Atum-Rá, passou a ser retratado como uma fênix (*bennu*) e representava a luz que dispersava o caos.[8]

Segundo a cosmogonia heliopolitana, Atum foi a divindade criadora cujo nome significa "Aquele que é Totalidade", "O Completo" e "O Indiferenciado".[9] Atum foi autocriado e existiu como unidade indiferenciada, o Universo antes da criação, quando "ainda não havia duas coisas". De si mesmo, por masturbação, Atum gerou o primeiro par macho e fêmea, Shu (Ar) e Tefnut (Umidade), e a polaridade nasceu da unidade. Juntos, Shu e Tefnut tiveram dois filhos, Geb (Terra) e Nut (Céu), que então se uniram e geraram Osíris, Seth, Ísis e Néftis. Assim, a Enéade de Heliópolis (*pesedjet* em egípcio), conjunto de nove deuses, foi formada dessas nove divindades iniciais. No desordenado estado de não existência original não havia vida e morte. Tudo era caracterizado por cansaço, inércia e negação, com dois aspectos principais, *keku*, total escuridão, e *nun*, as águas primordiais. Embora a criação surgisse do ato de Atum, o Caos e a não existência se mantiveram no Universo em contrapeso à Criação manifesta, cercando-a e infiltrando-se nela com desordem.[10]

Os sumérios conceberam paralelamente as origens do Universo tendo início com um mar primitivo do qual emergiu uma montanha cósmica, dentro da qual Céu (An) e Terra (Ki) existiram em estado unificado. An e Ki, respectivamente macho e fêmea, geraram com sua união o deus do ar, Enlil. Por fim, Céu e Terra foram separados por Enlil no "grande acima" e no "grande abaixo", estabelecendo o Universo, que chamaram *an-ki,* ou "céu-terra".[11]

Concepções Herméticas dos primórdios da criação seguem de perto a cosmologia egípcia, com paralelos na tradição gnóstica, embora Mead afirme ser provável que exista uma fonte ainda mais antiga que a egípcia.[12] Em *O Sermão Sagrado de Hermes* está escrito que "nas profundezas havia escuridão sem limites e água e refinado espírito inteligente, tudo existindo pelo divino poder no caos".[13] À escuridão, à água e ao caos egípcios foi acrescentado o espírito inteligente, que, como o Éter, é aquele campo dentro do qual tudo existe e do qual é derivada a inteligência da força vital. Dessa escuridão sem limites emergiu uma luz santa, e os elementos saíram solidificados de uma essência úmida. Essa umidade é a Mãe, a matéria primeira, fluida e fértil. Quando o caos foi dividido, os elementos se separaram, os mais leves ascendendo, os mais pesados afundando, e tudo estava suspenso no Espírito. Essa separação das coisas no Acima e Abaixo é uma reminiscência da *Tabula Smaragdina*, na qual é dito: "Sobe da terra ao céu e torna-se regente sobre aquilo que está em cima e aquilo que está embaixo".[14]

Sanchuniathon (ca. século XIII a.C.), escritor e sábio fenício, descreve uma cosmogonia muito semelhante à da Fenícia, que teria se originado do egípcio Thoth. Ela começa com a atmosfera tempestuosa de uma escuridão sem limites. O vento "se apaixonou pelos próprios princípios, e uma mistura foi feita, mistura chamada *Desejo* ou *Cupido*", a qual foi o início da criação. Ele continua a dizer que "com aquele vento, foi gerado *Môt*, que alguns chamam de *Lama*; outros, de putrefação de uma mistura aguada. E disso veio toda a semente desse edifício e a geração do Universo".[15]

Mot, a Grande Mãe, como a grega Reia, é a primeira matéria de que a Criação é formada. A própria palavra *mãe* está relacionada com a palavra latina *materia*, significando "substância da qual uma coisa é feita", e se acredita derivar do latim *mater*, ou "origem, fonte, mãe".[16] Assim, nossa *prima materia* é, de fato, nossa "primeira mãe", a substância da qual somos feitos, uma indefinida massa de potencial", ou o que os gregos chamam *hyle*. Paracelso a chama de *Iliaster* – ou "nada",[17] e também "a Pedra Bruta... essa massa confusa conhecida, mas universalmente desprezada".[18] É sem forma, ilimitada e existe eternamente. A criação surge dessa massa de confusão e potencial por meio do *Kosmos*, grego para "ordem" ou "beleza". O abraço do Espírito traz ordem, e do corpo de Mot nascem a matéria e todos os corpos celestes. Caos e Espírito, existindo ambos dentro de uma névoa escura indiferenciada, não são dois, mas um; macho e fêmea são conceitualizados como coexistindo em um corpo capaz de partenogênese.

Embora tenha precedido a separação dos elementos, de modo algum o Caos foi deixado para trás. Ele existe como aspecto necessário da criação, que Paracelso explica como força sutil, imperiosa, que sustenta o globo e os elementos nele contidos, "como a galinha, no ovo, é sustentada pela clara sem tocar na casca".[19]

O caos da *prima materia* estava presente no início e deve agora ser encontrado dentro de nós. Embora seja a fonte da Criação, é enfrentado do ponto de vista psicológico como desordem e redução do ego a essa inefável "escuridão três vezes desconhecida". Ocorre em momentos da experiência humana em que nos descobrimos como indiferenciados, confusos ou em estado de "cansaço, inércia e negação", como os egípcios o conceituaram – ou como aquilo que tendemos a ver como melancolia e depressão. É um estado de contração, puxando para dentro de si mesmo como um buraco negro. Assim como a *prima materia* é o abismo escuro antes da criação, ele é parte integral do processo criativo. A Primeira Matéria é o material de partida para a *opus* alquímica, a criação do *lapis philosophorum*, a pedra filosofal, e é para ser encontrada dentro de cada um, acessível a todos. Tal sentimento ganha eco por todos os escritos alquímicos. Segundo Morienus, o Velho Eremita de Jerusalém, é inseparável do eu, "está lá para ricos e pobres, para o generoso e o ganancioso, para aquele que corre e para o que se senta. É lançado nas ruas e pisoteado no esterco".[20] Como o caos primordial, essa primeira matéria contém todos os elementos em estado indiferenciado de puro potencial. Como Martin Ruland, o Velho, escreve, "a Primeira Matéria está na Alma e extraí-la significa transformar em ato o poder adormecido do espírito puro, vivo, respirante e da alma eterna".[21] Deixada intocada, ela permanece sem forma, mas o abraço do Espírito, ou seja, da Mente, dá-lhe vida.

Brian Cotnoir, no livro *The Weiser Concise Guide to Alchemy,** aponta a diferença entre o uso dos termos *prima materia* e *matéria-prima* em escritos alquímicos, sendo o último empregado quando se refere à substância real usada no início da alquimia de laboratório, enquanto a *prima materia* "é aquele estado ao qual tudo pode ser reduzido".[22] Na busca da gnose, uma redução da personalidade condicionada deve ocorrer para que a primeira matéria do eu seja revelada. Assim, de um ponto de pura potencialidade, não de ideias fixas, começamos o trabalho de perceber quem e o que somos.

Há uma noção na escrita alquímica de que a *prima materia* deve ser encontrada nas cavernas e minas; é o *mother lode* [o "filão"] que é procurado. A palavra

---

* *Introdução à Alquimia – Fundamentos • Origens • Teoria • Prática • Cosmogonia*. 2. ed. São Paulo: Pensamento, 2024.

mother também pode significar "substância espessa que se concretiza em caldos; borras ou escórias calafetadas", e possivelmente se relaciona a *modder*, "sujeira, resíduos" (holandês médio).[23] *Matter* [matéria] também pode ser usada no sentido "do que diz respeito (a alguém), a causa da dificuldade",[24] e, de fato, o caos indiferenciado que antecede a obra causa extrema preocupação ao neófito, que procura reconciliar a desarmonia interior. Encontrar a *prima materia* é ficar cara a cara com as origens desconhecidas do eu, com o *sopor aeternitatis* ("o inconsciente eterno"),[25] para chegar ao cerne da matéria, que revela a verdadeira natureza da realidade. É um terrível confronto que pode dizimar o ego do alquimista, por isso um de seus nomes é Sombra do Sol,[26] pois é aquela parte de nós geralmente escondida da consciência.

A *prima materia* é experimentada como uma regressão à consciência indiferenciada, caracterizada por sentimentos de confusão, dissociação, melancolia, medo, alucinações e fragmentação. Por essa razão, é, muitas vezes, comparada aos efeitos intoxicantes ou venenosos da experimentação alquímica, chamada de "*Venom*, *Poison*, *Chamber*, porque mata e destrói o Rei, e não há veneno mais forte no mundo",[27] e assim há muitas advertências aludindo a esses perigos. Está em nível psicológico equivalente ao Dilúvio, inundação da experiência consciente pelos conteúdos inconscientes, até aqui desconhecidos, em que a água é o *Mercurius philosophorum*, o solvente universal.[28] Contudo, apesar dos perigos psicológicos inerentes à regressão à matéria primal, essa morte espiritual é um prelúdio para um renascimento espiritual e a fundação da *opus* inteira.

OS MILAGRES DO UNO

O Todo é mente. O Universo é Mental.

– Os Três Iniciados, *O Caibalion*

Na *Tabula Smaragdina*, está escrito que "todas as coisas eram de um", o que está refletido na discussão anterior da *prima materia* e do caos que precede a criação. Esse caos existe como unidade não diferenciada da qual emergem os quatro elementos, mas mesmo em seus estados diferenciados, nas formas aparentemente distintas e separadas, eles são, de fato, um: "Como diz respeito à Matéria, é um, e contém dentro de si tudo que é necessário. A partir disso, o artista prepara o que quiser".[29] O primeiro princípio da Hermética é que todas as coisas que vemos, ouvimos, tocamos, provamos, cheiramos e sentimos no universo material são simplesmente diferentes facetas da Mente Una, da qual tudo é tanto parte quanto a totalidade. O Universo é energia em todas as múltiplas expressões, e essa energia não pode ser criada nem destruída, mas é capaz de miraculosas transformações. Chamada por muitos nomes – o Todo, o Divino, Fonte, o Infinito, Deus, o Uno, Espírito –, é uma Mente infinita e viva. A partir disso, entendemos que tudo é, antes de mais nada, mental e está sujeito às leis do universo mental. Assim compreendida, a matéria se torna a realidade manifesta da Mente, a forma estruturada do pensamento. Apesar da aparente solidez, a matéria é uma imagem mental, e, desse modo, o segredo para o domínio da matéria é o domínio da Mente.

Dentro da Mente Una tudo está conectado. Todo tipo de fenômenos paranormais e sobrenaturais, clarividência, premonições, telepatia, experiências fora do corpo, inspiração divina, visões e coisas afins, tudo é explicado pela natureza mental da realidade. A mente, como concebida pelo paradigma científico ocidental moderno, ou seja, uma entidade separada, única, e definida em algum lugar dentro ou ao redor da cabeça de um indivíduo, é uma compreensão limitada e imprecisa do que a Mente realmente é. Que cada um detém a própria e única janela da Mente Infinita é verdade, janela formada e moldada pelo acervo de nossas experiências pessoais, nossa educação e nosso condicionamento cultural. Contudo, essa concepção limitante da mente individual nos nega os milagrosos poderes da Coisa Única, que é a imaginação infinita, o potencial criativo e a aptidão para existir em todos os tempos e lugares.

O conceito da Coisa Única é o princípio de unidade que fundamenta toda a criação. Os ensinamentos de Pitágoras repousavam sobre um estabelecimento do número como princípio universal e divino em que a Mônada, ou Unidade, representa mais que o número 1; representa o princípio do próprio número. Como muitas cosmogonias primitivas, o Universo foi conceituado como unidade indivisível, indiferenciada, na qual tudo está contido e da qual tudo procede. Como está escrito na *Tábua de Esmeralda*, "como todas as coisas vieram de uma"[30], tudo que existe tem origem em e é parte dessa Mente Una, manifestação da consciência, e como resultado tudo que pode ser criado é feito por uma transformação dessa Coisa Única, que também pode ser compreendida como a própria imaginação.

POLARIDADE E O CAJADO DE HERMES

A oposição une. Do que separa resulta a mais bela harmonia. Todas as coisas se cumprem por conflito.

– Heráclito

Da unidade inicial emerge a polaridade como fixo e volátil, matéria e espírito, sujeito e objeto, claro e escuro, masculino e feminino, quente e frio, úmido e seco, e todos os opostos. No ser humano, as polaridades são representadas pelas partes racional (espiritual) e irracional (física), ou pela essência imortal e o corpo mortal, um desejando elevar-se e o outro puxado para baixo pelas paixões. Como somos ensinados no *Corpus Hermeticum*, viver piedosamente é transcender o corpo animal irracional e perceber a verdadeira natureza do espírito imortal, alinhando-se com o Bem (*Stob.* 1.5-6).

É como se o corpo e o mundo material devessem ser rejeitados em favor do espiritual. Há certas passagens na *Hermética* que expressam uma atitude dualista, que coloca o bem unicamente em Deus e o mal no Cosmos ou no mundo inferior, revelando um ódio do corpo e de todas as coisas corporais e declarando que é preciso escolher entre os aspectos mortais e divinos de nossa existência (*CH* 6.3-4; 9.4; 4.6). No entanto, no *Asclepius,* Hermes ensina sobre a natureza dupla do ser humano como um dom que não só nos torna superiores aos deuses – pois os deuses são apenas imortais e, assim, não compartilham de dois mundos –, mas permite que reverenciemos os reinos celestes e os seres superiores ao mesmo tempo que compartilhamos nossas naturezas terrenas, cuidando da Terra e de suas criaturas como mordomos (*Asc.* 8.9.22).

Os textos Herméticos apresentam uma visão tanto positiva quanto negativa do corpo e do mundo; por um lado, tendem à unidade; por outro, à dualidade. Essa contradição é explicada por alguns estudiosos Herméticos como evidência da existência de filosofias opostas nas escolas Herméticas[31], e, por outros, como

Figura 5.2. *Sol e Luna.* De Michael Maier, *Atalanta Fugiens*, 1618. Cortesia do Instituto de História da Ciência.

etapas de um processo; uma atitude positiva em relação ao Cosmos e ao corpo fornece nutrição e suporte nas fases iniciais da iniciação, enquanto uma visão negativa apoia o trabalho de libertação do mundo material e a suprema realização da gnose.[32] Os corpos são nutridos e sustentados pela matéria, enquanto a alma é alimentada pelo espírito (*Asc.* 18). Está declarado de maneira bastante explícita em *CH* 12.22-23 que Deus está em todas as coisas, pois é o Todo. O que significa dizer que a matéria e o corpo não são o mal ou que o mal, é também uma parte de Deus. Talvez seja melhor deixar o paradoxo, mas, a partir dele, podemos pelo menos concordar com Mead que, quando o dualismo aparece na *Hermética*, serve como meio de compreender a natureza dos opostos, que são relativos, não absolutos.[33]

Em termos alquímicos, *Sol* e *Luna*, cujo casamento alquímico expressa a união do corporal com o espiritual, personificam os dois princípios opostos. Do mesmo modo, os filósofos enfatizam a importância de ambos os aspectos na produção da pedra filosofal e, portanto, na suprema perfeição do alquimista. Como somos informados na *Tábua de Esmeralda*, "seu pai é o Sol, e sua mãe, a Lua". Integrar as qualidades solar e lunar traz equilíbrio entre atividade e passividade e entre os aspectos consciente e inconsciente de nossa psique. Pelo dom da consciência, as sombras são dispersadas, e a luz da verdade, integrada na totalidade do ser da pessoa, instilando uma fé profunda e duradoura na imortalidade da alma (*Asc.* 18.29). É a união desses dois aspectos que dá origem à própria criação, e, assim, a sexualidade é uma dádiva para a humanidade, como para todos os seres terrenos, permitindo que participem das alegrias da geração. Deus é o exemplo supremo da união hermafrodita do masculino-feminino, "grávido pela própria vontade" e tendo prazer na criação (*Asc.* 20).

Essas duas polaridades são descritas no símbolo do caduceu, ou "Cajado de Hermes", com duas serpentes entrelaçadas. Na tradição hindu-yogue, essas polaridades são entendidas como os nadis *ida* (*Luna*) e *pingala* (*Sol*). Esses dois nadis, ou canais, são por onde fluem as sutis energias prânicas, com *ida* representando a polaridade negativa, e *pingala,* a positiva. Essas duas correntes se entrelaçam ao

Figura 5.3. O caduceu, ou Cajado de Hermes, com as serpentes gêmeas de *ida* e *pingala.* Arte de Bradley Naragon, 2021.

redor do canal espinhal, onde se encontra o *sushumna nadi*, o cajado do caduceu. *Sushumna* é também chamado *mahaāpatha* (o Grande Caminho) e *madhyamārga* (o Caminho do Meio), porque é o caminho para a libertação. Assim como o alquimista procura unificar o Sol e a Lua no corpo do hermafrodita, o yogue mantém-se no Caminho do Meio.

À medida que se enroscam uma na outra em uma dança em espiral, as duas serpentes criam os sete chakras, os principais centros de energia vital do corpo. Por meio da interação das forças opostas masculino/feminino, ativo/passivo e espiritual/físico, esses centros são energizados. Eles correspondem aos sete planetas e aos sete metais da alquimia.

6

A Tétrade e a Trindade

Ó filhos do conhecimento, saibam que o abençoado criador altíssimo criou o mundo de quatro elementos diferentes, estabelecendo o homem como o mais esplêndido em seu meio.

– MORIENUS, *O LIVRO DE MORIENUS*

OS QUATRO ELEMENTOS

Na cosmologia de Empédocles (morto cerca de 440 a.C.), o Cosmos esférico é composto de quatro elementos primários – Fogo, Ar, Água e Terra –, que variam nas proporções de acordo com a interminável interação de duas forças cósmicas.[1] Essas forças são as polaridades de Amor e Luta, ou atração e repulsão. Em alquimia, são chamadas o "fixo" e o "volátil". Por um lado, Água e Terra representam o que está fixo. Por outro, aquilo que é volátil corresponde aos elementos ativos Fogo e Ar.

Quando os elementos se solidificaram do abismo escuro e aquoso, primeiro os elementos leves – Fogo e Ar – se separaram e ascenderam, enquanto os elementos pesados – Terra e Água – permaneceram misturados e retidos embaixo (*CH* 1.5, 3.3). Os quatro elementos são qualidades energéticas fundamentais que existem em todos os fenômenos em proporções variáveis. No modelo de Aristóteles da ordem cósmica, tudo abaixo da Lua, ou sublunar, era composto dos quatro elementos e estava sujeito à geração e à decadência. Tudo acima da Lua era eterno e não gerado.[2]

Às vezes, os quatro elementos são representados como o ovo do filósofo, em que as várias camadas do ovo são, cada uma, um elemento diferente. A gema central é o Fogo; a casca é a Terra; a clara, a Água; e o Ar é encontrado como um fino meio de separação entre a casca (Terra) e a clara (Água), assim como entre a gema (Fogo) e a clara (Água).[3]

Observar as expressões físicas dos elementos no mundo natural é um modo de passar a compreender como eles funcionam em termos energéticos. Pela simples observação da Natureza em seus padrões de desdobramento e transformação contínua, podemos aprender tudo o que deveríamos querer saber. O tempo gasto sozinho em contato com a natureza é parte fundamental do grande trabalho; observar a luz em constante mudança, os reflexos na água, o voo dos pássaros, os padrões de nuvens, as mudanças das estações, os ciclos do Sol e da Lua e as constelações mutantes até que esses ritmos deixem de ser vistos como distintos do eu.

Fogo

Somente o Fogo, por ser levado para cima, dá vida;
o que [é levado] para baixo [é] subserviente ao Fogo.

– Hermes Trismegisto, de Mead, *Hermes, o Três Vezes Grande*

O elemento Fogo é quente e seco; é uma força positiva, ativa, impulsiva, apaixonada, radiante, expansiva, volátil, masculina ou *yang* que, ao mesmo tempo, dá vida e é destrutiva. Está relacionado ao princípio alquímico do Enxofre e representa o fogo da vontade, a chama da iluminação e a luz da verdade. Todas as substâncias reativas compartilham de sua natureza. O Fogo é o que se move com direção e propósito, relacionando-se com a visão, a inteligência, a intuição e a vitalidade do corpo.

Platão encarava o Fogo como o elemento de maior mobilidade, e os filósofos dizem que isso é muito raro. O fogo solar fornece luz e calor para a vida existir e a sustenta com seus raios diários, mas pode também ser uma força mortal, abrasadora, que merece o devido respeito. Os egípcios consideravam a chama símbolo de purificação, com o poder de dissipar o mal, e conceituavam o fogo na *uraeus*, a serpente usada no diadema do rei. Era retratada como uma cobra empinada com o capuz inflado e relacionada ao olho cuspidor de fogo do deus do Sol, Rá, cujo lar era chamado "a ilha de fogo".[4]

O símbolo alquímico do Fogo é um triângulo apontando para cima, denotando uma inclinação natural para subir em direção à fonte, mesmo que sua combustão traga matéria para a Terra. Heráclito (ca. 500 a.C.) argumentou que o Fogo, agente de fluxo e transformação, é o elemento primário do Universo: "Todas as coisas são trocadas por fogo, e o fogo é trocado por todas as coisas; como as mercadorias são trocadas por ouro, e o ouro, por mercadorias".[5] Pode ser uma combustão brilhante ou o foco concentrado da chama de uma vela. As chamas reduzem a matéria a cinzas; devastador e regenerador, o Fogo é o elemento da mudança. Das cinzas surge a Fênix, e assim o Fogo é o elemento de renascimento espiritual. Daí as palavras de Heráclito: "Ao descer sobre todas as coisas, o fogo vai testá-las e delas se apoderar".[6]

Ar

> *O ar é o primeiro princípio das coisas, pois dele surgem todas as coisas, e nisso todas são de novo resolvidas. Como nossa alma que é ar... nos mantém juntos, então o vento e o ar abarcam o mundo inteiro.*
>
> – ANAXÍMENES

O elemento Ar é quente e úmido; é volátil, fluido, mutável, inquieto, penetrante, veloz, brando, leve, masculino ou *yang*, o sopro da vida. Relaciona-se com pensamentos, comunicação, liberdade, desejos, o vento e o Espírito (o *pneuma* grego). Todas as substâncias gasosas compartilham de sua natureza. É sutil e difuso, mas não tão sutil quanto o Fogo, por causa de sua umidade, embora tanto o Fogo quanto o Ar tenham efeito de rarefação. É intermediário entre o Fogo e a Água. Torna a Água e a Terra mais leves e mais difusas, e é a vida do Fogo. É expansivo e receptivo, invisível, e tudo permeia. Mesmo quando quieto, está em movimento. Uma brisa suave pode ser extremamente agradável, enquanto um forte vendaval é bastante perturbador, e, na situação mais extrema, os ventos furiosos de tornados e furacões podem causar destruição maciça.

Anaxímenes (ca. 545 a.C.) comparou o Ar à alma e postulou que "o Ar é o primeiro princípio único, móvel e infinito de todas as coisas".[7] Paracelso comparou o Ar à casca de um ovo, dividindo o que está dentro do que está fora, assim como o Ar divide céu e terra.[8] No Egito, o deus do Ar ou do vento era Shu, que emergiu do cuspe do deus autocriado Atum. Shu representava o princípio da vida, e sua esposa-irmã era Tefnut, a deusa da umidade.[9] Os deuses gregos do vento eram chamados *Anemoi*.

Água

▽

A água eles chamaram de espírito, e com boa razão, pois ela é espírito.

– *Tratado Dourado Relativo à Pedra Filosofal*

A Água é fria e úmida; é fluida, móvel, receptiva, calmante, feminina ou *yin*, passiva, mutável, contrativa, corrente, adaptável. Ao lado do Ar, representa o princípio alquímico do Mercúrio ou Espírito. Substâncias totalmente líquidas compartilham de sua natureza. Está relacionada com sonhos, sentimentos, memórias, a mente subconsciente e o inconsciente coletivo. A Água fertiliza, regenera e sustenta a vida. Seus efeitos podem ser purificadores e redentores, mesmo que também possam ser fonte de dissolução e putrefação.

A Água assume a forma de seu recipiente e segue a gravidade, procurando os lugares mais baixos. Por meio de seu movimento, a Água suaviza e corrói a matéria. Pode ser parada, cheia de reflexos e profunda ou rasa e superficial. A mutabilidade da Água permite que ela exista em formas sólidas, líquidas e gasosas. Congelada em forma cristalina, seus ângulos refletem a luz e deslumbram os olhos. Elevada no Ar, ela se deleita em forma de nuvens ou bloqueia a luz do Sol; pressionada contra a terra, condensa-se em chuva. A Água é encontrada Acima e Abaixo, pode ser clara e fluir com a luz ou escura e turva. É o sangue da terra fluindo em artérias de rios, ramificando-se e movendo-se em ciclos eternos a partir do mar para o céu, para as montanhas e de volta ao mar. Sem um recipiente ela se derrama e se espalha e, em excesso, causa grandes enchentes. É volatilizada pelo vento e pelo calor do Sol, erguida em tempestades furiosas e jogada com força contra os litorais. É extremamente pura nas cachoeiras, e, quando suspensa pelo Ar e penetrada pelo Sol, nasce o arco-íris (Íris).

Tales de Mileto (624-546 a.C.) acreditava que a Água era a substância física básica do Universo. Os egípcios veneravam a Água e a Terra fertilizadoras antes do Sol, que era temido por causa da força ígnea.[10] Para os egípcios, a fonte da fertilidade era a Água, e era a partir dela que todas as coisas eram produzidas.[11]

Terra

Hermes disse que a terra é a mãe dos elementos.

– Morienus, *O Livro de Morienus*

A Terra é fria e seca; é contrativa, receptiva, estável, lenta, feminina ou *yin*, passiva, sólida e pesada. O elemento Terra representa a forma estruturada de pensamento, a solidificação e a materialização final da consciência, correspondendo ao princípio alquímico do Sal. É a base de tudo o que somos; é a matéria em si, a realidade sólida, densa, física em que nos encontramos. Todas as substâncias sólidas compartilham de sua natureza.

Xenófanes (ca. 570-455 a.C.) disse que "todas as coisas vêm da terra, e todas as coisas acabam por se tornar terra". Ela congela e consolida, fortalece e dá peso. Platão chamou-a a menos móvel e a mais estável. A Terra é o planeta no qual estamos e é o corpo – o veículo – em que vivemos nossa vida. Por causa de sua densidade, a Terra pode ser lenta para mudar, mas também é suscetível a grandes transformações. Pense na lenta mudança causada pela erosão ao longo do tempo *versus* o distúrbio que ocorre durante um terremoto. A crosta da Terra, como nossa própria pele, é um órgão vivo. Ela se expressa por meio da atividade vulcânica, deslocando placas e falhas, e treme em resposta a transformações internas.

A Terra é tão quadrada quanto redonda, pois tudo na realidade física pode ser decomposto em quatro partes – as quatro direções, as quatro estações, os quatro estágios da vida, os quatro quartos do dia, e assim por diante. O ser humano carrega a cruz da vida, o fardo de existir no ponto crucial entre espírito e matéria, mantendo o equilíbrio dos dois.

OS QUATRO ELEMENTOS E SUAS QUALIDADES

ELEMENTO	CONSCIÊNCIA	QUALIDADES	FACULDADE	FORMA	HUMOR	EXPRESSÃO
Fogo	Mente superconsciente	Quente & Seco	Intuição	Tetraedro	Colérico	Radiante, quente, expansivo, ativo, leve, rápido, transformador
Ar	Mente autoconsciente	Molhado & Quente	Pensamento	Octaedro	Animado	Penetrante, difuso, móvel, fluido, veloz, leve
Água	Mente subconsciente	Molhado & Frio	Sentimento	Icosaedro	Impassível	Contraído, adaptável, tranquilo, mutável, absorvente, receptivo, fluente
Terra	Corpo físico	Seco & Frio	Sensação	Cubo	Melancólico	Estável, inerte, sólido, forte, lento, sossegado

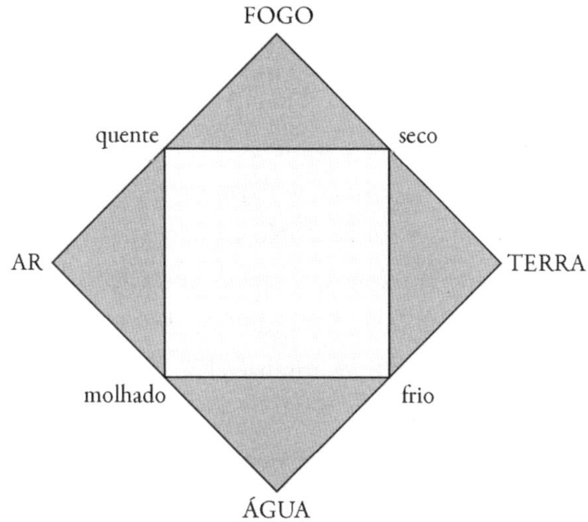

Figura 6.5. Os quatro elementos e suas qualidades.

QUINTESSÊNCIA

Essa Essência espiritual, ou Coisa Única, foi revelada de cima para Adão e extremamente desejada pelos Santos Padres. Hermes e Aristóteles também a chamam Verdade sem Mentiras, a mais segura de todas as coisas certas, o Segredo de todos os Segredos. É a Última Coisa e a mais Elevada a ser buscada sob os Céus, um fechamento maravilhoso e término de obra filosófica pelo qual são descobertos os orvalhos do Céu e a solidez da Terra. Tudo que a boca do homem não pode pronunciar é encontrado nesse Espírito.

– Paracelso, *O Livro da Revelação de Hermes*

A quintessência, do latim *quinta essentia*, é o "quinto elemento", também conhecido como Æther ou espaço. Os outros quatro elementos são contidos e animados pelo Æther. Esse é o campo em que todas as coisas se movem e são movidas – contínuas, eternas e ilimitadas. Embora os elementos sejam da esfera sublunar, o quinto elemento pertence à esfera celestial, a substância respirada pelos deuses. É esse elemento ætérico que é a Mente Una. Assim, embora cada um dos quatro elementos tenha suas qualidades distintas, são unidos e sustentados pelo Æther. Este é comparado tanto com a Água quanto com o Ar, mas tem natureza divina e celestial chamada Espírito ou *Pneuma* (grego).

Ruland diz que a *quinta essentia* é o "*Mysterium* exaltado na pureza da natureza etérea e são as mais altas virtudes".[12] No sermão *Asclepius*, no *Corpus Hermeticum* (2.12), Hermes explica que o "espaço em que o todo se move" é o "Incorpóreo", "Mente e Razão (*logos*), o todo fora do todo, tudo autoabrangente, livre de todo corpo, de todo erro livre, insensível ao corpo e intocável, eu mantido em si mesmo, contendo tudo, preservando aqueles que são, cujos raios, para usar uma semelhança, são o Bem, a Verdade, a Luz além da luz, o Arquétipo da alma".[13]

OS TRÊS PRINCÍPIOS

> *A filosofia tem três partes, isto é, Sol, Luna e Mercúrio. Daqueles que estão sendo unidos, o pai Hermes sabia como fazer infusão.*
>
> – *Rosarium Philosophorum*

Quando a úmida escuridão primordial se separou, emergiram os três princípios elementais: Fogo, Ar e Terra/Água. Para os alquimistas, Enxofre, Mercúrio e Sal encarnam esses três princípios, também chamados os três "essenciais". Enquanto o alquimista árabe Abu Musa Jabir ibn Hayyan (ca. século VIII) propunha que todas as coisas eram compostas de dois elementos principais, Enxofre e Mercúrio,[14] Paracelso (1493-1541) introduziu o Sal como o terceiro princípio da teoria alquímica. Ele ensinava que esses três princípios estão presentes em tudo que existe e são um aspecto fundamental da criação de medicamentos alquímicos.[15] Na descrição de Paracelso, Deus criou o mundo reduzindo-o a um corpo no qual os quatro elementos foram se desenvolvendo. Esse corpo consistia de três "ingredientes" – Mercúrio, Enxofre e Sal –, dos quais os quatro elementos são compostos,[16] e os sete metais são gerados.[17] Esses três princípios não são os elementos químicos brutos encontrados nas formas físicas, mas nas formas filosóficas.

CORRESPONDÊNCIAS DOS TRÊS PRINCÍPIOS		
ENXOFRE	MERCÚRIO	SAL
🜍	☿	🜔
Alma	Espírito	Corpo
Percepção	Mente	Matéria
Consciência	Pensamento	Forma
Sol	Mercúrio	Lua
Deus	Divindade	Natureza
Criador	Criação	Criado
Destilação	Fermentação	Calcinação
Óleo essencial	Aguardente/Solvente	Mineral/Cinzas

Enxofre

Enxofre 🜍 é a Alma (*Sol*), o primeiro princípio e a própria consciência. É o ponto em que a consciência se torna diferenciada da indiferenciada consciência da *prima materia*. Enquanto a *prima materia* é a fonte inicial, a Alma é a causa da vida, o princípio ordenador em si, a Vontade de Deus ou a verdadeira vontade. Esse primeiro princípio representa a *anima* e o *animus*, como o par masculino-feminino unido em um, ou as serpentes gêmeas da *kundalini*. É ativo, volátil e a essência do elemento Fogo; a centelha divina, masculina, a luz solar, o intelecto e a intuição. Enxofre é aquela consciência que nunca deixa de existir. Dentro dos corpos, é o óleo obtido por destilação que Paracelso define como "untuosidade" e aquilo que ferve. Também é chamado de "essência".

Mercúrio

O segundo princípio é Mercúrio ☿, o *Spiritus* ou Espírito, que é Mente. É gerado pela consciência e atua como uma faculdade da consciência na geração da forma. Mercúrio é o princípio feminino e receptivo ao Enxofre masculino ativo, sendo, às vezes, chamado de "enxofre branco".[*][18] É a força vital, o sopro sutil que está sempre vazando e fluindo, relacionado ao elemento Ar e, portanto, considerado volátil. Sua qualidade é neutra, pois forma o campo por meio do qual fluem energias expansivas e contrativas. Como tal, é o mensageiro dos deuses, agindo como elo entre o primeiro princípio do Enxofre e o terceiro princípio do Sal, sendo consciência e matéria. Mercúrio é a mente sob todos os aspectos, intelectual, instintivo, psíquico, consciente e inconsciente. O *spirit* é o álcool derivado do processo de fermentação, que pode ser usado como solvente em operações alquímicas.

Sal

O terceiro princípio é o Sal ⊖, a manifestação final da consciência como gerada pela Mente, resultando no Corpo (*Corpus*). O Sal se relaciona com a *Luna*; é passivo, fixo e forma o mundo material, relacionando-se com a Água e a Terra. O Enxofre, como consciência, gera Mercúrio (Mente) e, assim, pensamentos, e da Mente os pensamentos assumem forma estruturada como a própria matéria. O Sal representa o Corpo e a natureza instintiva; é sinônimo do subconsciente e influenciado por ele. É o resultado final do processo de criação. É o componente mineral que sobra como cinza depois que uma substância foi reduzida por calcinação (calor intenso) ou os sais deixados para trás após a evaporação de um líquido. Tanto o Enxofre quanto o Mercúrio podem ser encontrados no Corpo e agem por meio dele.

A Trindade

Essa trindade fundamental é um conceito universal de equilíbrio e harmonia que se expressa por meio do Corpo Inconsciente, da Alma Consciente e da Mente que os conecta. Em termos energéticos, eles se relacionam com polos negativos,

---

* Em certos contextos, a relação macho-fêmea entre Enxofre e Mercúrio é revertida; em geral, isso ocorre quando a alma, que como princípio está associada ao Enxofre, é identificada com a *anima*, que é a alma feminina. Por outro lado, Mercúrio, chamado pelo nome *animus* ou *spiritus*, assume o papel masculino do *logos*. Entenda que, como o chinês *yang* e *yin*, cada um tem, de forma inerente, um pouco do outro dentro de si. Assim, há certos contextos em que as polaridades do princípio são revertidas.

positivos e neutros, ou contração, expansão e integração ou equilíbrio. Quando a Mente pode permanecer neutra, é alcançada a harmonia entre o Corpo e a Alma na *coniunctio oppositorum*, a união de opostos ou o equilíbrio das polaridades que nos permitem transcender o mundo material e entrar em nossa consciência eterna, primordial e indestrutível. Na figura 6.6, vemos o *Corpus* (Corpo) na forma de um sapo ao pé do *Spiritus* e da *Anima*, cujos braços estão entrelaçados em um símbolo de união. O sopro da energia vital da Fonte desce para o recipiente alquímico, enquanto as duas serpentes-dragões das polaridades (*ida* e *pingala*) descem de um lado e de outro, mordendo os tornozelos do par. Gotas do fluxo de energia prânica fluem em correntes serpentinas da união do Sol e da Lua para dentro do recipiente.

Os três princípios não são exclusivos dos ensinamentos alquímicos, mas são um exemplo da Sagrada Trindade, presente em muitas tradições espirituais e religiosas, incluindo gnosticismo, cristianismo, judaísmo e hinduísmo. Por exemplo, as três grandes forças cósmicas da Luz, da Vida e do Amor nos ensinamentos védicos se relacionam ao Enxofre, ao Mercúrio e ao Sal, respectivamente, como o fogo de Agni; o *prana* ou força vital de Indra; e o amor de Soma – o elixir da imortalidade. Essas grandes forças cósmicas também se traduzem nos três *gunas* ayurvédicos de *rajas*, *sattvas* e *tamas*. *Rajas* é o movimento sulfúrico, ígneo, expansivo, o movimento para fora da carga positiva, a energia *yang* do Sol. *Sattvas* é o campo neutro pelo qual a energia se move, o ambiente de espaço e equilíbrio, correspondente a Mercúrio, a mente. *Tamas* está relacionado à densidade da matéria, ao princípio do Sal, do corpo, à contrativa energia feminina da Lua. São esses os três polos eletromagnéticos de positivo, neutro e negativo presentes em todas as coisas grandes e pequenas.

QUADRANDO O CÍRCULO

Faz do homem e da mulher um Círculo, disso faz um Quadrilátero, daí um Triângulo, agora mais um Círculo, e terás a Pedra Filosofal.

– Michael Maier, *Atalanta Fugiens*

Toda a *opus* alquímica é explicada por meio de um símbolo conhecido como quintessência ou pedra filosofal. Ele é a chave para os mistérios da consciência e da

Figura 6.6. A Trindade: *Spiritus, Anima, Corpus.*
De Elias Ashmole, *Theatrum Chemicum Britannicum*, 1652.
Cortesia de Instituto de História da Ciência.

matéria, ilustrando o processo de criação pelo qual uma pessoa pode assumir o papel do Criador – Alma, Consciência Pura ou Deus. Como já exploramos o processo de criação desde a fonte – *prima materia* – até a separação dos elementos, esse símbolo fornecerá uma síntese e uma compreensão geométrica de como esses princípios básicos da criação se relacionam uns com os outros.

Segundo Aristóteles, os movimentos dos elementos terrestres são retilíneos, enquanto o quinto elemento tem movimento circular.[19] Para nos movermos do quadrado para o círculo, temos de confiar no triângulo. E, enquanto o que é quaternário se refere aos quatro elementos, os pontos do triângulo se referem aos três princípios. O quadrado continua dentro do triângulo porque os quatro elementos são compostos dos três princípios, e, assim, cada elemento é uma tríade, criando por meio da multiplicação (4 × 3) os doze signos do zodíaco ou o círculo envolvente das estrelas fixas.

A pedra filosofal é um símbolo da ordem da existência. O círculo externo é o Um unificado (*prima materia*), que é o Céu e também a Primeira Matéria e a Fonte; o quadrado com seus quatro cantos representa os quatro elementos; e o triângulo é a trindade Alma, Espírito e Corpo, que formam uma unidade tripla. Como está escrito na *Tábua de Esmeralda*, "seu pai é o Sol, e sua mãe, a Lua. A Terra carregou-a no ventre, e o Vento a nutriu em seu ventre como a Terra que se tornará Fogo".[20] Temos aqui a filosofia quádrupla do Fogo e da Água (Sol e Lua, ou Saber e Sentir) unindo-se como opostos, carregados e nutridos pelo Ar (Pensamento) e pela Terra (Manifestação). A união e o equilíbrio dos opostos, ou o

Figura 6.7. Símbolo da quintessência demonstrando o círculo externo da consciência indiferenciada da qual tudo emerge, o quadrado dos quatro elementos, o triângulo dos três princípios e o círculo interno da unificação.

Figura 6.8. O filósofo demonstra como o interior e o exterior são Um no símbolo da pedra filosofal.
De Michael Maier, *Atalanta Fugiens*, 1618.
Cortesia do Instituto de História da Ciência.

Casamento Real do *Sol* e da *Luna*, que repousa no centro mais interno, é o meio pelo qual o pensamento se torna forma.

A trindade é descrita no *Sermão Sagrado de Hermes* como "Deus, Divindade e Natureza Divina". A Alma é o ponto mais alto em que o caos, ou a consciência indiferenciada da *prima materia*, se torna consciência diferenciada. Precede a Mente, assim como Deus precede a Divindade. Dizer, portanto, "Tudo é Mente" seria mais bem declarado como "Tudo é Consciência", pois Mente é uma expressão dessa condição primária de percepção, que existe independentemente da

Mente. Isso é o canto inferior direito do triângulo. A alma é a causa atuante, e, dessa consciência diferenciada, a Mente surge como expressão do Um procurando conhecer a si mesmo – a Mente ou Espírito. Por intermédio da função da Mente, a forma é gerada e ganha contorno como pensamento estruturado, Corpo e tudo que vivenciamos como mundo material – o canto inferior esquerdo do triângulo. Temos, assim, o Conhecedor (Consciência), o Sabedor (Mente) e o Conhecido (Corpo).

O quadrado se acha dentro do triângulo porque os quatro elementos são compostos dos três princípios (ver página 128). O primeiro elemento é o Fogo (Intuição), o próximo é o Ar (Pensamento), depois vem a Água (Emoção) e, por fim, a Terra (Manifestação). Os lados do quadrado que conectam os elementos representam os Humores, as qualidades definidoras dos elementos, isto é, calor, umidade (ou molhado), frio e secura. Entre Fogo e Ar está o movimento, que gera calor. Fogo e Ar, portanto, são ambos quentes. Entre Ar e Água existe tempo e umidade, e, portanto, tanto o Ar quanto a Água são úmidos. Entre Água e Terra há energia e friagem, sendo ambos, Água e Terra, frios por natureza. Por fim, entre Terra e Fogo está o espaço e a secura, sendo ambos, Terra e Fogo, secos por natureza. Assim, cada elemento tem duas qualidades: o Fogo é quente e seco; o Ar é quente e úmido, a Água é úmida e fria; e a Terra é fria e seca. Vemos, então, que a Água é o oposto do Fogo, pois eles não têm qualidades em comum. Onde o Fogo pode se tornar Ar, não pode se tornar Água. O Fogo pode agir sobre a Água para remover sua umidade e transformá-la em Ar, mas a Água jamais pode se tornar Fogo. Nesse quadro dos elementos, observamos que a Intuição – a essência do Fogo – é o oposto do sentimento e da Emoção – a essência da Água. E, do mesmo modo, o Pensamento (Ar) é o oposto daquilo que é Manifesto (Terra).

7

A Harmonia do Destino e os Doze Tormentos

E o Céu foi visto em sete círculos; seus Deuses eram visíveis em forma de estrelas, com todos os seus sinais; enquanto a Natureza teve seus membros articulados com os Deuses que havia nela. E a periferia [do Céu] girava em curso cíclico, sustentada pelo Sopro de Deus.

– CORPUS HERMETICUM (3.2),
DE MEAD, *HERMES, O TRÊS VEZES GRANDE*

A HEPTADE

Da tétrade dos quatro elementos e da tríade dos três princípios, chegamos à Heptade – 7, número que carrega riqueza de significado universal e sagrado, simbolizando totalidade, iluminação, autorrealização e harmonia. Há sete vícios e sete virtudes; sete planetas e sete esferas; sete cores no arco-íris e sete notas na escala diatônica; sete metais; sete chakras e sete glândulas principais; sete dias na semana; sete letras duplas no alfabeto hebraico, cada uma tendo som forte e suave como sete polaridades;[1] e sete direções – norte, sul, leste, oeste, acima, abaixo e dentro.

O número 7 era de importância central para os antigos mesopotâmios, que costumavam repetir sete vezes seus encantamentos mágicos, invocavam sete deuses, expulsavam sete demônios e executavam sete repetições de rituais.[2] As constelações de sete estrelas da Ursa Maior, da Ursa Menor e das Plêiades eram cruciais para os antigos astrólogos. Para os hindus, as estrelas da Grande Ursa, a Ursa Maior, brilhavam como representações celestiais dos sete *Septarishis*, grupo de sete sábios védicos, enquanto os chineses as correlacionavam com os sete orifícios do corpo.[3] Os mesopotâmios reverenciavam as Plêiades como o grupo de deuses chamado "os Sete",[4] e os hindus viam neles as seis cuidadoras visíveis (e uma escondida) do deus da guerra Murugan (Kartikeya).[5]

Sete simbolizava a completude para os egípcios; existem as sete Uraei, os Sete Escorpiões de Ísis, as Sete Hatores, a Serpente de Sete Cabeças e os Sete Ārits.[6] Os mistérios mitraicos progrediam por meio de sete graus iniciáticos, cada um protegido por um planeta: Corvo (*corax*, Mercúrio), Noiva (*nymphus*, Vênus), Soldado (*miles*, Marte), Leão (*leo,** Júpiter), Persa (*Perses*, Lua), Mensageiro do Sol (*heliodromus*, Sol) e Pai (*pater*, Saturno).[7] No *Livro Tibetano dos Mortos* há 49 (7 × 7) dias do Bardo, reino atravessado pela alma após a morte. W. Y. Evans-Wentz relata que nos ensinamentos esotéricos hindus superiores do budismo do norte há sete graus de *Māyā* (natureza ilusória) no *Sangsāra* (universo fenomenal), como uma cadeia de sete globos planetários, cada qual com sete rodadas de evolução para um total de 49 "estações de existência ativa".[8]

Após seis dias de criação, tendo concluído seu trabalho, o Criador descansou no sétimo dia. Sete é o número da divindade, da eternidade, do tempo e do espaço e do quadrante do ciclo lunar, conectando-o, assim, com o feminino. É o número de Atena, a virgem sem mãe, pois 7 é um número virgem que nunca nasceu, sendo o único número na Década que não é fruto do produto de dois números – assim como Atena, que brotou da cabeça de Zeus, a Mônada.[9]

Também vale a pena mencionar os sete princípios Herméticos de *O Caibalion*, texto escrito sob o pseudônimo de "Três Iniciados" e, desde então, atribuído ao ocultista e pioneiro do Novo Pensamento William Walker Atkinson (1862-1932). Esses sete princípios são:

---

* Nome do signo em latim que representa o animal leão. (N. do T.)

1. O Princípio do Mentalismo: "O Todo é Mente; o Universo é Mental".
2. O Princípio de Correspondência: "Assim em cima como embaixo; assim embaixo como em cima".
3. O Princípio da Vibração: "Nada está parado; tudo se move; tudo vibra".
4. O Princípio da Polaridade: "Tudo é Duplo; tudo tem polos; tudo tem seu par de opostos; semelhante e dessemelhante são o mesmo; os opostos são idênticos em natureza, mas diferentes em grau; os extremos se encaixam; todas as verdades são meias-verdades; todos os paradoxos podem ser reconciliados".
5. O Princípio do Ritmo: "Tudo tem fluxo e refluxo; tudo tem suas marés; tudo sobe e desce; tudo se manifesta por oscilações compensadas; a medida do movimento à direita é a medida do movimento à esquerda; o ritmo é a compensação".
6. O Princípio de Causa e Efeito: "Toda Causa tem seu Efeito; todo Efeito tem sua Causa; tudo acontece de acordo com a Lei; o Acaso nada mais é que um nome dado a uma Lei não reconhecida; há muitos planos de causalidade, mas nada escapa à Lei".
7. O Princípio do Gênero: "O Gênero está em tudo; tudo tem seu Princípio Masculino e seu Princípio Feminino; o Gênero se manifesta em todos os planos".

Sendo declarados de maneira tão sucinta, esses sete princípios não precisam de comentários, e o leitor é remetido ao texto original. Vale a pena, no entanto, mencionar a moderna popularidade de *O Caibalion* e da concepção comum de que se trata de um texto Hermético fundamental. Embora a origem relativamente recente não diminua seu valor, é importante ter em mente a influência da *Tábua de Esmeralda* e de outros textos Herméticos originais. Dito isso, no entanto, desenvolver uma compreensão desses princípios e testar sua validade em nossa própria experiência é, em si mesmo, uma forma de iniciação e altamente encorajado.

A extensão do significado místico e religioso da Heptade é tão vasto que um livro inteiro poderia ser escrito sobre o tema, mas os exemplos citados serão suficientes para nos dar uma base para nossa jornada pelas sete esferas, ilustrando o papel que o número 7 desempenha na obra Hermética e alquímica de liberação da alma.

HARMONIA: AS SETE ESFERAS

Os Sete Regentes são o Hebdômada ou a Harmonia do Destino. Na descida para o corpo, a alma atravessa sete esferas, bebendo do esquecimento e ficando intoxicada pela matéria. A vida e todas as suas complexidades e confusões envolvem a alma como um manto de sete camadas profundas, mas devemos abrir mão dessas camadas, tirá-las na ascensão de retorno por meio das esferas. A experiência, no entanto, é o fundamento da gnose, e assim devemos experimentar as esferas antes que elas possam ser liberadas. Isso é a Harmonia, o girar da Roda conduzido pelo Sol e representado pelos sete planetas nas doze fases do zodíaco. Por meio da gnose das coisas que existem – os padrões na Harmonia –, atingimos a gnose de Deus.

O neoplatônico Macróbio (ca. 400 a.C.) relata em sua descrição da descida da alma do céu à região infernal da Terra como a alma é tomada por uma "embriaguez" de esquecimento quando assume o peso da matéria.[10] Algumas beberam menos do esquecimento – do "rio Lete" –, e assim a "memória da ordem divina da qual elas estavam conscientes no céu" volta mais prontamente.[11] Ele explica a busca pela verdade como um processo de reaprender o que sabíamos antes da embriaguez de matéria.[12]

Segundo Macróbio, a alma desce da interseção do zodíaco e da galáxia, avançando para baixo por meio das sete esferas. Essa jornada envolve a alma em um "corpo luminoso", como um envelope, e a cada esfera sucessiva a alma absorve vários atributos de personificação.[13] O que se segue é uma lista de poderes, segundo Macróbio, desenvolvidos em cada uma das sete esferas, correspondendo aos planetas:

Saturno: razão e compreensão (*logistikon* e *theorikon*)

Júpiter: poder de agir (*praktikon*)

Marte: espírito ousado (*thymikon*)

Sol: percepção sensorial e imaginação (*aisthetikon* e *phantastikon*)

Vênus: impulso da paixão (*epithymetikon*)

Mercúrio: capacidade de falar e interpretar (*hermeneutikon*)

Lua: função de moldar e aumentar os corpos (*phytikon*)[14]

Na descida, a alma acumula matéria, que é corruptível, e assim o vício se enraíza. Não há moralidade inerente atribuída a esses poderes, como Mead e outros argumentaram, mas, na medida em que são a causa da acumulação material, são a causa do mal, embora seja o pensamento da alma que explica como essas energias são usadas – para melhor ou para pior.[15]

Enquanto Macróbio forneceu uma doutrina de descendência, o "Poimandres" (*CH* 1.25) elucida a ascensão da alma – após a dissolução do corpo, ela corre para cima pela Harmonia das Esferas, movendo-se pelas sete zonas e desenergizando cada uma delas ao longo do caminho. Cada uma dessas zonas tem um vício específico ligado a ela, e elas ascendem de acordo com a ordem caldaica dos planetas:

Zona 1: Energia de crescimento e decréscimo (Lua)

Zona 2: Dispositivo de males (Mercúrio)

Zona 3: Astúcia dos desejos (Vênus)

Zona 4: Arrogância dominadora (Sol)

Zona 5: Ousadia profana e precipitação da audácia (Marte)

Zona 6: Buscando riqueza por meios malignos (Júpiter)

Zona 7: Pegando a falsidade[16] (Saturno)*

Uma vez removidas da alma as energizações dos sete, ela ascende à oitava esfera das estrelas fixas, onde estão "aqueles-que-cantam hinos para o Pai". Desse modo, a alma atinge a gnose, envolvendo-se com Deus e tornando-se una com ele. Vemos isso ilustrado na figura 7.1, em que a ordenação das esferas é mostrada em círculos concêntricos. Movendo-se para fora na direção dos quatro cantos é listada uma quadra de correspondência entre os sete planetas (*Planeta*), os sete

* A tradução de Copenhaver as relaciona como (1) aumento e decréscimo; (2) maquinação maligna; (3) ilusão do desejo; (4) arrogância do governante; (5) presunção profana e imprudente ousadia; (6) maus impulsos advindos da riqueza, e (7) mentira que cai na emboscada (*Hermética,* 6). Quanto à correspondência dos planetas com as zonas, ver Copenhaver, *Hermética*, pp. 105 e 115.

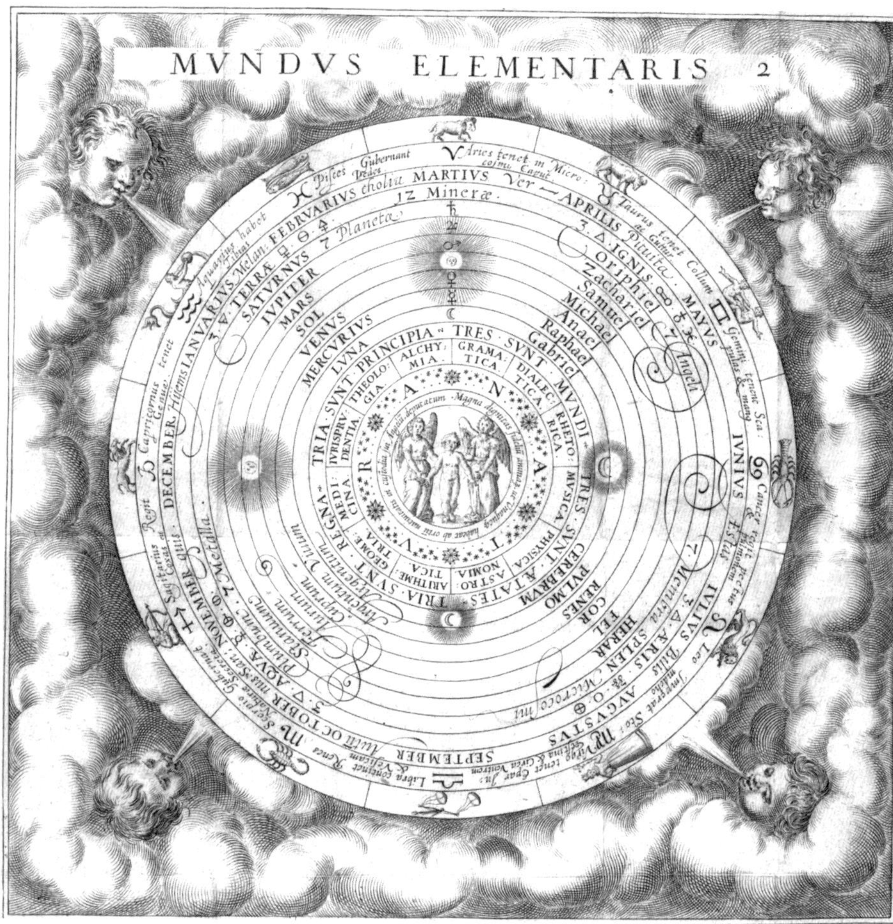

Figura 7.1. *Mundus Elementaris:* o mundo elementar. Do *Musaeum Hermeticum Reformatum et Amplificatum*, 1678.
Cortesia do Instituto de História da Ciência.

arcanjos (*Angeli*), as sete partes do corpo (*Membra Microcosmi*) e os sete metais (*Metalla*). Ao longo do círculo mais externo está a esfera das estrelas fixas, os doze signos do zodíaco. Essa ordem dos planetas é repetida em "Ovo Celestial", de John Dee: o ovo tem sido empregado pelos textos alquímicos como símbolo tanto para os elementos quanto para o Cosmos e para a *opus* alquímica (ver figura 7.2).

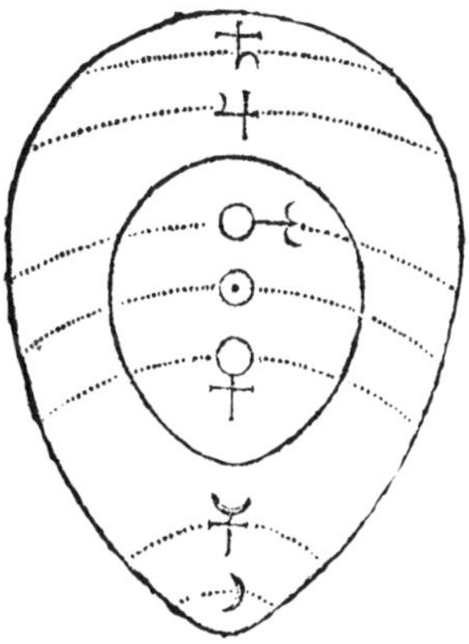

Figura 7.2. O Ovo Celestial. John Dee, *Monas hieroglyphica*, 1564, fol. 17. Divisão de Livros Raros e Coleções Especiais, Biblioteca do Congresso.

VISITA INTERIORA: OS METAIS PLANETÁRIOS NO CORPO

> *E, quando ela viu aquela Forma de beleza que nunca pode saciar, e que [agora] tinha dentro de si cada menor energia de [todos os sete] Regentes, bem como a [própria] Forma de Deus, ela sorriu com amor; pois era como se tivesse visto a imagem da forma mais bela do Homem sobre sua Água, a sombra dele sobre sua Terra.*
>
> – *Corpus Hermeticum* (1.14)[17]

Central para a teoria e prática alquímicas, cada planeta tem uma assinatura terrena no mundo mineral, correspondendo aos sete metais: Saturno – chumbo; Júpiter – estanho; Marte – ferro; Vênus – cobre; Mercúrio – mercúrio; Lua – prata; Sol – ouro. Dentro de cada um desses metais os três princípios estão presentes como Alma (*Anima*), Espírito (*Spiritus*) e Corpo (*Corpus*). O axioma alquímico *Visita Interiora Terra Rectificando Invenies Occultum Lapidem* significa "Visite o interior da Terra, retifique e encontre a pedra escondida". A terra aqui deve ser entendida como o corpo, pois cada um dos sete regentes planetários tem presença física e energética interior. Enterrados nas cavernas da terra, esses metais existem em estado bruto e são extraídos, purificados e refinados pelo alquimista. Da mesma maneira, temos acumulações brutas de material inconsciente escondido em nós, que podemos trazer à tona para ser purificado e refinado por meio do processo criativo.

Como Hermes ensina, "todas as coisas estão cheias de energia", das pedras e das plantas aos animais e à humanidade (*Stob*. 8.10, 8.8).[18] A energia é eterna, mas requer corpos para manifestar suas atividades. Todas as sensações são do corpo físico, não durando mais que a forma mortal, mas a energia é a força ativa da sensação, de modo que a sensação é a expressão de energia (*Stob*. 8.14).[19]

De acordo com a tradição védica, na anatomia esotérica do ser humano, os planetas e os metais correspondem aos sete principais centros de energia chamados chakras. Os chakras se formam nas junções de canais sutis de energia chamados nadis. *Chakra* é uma palavra sânscrita que significa "roda"; porém, de acordo com o místico Sadhguru, os chakras são, na realidade, triângulos,[20] que podem ser vistos como expressão dos três princípios. Embora se diga que há um total de 114 chakras, só temos a capacidade de trabalhar com 108 deles. Sadhguru explica que dois deles estão fora do corpo físico e quatro estão além de nossa capacidade de afetá-los diretamente, embora sejam ativados pelo trabalho que fazemos com os 108 restantes. Os 112 chakras localizados no corpo são agrupados em sete dimensões, que é o que entendemos como os sete chakras primários que estão ao longo da coluna vertebral.[21] Cada um deles funciona em três dimensões energéticas – *pingala, ida* e *sushumna*. Em essência, o chakra é um centro, portão ou selo de energia que existe ao nível do corpo sutil e se comunica com o corpo físico por meio dos sistemas nervoso e glandular. São às vezes chamados de "transformadores", permitindo uma transferência bidirecional de energia, atuando como pontos de relacionamento entre o acima e o abaixo e entre os mundos interior e exterior.

Os chakras regulam o fluxo de energia sutil através do corpo. Da mesma maneira que a alma desce pelas sete esferas, aumentando de densidade com o

Figura 7.3. Sete etapas da Grande Obra. De Basílio Valentim, em *Musaeum Hermeticum Reformatum Et Amplificatum*. Frankfurt am Main, Alemanha: *Apud* Hermannum a Sande, 1678. Cortesia do Instituto de História da Ciência.

acúmulo de matéria, a energia desce da Fonte através dos chakras, diminuindo a intensidade à medida que avança. No processo de despertar dos chakras, a energia avança para cima, retornando à Fonte. Essa energia, também conhecida como *prana*, *chi* ou o "Sopro de Deus", está dentro de nós e em tudo que obervamos no Cosmos vivo. É uma fonte infinita de energia que estamos vivendo e respirando a cada momento. Os chakras são os portais por onde essa energia se move, girando em sentido horário ou anti-horário, movida pelo fluxo de energias prânicas do mesmo modo que um moinho de água é girado por um rio que flui. Em geral, rotação no sentido horário denota chakra aberto, e, no sentido anti-horário, chakra fechado. Até que ponto um chakra ser aberto ou fechado determina a liberdade com que essa energia pode se mover e, subsequentemente, o estado de nossa saúde e bem-estar? Isso depende de nossa história pessoal, de nossas tendências, do nosso estilo de vida, dos nossos traumas e de outros fatores. Em termos ideais, teríamos todos os nossos chakras abertos e em pleno funcionamento, fazendo com que a energia vital se movesse livremente por nós. Em geral, no entanto, esse não é o caso. Quando os chakras estão fechados ou bloqueados, os padrões de energia são interrompidos, causando problemas físicos, emocionais e espirituais. Como os planetas correspondem a esses centros, desenvolver uma compreensão de seus padrões arquetípicos proporciona um meio de desbloquear os chakras.

CORRESPONDÊNCIAS PLANETÁRIAS E ENERGÉTICAS								
Planeta	Glifo	Metal	Dia da semana	Chakra	Cor	Glândula	Atributo	Elemento
Sol	☉	Ouro	Domingo	Coroa	Roxo	Pineal	Consciência	–
Lua	☾	Prata	Segunda	Terceiro Olho	Anil	Pituitária	Percepção	–
Mercúrio	☿	Mercúrio	Quarta	Garganta	Azul	Tireoide	Comunicação	Æther
Vênus	♀	Cobre	Sexta	Coração	Verde	Timo	Compaixão	Ar
Marte	♂	Ferro	Terça	Plexo solar	Amarelo	Pâncreas	Vontade	Fogo
Júpiter	♃	Estanho	Quinta	do Sacro	Alaranjado	Ovários/ Testes	Criação	Água
Saturno	♄	Chumbo	Sábado	da Raiz	Vermelho	Glândulas suprarrenais	Sobrevivência	Terra

Falando de zonas, esferas, planetas, chakras, metais, anjos, cores ou notas musicais, estamos falando da mesma coisa – sete padrões de energia arquetípica que existem dentro da Mente Una. Quanto maior nossa variedade de ângulos para comparar um com o outro, mais claramente chegamos a ver a coisa em si. Desenergização das sete esferas, ativação dos chakras, purificação e transmutação dos metais – são todos aspectos da mesma coisa. Outro aspecto é alinhar nosso processo criativo com os movimentos dos planetas e das estrelas, o que simultaneamente amplifica as energias com as quais estamos trabalhando e nos sintoniza com os ritmos do Cosmos.

Ao longo de nossa experiência de vida, confrontamos os sete Regentes como oportunidades para reconciliar sua polarização e trazê-los à união. À medida que tocamos nossa vida, temos experiências que energizam os chakras para estados de atração e repulsão. Quando estamos funcionando no piloto automático, adormecidos e inconscientes, pode parecer que as coisas estão apenas acontecendo conosco. Mas a verdade é que estamos continuamente alternando entre estados atrativos e repulsivos, desejando ou rejeitando vários aspectos de nossa experiência. Logo somos preenchidos com as paixões, ou os vícios, de cada arquétipo, e às vezes com as virtudes. As correspondências dos sete chakras, planetas e metais, assim como outras correspondências mágicas, simbolizam para o inconsciente o tipo de energia que está sendo expressa. Encontramos esses padrões de energia arquetípica em uma interminável variedade de formas, pois cada um de nós tem os próprios e únicos caminhos que deve trilhar, embora nosso destino seja o mesmo.

O CÍRCULO DOS ANIMAIS: *OPUS CIRCULATORIUM*

Enquanto o tratado "Poimandres" expõe uma clara escatologia das sete zonas por meio das quais a alma ascende em seguida à dissolução do corpo, em "O Sermão Secreto da Montanha" (*CH* 13), Hermes descreve a Tat o modo de renascimento ou, em outras palavras, a realização da Verdade nesta vida enquanto ainda encarnado. Hermes, no entanto, primeiro informa a ele de que esse tipo de conhecimento não pode ser ensinado, pois é somente Deus que concede, conforme seu desejo, tal sabedoria. Depois, diz que ele próprio se tornou um corpo imortal, "nascido na mente"[22], incolor e fora de forma, tendo perdido todo interesse em sua forma física inicial, não perceptível pela visão corporal. Isso leva Tat a um estado de loucura em que ele não pode mais ver a si mesmo, a mente bloqueada da sabedoria que tanto desejava receber. Então, Hermes o aconselha sobre o poder que está dentro dele: "Recolhe-te em ti mesmo, e a sabedoria virá; *vontade*, e a coisa acontece; tira os sentidos do corpo do trabalho, e tua Divindade há de nascer; expurga de ti mesmo os tormentos brutais – coisas da matéria" (*CH* 13.7).[23] Tat admite sua ignorância sobre os algozes dentro dele, ponto em que Hermes lhe ensina que a própria ignorância é o primeiro tormento. Hermes, então, lista os doze vícios, ou algozes, da vida corpórea, e os dez poderes pelos quais eles podem ser vencidos. A lista a seguir é adaptada das traduções de Mead, Copenhaver, Salaman e Scott para mais clareza e simplicidade.

<table>
<tr><th colspan="2">OS DOZE ALGOZES E OS DEZ PODERES</th></tr>
<tr><th>ALGOZES (VÍCIOS)</th><th>OS DEZ PODERES (VIRTUDES)</th></tr>
<tr><td>Ignorância</td><td>Conhecimento de Deus</td></tr>
<tr><td>Tristeza</td><td>Alegria</td></tr>
<tr><td>Intemperança</td><td>Temperança</td></tr>
<tr><td>Luxúria</td><td>Perseverança</td></tr>
<tr><td>Injustiça</td><td>Justiça</td></tr>
<tr><td>Ganância</td><td>Generosidade</td></tr>
<tr><td>Falsidade</td><td>Verdade</td></tr>
<tr><td>Inveja</td><td rowspan="5">O Bem
Vida
Luz</td></tr>
<tr><td>Traição</td></tr>
<tr><td>Raiva</td></tr>
<tr><td>Imprudência</td></tr>
<tr><td>Malícia</td></tr>
</table>

Esse sermão é uma iniciação da ignorância à verdade e à união com Deus. Os vícios são comparados a uma tenda que se atravessa, composta pelo círculo zodiacal. Constituídos por doze entidades, os signos zodiacais são, na verdade, uma

Figura 7.4. As quatro irmãs cardinais na mesa redonda do *opus circulatorium*. Sobre a mesa, da esquerda para a direita, estão os símbolos dos quatro signos cardinais: o cordeiro de Áries, o caranguejo de Câncer, a balança de Libra e a cabra de Capricórnio. O círculo zodiacal repousa acima delas, começando com Áries. De Johann Daniel Mylius, *Philosophia reformata*, 1622.

natureza oniforme, uniforme em ação, mas expressa de maneiras variadas. Talvez seja por isso que Hermes não elucida exatamente como os vícios combinam com os signos. Seja como for, o zodíaco é o "Círculo dos Animais ou Aquele que dá Vida" (*Stob.* 9.1)[24] e a fonte das paixões animais. Assim como o zodíaco é uma natureza oniforme, que se expressa em múltiplas formas, os vícios são realmente um, e na raiz de todo vício está a ignorância; o mesmo se dá com as virtudes, cuja raiz é a gnose (o conhecimento) de Deus, o início do caminho de libertação. Quando a sétima virtude da Verdade é materializada na alma, chegam o Bem, a Vida, a Luz, e os tormentos voam "num bater de asas" (*CH* 13.9).[25] O Dez, ou

Década, dá origem à alma, compartilhando sua gnose, pois no Dez está Aquele que é Espírito unificador. Número de perfeição, o Dez é o Não Gerado. Com a partida dos doze algozes, Tat começa a perceber sua unidade com todas as coisas: "Estou no céu, na terra, na água, no ar; estou em criaturas vivas e em plantas; estou no útero, antes do útero, depois do útero; estou presente em toda parte" (*CH* 13.11).[26] Ele transcendeu a terceira dimensão e agora percebe o Universo e a si mesmo na mente.

OS DOZE SIGNOS DO ZODÍACO					
SIGNO DO ZODÍACO	SÍMBOLO	ELEMENTO	PLANETA	MODALIDADE	PROCESSO ALQUÍMICO
Áries	Carneiro	Fogo	Marte (+)	Cardinal (Primavera)	Calcinação
Touro	Touro	Terra	Vênus (–)	Fixo	Congelamento/ Coagulação
Gêmeos	Gêmeos	Ar	Mercúrio (+)	Mutável	Fixação
Câncer	Caranguejo	Água	Lua (–)	Cardinal (Verão)	Dissolução
Leão	Leão	Fogo	Sol (+)	Fixo	Digestão
Virgem	Virgem	Terra	Mercúrio (–)	Mutável	Destilação
Libra	Balança	Ar	Vênus (+)	Cardinal (Outono)	Sublimação
Escorpião	Escorpião	Água	Marte (–)	Fixo	Separação / Putrefação
Sagitário	Arqueiro/ Centauro	Fogo	Júpiter (+)	Mutável	Incineração
Capricórnio	Cabra-peixe	Terra	Saturno (–)	Cardinal (Inverno)	Fermentação
Aquário	Aguadeiro	Ar	Saturno (+)	Fixo	Multiplicação
Peixes	Peixe	Água	Júpiter (–)	Mutável	Projeção

Saturno, Júpiter, Marte, Vênus e Mercúrio regem cada um dois signos, expressando qualidades ativa (+) e passiva (–). O Sol (+) e a Lua (–) regem apenas um signo cada e se equilibram.

Os quatro elementos e os três princípios se multiplicam como os doze signos do zodíaco. A obra alquímica é com frequência chamada de *opus circulatorium*, referência à progressão cíclica dos planetas que se movem pela esfera fixa do zodíaco. Esse processo começa com o signo de Áries e alcança o ápice em Peixes, roda de contínua transformação e meio pelo qual o alquimista atinge o objetivo da *magnum opus.* Integrar uma compreensão dos doze signos do zodíaco, de seus regentes planetários e de suas correspondências elementais é um aspecto-chave da alquimia. Há, ainda, doze processos alquímicos cruciais que têm sido atribuídos aos signos do zodíaco, os quais abordaremos ao longo dos discursos sobre os arquétipos planetários.

8

Ogdóade*

A Esfera Criativa

Aceita as oferendas puras da minha razão, de alma e coração para sempre estendidos a Ti, a Ti indizível, impronunciável, Cujo Nome nada, a não ser o Silêncio, pode expressar.

– *Corpus Hermeticum* (1.31)

O "DISCURSO SOBRE A OITAVA E A NONA" (datado do século II d.C.), como passou a ser chamado desde que o título original foi rasgado, é o sexto tratado do códice de Nag Hammadi. Consiste de uma conversa entre Hermes, muitas vezes identificado simplesmente como "pai", e um filho. Esse discurso é um ensinamento avançado de Hermes a um discípulo que já transcendeu os Sete Regentes e está pronto para progredir por meio da iniciação final na Oitava e Nona esferas. Para ganhar acesso aos mundos superiores, deve-se primeiro tirar as vestes dos sete planetas. Os sete regentes planetários, os "ousiarcas" da Harmonia, que representam o destino regente da humanidade (*CH* 1.9), devem ser superados, ou desenergizados,

* Na mitologia egípcia, ogdóade era um agrupamento de oito divindades. (N. do T.)

como está escrito no "Poimandres" (*CH* 1.25-26). A desenergização ocorre quando os aspectos dualistas masculino-feminino de cada influência planetária são reconciliados no eu. A polarização é o que os energiza e liga a alma a padrões arquetípicos. Só por meio dessas reconciliações o iniciado entra na oitava esfera do Unigênito, "a alma racional do Cosmos",[1] em que as almas e os anjos cantam "um hino em silêncio" (*NHC* 57, 26-61, 17)[2] para a Mente que habita na nona. Como explica o Homem-Pastor: "E então, com todas as energizações da Harmonia arrancadas dele, trajando seu devido Poder, ele chega àquela Natureza que pertence à Oitava, ao lado daqueles que são hinos ao Pai" (*CH* 1.26).[3]

A importância do "Discurso da Oitava e da Nona" no caminho da iniciação Hermética e o processo de despertar não podem ser exagerados. Em suas páginas estão ensinamentos dignos apenas de quem foi elevado ao nível do pensamento puro, o de Hermes, o Três Vezes Grande, corporificado pela própria oitava esfera; daí o número 8 ser dado a Hermes em sistemas teúrgicos. O epílogo do texto indica que o diálogo ocorre no Egito, pois Hermes instrui o filho a registrar os ensinamentos em estelas turquesa, usando hieróglifos.[4] Em Hermópolis e Heliópolis, Thoth era adorado como chefe da Ogdóade, grupo de oito divindades, sendo visto como suas almas. Era também o "senhor da Enéada"; nesse sentido, Thoth-Hermes supervisionava as oito *como sendo* a nona. A Ogdóade era chamada de "Almas de Thoth", conjunto de quatro pares macho-fêmea representando os quatro elementos; à direita, os machos eram descritos com cabeça de rã, e, à esquerda, as fêmeas, com cara de gato. Em outros contextos, as fêmeas tinham cabeça de serpente.[5]

O número 8, ou Ogdóade, é representado pelo cubo que tem oito cantos. Quando virado de lado, o 8 é o símbolo de infinito, a lemniscata, denotando um fluido perfeito entre opostos polares, um movimento contínuo transcendendo a polarização. A forma do número está relacionada com as serpentes retorcidas do caduceu, o caminho na forma humana para a libertação e a imortalidade. Nas palavras do grande ocultista Éliphas Lévi, "ao perceber Deus como o homem infinito, o homem diz a si mesmo: sou o Deus finito".[6] Lévi explica as compulsões dos opostos em termos da luz astral, a Alma do Mundo, marcada com qualquer corrupção ou vício que tenham sido expressos por palavras e ações. A luz astral forma o Corpo etérico, que é como um envelope de luz frágil que cerca o ser humano da concepção à morte, momento em que é libertado. Na hora da morte, porém, o Corpo etérico "atrai e preserva, por longo tempo, graças à sintonia com as coisas homogêneas, os reflexos da vida passada".[7] Pelo registro de nossas compulsões, de nossos vícios e de nossas corrupções não resolvidos, somos magneticamente atraídos para o que reflete essas cargas energéticas.[8] Forças de atração à esquerda e de repulsão à direita, princípios femininos e masculinos, interagem para produzir impulsos carregados que nos atraem mais profundamente para a densidade da matéria ou nos elevam e iluminam pela resolução e pelo "triunfo da justiça"[9], pelo qual somos libertados. Ao Ogdóade, Manly P. Hall atribui as palavras-chave "amor, conselho, prudência, lei e conveniência"[10], palavras associadas ao oitavo arcano do tarô, a Justiça, a balança do equilíbrio.

Nas sete esferas existem todas as polarizações que enredam a alma nos padrões involutivos que a puxam para baixo, para a densidade da matéria. Movimento evolutivo, por outro lado, é aquele que tem por objetivo e destino a Fonte, o Uno, a Mônada e a concretização da Mente Infinita. Mas, como uma roda, esse é um movimento contínuo, primeiro para baixo, depois para cima, repetindo-se em movimento cíclico como as repetidas circulações realizadas na alquimia, por meio das quais a matéria se torna cada vez mais refinada. Para cada uma das sete esferas individuais, haverá involução e evolução. As sete representam uma escala de sutileza decrescente e densidade cada vez maior à medida que descemos do mais alto para o mais baixo. Depois, à medida que ascende, a alma se torna cada vez mais sutil. Embora o movimento involutivo por meio da Harmonia das sete esferas represente o irracional, o contrativo e o que pode ser considerado más qualidades expressas na alma, é um movimento necessário como meio de purificação. Como Mead comenta, "a Harmonia é apenas aparentemente má; é, de fato, o Motor da Justiça e da Necessidade para reajustar a tola escolha da alma, isto é, purificar seus desejos irracionais ou aquelas propensões que não estão sob a influência da correta razão e filosofia".[11]

Na Árvore da Vida da Cabala, a sétima *sephirah*, *Netzah*, é a "Vitória" sobre os sete Regentes que estabelece o equilíbrio entre forças opostas, existentes no plano horizontal do mundo material, e a oitava *sephirah*, *Hod,* é o "esplendor" atingível a partir da reconciliação do Céu e da Terra, o acima e abaixo, o macrocosmo e o microcosmo. Hod é o Hermafrodita, o Mago ou Mercúrio; é a relação entre a humanidade, a mente de Thoth e todos os mestres divinos existentes na Mente Una que nos transmitem sua sabedoria por meio do pensamento. As sete esferas são reconciliadas na oitava ou, como poeticamente declara Aleister Crowley: "Há sete chaves para o grande portão, estando a oitava no uno, e o uno, na oitava".[12]

Há, no entanto, uma separação entre o indivíduo, a identidade pessoal e a mente de Deus, percebida como uma divindade externa acessando a mente inferior do iniciado. Só quando chegamos à nona esfera atingimos o nível do verdadeiro "Eu Sou", em que a Mente Divina assume a identidade do indivíduo, apagando toda separação. O caminho de retorno é o da gnose, mas a única saída é pelo mundo material autocriado, sem dúvida para provar o "EU SOU" por meio da experiência pessoal, da purificação e da transformação. Assim, o nono caminho é o do nono arcano do Eremita, o verdadeiro caminho Hermético no qual o iniciado segura uma lâmpada própria, chegando à percepção da Mônada, vivida pela experiência. Nas palavras de Crowley, "essa Lâmpada não é feita com as mãos; existe sozinha e para sempre; não tem partes, nenhuma personalidade; é antes do 'eu sou'".[13] A lâmpada do Eremita é a de Trismegisto; com sua luz, somos iluminados por dentro, retirados do mundo e guiados para o nono caminho de iniciação e autorrealização. Como a nona *sephirah*, *Yesod* ("Fundação"), correspondente à Lua, o nono caminho representa o desejo de existir como puro reflexo da luz solar, com todas as obscuridades e impurezas removidas pelo ato da separação. Como Gareth Knight explica em *A Practical Guide to Qabalistic Symbolism* [Guia Prático para o Simbolismo Cabalístico], o nono caminho tem efeito purificador sobre as Emanações, razão pela qual é chamado "Inteligência Pura".[14]

Tendo alcançado discernimento da Mente Divina, o Eremita fica longe de se retirar para um estado de bênção espiritual, pois agora tem de manter acesa a lâmpada de Trismegisto e fazer sua luz brilhar em todos os cantos escuros do mundo para dissipar a falsidade. Tem de "trilhar o caminho", por assim dizer, e viver pela verdade de sua compreensão. A ação, no entanto, se submete à fé; ao trilhar o caminho, o Eremita se entrega à Vontade Divina, movendo-se simultaneamente entre Céu e Terra, no desejo momentâneo e puro que brota do Coração. No corpo sutil, o Coração é o centro energético que faz a ponte entre o acima e o abaixo, com três chakras acima e três abaixo. Com oito cruzamentos no coração, as energias do em cima e embaixo estão em contínua circulação. Tendo atingido a oitava esfera, o iniciado experimenta o fluxo de harmonia que existe quando todas as sete esferas foram reconciliadas. De modo apropriado, o Senhor da Ogdóade, Thoth, em sua forma com cabeça de íbis, fica perto da pesagem do coração na Sala do Julgamento.

Esse reino de discernimento, de pensamento perfeito, puro, transcendente, traduzido em ação justa, é a consciência de Hermes, o Três Vezes Grande. Alcançar a oitava esfera é estar vibrando numa oitava energética superior, estado que transcende as sete esferas e as envolve dentro de si.[15] Transcende, assim, os reinos físicos, para os quais o sete é representativo. Como diz Hermes: "Pois nunca, filho, pode uma alma encarnada que uma vez saltou no ar, disposta a se agarrar ao Verdadeiramente Bom e Genuíno, escorregar de novo para trás. Pois, quando a alma [um dia] conhece o Autor de sua Paz, se vê preenchida com maravilhoso amor e, esquecida de todo mal, não pode mais se afastar do Bem" (*Stob.* 1.3).[16] O processo do despertar espiritual é revelado no "Poimandres" como separação e reconciliação de cada um dos sete Regentes, preparando, assim, a alma para entrar na esfera "formativa"[17] – ou criativa. A oitava esfera é uma realização dentro do discípulo de uma verdade além da linguagem, gnose do verdadeiro poder da alma na criação do Universo. A mente não despertada do puro esquecimento, inconsciente de seus poderes formativos, está criando inconscientemente, mas com a gnose nada resta a fazer senão cantar louvores em silêncio. O filho, percebendo sua união com o Pai Trismegisto, canta louvores: "Sou o instrumento do teu espírito, a mente é tua palheta, e tua orientação faz música comigo. Eu me vejo. Recebi poder de ti, pois teu amor chegou até nós" (*NHC* 60).[18]

Considerando que a oitava esfera é um nível de mente pura gerada pela consciência – a mente de Thoth-Hermes, além da reencarnação em uma concretização da imortalidade –, a nona esfera é o nível do Autogerado, um nível ainda mais elevado da Mente Divina. Além desses, na décima, reside o Unigênito. Por meio desse processo, o iniciado encontrou a trindade que precedeu sua jornada pela separação mortal, retornando ao Uno como incorporado nos três: o Deus Não Gerado, a Mente Autogerada e o filho Gerado. É a conclusão da décima que unifica todo o processo, retornando o Único para o Único e unindo-se ao círculo de ininterrupta consciência, a ouroboros comendo a própria cauda, o começo e o fim como Único.

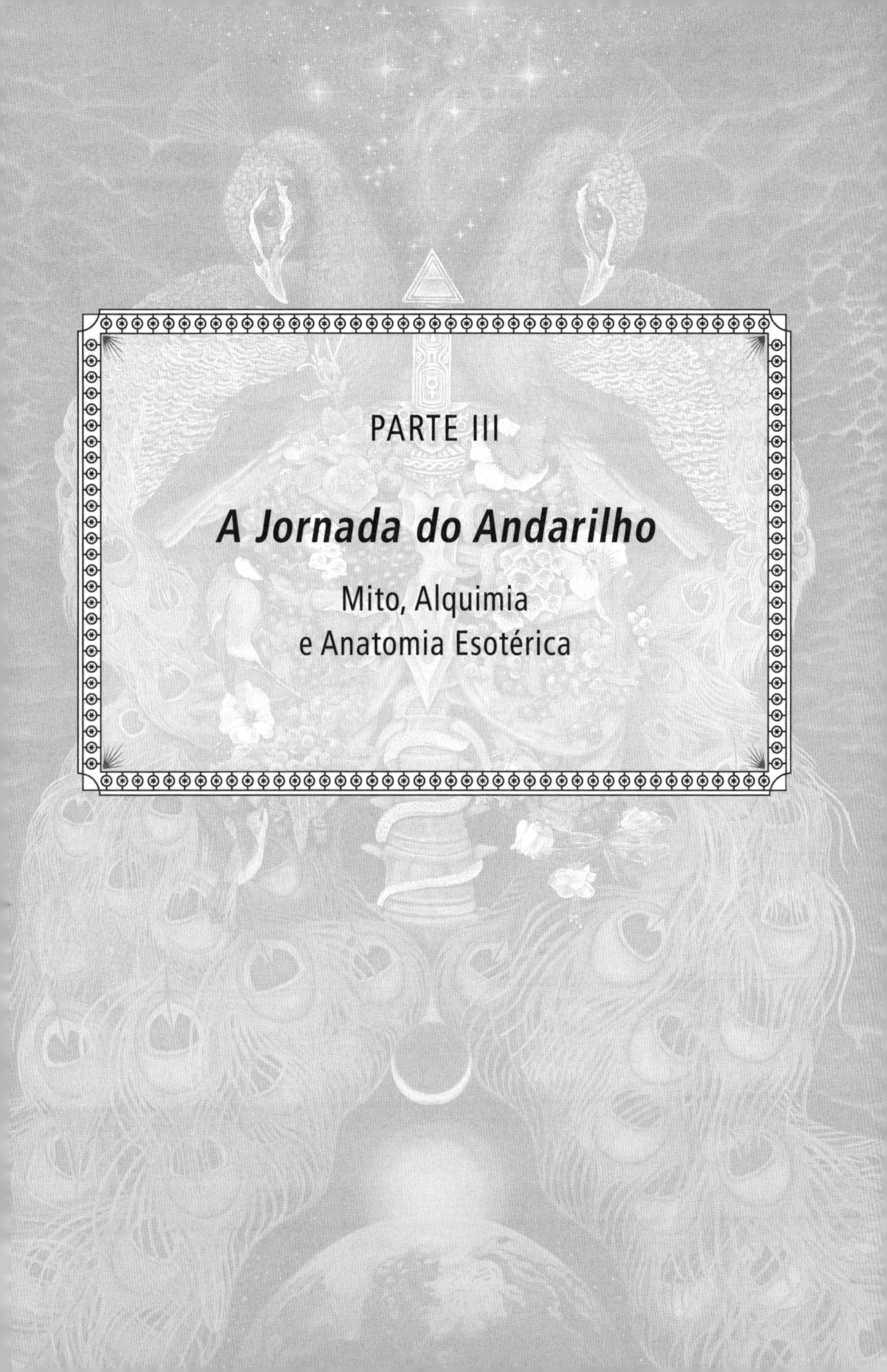

PARTE III

A Jornada do Andarilho

Mito, Alquimia e Anatomia Esotérica

A natureza abraçada pelo homem trouxe uma maravilha, oh, tão maravilhosa. Pois, como ele tinha a natureza da Concórdia dos Sete, que, como já te disse, [eram feitos] de Fogo e Espírito – a Natureza não tardou, mas de imediato gerou sete "homens" em correspondência com as naturezas dos Sete, homens e mulheres movendo-se no ar.

– Poimandres (*CH* 1.16)

9

Vagando com os Arquétipos

Um homem é um deus em ruínas. Quando os homens são inocentes, a vida será mais longa e deve se aproximar da imortalidade tão gentilmente quanto despertamos de sonhos.

– Ralph Waldo Emerson

DENTRO DO MICROCOSMO DO CORPO HUMANO, sete estrelas iluminam o caminho interior para nosso mais verdadeiro eu. São os sete planetas interiores da astrologia tradicional, os planetas visíveis a olho nu que têm influenciado o pensamento e a imaginação humanos desde tempos imemoriais. Os planetas são chamados estrelas ou Estrelas Errantes por causa de seu movimento contra o pano de fundo das estrelas fixas, que são as "Não Errantes" (*CH* 16.17).[1] Os comentários a seguir vão proporcionar uma exploração abrangente desses sete astros para incluir o simbolismo que pode ser derivado de sua simples observação, como era no início, e o significado mitológico enraizado na antiga Mesopotâmia e no Egito, como visto através de várias lentes culturais. Conheceremos nessa jornada as qualidades dos planetas invocados ou evocados em magia ritual ou cerimonial e oração, assim como o significado alquímico deles, tanto interna quanto externamente, e, por fim, sua colocação e seus papéis na anatomia esotérica do ser humano.

Por meio de uma investigação profunda, vista de vários ângulos, das características de um planeta, podemos vislumbrar o arquétipo geral que ele incorpora. Tendo em vista que arquétipos, como pessoas, são redes complexas de ideias, comportamentos, características, valores e processos associados, eles devem ser abordados como alguém que você deseja conhecer intimamente. Não podem ser resumidos em uma palavra ou compreendidos de maneira superficial. Encontrá-los de verdade requer um desejo devoto de fundir-se com eles na imaginação e assim conhecer sua experiência a partir de dentro, tendo empatia com eles, encarando isso como um caminho para apreender as causas sutis e o raciocínio por trás da expressão arquetípica.

Devemos permitir que os arquétipos penetrem na alma e realmente nos modifiquem de dentro para fora, gerando em nós uma conexão profunda com o eterno. Por meio dessa adoção vivida de cada arquétipo, passamos a entender o eu como um todo e como os jogadores se relacionam uns com os outros no jogo de uma vida individual, que é uma versão holográfica, um ângulo único, do drama coletivo. Olhando com a devida profundidade para dentro do Eu, alcançamos a gnose do Todo. O fundamental, no entanto, não é permanecermos identificados com os arquétipos, mas integrá-los na psique e tornar o inconsciente consciente.

MITOS E MEMÓRIAS VIVOS

Mitos são histórias vivas se desenrolando na mente do Criador, redescobertas em nível individual, não histórias estáticas que aconteceram quando "era uma vez". São indispensáveis à nossa humanidade compartilhada, mantendo sua força ao longo dos séculos, representando processos psicológicos específicos encontrados no caminho de despertar e recordar quem e o que realmente somos. Algumas histórias refletem nossa divindade, e muitas são representações mais precisas de nossa imperfeita humanidade. Isso nos traz à mente as palavras de Heráclito: "Mortais são imortais, e imortais são mortais, um vivendo a morte do outro e morrendo a vida do outro". As linhas entre bom e mau, bem e mal, certo e errado, deus e demônio não são tão claramente definidas. Às vezes, os deuses que governam no céu se comportam de modo bastante malévolo ou por interesse vão e egoísta. Às vezes, o que parece mau na superfície é, na verdade, um caminho oculto para a redenção. O que é bom nem sempre é bom, e o que é mau nem sempre é mau. Como todas as polaridades, só são diametralmente opostos quando levados aos extremos, mas um sempre retém um elemento de seu contrário. Assim, o que é quente pode se tornar frio; o que é rígido pode se tornar macio; o que é mau pode se tornar bom. Com a mente aberta, percebemos a totalidade de um espectro como uma coisa única, assim como cada planeta é percebido em todos os seus extremos e suas polarizações, do modo como entendemos que Marte se expressa como energia tanto feminina (*yin*) quanto masculina (*yang*) – paixão criativa e sagaz discernimento, ou confrontação violenta e ação assertiva – ou Vênus expressa a passividade de atraente magnetismo *versus* o esforço ativo de atrair pessoas e experiências.

Mitos são como memórias. Nascemos esquecidos e temos de contar com as histórias de nossos predecessores para nos ajudar a lembrar de onde viemos e para onde estamos indo. Essa, no entanto, é uma verdade que só pode ser aprendida por meio da experiência direta ou gnose. Não bastará simplesmente ensiná-la como uma fórmula. Deve-se abordar o assunto como se ela fosse um amante, uma comunhão em que camadas da psique humana coletiva são percebidas e experimentadas em nível pessoal. Ao nos familiarizarmos com a vasta gama de experiências humanas, coletadas e preservadas em mitos, começamos a perceber a complexidade da mente de Deus, o Criador, o Todo, a Divindade, a Consciência, ou qualquer nome pelo qual preferirmos chamá-lo, percebendo, assim, a presença e o papel ativo de Deus em nosso íntimo.

TRANSCENDENDO BINÁRIOS NA ASTROLOGIA HELENÍSTICA

A astrologia helenística divide os planetas entre dois grupos, com base em suas características predominantes. Um planeta pode ser benéfico ou maléfico em função de ter influência predominantemente positiva ou desafiante. Esse sistema de classificação está enraizado na astrologia praticada pelos antigos mesopotâmios.[2] As qualidades predominantes podem ser intensificadas ou diminuídas com base na posição do planeta em um signo ou em como ele se relaciona com outros planetas. Os dois planetas benéficos são Vênus e Júpiter, enquanto Marte e Saturno são maléficos, e Mercúrio é neutro, mas se torna benéfico ou maléfico por associação e pelo lugar que ocupa em um gráfico. Os dois luminares, Sol e Lua, são também neutros e influenciados a serem benéficos ou maléficos em função das circunstâncias; Ptolomeu, no entanto, agrupa a Lua com os benéficos.[3]

Outra classificação na astrologia helenística é a doutrina de seita ou facções, útil para entender que papéis os planetas desempenham na determinação do destino. Um planeta pode ser diurno e alinhado com o Sol ou noturno e alinhado com a Lua. Cada uma dessas seitas tem uma luz (luminar), dois planetas benéficos, dois maléficos e um planeta neutro. Assim, o Sol é a luz da seita diurna, com os dois benéficos diurnos Vênus e Júpiter, enquanto a Lua é a luz da seita noturna, com os dois planetas maléficos noturnos, Marte e Saturno. Mercúrio é neutro e pertence a ambas as seitas. A seita também influencia até que ponto um planeta é benéfico ou maléfico. Júpiter e Saturno, que são diurnos, têm maior influência e são considerados os maiores de cada classe, sendo Júpiter o mais benéfico, e Saturno, o mais maléfico. Por outro lado, Vênus e Marte noturnos são mencionados, respectivamente, como o menos benéfico e o menos maléfico.

As classificações de benéfico e maléfico são mais bem compreendidas como um espectro. Pensar nos termos *benéfico* e *maléfico* como bons e maus é uma simplificação exagerada e levou a uma tendência na astrologia moderna a subestimar ou ignorar essas designações por causa das reações de polarização que provocam na mente moderna. É, no entanto, importante entender a diferença entre nossas reações subjetivas a experiências negativas e positivas e o propósito a que elas servem na evolução, em termos individuais e coletivos. Influências maléficas geram limitações necessárias, atrito, morte e mudança, que têm seu papel em qualquer ciclo natural ou criativo. Em sociedades agrícolas, compreender a influência maléfica de Saturno tinha efeitos para definir o tempo de plantio e colheita, pois era observado que seu aspecto maléfico se correlacionava com períodos de infertilidade e declínio. Não há julgamento moral sobre essas distinções serem indiscutivelmente más, pois fornecem contraste e cultivam apreço pela vida e por períodos de expansão e fartura.

Outra maneira pela qual a polarização se expressa é por meio do gênero, mais especificamente do sexo, pois cada um dos planetas, em geral, tem sido considerado masculino, feminino ou ambos. No entanto, assim como as pessoas podem experimentar gênero e sexualidade em um espectro capaz de se alterar ao longo da vida, mas sempre contendo todas as possibilidades, os planetas não podem ser compreendidos apenas dessa forma binária. Enquanto a Tradição Esotérica do Ocidente pode ver a Lua como predominantemente feminina – *yin*, contrativa, geradora, passiva, fria e úmida –, muitas culturas tinham ou continuam a ter uma concepção masculina dela. Na verdade, a maioria dos planetas têm identidades sexuais variadas, dependendo de diferentes lentes culturais, mas mesmo em uma mesma tradição há variações no modo como uma divindade associada a um planeta se comporta nos mitos sobre eles.

DIVISÕES DOS PLANETAS		
	DIURNO	NOTURNO
Luminares	Sol (+)	Lua (–)
Benéficos	Júpiter (+)	Vênus (–)
Maléficos	Saturno (+)	Marte (+)
Mistos / Neutros	Mercúrio (Estrela da Manhã) (+ / –)	Mercúrio (Estrela Crepuscular) (+ / –)[4]

Gêneros: (+) = masculino, (–) = feminino, (+ / –) neutro ou variável.

Como as pessoas, os planetas são complexos e não podem ser restringidos a simples ideias dualistas de bom e mau, ou masculino e feminino, mas têm de ser compreendidos como um todo. Trabalhar hermeticamente com os planetas é um processo de transmutação, interno e externo, com o objetivo de unificar os opostos que engendram equilíbrio e despertam capacidades criativas. O que é macio torna-se duro, o que parece impenetrável é dissolvido, o que é sólido se torna líquido, o que é líquido é cristalizado. Essa é a ideia básica por trás do hermafrodita no simbolismo alquímico, a natureza mutável de Hermes combinada com a criatividade libidinosa e a propensão à união de Afrodite, reunindo e unificando as polaridades em um só corpo.

10

Saturno na Escuridão

Nenhum pensamento nasce em mim que não tenha a morte esculpida.

– Michelangelo

DESDE A PRÓPRIA CRIAÇÃO, A COMEÇAR EM CAOS NEGRO a um bebê no útero, um diamante nas profundezas da crosta da Terra ou uma semente no solo, a escuridão nutre uma nova vida. Por isso, é com a negritude de Saturno que começamos nossa jornada pelas estrelas errantes. A esfera de Saturno é a primeira que a alma atravessa na descida para a Terra, e, segundo Macróbio, é lá que a alma desenvolve os poderes de razão e compreensão (*logistikon* e *theorikon*).[1] Planeta mais distante que podemos ver a olhou nu, superado apenas por Júpiter em tamanho, Saturno é um enorme gigante gasoso, mas sua distância da Terra faz com que pareça diminuto, com luz fraca e amarelada. Move-se devagar pelos céus afora, levando demorados 29,4 anos para completar uma órbita em volta do Sol. Essas características foram observadas pelos antigos e ficaram refletidas nas muitas denominações que o planeta recebeu, como *Šerru* em acadiano, significando "pequeno", "minúsculo" ou "pequenininho",[2] e *Sani* em sânscrito, da raiz *Sanaischara*, significando "o que se move devagar".[3] Observou-se também que exibia uma regularidade, por isso foi chamado de "Constante" na astronomia babilônica,[4] ou *kajamānu* em acadiano, significando "o estável"[5]. O nome árabe, *zukhal*, é sugerido por significar "rastejar" ou "avançar muito devagar".[6]

O movimento lento e constante de Saturno foi comparado pelos mesopotâmios ao movimento do Sol, por isso esse planeta foi chamado Sol da Noite ou *Stella solis*, "estrela do Sol", sendo às vezes associado a *Šamaš* (Shamash), deus do Sol.[7] Essa relação também foi reconhecida na Índia, onde Saturno é o filho do deus do Sol Surya.[8] Como o Sol, Saturno é uma singular bola de gás composta principalmente de hidrogênio e hélio, mas em seu centro se encontra um núcleo denso de ferro e níquel.[9] Saturno também é conhecido como sol negro, ou *sol niger*, o oposto da iluminação solar e da energia doadora de vida. Foi chamado de "negro" nos textos babilônicos cuneiformes, apesar da aparência amarela que tem sido reconhecida desde tempos antigos. Uma possível explicação para isso é que Saturno parece amarelo quando está no alto do céu e preto ou cinza durante os nascentes e poentes, quando sua luz é enfraquecida pela atmosfera mais espessa ao longo do horizonte. A associação de Saturno com o Sol teria tornado esses eventos helíacos mais significativos para os antigos astrônomos babilônios.[10]

Como o limite mais externo de nossa capacidade de ver e com sua impressionante variedade de anéis gelados, Saturno significa fronteiras e limitações, correspondendo ao elemento Terra – o reino físico e tudo que é pesado, denso, frio, seco e se move devagar. Ptolomeu relacionou as características frias e secas de Saturno à sua distância do calor do Sol e da umidade da Terra.[11] Saturno é chamado o grande maléfico e é masculino e diurno, com domicílio tanto em Capricórnio (negativo, *yin*, contrativo, terra) quanto em Aquário (positivo, *yang*, expansivo, ar). No hemisfério Norte, esses signos caem nos meses frios e escuros do inverno, opostos aos signos úmidos e abrasadores de Câncer e *Leo*. A influência de Saturno sobre esses signos é diferenciada pelas naturezas elementais. Como signo de terra, Capricórnio expressa estrutura saturnina entre o reino material, enquanto Aquário, signo de ar, a expressa pela faculdade mental e pelo mundo das ideias. Em ambos os casos, é a estruturação de energias que forma a base de sua relação com a realidade.

Como símbolo de terra, Saturno se relaciona com os ossos como referência estrutural do corpo e com a pele como fronteira entre dentro e fora. E também com a coluna, o sacro, os joelhos, as panturrilhas, os tornozelos e a orelha direita. Rege a bexiga, os intestinos, o cólon e os processos de eliminação e micção; segundo Valens, rege também os tendões, o soro sanguíneo, a expectoração, os rins e as partes íntimas.[12] Na natureza, detém autoridade sobre o metal mais pesado, o chumbo, bem como sobre árvores e pedras.[13] É o Sal estruturado da *opus* alquímica e, assim, se relaciona com estruturas dos níveis atômico e celular do reino do pensamento. Saturno representa o início do tempo e do trabalho alquímico, a *prima materia* – o minério bruto escondido nas cavernas da Terra e o Caos do qual surgiu a criação. Da mesma maneira, os mistérios mitraicos, de acordo com Celsus, atribuem a Saturno e ao chumbo metálico o primeiro portão que deve ser atravessado quando alguém ascende pelas sete esferas.[14] Na anatomia esotérica védica do corpo, Saturno rege o primeiro chakra, *Muladhara*, "a Raiz". Esse chakra se correlaciona com o elemento Terra e está localizado na base da coluna e da região perineal. Aqui, ele funciona em relação aos genitais e aos órgãos reprodutores e é a sede da energia *kundalini,* que, uma vez despertada, sobe pela coluna vertebral até a coroa. De todas essas maneiras, Saturno representa o início de um processo de ascensão espiritual enraizado na escuridão.

Muitas culturas têm reconhecido a natureza terrena de Saturno, evidenciada em nomes como *T'u-hsing*, "estrela da terra" (mandarim); *Dosei*, "terra, solo" (japonês); e *T'osong*, "terra, solo" (coreano).[15] Os mesopotâmios associavam Saturno com *Ninurta*, deus da guerra, da caça e da agricultura, cujo nome significava "Senhor da Terra".[16] No panteão egípcio, Saturno encontra paralelo em Geb, cujo corpo era a própria Terra, com poderes que se estendiam ao desenvolvimento de toda vida vegetal e animal, tanto sobre a superfície como no mundo subterrâneo, incluindo domínio sobre os túmulos e os mortos que havia neles.[17] Assim como a Terra apresenta momentos de inércia e repouso, a Saturno é concedido o sábado (*dies Saturni*, latim). No Gênesis 2:2-3, esse é o sétimo dia, quando o Criador descansa após seis dias de Criação. O nome hebraico desse dia é *Shabtha'i* ou *Shabtay*,[18] relacionado ao *Shabbat* (*Sabbath*), hebraico para sábado, dia santo de descanso no qual nenhum trabalho deve ser feito (Êxodo 20).[19]

É atribuída a Saturno a terceira *sephirah* na Árvore da Vida cabalística, *Binah*, ou "Entendimento". *Binah* senta-se no topo do Pilar esquerdo, o Pilar da Severidade, relacionado ao lado esquerdo do cérebro e à forma, à cristalização, à receptividade, à paciência, à quietude e ao princípio feminino ou *yin*. *Yin* é contrativo, involutivo, passivo, frio e escuro. Do mesmo modo, Binah é simbolizada por imagens semelhantes à anatomia feminina, incluindo a escuridão do útero e a vulva, cavernas e tumbas, a Terra, a Lua, a taça, o cálice, o caldeirão, espaços fechados, limites e água. É o impulso de se voltar para dentro, e sua virtude é o silêncio, que não é apenas uma cessação da fala, mas uma quietude de todo o ser, como se alcança em estados meditativos. É o espaço necessário para a verdade da Alma ser ouvida, e é Binah que passa a luz da *Chokmah* ("Sabedoria") para as *sephiroth* inferiores.[20] Nas palavras de Hermes (*CH* 13.2), "[o útero] é a sabedoria da compreensão em silêncio, e a semente é o verdadeiro bem".[21] O útero feminino está relacionado à mente inconsciente, que, como a terra, recebe a semente do intento consciente e assim se torna impregnada e dá à luz novas formas de realidade.[22]

COSMOS, CAOS E RECONCILIAÇÃO

O romano Saturno (do latim *Saturnus* ou *Sāturni*) é o deus da colheita, chegando com a foice na mão, quando o Sol começa a declinar, para colher o que foi semeado. Embora Saturno tenha assumido, sob muitos aspectos, papel maligno, os romanos tinham nostalgia de um tempo anterior às maldades dele, quando governava os céus numa Era Dourada, quando a primeira raça de uma humanidade dourada "vivia como deuses, com o coração despreocupado, distante da labuta e da miséria".[23] Saturno governou a Itália e reinou como rei benevolente, concedendo a seus súditos um período de boa sorte, uma vida civilizada e conhecimentos de agricultura e direito. A Era de Ouro de Saturno acabou desaparecendo na lenda, mas era comemorada no antigo festival romano da Saturnália, do qual surgiram muitas de nossas tradições natalinas. Elas coincidem com o Solstício de Inverno, quando o Sol entra em Capricórnio. O festival da Saturnália era uma reversão, em todos os níveis da sociedade, da energia saturnina, assim como a Idade de Ouro de Saturno foi uma época em que a natureza maléfica de Saturno estava ausente.

Saturno acabou sendo sincretizado com o grego Kronos (Cronus ou Cronos), rei dos titãs, personificado como pai e velho. Kronos é quase idêntico ao Khronos Órfico (Chronos), deus primordial do tempo. Na cosmogonia órfica, segundo Damáscio, a inefável Criação é seguida de *Hydros* (água) e lama. Dessas duas, *Ge* (Gaia, Terra) surgiu e se solidificou, criando, assim, os primeiros dois princípios, Água e Terra. Khronos (Tempo sem Idade), também chamado Héracles (Hércules), formado a partir destes, tornou-se o terceiro princípio. Sua forma "era uma Serpente (Drakon) com cabeças extras crescendo sobre um corpo de touro e leão, um semblante de deus no meio... [e] asas sobre os ombros".[24] Damáscio conta que os órficos descartaram os primeiros dois princípios, colocando Khronos em primeiro lugar, autogerado na aurora da criação, sendo o Tempo "o princípio único do Universo".[25]

Khronos foi o protógeno (*protos* = "primeiro", *genos* = "nascido") do Tempo, o Éon* que carrega a roda zodiacal. Trouxe Æther [Éter], Caos e Escuridão, e o Tempo gerou um ovo. Sua consorte era a serpente Anankê ou Adrastia (*Necessitas,* romana), o protógeno da inevitabilidade, da compulsão e da necessidade. Anankê era da mesma natureza que Khronos, representando sua bissexualidade como a causa geradora do Universo.[26] A Cosmologia de Alcman chama esse par de "Poros" e "Tekmor", o começo e o fim de todas as coisas que surgiram simultaneamente.[27] Juntos, Tempo (Khronos) e Necessidade (Anankê), duas formas serpentinas como o vento, entrelaçadas ao redor do ovo do mundo cósmico, fazendo com que se parta em dois. Atenágoras escreve: "Sua coroa tornou-se o céu, e o que tinha afundado, terra".[28] Damáscio, então, à maneira neoplatônica, transforma-os em trindade: a díade como os princípios masculino e feminino, ou os dois hemisférios do ovo, e o deus Phanes, ou Khronos, a quem também chama de Zeus e Pã (Tudo).[29]

O mito mais conhecido do titã Kronos chega até nós com a *Teogonia*, de Hesíodo. Um de seus motivos centrais é o mito da sucessão, no qual Kronos derrubou o Céu ou Ouranos (Urano), deus do céu, e, por sua vez, Zeus derrubou Kronos para se tornar governante dos céus. Esse ato inicial de Kronos serviu para liberar os filhos da Terra do caos de Ouranos, pai primordial original dos céus,

* O que é para sempre. (N. do T.)

cujo incomensurável caos criativo sufocava suas próprias criações antes que elas pudessem se desenvolver. Juntos, a Mãe Terra, Gaia, e Ouranos, o Pai Celestial, geraram muitos filhos, dos quais Kronos foi a "mais temível das crianças, que detestava a grosseria do pai".[30] A luxúria e os fecundos poderes criativos de Ouranos geraram, em conjunto com Gaia, os doze Titãs (Filtros). Ouranos também gerou os três Ciclopes, que deram a Zeus sua faísca, e os "Cem Braços" – seres terríveis, brutais, cada um com cem braços e cinquenta cabeças.[31] Ouranos desprezava a tal ponto os Cem Braços que chegou a enclausurá-los no Tártaro, com os Ciclopes e os Titãs, para que nunca mais vissem a luz do dia.[32]

Sua crueldade insuportável tornou-se demais para Gaia, que se contorceu de dor. Ela criou a foice que parecia feita de diamante, a qual Kronos usou para castrar o pai, jogando os testículos no mar. Depois de libertar os irmãos, Kronos assumiu o controle do Universo, ou, como diz Blavatsky, "o trabalho de geração, suspenso por um momento, passa para as mãos de Kronos, o tempo, que se une a Reia (a terra no esoterismo – a matéria em geral)".[33]

Em uma evolução semelhante ao Saturno romano, o antigo deus sumeriano Ninurta (também chamado Ningursu), equiparado ao planeta Saturno, foi originalmente deus da fertilidade e da agricutura, mais tarde identificado como deus da guerra.[34] Ninurta restaura a ordem do caos, assim como fez Kronos ao cortar os membros do pai. No poema sumeriano *Lugale*, Ninurta derrota Asag, o terrível demônio da montanha, cuja energia era tão torpe que cozinhava um peixe vivo na água. Asag foi acompanhado de um exército de aliados de pedra, e, ao derrotá-los, Ninurta trouxe ordem ao mundo. Ele então usou as pedras para formar as montanhas, de modo a facilitar o fluxo das águas para o Tigre e o Eufrates, melhorando, assim, a agricultura.[35] A imagem de Ninurta dando ordens às montanhas e aos rios traz à mente Capricórnio, simbolizado pela cabra do mar, uma estranha combinação de criaturas montanhosas e aquáticas que podem ser rastreadas até o deus sumério Enki. Muito parecido com Ninurta, Enki foi associado às águas profundas e à umidade fertilizante.[36] Na Índia, Capricórnio é representado pelo *Makara* (dragão-do-mar).[37] O peixe-cabra, segundo Jung, é um símbolo para o Sol em seu curso anual, que sobe aos picos mais altos, depois desce como um peixe para o mar, alcançando seu ponto mais baixo com o Solstício de Inverno e o início de Capricórnio.[38] Assim como o Sol morre e renasce, o peixe simboliza vida, renovação e renascimento. A separação e o antagonismo entre a montanha e o mar, a cabra e o peixe devem ser retificados pelo deus-herói.

Em *Myth of Anzu and the Tablets of Destiny* [Mito de Anzu e as Tábuas do Destino], texto de fontes babilônicas e neoassírias tardias e médias,[39] Ninurta restaura a ordem do caos quando recupera a Tábua dos Destinos de Anzu, o pássaro do trovão babilônio, em geral descrito como uma águia com cabeça de leão ou, às vezes, como um garanhão voador.[40] Anzu trai Enlil, usurpando para si mesmo o poder de Enlil e a Tábua dos Destinos dos deuses, ganhando, assim, o poder de controlar todos os deuses. Ninurta é o único que está à altura do desafio de golpear Anzu e recuperar a tábua. Com os sete ventos e uma coleção de batalhas, ele confronta Anzu na montanha. Ninurta atira sua flecha em Anzu, mas com a Tábua dos Destinos de Anzu é capaz de dissolver o arco e a flecha em seus componentes originais. Ninurta, então, corta os cotos (asas) de Anzu e, antes que este possa proferir um feitiço para detê-lo, Ninurta atira um dardo que atravessa o coração e os pulmões do adversário. Com as forças do caos liquidadas, Ninurta recupera a Tábua dos Destinos e restaura a ordem cósmica.[41]

Como qualquer criatura voadora, seja um dragão ou uma águia com cabeça de leão, Anzu é um deus do céu. Assim, Ninurta estabelece a ordem derrubando o deus do céu, assim como Kronos derruba Ouranos, separando terra e céu e estabelecendo a ordem no Cosmos. O arquétipo saturnino é aquele que separa, assim como Ninurta separou as asas esquerda e direita de Anzu. Isso cria limites, definições e estabelece leis. Esse princípio de ordenação, no entanto, é desafiado pelo caos sempre iminente no coração do arquétipo saturnino.

Embora possa ter começado como herói, Kronos também trancou os Cem Mãos (Hecatonquiros) e os Ciclopes no Tártaro, quando soube que o Destino o veria destronado e derrotado por um dos próprios filhos. Kronos e Reia, a deusa da Terra, geraram os deuses do Olimpo Deméter, Hades, Hera, Héstia, Poseidon e Zeus. Para evitar a profecia, Kronos "se banqueteou, de maneira canibal, com os próprios filhos pequenos", quando cada um deles nasceu.[42] Reia, em imensa dor, deu à luz o último filho, Zeus, em segredo e escondeu o recém-nascido em uma caverna isolada.[43] Tendo escondido o bebê com segurança, pegou uma grande pedra e envolveu-a com roupa de bebê, que Kronos inadvertidamente devorou. Enquanto isso, Zeus, tendo adquirido força e coragem em segredo, voltou para derrotar o pai. Foi auxiliado por Métis, que fez uma poção emética* para Kronos,[44] enquanto Zeus, que Reia transformara em copeiro do pai, misturou-a a uma bebida com mel. Kronos bebeu tudo e começou a vomitar – primeiro a pedra, depois as crianças.[45] Kronos repetiu a crueldade do próprio pai, Ouranos, exemplificação mítica da imitação inconsciente de abuso transmitida de uma geração para outra.

Como Kronos e Zeus, a natureza opressiva e maléfica de Saturno é contrariada e equilibrada por Júpiter, planeta maior e benéfico. Onde Saturno representa fronteiras, restrições e limitações, Júpiter oferece os princípios opostos de expansão, crescimento e liberdade. Onde Júpiter tende ao excesso, à gula e à voracidade, Saturno fornece a disciplina necessária e a moderação que falta. A energia saturnina também é responsável pela estratégia, pelo planejamento e pela dedicação necessários para cumprir objetivos. Sua constância e resistência à mudança pode engendrar lealdade e confiança. Há liberdade a ser encontrada nas fronteiras da limitação, e, de fato, o estabelecimento de limitações é uma técnica comum para estimular a inovação criativa. O efeito equilibrador dos opostos vai nos dois sentidos, e assim somos lembrados de que devemos nos abster de associar qualquer qualidade moral a esses arquétipos. Kronos, como Zeus, derrubou o pai a mando da mãe. Isso repete a fórmula da trindade alquímica, composta de Pai (Sol), Mãe (Lua) e Filho (Mercúrio), em que o *filius philosophorum* (filho do filósofo) representa uma nova consciência nascida no indivíduo e a morte das velhas limitações da mente representadas pelo pai.

O equilíbrio entre ordem e caos é exemplificado no panteão egípcio pelos deuses Hórus e Sebek, o deus crocodilo. Os egípcios chamavam Saturno de "a estrela do Oeste que atravessa o céu" e o associavam ao deus Hórus (*Heru-ka-pet*).[46] Filho de Ísis e Osíris, Hórus é um deus da luz que assume a forma de um falcão ou de um homem com cabeça de falcão. Sebek e Hórus eram cultuados juntos na forma de um crocodilo com cabeça de falcão e uma coroa dupla. Sebek (também conhecido como Suchos, Sobk) era o antigo deus da cidade de Crocodilópolis em Faiyum. Reverenciado pela ferocidade, era também conhecido como aquele que causa gravidez e concede fertilidade. De novo vemos aqui a dupla natureza saturnina: fecundante e

---

* Isto é, que provocava vômitos. (N. do T.)

Figura 10.1. Saturno devorando a Pedra de Júpiter. De Michael Maier, *Atalanta Fugiens*, 1618. Cortesia do Instituto de História da Ciência.

feroz. Pois os crocodilos, criaturas do Nilo, eram associados tanto com a força doadora de vida quanto com a força destrutiva da inundação.

Outro exemplo no panteão egípcio de união e oposição assumia a forma de Hórus e Seth (identificado com Sebek), que eram, às vezes, representados como um homem com duas cabeças. Um tinha a cabeça de um falcão, e o outro, do animal Seth, sendo conhecidos como os "dois senhores". O animal descrito como Seth é considerado extinto, tendo sido tão cruel, tão mau, que teria sido caçado com vistas à erradicação já no início da história egípcia. Ele vagava pelo deserto e tinha focinho comprido e fino, orelhas eretas, pontudas, e cauda bifurcada. Hórus

Figura 10.2. Relevo do deus crocodilo Sebek, Templo de Kom Ombo. Imagem de Hedwig Storch.

e Seth eram considerados deuses gêmeos e estavam intimamente associados nos Textos da Pirâmide, que falam tanto sobre sua rivalidade quanto sobre sua aliança. Juntos proporcionam a Osíris a assistência de que ele precisava para subir a escada para o céu, que depois do falecimento dos dois é proclamada tanto "Escada de Seth" como "Escada de Hórus".[47] Assim, o restaurador da ordem e o árbitro do caos trabalhavam juntos para guiar o faraó na vida após a morte. Tema semelhante é apresentado no "Poimandres" (*CH* 1.8), quando o Homem-Pastor explica que a discórdia dos elementos da Natureza (caos) tem origem na Vontade de Deus.[48] Embora representem dois polos opostos, ordem e caos, Hórus e Seth são unificados como um espectro contínuo na escada entre céu e terra. Um fim não pode existir sem o outro. A unificação de duas cabeças em um corpo significa a unificação do céu e da terra e a reconciliação de Cosmos e Caos, Vida e Morte, Luz e Trevas, Bem e Mal.

AS RAÍZES DO MAL

Sob muitos aspectos, Saturno é a exemplificação do mal, representando a morte e o aspecto destrutivo e devorador do tempo. Para os gnósticos, Saturno era o maligno Demiurgo, Yaldabaoth (Ialdabaoth, Sakla, Samael), produzido pela ignorância por Sofia, a "Sabedoria do *Insight*".[49] Foi dela que ele recebeu seu poder, mas como não sabia de onde vinha achou que era Deus. Designou os governantes dos sete céus e criou a humanidade. Também gerou um filho chamado Sabaoth (Adonai, Adonaios), de quem Yaldabaoth sentiu ciúmes.[50] Sabaoth foi estabelecido acima do sétimo céu, no oitavo, e conseguiu se impor sobre os poderes do caos. A inveja que Yaldabaoth sentia de Sabaoth foi o começo da própria inveja, e disso foi produzida a morte.[51] Sabaoth, colocado do lado direito da *Pistis Sophia* e chamado "justiça", é igual a Zeus, tendo os dois derrubado e condenado os pais, enquanto Yaldabaoth, "chefe criador do caos", foi colocado à esquerda de Sofia e chamado "injustiça".[52]

O nome *Yaldabaoth* significa "filho do caos", e sua essência é uma escuridão sepulcral, perversa, irracional, ignorante.[53] Yaldabaoth é o mais elevado arconte e primeiro governante com cabeça de leão e corpo de serpente, além de olhos de fulgurante relâmpago, reminiscentes do Khronos órfico. Carl Jung escreve que "o leão, signo zodiacal para o tórrido calor do verão, é o símbolo da *concupiscentia effrenata*, o 'desejo frenético'... Nos mistérios mitraicos, a cobra é com frequência mostrada como a antagonista do leão, de acordo com o mito da luta do Sol com o dragão".[54] Essa forma representa forças opostas unidas em um só corpo, assim como o princípio saturnino é, ao mesmo tempo, caótico e generativo.

Não importa como a pessoa pinte, sempre haverá luz e sombras, assim como há Néftis e Ísis, comparáveis aos lados escuro e brilhante de Binah.[55] Como um princípio que contrasta com o silêncio e a compreensão de Binah se encontra a mãe escura e devoradora, o lado sombrio do princípio feminino, correspondente à Lua. Saturno e a Lua estão intimamente relacionados na Árvore da Vida, como Knight aponta quando diz: "Binah é o princípio por trás de toda a força da Lua".[56] Tanto a Lua quanto Saturno se relacionam com a noite e a escuridão, representando energias opostas ou complementares do Sol. Yesod, a *sephirah* lunar, é considerada o "trono" de Binah e também o portal pelo qual se deve passar antes de ascendermos a outras esferas.[57] Na medida em que se alinha com o corpo energético humano, o Yesod cabalístico se encontra na mesma área dos órgãos sexuais que Saturno em *Muladhara*, o chakra da raiz. A isso podem ser acrescentados o número de Saturno, 3, o número de Binah e a Deusa Tríplice Neopagã da Lua: crescente, cheia e minguante. Estas são conceitualizadas como as três fases principais do ciclo de vida feminino: a Donzela, a Mãe e a Anciã. A Mãe Natureza é tanto um útero (Binah) quanto uma tumba (Yesod), e é a mãe com a qual temos o primeiro contato ao nascer para esta vida.

O fracasso em nos separarmos da mãe em nossa jornada para a vida adulta nos deixa à mercê da Mãe Sombria, aspecto da psique que se expressa como natureza maligna e devoradora. Característica do crocodilo e do dragão, ela consome o indivíduo, impedindo a ascensão pela esfera de Yesod. O lado maligno do maléfico maior é assim encontrado em nossa ascensão inicial do reino sublunar por meio de seu reflexo na Lua. A Mãe Sombria ou Devoradora pode se revelar arquetipicamente em sonhos como formas femininas vampirescas, perigosas ou violentas. Nas palavras de Marie-Louise von Franz, a criança que não consegue fazer essa separação está "fixada no pesadelo da dependência infantil e no incesto psicológico".[58]

Geralmente, o mal é considerado uma forma extrema de malignidade e imoralidade, antítese do bem e domínio da atividade demoníaca que procura desmantelar o bem do mundo, tornando-se separada de Deus ou do Divino e sua inimiga. O Mal [*Evil*], que se escreve como *live* [viver, vivo] ao contrário, é o princípio oposto à vida. O desacordo que parece haver em toda a *Hermética* sobre a concepção Hermética do mal pode ser resultado de várias escolas que se contradizem na tradição Hermética.[59] Por um lado, o mal é uma degeneração do Bem que se afasta cada vez mais da Fonte. Embora Deus seja imanente, o mal nunca infecta o Supremo. Assim, "não é Deus, somos nós que causamos as coisas más, preferindo-as ao bem" (*CH* 4.8).[60] Somos, no entanto, lembrados logo depois, no mesmo tratado, de que a raiz de tudo é a Unidade da Fonte (*CH* 4.10). Isso não implica que toda a existência, incluindo o mal, está enraizada no Uno?

Na filosofia Hermética, o mal é um aspecto das tendências irracionais na humanidade ou da Harmonia das sete esferas do destino. Lembre-se das palavras de Mead, que escreve que "a Harmonia só é má na aparência; na realidade, ela é o Motor da Justiça e da Necessidade [Saturno] para reajustar a tola escolha da alma, isto é, para purificar seus desejos irracionais ou aquelas propensões que não estejam sob a influência da razão e da filosofia corretas".[61] Jâmblico argumenta que não são os deuses ou seus efeitos celestiais que são o mal, pois eles são o bem essencial e a causa do bem, trabalhando juntos para a harmonia do bem único (1.18).[62] É, por outro lado, da natureza parcial das coisas materiais e terrenas que surge o mal. O mundo sensível é incapaz de receber a plenitude do bem dos deuses e dos corpos celestes e, assim, culpa as causas primeiras por suas próprias paixões. A maldade de Saturno, então, é simplesmente uma interpretação baseada em ignorância terrestre. Embora os efeitos frios e opressivos de Saturno possam causar problemas para o indivíduo, existe uma ordem divina que confere essas qualidades a Saturno, que, em si, é do bem.

A filosofia alquímica enfatiza a unificação de ideias e energias polarizadoras. Assim como na filosofia chinesa de *yin* e *yang*, cada polo representa um extremo em um espectro, contendo um pedaço do oposto como inerente a ele. A diferença entre os extremos torna-se questão de proporção. Como o mundo material é uma emanação do Uno, o Bem deve ser encontrado lá, mas em menor grau, e assim devemos admitir que o oposto também é verdadeiro. Onde a bondade se expande e se irradia para fora, o mal se contrai e puxa para dentro em direção ao centro, o que é uma involução natural e necessária na matéria. Em seu extremo, o mal é como um buraco negro puxando toda a luz para si. O mal, no entanto, serve a um objetivo. Von Franz, no livro *A Sombra e o Mal nos Contos de Fada*, garante que "o mal não vem diretamente de uma atitude errada na consciência, mas de um arquétipo negligenciado no inconsciente".[63] Aquilo que suprimimos ou somos incapazes de reconhecer dentro de nós mesmos encontra seu caminho para a consciência, embora de maneira distorcida. Assim pode ser dito que Binah, como a "mãe sombria", é, na verdade, uma distorção. Como explica Von Franz, como não havia espaço para a sombra no culto da Grande Deusa Mãe, surgiu uma compensação necessária em que a mãe se tornou tanto a boa mãe quanto a bruxa sinistra.[64]

A negação do mal necessita de uma projeção externa para explicar a existência do mal em nosso mundo, uma projeção que, em última análise, pousa na própria Natureza. A concepção cristã de Satanás é um exemplo desse tipo de projeção; como é inconcebível que o próprio Deus seja mau, também é negado que isso ocorra no eu. Ensinamentos cabalísticos em *O Zohar* diferem a esse respeito, pois aqui o mal está enraizado em Deus e é identificado com a quinta *sephirah*, *Geburah* (*Din*). Na mão esquerda, Deus mantém a Geburah, "Severidade" ou "Julgamento Inflexível", e, na direita, a Misericórdia de *Chesed* (*Hesed*); a Geburah mantém-se harmoniosa se permanecer equilibrada com Chesed, mas pode se tornar maléfica ao se separar da estrutura de equilíbrio das outras *sephiroth*.[65]

Embora o mal esteja enraizado em Deus, ele só se expressa pela separação e pela falta da influência atenuante da misericórdia. Quando perdemos contato com nossa divindade, experimentando a ansiedade da separação, ficamos vulneráveis aos poderes do mal expressos como paixão, vício e armadilhas do mundo material. Portanto, é uma escolha, como lemos em *Stobæus* [*Antologia de Estobeu*] (20.2): "Está ao nosso alcance escolher o melhor e, da mesma maneira, [escolher] o pior, de acordo com nossa vontade. E se a [nossa] escolha se apega às coisas más, associa-se à natureza corpórea; [e] por causa disso o destino governa aquele que faz essa escolha".[66] Há, entretanto, certo nível de confronto e luta com o mal latente em nós que engendra um desejo de retornar à divindade. Por isso a *opus* alquímica começa na escuridão saturnina.

Saturno representa todas as coisas do mundo físico como opostas ao reino imaterial da alma. Embora, na verdade, elas sejam aspectos da Coisa Única, a diferenciação é útil como guia na busca da União Divina. Uma explicação dualista do bem e do mal pode ser necessária para o neófito, mas se torna irrelevante para o adepto que atingiu tanto a gnose de si quanto a gnose de Deus. Em última análise, é o equilíbrio entre o bem e o mal que Saturno nos ajuda a atingir, pois a falta de vontade de confrontar de modo consciente e aceitar a escuridão em si mesmo levará a uma projeção inconsciente sobre o mundo exterior. Nas palavras de Jung, "Ninguém se torna iluminado imaginando figuras de luz, mas tornando a escuridão consciente".[67]

A PEDRA NA ESCURIDÃO: COMEÇANDO A *OPUS*

Saturno é, muitas vezes, personificado na forma de um ancião com uma perna de pau e uma foice; como o ceifeiro, ou a Morte; simbolizado pela cor preta e pela escuridão. Com Saturno, encontramos o *putrefactio* alquímico, estado deteriorado de velhice e decadência – a decomposição da qual uma nova vida se forma. Considerado o mal na mitologia hindu, o planeta Saturno é conhecido como o deus Sani ou Shani, homem negro de quatro braços usando roupa negra, montado em um abutre negro e, às vezes, em um corvo.[68] Saturno é o *mortificatio* alquímico, ou princípio destrutivo, que mutila, tortura e desmembra para facilitar a regeneração. É com frequência descrito no simbolismo alquímico como corvo e, às vezes, como lobo. Sob esse ângulo, corresponde ao metal antimônio (*Stibium*), chamado de lobo-cinzento, que, quando fundido, devora os outros metais e os transforma em ligas.[69] O antimônio está relacionado ao elementoTerra e é considerado o "descendente de Saturno". Segundo Robert Allen Bartlett, é capaz de dissolver rapidamente ouro, atributo empregado em um processo físico pelo qual o ouro é purificado de metais estranhos.[70] Esse processo é ilustrado na primeira das Doze Chaves, de Basílio Valentim, onde o lobo-cinzento devora o rei (ouro).[71] Na gravura (ver figura 10.3), vemos Saturno com sua foice e perna amputada, símbolo de desmembramento e mutilação saturninos. Ele paira sobre uma fogueira na qual o chumbo está sendo cozido em um processo chamado copelação, deixando para trás ouro e prata na forma de uma bolha.[72] Enquanto isso, o lobo-cinzento, o antimônio, salta sobre um fogo carregando um vaso vazio no qual seu sangue é coletado, sendo depois disso "dado de comer" ao leão, "pois o Leão se purifica com o sangue do lobo".[73] Como Bartlett explica, ouro e sulfeto de antimônio (estibina) são derretidos juntos. Impurezas no ouro formam sulfetos que são extraídos, enquanto o ouro e o antimônio se fundem em uma liga. Então o antimônio é expulso do ouro por uma corrente de ar aquecido, deixando para trás ouro em sua forma purificada, que então se torna um poderoso medicamento.[74]

Em nível espiritual, o que repousa no fogo de Saturno é o ovo filosofal, representando todos os elementos, ou a *prima materia*, o inconsciente, que deve ser

Figura 10.3. Saturno e o lobo-cinzento. De Basílio Valentim, "Prima Clavis", em *Musaeum Hermeticum Reformatum Et Amplificatum*, 1678. Cortesia do Instituto de História da Ciência.

aberto à força no início do trabalho. Nas profundezas, há muitas impurezas que são removidas por meio da arte. Não é evitando o lobo que a consciência é refinada, mas deixando que ele nos devore e nos fundindo a ele. Vemos o Rei Solar Vermelho (ouro) e a Rainha Lunar Branca (prata), opostos régios supervisionando o início da *opus* como eles se encontrarão em sua conclusão, unidos no *hieros gamos*, ou casamento sagrado. Na mão direita a Rainha carrega os três princípios como flores em um mesmo caule (Enxofre, Mercúrio, Sal) e na mão esquerda uma pena de pavão, símbolo das cores outrora absorvidas na escuridão de Saturno que emergem para anunciar o amanhecer. O Rei segura um cetro e usa uma coroa de ouro, símbolos de sua soberana autoridade.

Como mostra a gravura da "Prima Clavis", o trabalho alquímico começa com Saturno. Da *prima materia*, o chumbo de Saturno, nasce o *lapis philosophorum* (pedra filosofal): "Meu filho saberá que a Pedra chamada *Pedra Filosofal* sai de *Saturno*. E, portanto, quando é completada, faz projeção, também no Corpo do homem, de todas as Doenças que possam atacá-lo por dentro ou por fora, sejam elas o que forem, não importa o nome que tenham, como também acontece com aquilo que ataca os Metais defeituosos".[75] Como explica Maier: "A verdade é descoberta nas trevas, e nada começa a existir sem a escuridão. [...] A escuridão, portanto, é Saturno, o Descobridor da Verdade que devora uma Pedra, não Júpiter. Pois a Escuridão é uma nuvem escura cobrindo a Pedra desde o início para que ela não possa ser vista".[76] Nas trevas estão à espera todos os conteúdos desconhecidos da primeira matéria, o poço de material inconsciente que traz o perigo de sobrecarregar a psique; daí as muitas alusões aos perigos do trabalho alquímico em toda a literatura.

A abertura da *prima materia* precede ou está incluída na primeira fase da *opus*, chamada *nigredo* ou escurecimento. Vemos, assim, que Saturno, fonte da pedra filosofal, marca o início da *opus* com um balanço de sua foice. As imagens alquímicas pertencentes a essa fase são, com frequência, representações de morte, desmembramento, funerais, sepulturas, caixões, esqueletos, corvos e aranhas. É onde começamos e onde acabamos, tanto o útero escuro do renascimento quanto a tumba fétida. Em sentido negativo, isso é expresso como melancolia, desesperança, depressão e tormento da dor. Como Hermes ensina no trecho 24 do *Stobæus*, é do "sombrio Kronos" que extraímos nossas lágrimas,[77] e Saturno é a primeira das esferas que encontramos em nossa descida para o corpo. Também com o *nigredo* saturnino enfrentamos o sofrimento da vida separada de sua fonte – debilidade, impotência e rigidez. As fases do *nigredo* em nossa vida podem incluir mania, ideias suicidas e esterilidade criativa, em que a morte do ego é um sintoma da separação da alma e do espírito do corpo, que o deixa sujeito a todos os medos básicos e às ansiedades da existência física.

No centro dessa melancolia saturnina está o impulso contrativo de ir para dentro descansar e regenerar, estabelecer fronteiras e limites ou criar distanciamentos – tudo que for necessário para a cura e o cultivo da autêntica criatividade. Além disso, o elemento Terra fornece a base sólida pela qual iniciar a jornada de autodescoberta e permancer equilibrado no processo. O texto que acompanha a figura 10.4 diz:

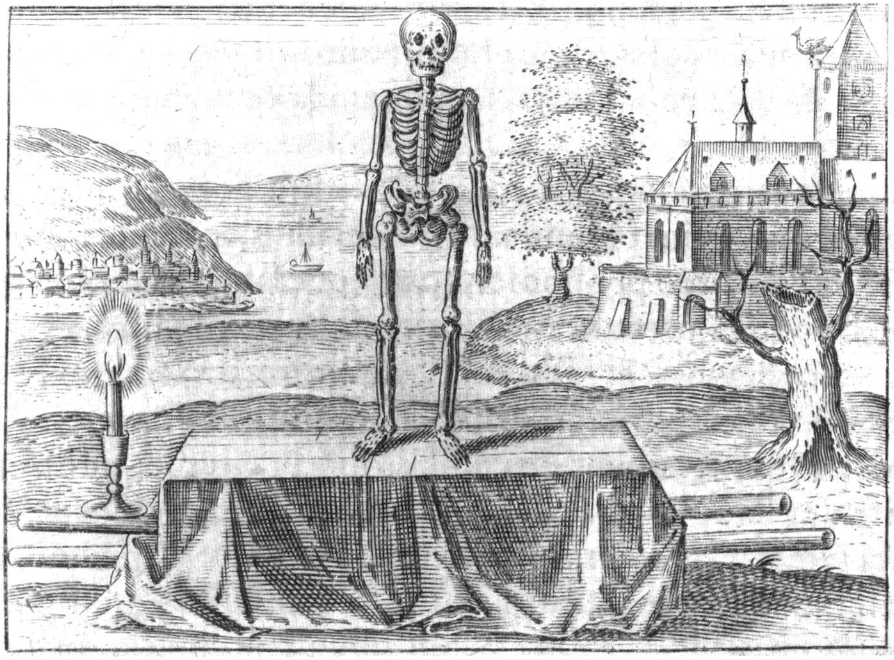

Figura 10.4. Embora a Morte tenha feito um esqueleto do Corpo e a árvore tenha virado um toco, ainda há uma vela queimando. De Basílio Valentim, "Clavis IV", *As Doze Chaves*, em *Musaeum Hermeticum Reformatum Et Amplificatum*, Frankfurt, 1678. Cortesia do Instituto de História da Ciência.

> Toda a carne derivada da terra deve ser decomposta e de novo reduzida à terra; então o sal da terra produz uma nova geração por ressuscitação celeste. Pois onde não houve primeiro a terra não pode haver ressurreição em nosso Magistério. Pois na terra está o bálsamo da Natureza e o sal dos Sábios.[78]

Portanto, por meio de nossa capacidade de suportar as sombrias contração e decomposição saturninas, passamos a ser revividos e encontramos o sal – uma reestruturação do corpo e dos pensamentos que o compõem. Ao sermos reduzidos aos nossos componentes mais básicos e despojados de nossas identificações carnais, passamos a conhecer a essência eterna que habita na presença de todas as flutuações e dissoluções materiais. Assim, da escuridão de Saturno é gerada "uma obscura Brancura",[79] a irrupção da luz na insondável noite escura e o início de uma fase de purificação, o *albedo*, em que o filho de Saturno nos leva adiante.

TEMPO TRANSCENDENTE

A *prima materia* é nossa "primeira mãe", a Grande Mãe (Mot) ou a massa de potencial indefinido da qual todo o Cosmos é gerado. Ao abordar a matéria primeira, pode ser útil pensar nas deusas mães gregas: Gaia, identificada com a Cibele Frígia (*Magna Mater*); Deméter, a mãe da colheita; e Reia, a filha de Gaia. Essas figuras incorporam uma influência gentil e compassiva. Por intermédio da mediação do filho, agem preparando o pai para a liberação de energias aprisionadas. Reia, cujo nome significa "fluxo", é a personificação da natureza, da vida e da fertilidade. Como esposa de Kronos, representa o fluxo do tempo como corrente continuamente regeneradora, assim como representa o fluxo do sangue menstrual, as águas do parto e o leite materno, proporcionando equilíbrio ao simbolismo mais agressivo e devorador de Kronos. É verdade que o tempo dá e tira. Estar em sintonia com os ritmos da natureza e os ciclos do tempo proporciona sensação de conforto, de se encontrar nos braços da mãe, experimentando a fecundidade da natureza e a fé em uma nova vida brotando da morte.

Como a morte, o tempo é simplesmente um marcador de mudança, enquanto a verdadeira natureza do Cosmos, e do Uno, é eterna e imutável. Nas palavras de Hermes (*Stob.* 6), "passado se unindo ao presente, e presente [se unindo] ao futuro, eles [assim] são um; pois não estão sem os outros em sua semelhança, no ser uno e em sua continuidade. O tempo [então] é contínuo e descontínuo, embora seja sempre um e o mesmo [tempo]".[80] A *Hermética* ensina que, antes de haver o tempo, existe a eternidade, que é feita por Deus (*CH* 11.2). A eternidade então gera o Cosmos, que engendra o tempo – mudança, aumento e diminuição – mantido e concretizado pelo Cosmos indestrutível (*CH* 11.2).[81] Do tempo vem o devir – vida e morte, mas a eternidade jamais estará sujeita à decadência, e também não o Cosmos, que é obra da eternidade (*CH* 11.3).[82] A destruição de coisas forjadas pelo tempo é simplesmente "a dissolução de sua união" (*CH* 11.15).[83] Essas mudanças são novos arranjos dentro do Cosmos oniforme; enquanto o corpo físico se dissolve com a morte, a alma eterna continua e é renovada. Nosso apego ao corpo nos mantém trancados na escuridão e no sofrimento da morte (*Asc.* 27.4). Quando nos concebemos limitados pelo tempo – pelos anéis de Saturno, o grande devorador, em um mundo de morte –, sofremos. Como as serpentes gêmeas Khronos e Ananke enroscadas em torno do ovo cósmico, somos devorados no abraço de tempo e destino.

O medo, a qualidade contrativa do chakra da raiz (*Muladhara*), surge quando não temos tempo suficiente para realizar nossos objetivos ou desejos, ou diante da inconcebível noção de eternidade, mas, acima de tudo, o medo da morte assombra a alma que não alcançou a gnose de sua natureza eterna. Saturno, o velho e a anciã, nos leva à senescência e ao fim da vida, convidando-nos a refletir sobre tudo o que semeamos ao longo de nossa vida e sobre tudo o que deixamos inacabado. A disciplina e a influência estruturante de Saturno servem aos estágios intermediários da vida e às responsabilidades reconhecidas, mas o velho/anciã representam o estágio de renunciar ao papel da vida, uma desaceleração da força vital, a queda na senilidade e uma diminuição da capacidade de se envolver fisicamente com o mundo.

Perceber o caráter indestrutível da alma é transcender as limitações saturninas de tempo e morte, incorporando o eu imortal enquanto se aceita a dissolução do corpo. É um processo de alcançar a identificação com o Eu transcendente, como foi lindamente declarado pela Mente a Hermes em *CH* 11.20:

> Faz [então] com que cresças à mesma estatura da Grandeza que transcende toda medida; salta de cada corpo; transcende todo Tempo; torna-te Eternidade; e [assim] conhecerás a Deus.
>
> Nada conceber é impossível para ti; pensa-te como imortal e capaz de tudo conhecer – todas as artes, todas as ciências, o caminho de cada vida.
>
> Torna-te mais elevado que toda altura e mais baixo que toda profundidade. Reúne em ti mesmo todos os sentidos de [todas as] criaturas – de fogo, [e] água, de seco e úmido. Pensa que estás em todos os lugares ao mesmo tempo, na terra, no mar, no céu; ainda não gerado, no ventre, jovem, velho, [e] morto, em condições de pós-morte. E se conheces todas essas coisas de repente – tempos, lugares, ações, qualidades e quantidades; podes conhecer a Deus.[84]

Essa concepção ilimitada do eu é o antídoto para o constrangimento e a contração saturninas que nos mantêm presos a estados de medo, ansiedade e desesperança. As lições saturninas nos levam direto aos nossos medos mais profundos da morte e do desconhecido, embora, muitas vezes, eles ocorram em torno das

Figura 10.5. O velho Saturno no Jardim do Filósofo regando as raízes das árvores do Sol e da Lua sempre em regeneração e multiplicação. De Michael Maier, *Uma Sutil Alegoria Sobre os Segredos da Alquimia*, em *Musaeum Hermeticum Reformatum Et Amplificatum*, Frankfurt, 1678. Cortesia do Instituto de História da Ciência.

"pequenas mortes" de nossa vida – aqueles momentos em que temos de abrir mão de algo precioso e nos rendermos à dor da perda, separação, decepção, fracasso, perda de poder e destruição. Embora Saturno, sem dúvida, represente energias difíceis, os fogos de transformação são criados pelo atrito que encontramos na vida – a chegada àqueles lugares onde somos forçados a enfrentar nossas próprias limitações e a energia "constante" que sustenta a disciplina e a motivação para mudar – para entrar nas chamas da calcinação.

Os aspectos desafiadores de Saturno – tempo, estrutura, limitações, mudança – fornecem a pressão necessária para a evolução, como a intensa pressão requerida na formação de diamantes profundamente abaixo da superfície da terra. Em Saturno, a imensa pressão atmosférica aumenta à medida que descemos para o núcleo e é suficiente para passar o hidrogênio, um gás, para o estado líquido e, por fim, transformá-lo em metal sólido. Do mesmo modo, Saturno fornece energia consolidante que traz forma ao informe no processo de criação. Saturno nos lembra do valor do tempo – para não desperdiçarmos o tempo que nos foi dado, sem deixarmos, simultaneamente, de promover profunda compreensão da importância do descanso e dos períodos de escuridão.

Cercando e nutrindo as raízes de nossa experiência humana está o rico húmus de nossa história humana compartilhada. Forma um substrato invisível do qual crescemos para nós mesmos e para nossa compreensão da realidade. Tudo que fazemos e experimentamos em nossa existência é informado e mantido no contexto daqueles que viveram e morreram antes de nós. Na busca pela verdade, voltamos no tempo à sabedoria dos que nos precederam e às raças antigas que um dia caminharam pela Terra. As palavras, os mitos e as imagens que deixaram para trás nos fornecem pistas e instruções sobre como viver uma vida de verdade e nos ajudam a ver que a condição humana sempre foi um enigma à cuja compreensão grandes mentes devotaram sua vida. No entanto, por mais proveito que possamos tirar do estudo da sabedoria dos antigos, seremos sempre, cada um de nós, singularmente responsáveis por nossa própria salvação e teremos, cada um, de encontrar o próprio caminho para a luz.

11

Júpiter

A Tempestade Perfeita

Sabedoria é uma coisa... de estar disposto e não estar disposto a ser chamado pelo nome Zeus.

– HERÁCLITO

PARA ONDE VAMOS QUANDO SOMOS CONFRONTADOS com as dores de crescer além das limitações e dos constructos da mente? Podemos precisar de uma força que possa nos apoiar à medida que ganhamos um novo corpo, uma força para administrar o clima de nossas emoções e a tempestade de mudanças que estão ocorrendo dentro de nós. Podemos precisar de uma figura paterna justa e honrada, de um rei que nos conduzirá e nos abençoará na batalha e nos protegerá do perigo. Precisaremos com certeza da visão para ver onde estamos indo e dos recursos materiais necessários para chegar lá. Esse líder existe dentro de nós como o arquétipo de Júpiter, o magnânimo doador da boa sorte, do poder e da sabedoria. Quando estamos prontos para expandir nossos horizontes, Júpiter está lá para nos guiar. Lidera a rebelião quando estamos nos libertando de modos ultrapassados de ser e pensar, ajudando-nos a dissolver os constructos mentais que moldam a maneira como vemos a nós e ao mundo. Ele é o impulso criativo que nos leva adiante, uma poderosa força gravitacional atraindo recursos e expandindo nosso campo de influência. Aproveitar e integrar essa força é reconhecer e compreender até que ponto o criador dentro de nós é realmente poderoso.

O planeta Júpiter ganha seu nome para homenagear o deus romano do céu e governante do firmamento, às vezes chamado poeticamente Jove (latim *Ioves*), deus de quem descendem os sonhos e as visões. Júpiter deriva do latim *Iuppiter*, composto do protoindo-europeu *dyeu-peter*, "padrinho",[1] e do nome de seu equivalente grego, Zeus, de *dewos* ou "deus", que significa "brilhante" ou "iluminado".[2] Segundo Mâneto, os egípcios chamavam Júpiter "a estrela radiante" (*Phaethôn*)[3]. Esse deus brilhante é o governante das nuvens e do tempo, em particular de tempestades, relâmpago e trovão. Como rei dos deuses do Olimpo, Zeus preside os assuntos da humanidade e também dos deuses, estabelecendo a lei e a ordem e administrando justiça e punição de sua morada no Monte Olimpo. Seu interesse pelas relações humanas se estende aos laços de amizade e lealdade. Assim, quando os deuses são questionados sobre o que proverão para a humanidade como descrito em "A Virgem do Mundo" (1.17), Zeus declara: "Para que a raça que vai surgir não tenha de lutar para sempre, já criei para eles Sorte, Esperança e Paz".[4]

Júpiter foi identificado com o deus principal dos antigos mesopotâmicos, Marduk, cuja supremacia era tal que muitos dos outros deuses eram simplesmente encarados como aspectos seus, pois só ele era chamado Bel, "Senhor" dos deuses do Céu e da Terra.[5] Era associado à magia, à sabedoria, à água, à vegetação e ao julgamento[6] e, como Zeus, era o "mais sábio dos deuses".[7] Assim como Zeus restaurou a ordem do Cosmos ao libertar seus irmãos da barriga de Kronos (Saturno, Caos), estabelecendo sua supremacia sobre os deuses e a humanidade no mito mesopotâmico *Enuma Elish* (o épico babilônico da Criação), o deus-herói Marduk restaura a ordem matando Tiamat, deusa primitiva do mar e personificação do Caos, e reclamando a Tábua dos Destinos.[8] Com sua vitória, Marduk é feito "rei de todos os deuses", louvado pela soberania e pelo poder de sua palavra para destruir e criar.

Marduk está relacionado com o antigo deus sumério Ea/Enki ou Enlil (*Ellil*, acadiano), também um deus-herói mesopotâmico e "grande deus", cujo nome significa "Senhor do Ar", com o epíteto "rei da tempestade". Lembremos-nos de que Enlil foi criado da união do Céu (An) e da Terra (Ki) e, mais tarde, separado em dois na ordenação do Cosmos. Enlil também é chamado "senhor da abundância", cujos poderes incluem estabelecer a paz e promover a fertilidade na terra, bem como causar catástrofes e fome.[9]

Como "governante do céu" e "governador do clima", Júpiter *Fulgurator* é o portador do raio, análogo ao *vajra* [relâmpago] de Indra, deus védico da chuva e do trovão, e à clava de Dagda, "o bom deus" dos irlandeses, cuja clava podia tirar e restaurar a vida.[10] *Vajra* é uma palavra sânscrita que significa tanto "raio" quanto "diamante", indicando força espiritual e indestrutibilidade. É interessante notar que a espaçonave *Voyager* detectou relâmpagos nas nuvens de Júpiter,[11] e a pesquisa científica sugeriu que o carbono na atmosfera de alta pressão de Júpiter pode se transformar em "chuva de diamantes".[12] Há uma correlação entre Júpiter, portador

Figura 11.1. Desenho de uma estátua de Zeus, representado com um raio e uma águia. Por Maerten van Heemskerck, 1572.

do relâmpago e governante dos céus, e a eletricidade presente por todo o corpo humano, em especial no sistema nervoso central.

Júpiter é o "Soberano dos Deuses"[13] e carrega o escudo Aegis. Aspiração e vitória, poder e força estão eternamente a seu lado.[14] Rei dos deuses, Júpiter usa uma coroa de folhas de carvalho, a majestosa árvore que lhe é sagrada.[15] É um deus do destino, das batalhas e do poder, concedendo bênçãos e proteção no campo de batalha. Como Júpiter *Terminus*, é o defensor das fronteiras, agindo como o próprio planeta ao submeter grandes asteroides aos efeitos poderosos de sua gravidade, defendendo as fronteiras do sistema solar e protegendo a Terra de impactos potencialmente mortais.[16] Júpiter é com frequência mostrado segurando um cetro, que Crowley chama de "arma da autoridade indicadora da magnificência [*Gedulah*] de Júpiter".[17]

Com poder estrondoso, Júpiter é o Pai e o Criador, razão pela qual os pitagóricos chamavam Deus de *Júpiter*, nome "que na língua original é tirado de uma palavra que significa 'Vida', pois Ele, que deu Vida e Existência a todas as coisas, deve ser chamado por um nome derivado de Seu poder".[18] De acordo com isso, o equivalente de Júpiter nas escrituras gnósticas é o Arconte (Governante) Iaō (grego) ou Yao, forma de Yahweh, o nome inefável de Deus,[19] e o filho andrógino criado por Yaldabaoth (Saturno).[20] Iaō é invocado em conjunção com Zeus nos *Papiros Mágicos Gregos* como "Primeiro anjo do [deus] grande Zeus. IAŌ" (*PGM* 1.300).[21] Em outros pontos do papiro, ele é identificado com Hélio, Serápis e Mitra (*PGM* 4.1715; PGM 5.5).[22]

FERTILIDADE E FORMA

Os antigos mesopotâmicos chamavam o planeta Júpiter de "estrela do deus Marduk".[23] Júpiter tinha muitos nomes na Mesopotâmia, incluindo ^{MUL}*Lugal*, significando "rei", ^{MUL}*UD.AL.TAR*, significando "vitoriosa claridade" ou "terrível esplendor",[24] e ^{MUL2}*BABBAR*, "estrela brilhante" ou "a estrela branca".[25] Sua luz branca e brilhante significava a chegada da paz e da abundância, mas em conexão com a Lua era também um mau presságio, exceto durante eclipses lunares.[26] Contudo, de modo semelhante à associação de Saturno com o Sol, Júpiter era, às vezes, identificado com a Lua.[27] Na astrologia védica, Júpiter é identificado com Vrihaspati, o "preceptor dos deuses", também equiparado a Agni.[28] Diz-se que os nascidos sob a influência desse planeta são "dotados de disposição amável, possuem palácios, jardins, terras e são ricos em dinheiro e grãos", além de ter "grande mérito religioso e [ter] todos os seus desejos satisfeitos".[29]

Na astrologia helenística, Júpiter é conhecido como a Grande Fortuna e considerado de influência benéfica, jovial e venturosa, trazendo sabedoria, abundância, crescimento e paz. Júpiter é justo, gentil, generoso e majestoso – a autoridade suprema. Ptolomeu escreve que "Júpiter tem força ativa de moderação porque seu movimento ocorre entre a influência de Saturno para o resfriamento e o poder ardente de Marte. Ele tanto aquece quanto umidifica; e, como seu poder de aquecimento é maior por causa das esferas que lhe são inerentes, ele produz ventos fertilizantes".[30] Os efeitos de Júpiter são de aquecer e umidificar; daí seu epíteto Júpiter *Pluvius* ("portador de chuva"), pois ele envia uma chuva dourada fertilizante para inseminar a terra. De fato, no trecho 24 do *Stobæus*, Zeus é chamado de "fonte primal de onde vem a Natureza" que engendra nascimento dentro de nós, e no *Asclepius* (19, 27) Júpiter é descrito como a essência primária do Céu que dá vida a todas as coisas, com uma seção inferior chamada Júpiter Plutonius, que governa a terra e o mar, alimentando seres mortais e os frutos da terra.[31] É a chuva dourada de Zeus penetrando pelo teto da câmara de Danae que dá início à *opus,* pois nesse ato ele "doura a rainha" que, como a *Luna*, detém a chave da pedra filosofal no ventre.[32] De modo semelhante, diz-se que o nascimento de Palas Atena foi assistido por chuvas de ouro, quando ela foi libertada da cabeça de Zeus pelo machado de Vulcano.[33]

O poder fertilizante de Júpiter estava associado ao vento do norte, que se reflete na regência de Júpiter sobre Peixes, que Ptolomeu chama de "fecunda", enquanto, por outro lado, seu outro signo "ventoso" é Sagitário.[34] Esses dois signos se relacionam, respectivamente, com a água feminina e o fogo masculino de Júpiter e com os processos alquímicos de Projeção e Incineração, dois dos processos finais que transformam a pedra em fluida substância cerosa capaz de transmutar metais.[35] Júpiter encontra exaltação e plenitude de expressão no signo aquoso de Câncer, detrimento nos signos de Gêmeos e Virgem regidos por Mercúrio e queda no Capricórnio terrestre. Júpiter preside na quinta-feira, ou "Dia de Thor", denotando sua identificação com o deus germânico do trovão, Thor, empunhando o martelo. Seu reflexo terrestre é encontrado no brilho forte da forma de metal.

Diz-se que, segundo as seitas helenísticas, a estrela de Júpiter é basicamente diurna e de natureza masculina. Ele é o "senhor do toque, dos pulmões, das artérias e do sêmen",[36] presumivelmente por causa de suas qualidades aéreas e úmidas (o ar, no Ayurveda, está relacionado à pele e ao toque). Também rege o fígado (o órgão maior), as costelas, o diafragma, as cartilagens e o sangue.[37] A ação de Júpiter no corpo também pode ser sentida nos grandes músculos da coxa, casa de Sagitário e do fogo do movimento, e nos pés, os dois peixes aquosos de Peixes. Júpiter rege o chakra do sacro, ou *Svadhisthana* (sânscrito), localizado alguns dedos abaixo do umbigo. Correspondente ao elemento Água, esse é o centro da energia da sexualidade, do poder criativo e geracional, dos vínculos, dos relacionamentos e dos sentimentos.

Júpiter é representado na Cabala pela quarta *sephirah*, Chesed, "Misericórdia", que se expressa no amor, na compaixão e no altruísmo. Como explica o Rav Michael Laitman, Chesed "aparece apenas dentro de um *Kli* (desejo) que quer doar de forma abnegada e ser semelhante ao Criador".[38] Chesed é a mão direita de Deus, contrabalançada por um julgamento Justo ou Severo (*Geburah,* Marte) na mão esquerda. Chesed, chamado *El* como Deus, está representado pela imagem de "um poderoso rei coroado e posto no trono" e "emana toda regência sobre os mundos das formas".[39] Binah (Entendimento), que exploramos em relação a Saturno, é a *ideia* da forma, mas é em Chesed que as ideias se unem em formas.[40] Portanto, é a "altura suprema da manifestação",[41] porque a partir dessa *sephirah* as formas vão aumentar de densidade à medida que se movem pelo restante das *sephiroth*.

JÚPITER-AMON: O CRIADOR OCULTO

Os aspectos aquosos e criativos de Júpiter são exemplificados por sua associação com Amon, adorado em todo o Egito e na Grécia, tornando-se sincretizado como Zeus-Amon para os gregos e Júpiter-Amon para os romanos.[42] Era ele o análogo "rei dos deuses" do Egito durante o Novo Reino.[43] Amon foi identificado com o deus touro Mont (ou Montu), deus da guerra de uma cidade vizinha, Hermonthis, associado aos poderes destrutivos do Sol.[44] Touros são símbolos da força da libido masculina, da fertilidade, do poder, da resistência e da violência desenfreada. Eram, muitas vezes, considerados deuses do céu associados às tempestades, aos relâmpagos e à chuva, como no caso do deus hindu Indra, que, às vezes, assume a forma de um touro, simbolizando fecundidade, calor e poder, ou do touro branco de Shiva, *Nandi*, que sublimou o poder sexual para se tornar símbolo de justiça e força.[45] Do mesmo modo, os sinais do nome Marduk se traduzem como "bezerro (do) Sol",[46] considerado deus agrícola.[47] Somos lembrados do comportamento libidinoso de Júpiter na forma do touro viril que raptou Europa, a donzela de Tyrian, levando-a para o mar e para a ilha de Creta.[48] Símbolos da água e da Lua, os touros eram cultuados em relação às divindades lunares em todo o Mediterrâneo e Oriente Médio.

Amon era encarado como um deus criativo durante o Império Médio (ca. 2133--1786 a.C.), quando assumiu a forma do ganso que colocou o ovo cósmico conhecido como o Grande Cacarejo (como Geb).[49] Os platônicos o associaram aos seus demiurgos como o criador e preservador do mundo.[50] Sendo um deus criador primordial, Amon estava relacionado com a água – *aman*, significando "água" (líbio--berbere).[51] *Ammon* significa "o oculto", aludindo ao poder secreto contido no vento,[52] que faz lembrar a *Tabula Smaragdina*, que diz "o vento a carrega na barriga". Amon é "ele que habita em todas as coisas" ou "a alma (ba) de todos os fenômenos".[53] Como Jove, Amon-Rá comandava os ventos e as nuvens com sua voz de trovão.[54] Amon pode ser comparado à água filosófica dos alquimistas, que era o misterioso e invisível "Magnus Æther"[55] que permeia e dá origem a toda a criação, pois contém todos os elementos em si. Dele "brotou a primeira ideia de uma divindade criativa pessoal", como afirmado por Blavatsky.[56]

Amon foi mais tarde adorado na forma de carneiro, homem com cabeça ou chifres de carneiro, como Zeus-Amon. Era considerado protetor e líder dos rebanhos, papel que estendeu à humanidade.[57] Na *Fabulae*, de Higino, Líber, filho de Jove (Zeus) gerado por Prosérpina, "estava buscando água na Índia, mas não estava conseguindo, [quando] se diz que o carneiro surgiu de repente do chão e, ao tê-lo como guia, Líber encontrou água. Então ele pediu que Jove pusesse o carneiro entre as estrelas, e, até hoje, ele é chamado carneiro equinocial. Além disso, no local em que encontrou água, Líber fundou um templo que é chamado templo de Jove Amon".[58] Mais tarde, Amon passou a ser associado ao signo de Áries, o Carneiro, ou Zeus disfarçado em pele de carneiro.[59] Os aspectos aquosos de Zeus-Amon, unidos com a febril força ativa do carneiro, também refletida nos aspectos femininos aquosos e nos violentos aspectos masculinos do touro, representam polaridades do deus que se combinam no processo de criação.

Amon era, às vezes, conhecido pelo nome de Kematef e, como tal, foi retratado como cobra. Kematef é "aquele que completou seu tempo",[60] devolvendo-nos ao processo de crescimento além de nossas próprias limitações, assim como a cobra muda de pele. O crescimento da nossa nova pele é um ato criativo que começa com a imaginação. Júpiter-Kematef também se relaciona com a serpente ouroboros, que, com a cauda na boca, reconcilia e unifica as eras. Na *Poetica Astronomica*, de Higino, a constelação do Dragão (Draco), do latim *draconem,* significando "enorme serpente", tem origem estabelecida como a serpente que guardava as maçãs douradas das hespérides nos Jardins de Juno.[61] As serpentes são símbolo da força vital, a potente energia *kundalini* que dorme no sacro e sobe pela espinha no processo de despertar. Desbloquear nossas capacidades criativas ocultas faz parte desse processo, que exige que dissolvamos as limitações e liberemos certos apegos.

O ALBEDO: DISSOLUÇÃO DAS CINZAS SATURNINAS

No Hino Órfico a Júpiter (15), ele é chamado "fonte de abundância, rei purificador",[62] o que tem correlação com seu papel na *opus* alquímica. Enquanto o *nigredo*, associado a Saturno, trabalhava sobre o chakra da raiz, sobre nossa identificação com o corpo e sobre nossas construções mentais, a próxima fase da *obra* é o *albedo* (*leucose*, branqueamento), fase de purificação e inundação de sabedoria e discernimento. Subindo da raiz saturnina, o *albedo* corresponde ao chakra do sacro, *Svadhisthana*, e também ao *Ajna*, o Terceiro Olho, governado pela Lua, por Júpiter e pelo poder criativo da *Svadhisthana*, que se torna obscurecido por uma série de fatores, incluindo apegos, luxúria, gula, excesso, compulsão e vícios, e tem de ser liberado para ser plenamente expresso. Assim, é preciso isolar e dissolver apegos – vínculos – como o sal que se dissolve na água ou como os metais dissolvidos no mercúrio filosófico.

Na alquimia, a dissolução é um processo de purificação adicional após a calcinação e a redução a cinzas. Essas cinzas são os sais agora dissolvidos na *aqua vitae*, a "água da vida". Quando os sais estão sendo dissolvidos, a solução é evaporada, deixando para trás os sais em estado mais purificado. Os sais purificados podem, então, ser de novo calcinados, e o processo, repetido, para aumentar os níveis de purificação. Sal, relativo a Saturno, à terra e ao corpo, é também símbolo da sabedoria alcançada nas várias etapas da *opus*, as cinzas permanecendo após a ardente calcinação que queima as impurezas da alma ou o resíduo salgado deixado para trás depois que as águas emocionais são evaporadas.

Com a dissolução, as fronteiras entre mundos interior e exterior se dissolvem, e nos fundimos em *unificatio* com o misterioso Æther, nossa psique banhada por um mar de sonhos, fantasias e símbolos. Esse processo muda o modo como vemos a realidade, separando-nos de nossa consciência normal do dia a dia, nos abrindo para novas possibilidades e dissolvendo velhas limitações. Nesse sentido, é uma expansão jupiteriana da consciência que nos leva além dos limites da experiência que conhecemos. O que antes era inacessível à consciência é agora percebido como realidade viva que penetra nas profundezas da alma. Assim, uma união é estabelecida entre dentro e fora, fornecendo *insights* profundos quando o inconsciente começa a ser integrado. Como Jung observa: "Assim como o pai representa a consciência coletiva, o espírito tradicional, a mãe representa o inconsciente coletivo, a fonte da água da vida".[63] Uma vez que Júpiter é a figura paterna tradicional, a *unificatio* da dissolução é entre pai e mãe, consciente e inconsciente, conhecido e desconhecido e os mundos exterior e interior. Como explica von Franz, a experiência subjetiva dos símbolos que emergem das profundezas é, a princípio, uma separação do mundo exterior material, seguida de uma reconexão entre experiência interior e exterior.[64] Suspenso no abraço aquoso da mãe, o mar do inconsciente, há um conforto que suaviza as difíceis lições do *nigredo* e nos abre para continuarmos nosso caminho de autorrealização. Em termos energéticos, a dissolução também pode ser experimentada como uma sensação de estar fora do corpo, flutuando, com leveza, com espaço.

O *albedo* é um processo lunar iluminando as qualidades lunares de Júpiter, e a dissolução é atribuída ao domicílio da Lua em Câncer. Em *Monas Hieroglyphica,* de John Dee (teorema 12), ele relaciona o *albificatio* (branqueamento) aos quatro planetas "lunares" e aos quatro elementos, confiando nos signos hieroglíficos dos planetas como chaves para sua natureza lunar ou solar.[65] O crescente sobre o símbolo de Júpiter coloca esse planeta no conjunto lunar de signos hieroglíficos que seguem na ordem de Saturno, Júpiter, *Luna* e Mercúrio.

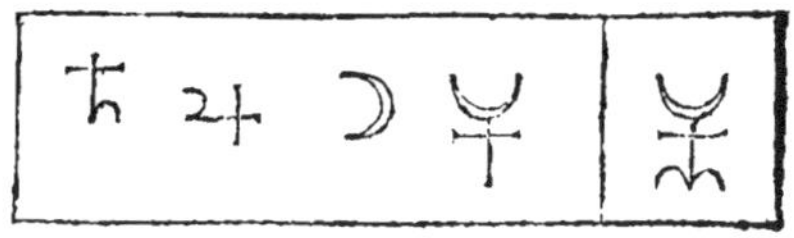

Figura 11.2. Símbolos lunares do teorema 12 de John Dee. Da coleção de John Dee e George Fabyan, *Monas Hieroglyphica*, 1564. Divisão de Livros Raros e Coleções Especiais, Biblioteca do Congresso.

Cada figura está relacionada com a anterior, como se estivessem em rotação e separadas, mas depois se recombinassem em um processo de purificação. Segundo N. H. Clulee, no ensaio "Astronomia Inferior: Legacies of Johannes Trithemius and John Dee" ["Astronomia Inferior: Legados de Johannes Trithemius e John Dee"], as qualidades lunares são aumentadas com cada símbolo sucessivo. É, em essência, a aplicação da Lua aos quatro elementos, simbolizados pela cruz, para purificar o princípio mercurial ou lunar dentro deles, levando à geração de mercúrio lunar, que Dee simboliza pelo crescente subindo na cruz (*ver* figura 11.2, quarto símbolo a partir da esquerda).[66] Tanto Mercúrio quanto a Lua pertencem à mente, e, assim, podemos interpretar o *albificatio* como a purificação dos quatro elementos sobre o plano mental por meio das circulações de pensamento, da separação do mundo material (como na terceira figura, a contar da esquerda, em que a cruz se separou do crescente), da *coniunctio* e do nascimento do mercúrio lunar, da pedra branca ou "'Hidrolito', a pedra-d'água".[67] O círculo do Sol está *in absentia* na figura de Dee, pois esse é o último estágio da *opus*, o avermelhamento (*rubedo*).

A dissolução engendra uma sensação de alívio, leveza, fluidez, expansividade, percepção e clareza, já que pensamentos e emoções são purificados pela *aqua vitae*. A chama calcinante não tem mais combustível, e as cinzas brancas saturninas são atiradas nas inundações do Nilo. Padrões rigidamente fixados cedem e são quebrados e dissolvidos nas águas da renovação, e a consciência se expande para abraçar símbolos inconscientes, aprofundando nosso relacionamento pessoal com o Divino. Experimentamos um alívio que dará origem a uma nova criação à medida que as margens lamacentas são fertilizadas e um novo crescimento surge da terra, fazendo a energia subir para os céus em reverência. Pois a enchente é o luto de Ísis-Sofia que reclama as partes perdidas de Osíris e cuja dor é acalmada pela Sabedoria nascida de maneira espontânea. Ao liberar o velho, surgem coisas novas.

O *albedo* é, muitas vezes, simbolizado por imagens de um cisne branco, símbolo de pureza, beleza feminina e graça em casa, no ar e na água. Foi na forma de um cisne que Zeus se uniu à bela mortal Leda, transformando-se em uma forma mais pura para seduzir a deusa. Leda também está etimologicamente relacionada a Leto, ou Latona, a mãe dos gêmeos Ártemis (Diana) e Apolo, a Lua e o Sol. Outros símbolos do *albedo* incluem banhos, fontes, pombas, o pelicano perfurando o próprio peito e águias.

ÁGUIA REAL DE JÚPITER: SOBE AO CÉU E DESCE NOVAMENTE À TERRA

A águia branca é, às vezes, empregada como símbolo da fase branca de *opus*. No processo de destilação, a essência – o óleo ou a alma – do corpo voa como águia subindo ao céu em direção ao topo da retorta e, em seguida, torna a descer, à medida que se condensa e flui para um vaso receptor. A águia dourada, no entanto, é um emblema do Sol, reconhecido nas mitologias e religiões de culturas em todo o globo, incluindo os indígenas norte-americanos, as culturas árticas e asiáticas, os japoneses, os astecas, os hindus e os gregos da Antiguidade.[68] O pássaro sagrado de Júpiter, *Aetos Dios*, é uma águia dourada gigante que serviu como seu mensageiro. Zeus escolheu a águia "porque ela sozinha, dizem os homens, se esforça para voar direto para os raios do sol nascente".[69] Na avaliação de Plínio, "águias se destacam tanto em Honra quanto em Força", e "se costuma dizer que a águia jamais é atingida por um raio; julga-se, portanto, que ela serve a Júpiter como sua escudeira".[70] Essa associação solar da águia é atribuída igualmente a Cristo como símbolo de sua Ascensão e realeza. Representa a subida em direção à iluminação, sem temor dos raios ardentes do Sol, sendo capaz de olhar diretamente para seu brilho.

Como as chuvas douradas de Júpiter, a águia também significa a descida do pai celeste penetrando no corpo da Natureza. No mito de Zeus e Dânae, seu pai a aprisiona numa câmara de bronze para impedi-la de ter um filho homem, pois fora profetizado que esse filho mataria o rei. Zeus, no entanto, entra pelo telhado da torre de bronze de Dânae ou, em algumas versões do mito, penetra em uma câmara subterrânea de bronze, onde ela está sendo mantida escondida, e a impregna de suas chuvas douradas.[71] Em uma ilustração Hermética desse mito, as chuvas douradas são retratadas como emitidas por uma águia,[72] e Perseu, o descendente da união de Zeus e Dânae, foi descrito por Licofrão como "filho da águia do Sire* dourado".[73] Como o raio atingindo a Torre (décimo sexto arcano do tarô), essa percepção dourada penetra em uma fortaleza da mente para alcançar o inconsciente e impregná-lo de uma nova percepção. É uma imagem explosiva, terrível, chocante, como a segurança anterior oferecida por essa fortaleza que está caindo e, com ela, o falso eu.

Assim como a águia sobe ao Céu e desce novamente à Terra, ela voa para o Oriente e o Ocidente em busca do equilíbrio do autêntico eu. A fundação do Oráculo de Delfos teria ocorrido quando Zeus enviou duas águias em direções opostas, uma para leste e outra para oeste, para localizar o *omphalos* (grego), o "umbigo" e centro do mundo. As duas aves, voando na mesma velocidade, passaram uma pela outra, cruzando caminhos sobre a área conhecida como Delfos, que foi proclamada como o centro do mundo. *Omphalos* também se refere à pedra com que Reia alimentou Kronos no lugar do bebê Zeus, que foi imortalizado em uma escultura de pedra chamada *Omphalos*, mantida no *ádito*, câmara interna sagrada do templo em Delfos. As duas águias de Júpiter assumem a dualidade leste-oeste, sem dúvida para encontrar o verdadeiro centro do Eu. Essa é a separação que é parte obrigatória da individuação que culmina na reunião do casal e na união final das polaridades masculino-feminino. Como o *axis mundi*, o *omphalos* é aquilo que une Céu e Terra. Assim fala o *Sol* no *Rosarium Philosophorum*:

---

* Tratamento, equivalente a Senhor ou Mestre, que podia ser dado a personagens ou figuras importantes, como Júpiter. (N. do T.)

Da minha terra brota uma fonte
De onde saem dois rios
Um mantém seu curso para o Leste
O outro para Oeste
De onde duas Águias voando queimam suas penas
E despojadas e nuas caem de novo na terra
Essas águias encontram-se agora renovadas com belas penas
E tanto o *Sol* quanto a *Luna* estão sujeitos a elas.[74]

Na realidade, a águia faz alusão à relação de Júpiter com o Sol e a Lua, que é um laço de compensação que serve para unificar a oposição de fogo e água, já que

Figura 11.3. Águias reais de Júpiter em busca do *omphalos*. De Maier, *Atalanta Fugiens*, 1618. Cortesia do Instituto de História da Ciência.

Júpiter participa da natureza de ambos. Vem à nossa memória uma passagem da *História Natural*, de Plínio, que fala sobre isso:

> Em Dodonè, a Fonte de Júpiter sendo extremamente fria, extingue as Tochas acesas quando mergulhadas nela; mas, se as aproximamos quando estão extintas, a Fonte novamente as incendeia... A Fonte de Júpiter Amman durante o Dia é fria, e toda Noite é fervente.[75]

Tanto na passagem do *Rosarium* quanto na de Plínio, o que vemos é uma submissão do Sol e da Lua à poderosa gravidade de Júpiter, que detém o poder de iniciar a *enantiodromia*, transformando cada um em seu oposto. Por outro lado, a água de Júpiter compensa os poderes do Sol e da Lua, tornando-se o oposto deles – fria quando o fogo do Sol é forte durante o dia e quente quando prevalece a frieza da Lua. Assim, somos aconselhados: "De duas Águas faça Uma, e essa será a Água da Santidade".[76]

RELÂMPAGO: O FOGO SECRETO

Em termos alquímicos, a águia também se refere ao sal amoníaco,[77] devido à sua leveza em sublimações.[78] Segundo Manly P. Hall, o sal amoníaco derivou seu nome do Templo de Júpiter-Amon, no deserto do Egito,[79] onde depósitos de cloreto de amônio são encontrados.[80] O sal amoníaco (✱) é um mineral composto de sal e cloreto de amônio (NH_4Cl) e representa um aspecto feminino, passivo e fixo.

Enquanto o sal amoníaco representa o feminino, o salitre é o sal mineral masculino. Na alquimia, o dragão é símbolo do salitre, também conhecido como nitrato de potássio, usado como fertilizante e um dos principais ingredientes da pólvora. O glifo para salitre (⦶) é um círculo com uma linha vertical que o corta de cima abaixo, cujo círculo representa a consciência, e a linha vertical a ascensão da consciência pelo reino material. Isso está em contraste com o glifo para sal (⊖), com a linha horizontal relacionada ao reino material. O salitre é uma forma mineral incolor a branca de nitrato de potássio (KNO_3), que tipifica uma força masculina, volátil, capaz de ação explosiva e ardente, como o dragão. John Isaac

Hollandus afirma que o salitre é o "Rei e Senhor de todos os sais"[81], e Jacob Boehme referiu-se a ele como o "fogo de artifício" e o "rele de potência" ou "fogo secreto" comparável ao relâmpago e simbolizando "a semente de toda a divindade".[82] Esse fogo secreto é que é necessário no processo de despertar para a natureza divina da pessoa.

Esse fogo de artifício é a força do raio jupiteriano, análogo à *kundalini* das filosofias hindu-yogue, que sobe da região pélvica, onde dorme como uma serpente enrolada ou um dragão. Nas operações alquímicas, o nitrato de potássio (salitre) é usado na criação do ácido nítrico, conhecido como *aqua fortis* (água-forte), que tem efeito corrosivo capaz de dissolver a maioria dos metais (exceto ouro). Combinar *aqua fortis* com ácido clorídrico (ácido de sal marinho) criará *aqua regia*, "água-régia" ou "água do rei", líquido entre amarelo e vermelho que pode ser usado para dissolver os metais nobres, ouro e platina. Assim, a *kundalini* é o meio energético de dissolver os sete metais ou abrir os chakras. Dennis William Hauck equipara o fogo secreto ao pensamento inspirado e à imaginação,[83] que são estimulados pela *kundalini* subindo pelo caduceu e se expressando pelo chakra da testa, regido pela Lua.

Essa representação simbólica do dragão como salitre é encontrada no emblema para a Terceira Chave de Basílio Valentim. O texto explica um processo de preparação do "Enxofre Incombustível dos Sábios"[84], outro nome para o fogo secreto, descrito como "fogo vivo; é rápido e desperta e amadurece substâncias sem vida".[85] Ao fundo da ilustração, vemos um galo (esplêndido) e uma raposa, acentuando ainda mais as qualidades de Júpiter que têm relação com a vida, a morte, a regeneração e o campo da sorte. No fim do trecho, acompanhando a imagem, está explicado: "O galo engolirá a raposa e, tendo se afogado na água e sido despertado pelo fogo, será, por sua vez, engolido pela raposa".[86]

Para entender isso, vamos olhar os significados simbólicos desses dois animais. Michael Maier diz que o galo é "criado para o Sol, com quem se levanta e vai dormir"[87]; é um pássaro da aurora e do Oriente. Por outro lado, a raposa é "*Semper peccator, semper justus* (sempre pecadora, sempre justa)", criatura de dualidade que possui o "elixir da vida" e, no entanto, também está associada à possessão demoníaca.[88] É essa última qualidade que torna a raposa adequada como condutora de almas, pois elas vivem nas cavidades escuras da Terra, no mundo subterrâneo.

As raposas também têm associações com a longevidade e são estimadas pelos chineses como criaturas que saúdam o nascer do Sol com prostrações e podem mesmo ser capazes de "viver entre a humanidade sem serem notadas".[89] Isso é um efeito dos poderes de purificação do Sol, anunciados pelo galo, que dissipam a escuridão. Para recorrer às palavras de Fabricius, "o galo e o Sol são símbolos arquetípicos do pai, enquanto a galinha choca é símbolo materno de universalidade semelhante".[90] Assim, podemos inferir uma semelhança do galo como símbolo do Sol, Zeus-Amon em seu papel paternal e solar, e a raposa com as qualidades lunares e aquosas de Júpiter.

A raposa, tanto amorosa quanto explosiva, representa a polaridade feminina de Júpiter, assim como seu desejo absoluto de liberdade, que deve ser regido pela *coniunctio* com o Sol. O galo solar – ou a natureza masculina de Júpiter –, com seu

Figura 11.4. O dragão é o fogo secreto. De Basílio Valentim, "Clavis III", *As Doze Chaves*, em *Musaeum Hermeticum Reformatum Et Amplificatum*, Frankfurt, 1678. Cortesia do Instituto de História da Ciência.

orgulho obstinado, resoluto individualismo e vício em trabalho, que anuncia com seu canto a primeira luz do dia e as horas de produção, consome a raposa como o dia "consome" a noite. Assim, a vontade corrosiva e febril do galo consome os desejos da raposa lunar, mercurial, que casa a vontade com o desejo. Como a noite, por sua vez, consome o dia, isso se torna a questão da "minha vontade" *versus* "tua vontade", ou a vontade do mágico *versus* a rendição e a fé no desdobramento de uma ordem superior. Até que o obstinado Sol seja consumido pela incerteza da noite, ele acredita ser a única força criativa, esquecendo que a escuridão é onde a realidade é germinada.

O Sol é a luz do alvorecer de Apolo, cujo nascimento pela deusa lunar Leto foi acompanhado por um galo.[91] Diz-se que Zeus assimilou Velchanos, o deus galo cretense, e na tradição budista tibetana os galos se empoleiram no centro da Roda da Vida como um dos três venenos (ao lado do porco e da serpente), o da "luxúria, do apego às coisas materiais, da cobiça e da 'sede'"[92], muito parecido com os vícios de Júpiter. Assim é que Júpiter, atribuído à Roda da Fortuna (décimo arcano) no tarô, é também o ponto central do círculo, conjurando o símbolo do próprio Sol (☉). Tanto o Sol quanto Júpiter ocupam lugar elevado na hierarquia Hermética, conforme descrito no *Asclepius*, pois Júpiter é o doador da vida, e o Sol distribui luz para todas as coisas. Lembrar que, quando a verdade é realizada dentro da alma, o bem, com a vida e a luz, chega para dissipar todas as trevas remanescentes da alma, afastando todos os tormentos com um "bater de asas" (*Asc.* 19, 27; *CH* 13.9).[93]

Na forma hermafrodita, unificada, de Júpiter *Arrhenothelus*, ele é tanto o Nitrum masculino, ativo, volátil, o dragão ou *salitre*, quanto o feminino, passivo, *Sal* fixo, Sal, ou sal amoníaco, a águia. Crowley escreve que todas as águias de duas cabeças são símbolos do Júpiter hermafrodita.[94] O fogo secreto representa a ameaça de caos e escuridão quando as energias não são guiadas para os céus pela águia branca. Thomas Taylor descreve o papel de Júpiter como "desdobramento luminoso do que está oculto, expandindo o que está contraído, dividindo o que é indivisível na mônada saturnina, emitindo um segundo reino mais parcial, em vez do que é mais completo, um domínio demiúrgico, em vez de paternal, e um império que avança para todos os lugares, em vez daquele que permanece estabilizado em si mesmo".[95]

A RODA DA FORTUNA

No mito grego de Zeus (Júpiter) derrubando Kronos (Saturno), ele estava libertando os céus dos movidos pelo medo, dos atingidos pela ansiedade, pelo pânico, dos negativos, melancólicos, depressivos, auto-obcecados e autolimitadores das garras da morte. Ele era sinônimo de Tempo e de todas as pragas trazidas para a humanidade, quando o Tempo permanece como Governante dos Céus. A morte é a mudança ocorrendo com o nascimento de cada novo momento. Somos escravos do tempo até que venhamos a concretizar o Júpiter-Eu-Sou, exercendo nossa própria regência dos céus como Júpiter-Amon, o Deus Criador, que não tem utilidade para o tempo, porque a única preocupação é ser o mestre da tempestade. Assim, como Júpiter-Kematef, completamos nosso tempo e entramos em uma nova experiência de realidade num fluxo sem tempo.

O tempo linear tem seu lugar, mas pode ser expandido pela percepção que temos dele. Em outras palavras, o tempo é relativo ao modo como o experimentamos. Move-se mais depressa ou mais devagar em função de nosso estado de espírito. Certas substâncias alteradoras da mente vão alterar nossa percepção do tempo, e há momentos na vida em que vivenciamos um senso de ausência de tempo ou de um tempo que permanece imóvel. Nossas noções de passado e futuro são apenas em relação ao momento presente sendo experimentado, existindo tão somente como conceitos que nos ajudam a compreender onde estamos em exato momento. O passado e o futuro existem na totalidade do momento presente, e ambos podem ser influenciados pelo estado de consciência que mantemos. Nossas memórias evoluem e mudam à medida que continuamos a nos desenvolver e, às vezes, nos enganam por completo. Como só existe como memória, o passado não é fixo e pode ser influenciado por nosso atual estado de espírito para ressoar de maneira que sirva ao nosso bem mais elevado; assim como estruturas de pensamento podem ser dissolvidas e reformadas.

Podemos escolher como nos lembramos do passado, de que modo contamos a história. Cada vez que contamos uma história do nosso passado, para nós mesmos ou para outros, aprofundamos seu canal em nosso fluxo de memória, criando um padrão na consciência que continuará no futuro. Uma releitura da história permite que o padrão se difunda para que a consciência se desate, como os nós de

Néftis – da escuridão – se desfazendo, evoluindo para uma expressão nova, mais harmoniosa. Trata-se de uma liberação de energia previamente acumulada que pode agora ser canalizada para algo positivo para o eu e para os outros. Não é que estejamos negando a verdade da experiência original, mas estamos dando a ela uma estrutura nova, positiva e fortalecedora, onde poderá viver, liberando nosso apego a ela e quaisquer emoções negativas relacionadas com isso.

Como previamente mencionado, Júpiter se relaciona com a Roda da Fortuna. No Tarô de Thoth, ilustrado por Lady Frieda Harris, a Roda da Fortuna é encimada pela Esfinge, e seu movimento ascendente é guiado por Hermanúbis, enquanto é puxado para baixo por Tifão, relacionados, respectivamente, aos três princípios: Enxofre, Mercúrio e Sal. Essas são as três gunas do sistema hindu: *rajas* (expansão, energia e brilho do fogo), *sattvas* (calma do espírito, neutralidade e equilíbrio) e *tamas* (contração, inércia, escuridão).

Hermanúbis é o Thoth com cabeça de macaco, a força expansiva rajásica que neutraliza a atração tamásica descendente de Tifão, o destruidor, "monstro do mundo primitivo", vulcânico, destrutivo e "pai dos ventos tempestuosos, quentes e venenosos".[96] Essa atribuição de Thoth também é vista na carta do Mago (primeiro arcano), que representa o instinto que guia a vontade do mago, que detém sua própria sorte para cuidar do equilíbrio dos elementos. A Roda da Fortuna pode ser direcionada para um destino bom ou ruim. A letra hebraica para o planeta Júpiter é *Kaph* (כ), que significa "palma da mão" e também implica o cubo da roda. Cada raio é como um dedo empunhando um diferente poder elemental com polaridade positiva (mão direita) e negativa (mão esquerda).

Na Roda da Fortuna, subimos e caímos pelas reviravoltas do destino, mas podemos tomar isso em nossas próprias mãos, aproveitando a energia de nosso segredo, equilibrando os poderes elementais e unindo os opostos dentro de nós. Como Zózimo escreve:

> Hermes e Zoroastro disseram que os amantes da Raça da Sabedoria são superiores ao Destino por não se regozijarem com seus favores – pois têm dominado prazeres –, não por serem ceifados por seus males morando para sempre na "Porta Interna" e dela não recebendo seu justo presente, no qual esperariam ver o término dos [seus] males.

Também, por que motivo Hesíodo introduz Prometeu aconselhando Epimeteu, dizendo-lhe que não aceite o Presente de Zeus, que governa o Olimpo, mas o envie de volta – ensinando [assim], por meio da filosofia, o próprio irmão a devolver os Presentes de Zeus – isto é, do Destino.[97]

Ao neutralizar a Roda, nos alinhamos com a Esfinge, aquela que se prostra ao Sol, como a raposa, para atingir um estado de longevidade atemporal. A morte, em sentido literal ou figurado, é uma passagem pelo submundo, e Júpiter, o deus criador, é o primeiro vislumbre de luz no horizonte à medida que essa passagem chega ao fim. O deus do Sol Amon-Rá surge em uma ocasião maravilhosa da cauda do pavão espalhando um belo espectro de cores no céu ainda escuro, uma exibição que realmente nos diz que estamos progredindo na obra, e que os filhos de Saturno voltaram ao mundo.

12

Marte

As Chamas de Transformação

Separe a terra do fogo, o sutil do grosseiro, agindo com prudência e julgamento.

– Hermes

TODO ALQUIMISTA TEM NECESSIDADE DE FOGO na execução de sua arte. Elemento de transformação, ativação e mudança, o fogo vive dentro de nós para aquecer o atanor (fogo cósmico) do nosso ser, facilitando o crescimento, catalisando movimento e purificando o Corpo, a Mente e a Alma. Ilumina a escuridão e dá calor, nos une e nos dá vida. O fogo é o elemento de Marte e alquimicamente facilita as separações que nos ajudam a purificar e refinar nossa substância em uma forma sublime, fornecendo o calor necessário para a digestão da pedra filosofal. Contudo, o fogo deve ser muito respeitado e contido, para que não seja fonte de conflagração e grande destruição. Quando aplicado com intenção e cuidado, é um aliado indispensável. Do mesmo modo, a espada de Marte corta as ilusões e nós górdios, mas também pode ser usada com raiva e violência, cortando amarras, derramando sangue e causando grande sofrimento.

Marte recebe seu nome do deus romano da guerra e da batalha, e também da fertilidade, da vegetação, da agricultura e protetor do gado. Geralmente é representado com elmo, escudo e espada, lança ou adaga, e, com frequência, acompanhado da amada, Vênus. A virtude de Marte é a coragem, que nos é transmitida por meio do espírito etérico (*Stob.* 24).[1] Por outro lado, o vício de Marte é a raiva ou a cólera. Em "A Virgem do Mundo" (1.17), quando os deuses do Céu falaram sobre o que cada um forneceria à humanidade, "Ares declarou que já havia se tornado pai da Luta, da Ira e do Conflito".[2]

Vemos a energia de Marte na fúria, na liberdade e no poder de um garanhão selvagem empinado nas patas traseiras e pisando em cactos no deserto; de um javali furioso num campo de cardos; de um lobo devorador; e do jaguar rondando. A intensidade da fúria pode ser elemento de transformação ou de destruição, dependendo de como é aplicada. Dos alados, Marte é o abutre, um necrófago cutucando os ossos dos assassinados; o galo atento ao Sol nascente; o dragão de fogo,

Figura 12.1. Marte. Arte de Wenceslaus Hollar, 1607-1677.

como aquele que guarda sua fonte sagrada; o pássaro catador; um pica-pau (*Picus*); e, finalmente, a coruja, pela associação com Atena e como prenúncio da morte. No mundo vegetal, é a picada das urtigas, o fogo do tabaco, a picada do cacto, do cardo e do espinheiro, o amarelo do botão-de-ouro e a força do carvalho. Também está associado à colheita das safras, reflexo de sua função separadora.

Autoconfiante e motivado, Marte é a parte de nós que luta – por boa intenção ou ambição pelo poder, para nos proteger e proteger a outros e superar, por energia febril, inimigos e obstáculos em nosso caminho. Sua natureza irritável procura separar as coisas, causando estranhamento e alienação, exílio e guerras. Ele é o deus patrono das forças militares, da polícia e dos atletas, dos ladrões, dos guerreiros, dos vilões violentos e dos heróis. O mês de março, que leva seu nome, é a "estação em que os reis saem para a guerra",[3] e Macróbio escreve que a alma desenvolve um espírito ousado (*thymikon*) na esfera de Marte.[4] Impetuoso e reativo, Marte é rápido, agindo com impensada coragem, bravata, propulsão e força. É a essência da masculinidade, da testosterona, da força e dos músculos.

Marte rege as terças-feiras, do inglês antigo *tiwesdæg*, de *Tiwes,* relacionado a Tiu, antigo deus da guerra inglês/alemão, que também correspondia ao *Tyr* nórdico. Em latim, a terça-feira é chamada *dies Martis*, "dia de Marte", ou, em grego, *hemera Areos*, "dia de Ares".[5] Tradicionalmente considerado uma energia masculina, Marte se relaciona a qualidades como força física, dominação, agressão, bravata, coragem – em essência, o espírito guerreiro. Em sentido positivo, o guerreiro é protetor e defensor contra a injustiça. A luta por liberdade pessoal e supremacia, a luta pelos direitos dos desfavorecidos, a luta contra a corrupção e a injustiça, todas são lideradas pela energia de Marte. O metal correspondente a Marte é o ferro, e, como guerreiro, Marte está presente consigo mesmo, uma autoridade enérgica com vontade de ferro pronta para desmantelar o velho paradigma e começar a trabalhar transformando o mundo.

Marte rege o signo de Áries, a época tradicional do ano para dar início à *opus* alquímica. Pressionando da terra úmida em uma explosão de vida nova e libido desperta, Áries é a centelha da energia regenerativa da primavera, o entusiasmo do renascimento e o esforço em direção à luz após um longo e escuro inverno. Sua energia é fogo cardeal, puro impulso a postos para a ação, criatividade e renovação pela purificação. Esse é o fogo de calcinação que nos decompõe para que possamos chegar a um acordo com as coisas que precisamos abandonar e nos ver em nosso nível mais básico, livres de nossas identificações. O açafrão da primavera (*Crocus sativas*) sobe da terra, de onde obtemos a especiaria açafrão, associada a Marte pela força da cor vermelha e da estação. *Crocus* também se refere ao óxido de um metal, nesse caso o óxido de ferro (*colcothar*), como quando os sais de ferro são calcinados até atingirem uma cor vermelha ou amarela profunda. Foi um açafrão que Zeus, na forma de touro, soprou pela boca para atrair Europa ao sequestrá-la para Creta.[6] O irmão dela, Cadmo, em missão para salvá-la, matou o dragão sagrado de Ares (Marte) – uma transgressão que lhe rendeu um ano eterno (oito anos terrestres) de serviço a Ares.[7] Em *Metamorfoses* (4:563-603), de Ovídio, Cadmo recebe Harmonia, filha de Ares e Afrodite, como esposa, mas depois de uma vida de infortúnios ambos são transformados em cobras.[8]

Assim como os metais existem nas cavernas da Terra para serem extraídos pelo alquimista e aprimorados pela Grande Obra, os dragões também habitam nas profundezas, guardando o ouro da consciência ou, como escreve Michael Maier em *Atalanta Fugiens* "a Mansão de Dragões nas Cavernas da Terra".[9] O caos da *prima materia*, mar de desorganizada potencialidade, é, às vezes, representado pelo basilisco, uma besta vitriólica e mítica com corpo de leão ou dragão e cabeça de galo – animais associados a Marte. *Basilisco* deriva do grego *basiliskos*, que significa "pequeno rei".[10] Crowley escreve que o basilisco é símbolo de Geburah, a *sephirah* de Marte, "por causa do poder de matar com a chama do olho".[11]

Marte também rege o signo fixo de água Escorpião, evocando seu lado sombrio. Nessa expressão outonal, o elemento Água assume caráter destrutivo, corrosivo, aquecendo por meio do processo de decomposição e putrefação. Daí a associação entre Escorpião, o décimo terceiro arcano, Morte, e os poderes destrutivos de Tifão. Contudo, as águas primordiais da regressão guardam em si o peixe da renovação e do renascimento, simbolizado pela letra hebraica *Nun* ("peixe"), atribuída à carta da Morte. Diante dos terríveis poderes de Tifão, que brotavam da união de Gaia e Tártaro para tomar o lugar de Zeus, os deuses do Olimpo fugiram para o Egito, onde Ares assumiu a forma de um peixe.[12] Como regente de Escorpião e Áries, Marte é um planeta de morte e putrefação, marcando o início do inverno e o renascimento e a renovação da vida da primavera com Áries.

Um aspecto do *nigredo*, a fase negra ou de abertura da obra alquímica, *putrefactio* é a morte necessária da qual a nova vida pode ser regenerada. Os filósofos da alquimia repetidamente nos dizem que nada cresce e aumenta a não ser que haja putrefação.[13] No *Rosarium*, é dado o exemplo de um ovo "que primeiro apodrece e depois engendra uma galinha, que, após ser totalmente corrompida, se torna uma criatura viva".[14] Assim, somos aconselhados a estudar a putrefação, que é o meio de geração. Como encontramos em nossa jornada pela esfera de Saturno, há momentos em que é necessário admitirmos nossa própria escuridão. Pode, no entanto, ser podre e difícil suportar a transformação que está ocorrendo por meio do calor interno. Deixando que a putrefação siga seu curso, acabaremos vendo uma película com as cores do arco-íris espalhando-se sobre a superfície de nossa consciência enquanto a matéria escura dá lugar a uma nova vida.

A ESTRELA DE FOGO E A ESPADA FLAMEJANTE

O quarto planeta a contar do Sol, Marte, "a estrela de fogo",[15] completa sua órbita em dois anos (687 dias). Ptolomeu escreve que "a natureza de Marte é principalmente seca e queima, o que está de acordo com sua cor ígnea e é explicado pela proximidade do Sol, pois a esfera solar está logo abaixo de seu horizonte".[16] Duas luas orbitam o planeta vermelho, batizadas em homenagem a Deimos (terror, medo, pavor) e Fobos (pânico), filhos de Ares e Afrodite, que Hesíodo descreve como "deuses formidáveis que derrotam compactas linhas de batalha no arrepiante conflito com Ares, saqueador de cidades".[17]

Olhando a luz brilhante, vermelha e penetrante de Marte no céu noturno, é fácil entender por que ele foi associado ao fogo, à guerra e ao conflito. Os egípcios identificavam o planeta com Hórus, também um deus guerreiro, e, no período greco-romano, o planeta era chamado "o Hórus Vermelho"[18], enquanto o deus do planeta era o deus do Sol, Rá.[19] No panteão egípcio, o deus Marte é comparado a Maahes, deus da guerra com cabeça de leão chamado Senhor da Matança. Reshef (Reshpu), o armado deus sírio da guerra e do trovão,[20] é outro arquétipo Marcial,[21] assim como Set/Seth, a colérica criatura que mata e esquarteja o rei Osíris, enquanto Néftis é "a Senhora da Severidade, equilibrando a misericórdia de Ísis".[22]

Na astrologia védica, Marte é conhecido como Angaraka ou Mangala (e também como Mangal, Kuja), retratado como um homem vermelho de quatro braços vestindo roupas vermelhas.[23] O planeta é igualmente associado ao deus da guerra Lohit ("vermelho") e a um deus guerreiro de seis cabeças, Kartikeya (Murugan). O nome hebraico do planeta é *Mad'im*, que significa "vermelhidão".[24]

Os mesopotâmios chamavam o planeta Marte de ^{MUL}NIN.SI$_4$, "brilhante senhor", ^{d}NIN.DAR.A, "senhor do brilho", ^{MUL}Makrû e ^{MUL}ŠI.PA, significando "estrela vermelha".[25] Embora Marte fosse basicamente considerado um mau presságio, sua luminosidade variante indicava, de modo mais específico, qual seria a sua influência. Quando brilhante, seus efeitos negativos eram fortalecidos, o que funcionava como presságio de morte e guerra, e quando fraco tinha influência mais benéfica, sugerindo fertilidade e prosperidade.[26] Um antigo deus ctônio mesopotâmio, Nergal (acadiano), é o equivalente de Marte. Deus de praga, fome, guerra, fogos na floresta, submundo e fertilidade,[27] Nergal é "o autor de emboscadas, que não poupa ninguém".[28] Como Nergal, Ares foi também deus de pragas e epidemias.[29] Na astrologia da Mesopotâmia, o planeta Marte era, às vezes, chamado Nergal, e isso significava influência primariamente má.[30] Outro dos nomes do planeta, *Śalbatānu*, é explicado por estudiosos como "ele, que mantém a praga duradoura".[31] Marte é também chamado ^{MUL}GIG ("estrela negra") e ^{d}GIBIL, denotando o deus sumeriano do fogo, Gibil (acadiano *Girra/u*), também patrono da magia e dos ferreiros.[32]

Nergal era o consorte de Ereshkigal e tornou-se o deus principal do submundo, uma história contada no mito de *Nergal e Ereshkigal*.[33] Nergal foi assimilado a Erra, deus acadiano cujo nome significa "estar seco, tornar-se seco". Era ele o "guerreiro dos deuses" (*qarrâd ilî*) que trouxe pestilência por meio da guerra, mas Erra também estava associado com o fogo, em particular com o sol escaldante que provocava seca, campos áridos e incêndios.[34] Em grego, Nergal era conhecido como Herakles.[35] Durante o antigo período babilônico, foi identificado com Gugalanna, que diziam ser o marido de Ereshkigal.[36]

Marte era cultuado principalmente na Trácia e na Cítia (em forma de espada),[37] embora seu templo principal estivesse localizado em Roma. Poetas romanos fazem menção a Bellona, deusa da guerra, como companheira, irmã ou esposa de Marte.[38] Neria, ou Nerienis, de quem pouco se sabe, também é mencionada como esposa de Marte.[39] É, no entanto, pelo caso com Vênus, casada com Vulcano, que ele ficou mais conhecido em termos românticos, embora tenha feito outras proezas. Seu equivalente grego, Ares, e a deusa Harmonia foram pais das amazonas, chamadas de "sem seios", porque cortavam o seio direito para tornar mais eficiente o uso do dardo.[40]

Ares nasceu como filho único de Zeus e Hera (Juno) com duas irmãs, Hebe e Ilítia.[41] Chamado de "perfurador de escudos"[42] e "matador de homens"[43], engaja-se na batalha com paixão luxuriosa, deliciando-se com a matança, o caos, a destruição e o terror. Sua motivação é pura violência, agressão, farto derramamento de sangue, e, muitas vezes, poderíamos encontrá-lo lutando em ambos os lados.[44] Isso lhe rendeu o desprezo de Zeus na *Ilíada*, que o chama "o mais odioso" de todos os deuses do Olimpo, e, embora seja seu filho, é considerado "inferior aos outros filhos do céu".[45]

Em outra versão da história de seu nascimento, Marte nasce de Juno, sem a ajuda da semente de Júpiter. Com ciúme e triste por Júpiter ter dado à luz Minerva (Atena) de sua própria cabeça, negando-lhe, assim, seu papel como esposa e mãe, Juno quis desesperadamente ter um filho que fosse exclusivamente seu. Flora, deusa das flores, contou-lhe que cultivara flores tão especiais em seu jardim que havia conseguido engravidar uma novilha estéril. Colhendo uma dessas flores e pressionando-a nos seios de Juno, fez com que ela concebesse Marte.[46]

Minerva (Atena), ou Palas, com quem Marte tem relação hostil, incorpora sabedoria, ponderação, prudência, disciplina e estratégia na guerra. Está inclinada a proteger casas e pessoas. Enquanto Ares e Atena se contrabalançam com cólera e sabedoria na guerra, Éris, filha da Noite e mãe do infortúnio, festeja derramamento de sangue e carnificina. Éris evoca guerra e conflito, enquanto Zeus a conduz das nuvens, e Ares desce como um raio, furioso, para executá-la.[47]

Proclo afirma que a beligerância de Marte, graças ao estímulo do movimento e da divisão, é a causa por trás da diversidade do Universo[48], assim como Marte é o raio quebrando a unidade da Árvore da Vida. Aquilo que não pode resistir à eficiência de sua energia simplesmente se dissolve.[49] Por meio da oposição, o Universo revela a si próprio, ou, para repetir as palavras de Heráclito citadas anteriormente, "A oposição une. Do que separa resulta a mais bela harmonia. Todas as coisas se cumprem por conflito".[50] Há um calor trocado nesse conflito, como: "Todas as coisas são trocadas por fogo, e o fogo, por todas as coisas; como mercadorias são trocadas por ouro, e ouro, por mercadorias".[51]

Ruland descreve Ares como "o doador da semente, o distribuidor oculto da Natureza nos três princípios primordiais e no vínculo de sua união". Por isso, a força de divisão e movimento que separa os elementos da *prima materia*, o Iliaster, é, ao mesmo tempo, o "Atribuidor" que "estende a natureza peculiar a cada espécie e dá forma individual, de modo que é por ele que, por exemplo, no mundo vegetal, as plantas são dotadas de raiz, caule, flores, folhas e seiva".[52] Do mesmo modo, Jung descreve Ares como "um conceito intuitivo para um princípio pré-consciente, criativo e formativo capaz de dar vida a criaturas individuais".[53] O fogo de Ares é um aspecto crítico de individuação pelo qual o alquimista é purificado. No processo criativo, é aquilo que traz forma corpórea ao nada – o Iliaster, o inconsciente, a Primeira Matéria.

Ares é a força ativa de Zeus, como descrito por Quinto de Esmirna: "Diretamente do Olimpo, ele [Ares] disparou, rápido e brilhante como um raio terrivelmente cintilante na poderosa mão de Zeus".[54] Isso traz à memória o décimo sexto arcano, a Torre, que é atingida pelo raio de Júpiter e tomba em chamas. A flamejante espada mágica de Marte é relacionada por Crowley ao raio que faz zigue-zague pela Árvore da Vida, vindo de Kether por meio das *sephiroth*, destruindo por "dividir a unidade daquilo contra o qual suas energias estão direcionadas".[55] Marte corresponde à quinta *sephirah* Geburah, "Severidade", a esfera em que a justiça é aplicada no mundo da forma.[56] Considerando que Binah (Saturno) é a ideia de forma, e Chesed (Júpiter), a coerência inicial da forma, Geburah é o fogo da vida brotando do mundo material. As diretivas vêm de seu oposto na árvore, Chesed (Júpiter), e são realizadas como ações por meio do impulso ígneo de Geburah. Gareth Knight descreve Geburah como uma *sephirah* de "ajuste e avaliação" e a compara ao momento do processo criativo em que as formas que foram trazidas à existência são examinadas de modo incisivo, ajustadas, refinadas e limpas de partes estranhas ou imperfeições.[57]

Da centelha inicial de uma ideia às chamas da paixão, Marte é o lado ativo da imaginação e a fricção da criação, o fogo da nova vida e da transmutação. Marte representa uma energia masculina jovem, ousada, impetuosa, que pode se expressar em uma ambição saudável ou em uma necessidade de aprovação e reconhecimento. Marte, no processo criativo, é a visão, o foco, a ambição e a vontade de ver algo até o fim. Como um guerreiro indo para a batalha tendo o pincel, o cinzel ou a caneta como arma, Marte é a força que se move com decisão no ato físico de criação – bastando apenas saber onde tocar na tela, onde cortar com o cinzel, que palavra exatamente usar. Não há hesitação nisso, pois na hesitação a centelha criativa pode morrer, assim como um guerreiro que hesita no campo de batalha pode receber um golpe decisivo. A pessoa age sem o tédio da deliberação. Contudo, como o lobo que mantém o equilíbrio da natureza selecionando os rebanhos, Marte nos dá uma aguçada capacidade de abater nossas expressões criativas de detalhes onerosos. Com a espada de Marte, cortamos as coisas e nas chamas as decompomos, purificando e refinando nossas criações para elevá-las do não filosófico ao estado filosófico.

No mundo mineral, Marte é representado pelo tipo de corte duro dos diamantes; por todas as pedras vermelhas; e pelo metal ferro, o único dos sete metais com propriedades magnéticas. O ferro é um metal duro e frágil, vulnerável à corrosão por exposição a elementos (ar, umidade), mas é predominante nas crostas da Terra, bem como no Sol e nas estrelas. A dureza do ferro, ao lado de suas aptidões para trabalhar no quente e no seco, é limitada à face externa, pois há uma parte oculta dentro dele que é "gelada, úmida e macia, como o chumbo em sua raiz".[58]

Os seres humanos precisam de ferro para transportar oxigênio no sangue; nosso coração pode não funcionar sem ele. O coração da Terra é feito de uma pequena bola cristalizada de ferro no núcleo interno e de um núcleo fundido externo feito principalmente de ferro e níquel, que rodeiam aquela bola. É por causa do campo magnético gerado e sustentado pelo fluxo convectivo do núcleo externo (geodínamo) que a vida na Terra consegue existir. O campo magnético age como um escudo para a Terra ao se estender muito além do corpo físico da Terra e manter a atmosfera; sem ele, ficaríamos expostos aos mais altos níveis de radiação solar e galáctica, que iriam erodir a atmosfera superior.[59] Ele também age como meio de navegação para muitas criaturas da Terra, incluindo o uso humano da bússola.

O minério de ferro é a fonte do aço, e ambos os metais são forjados em armas, bem como em ferramentas agrícolas como a foice e o arado. Por isso o ferro é tanto símbolo de morte quanto de vida, pois também representa fertilidade e proteção para a colheita.[60] O ferro é, muitas vezes, associado à escuridão, como no Antigo Egito, onde era identificado com os ossos do deus Seth ou com a destruição de Tifão.[61] Desse metal são feitos instrumentos tanto de separação quanto de transformação, cortando e unindo coisas da mesma maneira como os vegetais são cortados por uma faca e depois reintegrados no caldeirão.

O ATANOR

Antes de haver cornijas de aquecimento, churrasqueiras a gás e fogões elétricos portáteis, os alquimistas usavam atanores para sua arte do fogo. Do árabe *al-tannur*, "forno", atanor é uma fornalha de queima de carvão, em forma de torre, geralmente feita de tijolo ou argila.[62] O *design* da peça fornece calor lento e uniforme, útil para a digestão e a preparação da pedra filosofal.[63] Dentro do atanor de nosso corpo, estamos transformando e digerindo os elementos com o fogo da vida. Ao entrarmos no trabalho de transmutar os metais dentro de nós, é vital que mantenhamos um saudável fogo interior.

Na anatomia esotérica do corpo, o fogo de Marte se expressa na cabeça e no rosto, morada de Áries, enquanto a água de Marte reside nos intestinos e genitais, sede de Escorpião. Marte também governa o sistema muscular (a vontade corporal),[64] os rins, a vesícula biliar, a narina direita e a orelha esquerda. Alberto Magno classifica Marte como de calor imoderado e secura, tendo compleição colérica e disposição para o mal. Ele também descreve Marte como "indiferente" e "rápido de movimento", por causa da rápida órbita de dois anos em volta do Sol.[65] De acordo com Valens, Marte é o regente do "sangue, dos ductos espermáticos, da bile, da eliminação de excrementos, dos glúteos, das costas e da parte inferior".[66] Quando fora de equilíbrio, Marte é sentido fisicamente como calor, inflamação, dor, febre, enxaquecas, inchaço, queimaduras, furúnculos, úlceras, cortes e cirurgias.

Marte rege o chakra do plexo solar, *Manipura*, o centro de fogo que regula o calor dos órgãos digestórios, os foles do diafragma e nosso senso de visão. Esse centro, localizado alguns dedos acima do umbigo, é também a sede de nossa individualidade, poder pessoal, autonomia e assertividade. Relaciona-se com nossa consciência do ego e personalidade externa, ou como nos apresentamos ao mundo exterior. Esse também é o centro da raiva, da fúria e da atitude defensiva, as quais se relacionam com um plexo solar abertamente expandido, enquanto a falta de autoestima, vitimização, vergonha, culpa e falta de força de vontade correspondem a um bloqueio ou mau funcionamento desse chakra. Quando equilibrado, o *Manipura* ressoa com saudável autoconfiança, assertividade, força de vontade, responsabilidade e coragem, além da capacidade de processar (digerir) informações externas – físicas, energéticas, mentais e espirituais.

Considerando que nossas emoções estão assentadas no plexo sacral (Júpiter), nós as expressamos por meio do fogo do plexo solar. Suprimir emoções leva a um suprimido fogo digestivo e a uma habilidade inibida de processar as experiências da vida, criando problemas em termos físicos e também em nossa experiência psicoespiritual. Tanto nossa vitalidade física quanto nossa expressão criativa repousam sobre nossa capacidade de decompor as coisas em partículas digeríveis e assimilá-las. É onde o processo alquímico de *separação* entra em campo.

O mito de Perseu (filho de Zeus e Dânae) matando a Medusa Górgona fornece uma lição relacionada às emoções de culpa e vergonha, e de como podemos delas nos distanciar a fim de obter uma visão mais precisa de quem e do que realmente somos. A Medusa era a única mortal das três irmãs Górgonas, hediondas rainhas descritas como tendo serpentes ou escamas de dragão nos cabelos, dentes ou presas de javali, asas de ouro e mãos de latão. Quem quer que olhasse para elas era transformado em pedra.[67] Chevalier e Gheerbrandt afirmam que a Medusa é a imagem da própria pessoa, e que ser transformado em pedra é sucumbir à culpa e à vergonha ao perceber o pecado de ter "errado o alvo" e, por isso, encontrado a medusa na Alma.[68] Ela é a feiura interior que, quando confrontada, pode ser transformada. O cabelo serpentino simboliza esse potencial para a transformação, bem como os ciclos de nascimento, morte e regeneração resumidos na troca da pele da cobra. Devemos, no entanto, ter cuidado para não olhar para a Medusa, o monstruoso eu, diretamente – o que significa dizer: não permita que a culpa e a vergonha penetrem na Alma, pois isso aumenta a tal ponto o remorso que petrifica o progresso espiritual. É por isso que Perseu usa o escudo de Atena para ver a cabeça da Medusa através de um reflexo, de modo a decapitá-la. Se nesse momento a verdade dourada superior da Alma é recordada, a imagem da autodistorção e da culpa pode ser cortada com a espada da verdade, como fez Perseu, sem abrir mão da Alma, com o escudo da sabedoria de Atena.

Perseu, armado com a cabeça (Áries) da Medusa, carrega agora o poder de petrificar os inimigos. Palas Atena coloca a cabeça sobre os seios e transforma os inimigos em pedra. Como Maier explica, "A Sabedoria, ou *Naturall Philosophye,* torna incrédulos e invejosos condenadores bastante estúpidos e vazios de sentido e entendimento por meio dessa mesma coisa, de onde nasceu Chrysaor, pai de Geryon, que tinha três corpos. Isso vai pelo sangue de Lapiditick Gorgonian, que nada mais é que a Tintura da Pedra Filosofal".[69] Essa é a pedra que tem o poder de destruir pela petrificação ou de libertar pela sabedoria.

SEPARAÇÃO

Ele deve esperar a espada do Amado e deixar a garganta descoberta para o golpe.

– Aleister Crowley

A decapitação de Medusa por Perseu é um ato violento, embora necessário, de separação. Em termos alquímicos, a cabeça está associada à Coroa, ao Ouro e à Alma e, assim, simboliza a separação da alma do corpo. Isso é ilustrado na décima placa da série *Splendor Solis*, na qual vemos um homem de cabeça escura e corpo vermelho usando uma túnica branca e segurando uma espada preta na mão direita. Um cadáver branco jaz sobre a terra a seus pés, do qual ele cortou a cabeça dourada, agora erguida na mão esquerda. Os membros, simbólicos dos quatro elementos, foram todos cortados.

O espadachim explica: "Eu o matei para que você tenha vida abundante; mas sua cabeça vou esconder. Para que pessoas mundanas não a encontrem e devastem a terra, enterrarei seu corpo para que se decomponha, aumente e produza frutos inumeráveis".[70] Assim, a Alma é retida, e os elementos são deixados para decair na *putrefactio.* A diferença entre a alma e o corpo é a mesma que entre o consciente e o inconsciente; nenhum dos dois pode ser totalmente compreendido até que sejam separados, purificados e recompostos. A putrefação dos elementos é essa

Figura 12.2. A separação da cabeça dourada do corpo elemental. De *Splendor Solis*, Alemanha, 1582, Biblioteca Britânica, Harley 3469, fólio 20 v.

purificação, da qual as cores do arco-íris, ou os "inumeráveis frutos", emergem. Quando a alma é reintroduzida no corpo, ele é revivido, ressuscitado e exaltado em uma integridade espiritual coerente.

Encontramos um paralelo claro com a separação do *Splendor Solis* nas visões de Zózimo, nas quais ele vê um padre vestido de branco, chamado "o Meridiano do Sol", e outro homem carregando uma espada, que diz: "Corte sua cabeça, imole seu corpo e corte sua carne em pedaços, para que possa ser primeiro fervido de acordo com o método e depois entregue ao local de punições.[71] O "Meridiano do Sol" alude ao ouro do Sol e à cabeça como símbolos anatômicos da Alma. A separação é um processo de purificação que nos permite diferenciar o sutil do grosseiro, o puro do impuro, o essencial do extrínseco. A essência é separada do corpo material dos quatro elementos, de modo que o que é eterno (consciência) é elevado acima do plano material e compreendido à própria luz.

A separação dos elementos da *prima materia* ou do corpo é, às vezes, comparada a uma espada abrindo o ovo do filósofo. Vemos isso no Emblema 8 do *Atalanta Fugiens*, em que é entregue o axioma: "Pegue um Ovo e o golpeie com uma espada de fogo". Assim, a *prima materia*, com sua massa de confusão elementar, é quebrada, permitindo que seja penetrada e dissolvida pelo *argent vive,* a água mercurial que amolece e prepara os corpos dos metais para a transmutação. Maier descreve isso como um ovo de crocodilo destruído com armas de ferro,[72] enquanto no *Muṣḥaf aṣ-ṣuwar* Zózimo descreve um sonho no qual tenta enfrentar um

Figura 12.3. A espada de Marte abre o ovo do filósofo. De Michael Maier, *Atalanta Fugiens*, 1618. Cortesia do Instituto de História da Ciência.

dragão com uma barra de ferro, mas é empurrado para trás pela respiração do animal fabuloso.[73] Mostram, então, a ele como o dragão pode ser derrotado com água, processo que começa espremendo o animal para extrair o ovo de um crocodilo. O ovo é trabalhado por meio de um processo semelhante à digestão dos alimentos e dividido em quatro partes, enquanto o dragão é decapitado pela água. Por fim, o dragão é decomposto, purificado, e seus venenos, extraídos.[74]

Somos lembrados no *Rosarium Philosophorum* de que o próprio dragão é o *argent vive*, a "Água Permanente dos Filósofos, produzida após a putrefação e a separação dos elementos, e a água, chamada Água Fedorenta".[75] As águas putrefatas de Escorpião e do dragão são também as águas da geração e da concepção. A água, *argent vive*, e o dragão são todos símbolos de Mercúrio, que é a *serpente mercurialis*,[76] o espírito divino e o hermafrodita, o ouroboros se consumindo em ciclos infinitos, o deus desmembrado e ressuscitado. O dragão e o ovo são sinônimos do recipiente alquímico e do próprio *lapis*.[77] Assim, o recipiente é tanto um sepulcro quanto um útero, pois pelo desmembramento derrota a desintegração do dragão, e as energias de procriação do dragão bissexual dão origem a novas criações. Zózimo nos informa que um dragão guarda o templo e deve ser imolado, despojado da pele, desmembradoz e ter a carne e os ossos separados; depois encontraremos o que estamos buscando.[78] É o começo e o fim da *magnum opus*.

MARTE E VÊNUS

Quando deu à luz Hefesto (o Vulcano romano), deus do fogo e da metalurgia, Hera o expulsou do céu, envergonhada por ele ser coxo. Hefesto se tornou um ferreiro habilidoso e, mais tarde, criou um trono de ouro como presente amaldiçoado para Hera, que, ao se sentar, logo percebeu que estava presa a ele. Zeus, chateado com a esposa, ofereceu a filha Afrodite em casamento a qualquer deus que conseguisse trazer Hefesto de volta. Afrodite, tendo um caso com Ares e confiando que sua capacidade como guerreiro lhe garantiria sucesso junto a Hefesto, concordou com o acordo. Ares, no entanto, não tinha armadura para o metal flamejante que caiu sobre ele quando se aproximou de Hefesto. Mas Hefesto acabou sendo persuadido por Dionísio a retornar por vontade própria ao Olimpo para libertar a mãe e pegar Afrodite como recompensa, o que deixava sob risco o romance entre Afrodite (Vênus) e Ares (Marte). Hélio (Apolo), deus do Sol que tudo vê, testemunhou a relação e levou a notícia a Hefesto. O deus do fogo ficou furioso e prendeu os amantes em uma rede feita de bronze fino, colocando-os em exibição, "entrelaçados em sua vergonha", para que os outros deuses do Olimpo zombassem de suas transgressões. "Os deuses se divertiram, e um deles murmurou: 'Se ao menos eu pudesse ser envergonhado assim!'. Todos então explodiram em gargalhadas. Essa história ficou por muito tempo dando voltas pelo céu".[79] Na realidade, a punição pela transgressão é o próprio meio pelo qual o trabalho filosófico é realizado.

Apesar do vergonhoso adultério, Marte e Vênus representam a típica polaridade dos Amantes, e seu caso tem fascinado artistas ao longo dos séculos. Há algo inerentemente puro e eterno no amor entre eles que parece transcender a moralidade e inspirar a imaginação humana. Talvez seja o fato de essa união falar ao nosso ser mais íntimo como a união ou a reconciliação entre as forças opostas da Alma: *yin* e *yang*, amor e agressão, atração e repulsão, coletivo e individual, desejo de união e necessidade de separação. Essas duas forças estão aprisionadas no recipiente alquímico, onde pela aplicação de intenso calor são digeridas para formar a pedra filosofal.

Tanto Marte (♂) quanto Vênus (♀) compartilham da natureza do Sol, como demonstram seus hieróglifos, pela inclusão do círculo solar. A gravura de John Dee demonstra que a ponta da flecha no glifo para Marte é, na verdade, o símbolo de Áries, que obviamente é regido por Marte e o lugar da exaltação do Sol. Dee faz isso para enfatizar que o fogo é quintessencial em nossa arte.

Figura 12.4. Glifo de Marte, de John Dee, com o Fogo de Áries. Da coleção de John Dee e George Fabyan. *Monas Hieroglyphica*, 1564. Cortesia da Biblioteca do Congresso, Divisão de Livros Raros e Coleções Especiais.

Por isso, Dee nos aconselha na *Monas Hieroglyphica*: "Agora, considere o caráter místico de Marte! Ele não é formado pelos hieróglifos do Sol e de Áries, numa intervenção parcial do magistério dos Elementos? E o magistério de Vênus – eu gostaria de saber se ele não é produzido pelo magistério do Sol e dos Elementos segundo seus melhores expoentes? Os planetas, portanto, olham para a periferia solar e para o trabalho de reflorescimento".[80] Como lembra Dee, o boi do Touro regido por Vênus segue atrás do carneiro de Áries em um tempo de fertilidade e novo crescimento.

Jung compara Marte e Vênus a Gabricus e Beya, que aparecem no poema alemão sobre a união dos opostos no *Rosarium Philosophorum*. Esse par arquetípico é alquimicamente referido como a "mulher branca", *candida mulier*, que é Mercúrio, e o "escravo vermelho", *rubeus maritus*, ou Enxofre,[81] os quais, em geral, são retratados como *Luna* e *Sol*. Eles são os metais brancos e vermelhos, ou as pedras brancas e vermelhas, da *opus,* ou, no caso do *Rosarium*, o Corpo (Gabricus) e o Espírito (Beya) cuja fonte se encontra na *prima materia*.[82] Dessa união, ou conjunção perfeita no *self* – o *hieros gamos* ou casamento sagrado –, nasce uma consciência espiritual integrada, como uma criança diferente para cada progenitor. Sua relação incestuosa como irmã e irmão indica que eles vieram de uma única e mesma fonte, assim como o ser humano é composto de forças expressas com polaridades masculina e feminina, ou as energias da alma do ígneo solar e do lunar aquoso. O Emblema 4 de Maier traz o axioma "Junte o Irmão & a Irmã & beba para eles na Tigela do Amor". Ele explica que, embora tendo o mesmo sangue, eles são extremamente diferentes no temperamento, o que contribui para uma união frutífera. Marte é quente, seco e colérico. Vênus é frio, úmido e fleumático.[83] Juntar igual com igual – fogo com fogo ou água com água – não produziria nada. Marte e Vênus, irmão e irmã, harmonizam suas qualidades opostas para se tornarem perfeitos como *Sol* e *Luna* por meio do casamento sagrado.

Como relatado por Jung em *Psicologia e Alquimia*, Arisleus visita o reino estéril do *Rex marinus*, o rei sob o mar. Das profundezas do inconsciente, o filho do rei chama para ser resgatado: "Quem me livrar das águas e me guiar à terra seca farei prosperar com riquezas eternas".[84] A restauração do rei, ou do filho real, a seu reino outorga àquele que o restaura "saúde, remoção [*removall* (*sic*)] de doenças, preservação da vida livre do fardo das coisas necessárias e a Trompa da

Abundância com Amor e Honra".[85] O rei é aconselhado por um filósofo a trazer prosperidade e nova colheita de frutos para sua terra, a se juntar ao filho e à filha, Gabricus (Thabritius) e Beya, que tinham nascido em seu próprio cérebro. De acordo com Jung, "o par irmão-irmã representa o inconsciente ou algum conteúdo essencial" que deve ser recuperado ou encontrado para acabar com a esterilidade da faculdade criativa.[86] Assim, responder ao chamado do filho do rei, aspecto desconhecido da psique que se esconde no inconsciente, é a chave para abrir o fluxo da criatividade.

Maier chama esse mar do inconsciente "a Eritreia ou o Mar Vermelho, sujeito ao Trópico de Câncer, em cujo Fundo se encontra a mais abundante Quantidade de Ímãs. Não é seguro para navios compactados com ferro ou carregados de ferro

Figura 12.5. O rei mergulha no mar do inconsciente. De Michael Maier, *Atalanta Fugiens*, 1618. Cortesia do Instituto de História da Ciência.

navegar nele, pois poderiam ser facilmente atraídos para o fundo pela Força dos Ímãs".[87] O fascinante encanto do inconsciente, se supera a relutância inicial da psique em se aproximar do terrível abismo, coloca o perigo da desintegração psicológica, a *separatio* alquímica. Nas palavras de Jung, é "a desintegração da personalidade em seus componentes funcionais, isto é, as distintas funções da consciência, os complexos, as unidades hereditárias etc. Desintegração – que pode ser funcional ou, eventualmente, uma esquizofrenia real".[88] Na versão de Maier, o navio do rei e todos os seus homens afundam no mar de ímãs e só o rei escapa nadando, ainda usando sua coroa de "Gloriosos Rubis, pela qual ele pode ser facilmente reconhecido e ter seu Reino restaurado".[89] No *Rosarium*, a desintegração

Figura 12.6. O rei é purificado em sua caixa de suor. De Michael Maier, *Atalanta Fugiens*, 1618. Cortesia do Instituto de História da Ciência.

toma a forma de Gabricus, inteiramente tragado pelo útero de Beya, o corpo sendo atomicamente separado ou dissolvido em partes inseparáveis, ou idênticas, no que Thomas Willard chama de "orgasmo metafórico".[90]

Quando o rei é trazido do mar, deve ser posto para suar e se purificar em banhos quentes, com o uso de sudoríficos aquecidos pelo fogo. Após essa purificação, ele encontra um par adequado, e, a partir de sua união, surgirá uma prole muito desejável "que vai superar todos os seus Ancestrais em termos de Força, Reino, Domínios, Povo, Bens e Riquezas e subjugará os Inimigos não pela Guerra, mas pela Gentileza; não pela Tirania, mas pela Clemência, que é genuína e peculiar a Ele".[91] A guerra e a tirania de Marte exercem atração magnética sobre a psique, atraindo-a para as profundezas do inconsciente e impedindo a restauração do

Figura 12.7. O Dragão deve ser morto em conjunto, pelo irmão e pela irmã, para salvar o rei do mar. De Michael Maier, *Atalanta Fugiens*, 1618. Cortesia do Instituto de História da Ciência.

reino ou a abundância criativa da Alma, até que a experiência interior seja confrontada e integrada. É por meio da submersão nas águas do inconsciente, da separação, da purificação e da união entre o macho e a fêmea que vem à tona a transcendente consciência infantil do alquimista e também do artista, permitindo a liberação e a dissolução de bloqueios criativos e liberando a expressão autêntica.

Considerando que Marte simboliza a separação e a purificação pelo fogo e pelo suor, a nova conjunção e a harmonização são a função unificadora de Vênus. Como é dito no *Rosarium* e repetido por muitos filósofos, o Dragão não morre a menos que seja morto pelo Irmão e pela Irmã – o quente e o frio, o seco e o úmido, o macho e a fêmea, o colérico e o impassível, o duro e o mole, e as duas polaridades nascidas do próprio cérebro do rei –, que devem trabalhar juntos para superar o dragão mercurial, agente do caos e da dissolução. Por meio da série de processos alquímicos do *Rosarium Philosophorum*, eles são exaltados como *Sol* e *Luna* na forma do hermafrodita alado que fica de pé sobre o dragão derrotado.

MAGNETISMO E A VONTADE

O matemático e filósofo natural Tales de Mileto (ca. 600 a.C.), considerado um dos Sete Sábios e o primeiro dos "médicos jônicos",[92] tem o crédito de ser o primeiro grego antigo a estudar seriamente as forças de atração na natureza. Morando na cidade de Mileto, na costa da atual Turquia, estudou amostras de minério de ferro, também conhecido como magnetita, da cidade próxima de Magnésia. Nossa "magnésia" é mencionada em textos alquímicos para indicar as pedras que atraem ferro e exibem as propriedades do magnetismo. Tales chamou-as de *ho magnetes lithos,* ou "rocha magnesiana", por isso hoje os chamamos de *magnetos* [ímãs].[93] É provável que a pedra de Tales tenha sido a marcassita ou a pirita de ferro branca, pedra semelhante à hematita.

O fato de que o magnetismo possa ser transferido de uma substância para outra, como quando o aço entra em contato com o minério de ferro magnético e se torna magnético,[94] fala da suscetibilidade de uma vontade fraca diante das forças de infuência de uma vontade mais forte. Contudo, essa propriedade do ferromagnetismo, tal como se vê no aço, não se aplica a todos os materiais, a despeito do fato de que todos os materiais exibem a propriedade das forças magnéticas. Cobre puro e alumínio puro são exemplos de materiais que não ficam magnetizados com o contato com o minério de ferro, pois o alinhamento magnético "não pode ser imposto de fora se a própria substância não cooperar".[95] Isso é uma indicação do tipo de vontade que queremos desenvolver. Como o cobre é um metal do coração e não pode ser obrigado a se mover para a vontade de outro se não quiser, poderíamos dizer que "seguir seu coração" é um aspecto essencial de guiar a bússola de sua vontade para o verdadeiro norte.

Ferro magnetizado em forma de ferradura pode ser usado, segundo a tradição, para atrair a sorte ou repelir o mal. Atração e repulsão são forças existentes em toda matéria e podem ser dirigidas pela vontade, mas deve-se primeiro ter a vontade – isto é, o ferro, ou Marte e a ativação de *Manipura* –, o ímpeto de busca exterior do leonino e a força masculina. Até que tenhamos purificado nosso Ferro em seu estado filosófico, nossa vontade será fraca e maleável, facilmente influenciada por outros. Cabe-nos, então, usar, de maneira sábia, nossas ferraduras magnéticas para repelir influências externas, criando tempo e espaço para fortalecer a vontade, purificá-la e colocá-la em alinhamento com a Vontade Divina.

Enquanto o mundo continua girando em fluxo perpétuo, voltamo-nos para dentro em busca de tranquilidade. Quando alinhamos nossas partículas magnéticas em uma direção, a força magnética de nosso ser é amplificada, significando que nossas forças tanto atrativas quanto repulsivas estão mais fortes. Os polos positivo e negativo do nosso ímã são a coroa (*Sahasrara*) e a raiz (*Muladhara*), que se alinham com o pilar vertical da consciência e da Vontade Divina, o caduceu. Ao redor desse canal central, as polaridades positiva (*pingala*) e negativa *(ida)*, simbolizadas pelas serpentes (ou dragões), são harmoniosamente unificadas em sua ascensão. Quando alguém está plenamente ancorado no corpo e as energias das esferas foram desenergizadas, a carga de cima tem a capacidade de se sustentar carregando todo o sistema com coragem, propósito e vitalidade, enquanto é mantida a chama da paixão criativa.

13

O Sol

A Essência da Eternidade

O Sol é o maior deus dos deuses no céu, a quem todos os deuses celestiais cedem, como se ele fosse rei e mestre.

– HERMES, DE SALAMAN, *THE WAY OF HERMES*

DENTRO DA BRILHANTE LUZ BRANCA DO SOL, todos os raios são Unos, pois o Sol é a forma materializada do Supremo Uno que está além dos reinos do Intelecto e da Alma. O Sol é o alquímico *Sol*, ou Alma, correspondendo ao Enxofre e ao óleo, ou à essência, que é parte de tudo no Cosmos. É a perfeição e a indestrutibilidade do ouro e a mais alta perfeição alcançável da humanidade. Em rotações diárias e ciclos anuais, o Sol simboliza nascimento, vida, morte, ressurreição e imortalidade, renovando-se eternamente. Culturas do mundo inteiro têm exaltado o Sol em seus panteões de deuses masculinos e femininos. Todos os planetas são unificados pelo Sol; com as rédeas da "Vida e da Alma, e do Espírito, da Imortalidade e do Gênesis", o Sol é um cocheiro conduzindo os sete Regentes como uma equipe de cavalos celestiais, mantendo a ordem cósmica (*CH* 16.7).[1]

Em termos astrológicos, o Sol rege a cabeça e o olho direito, as costelas, o coração, o sistema respiratório, os órgãos dos sentidos, o movimento sensorial e os tendões.[2] Alberto Magno afirma que o Sol está regendo o olho direito do homem e o olho esquerdo da mulher e descreve sua natureza como moderadamente quente, seca e benfazeja, com governo sobre o cérebro, a medula e os tendões.[3] O Sol rege o domingo, *sunnandæg* em inglês arcaico, ou "dia do Sol", e o chakra da coroa, *Sahasrara*, no topo da cabeça. No zodíaco, tem domicílio no quinto signo de *Leo*, o Leão. No hemisfério norte, *Leo* entra quando o Sol está na maior potência, incorporando qualidades de força, autoridade, independência e confiança. Como signo de fogo fixo, sua natureza é manter o impulso em dada direção ou aproveitar sobras de energia para alterar direções. Assim como o Sol é rei dos deuses e dos metais, o leão é o rei dos animais, régio, feroz e justo. Para os egípcios, o leão simbolizava intrepidez; o rosto redondo e a juba eram comparados aos raios do Sol, e o alto das patas denotava força.[4]

A energia e o calor do Sol permitem que a vida floresça, e, como a Terra orbita em torno dele, vivenciamos as estações. Padrões climáticos e correntes oceânicas são movidos por interações entre a Terra e o Sol, e partículas carregadas do Sol atingindo os campos magnéticos da Terra provocam as auroras. O Sol tem sido reverenciado pelos seres humanos ao longo dos tempos e em todas as culturas por seus poderes doadores de vida e seu potencial destrutivo. Na Índia e no Egito, o calor brutal do Sol é compreendido como mortal e devorador, enquanto a Lua seria fonte de vida e condutora de águas nutrientes. Segundo Plutarco, os egípcios associavam o deus destrutivo Tifão (Seth) ao mundo solar por causa do potencial de destruição do Sol por meio de fogo implacável, em contraste com os poderes lunares de gentil umedecimento e frutificação, que ele atribuiu a Osíris.[5] Sekhmet (também Sekhet), da raiz *sekhem*, que significa "ser forte, poderoso, violento", era a deusa egípcia com cabeça de leão que personificava o poder destrutivo dos raios abrasadores do Sol.[6] Para os hindus, o calor escaldante do Sol era identificado com Garuda, criatura do céu celestial que ataca, de maneira incessante, com abrasadores efeitos de ressecação, as águas doadoras de vida da Terra. Tanto o cáustico calor do Sol quanto as águas revigorantes são necessárias para a reprodução da vida. Embora seja na escuridão do ventre da Terra que a vida começa, o Sol a convence a sair das sombras, catalisando seu crescimento e desdobramento. Pela força de sua influência e pelos poderes de dar/sustentar a vida, "o Sol é o preservador e cuidador de cada ambiente" (*CH* 16.12).[7]

Muitas vezes, o Sol é representado, em uma mesma cultura, por diferentes divindades, as quais correspondem às diferentes características solares da aurora, do meio-dia, do crespúsculo e até mesmo da noite. No Egito, o Sol nascente era Khepri, um grande escaravelho que circunda o Sol como uma bola de esterco cheia de ovos de besouro e nova vida. O Sol do meio-dia no zênite era Rá (também Re ou Phra), significando "Sol", "pai dos deuses".[8] Ao pôr do sol ele era Atum, o velho barbudo.[9] Khnum, deus com cabeça de carneiro, era outra forma do Sol do entardecer.[10] O deus do Sol Rá era conhecido como Auf-Rá ou Auf, significando "carne" ou "cadáver", quando se punha abaixo do horizonte e dava início à jornada de doze horas de escuridão no barco Mesektet, ou barca noturna.[11]

No Egito, o Sol assumia muitas formas, incluindo o disco solar Aten e Atum, divindade solar pré-dinástica e deus de Heliópolis, cujo nome significa "completo", que se criou das águas primordiais de Nun.[12] Amon, "deus oculto" da Ogdóade hermopolitana, ficou solarizado como Amon-Rá na Décima Segunda Dinastia, tornando-se proeminente deus nacional.[13] Rá foi muitas vezes descrito como homem com cabeça de falcão coroado com o disco solar e uma serpente sagrada chamada uraeus.[14] Em combinação com Rá, o falcão do céu, Hórus, foi chamado Rá-Harakhte e representado como o jovem disco solar alado.[15] O Sol e a Lua são o olho direito e o olho esquerdo de Hórus ou o olho direito e esquerdo do céu. Rá foi chamado de "Senhor do Céu, Soberano que fez os deuses",[16] erguendo-se como a fênix, ou pássaro benu, para pousar sobre a pedra Benben (*pyramidion*), pedra piramidal posta sobre um obelisco simbolizando um raio solar.[17]

Na Grécia, o deus do Sol era Hélio, filho dos titãs Hiperião e Teia e irmão de Selene (Lua) e Éos (Amanhecer).[18] Às vezes chamado Febo, Ovídio descreve o deus sentado em um trono de esmeralda em um soberbo palácio de ouro e bronze com colunas altas, adornado com figuras de marfim e portas prateadas, nas quais os doze signos do zodíaco são retratados em relevo.[19] Sua contraparte romana é Rhode (Rhodos), noiva do *Sol*, personificação da ilha de Rodes, proeminente centro de adoração a Hélio, famoso pelo Colosso de Rodes, enorme estátua de Hélio que atingiu 70 côvados (32 metros) de altura.[20]

Apolo, também chamado Febo e às vezes confundido com Hélio, é o irmão de Ártemis e filho de Leto (Latona) e Zeus. O nascimento de Apolo ocorreu sob uma palmeira na ilha de Delos e foi assistido por um galo, animal sagrado tanto para Apolo quanto para Hélio. Com seu nascimento, Delos se encheu de ouro.[21] Apolo é aquele "que atira para longe"[22], deus da lira e do arco curvo de prata, da arte, da música, da medicina e da profecia.[23] Nos *Hinos Homéricos*, Apolo afirma que proclama a vontade de Zeus e, como Hélio e Rá, castiga os perversos.[24]

O soberano Sol tudo vê, lançando seus raios sobre deuses e a humanidade, dissipando sombras e revelando a verdade onde quer que olhe. O deus Sol babilônico é Samas, ou, em acadiano, Šamaš ou Shamash (em sumério, Utu), deus da justiça que zela pelos assuntos da humanidade, dando atenção especial aos menos favorecidos. Ele é misericordioso, mas tudo vendo, tudo sabendo; guerreiro destruidor dos malfeitores, recompensando os bons e os justos. Seus símbolos são o disco solar, o disco alado e a cruz.[25] Ao longo da mitologia mesopotâmica, Šamaš proporcionou conselho e ajuda a seres humanos e deuses,[26] regulou as estações e reviveu todas as vidas ao abrir os portões orientais do céu ao amanhecer.[27] Šamaš é o deus da moralidade, da verdade, dos presságios e do aruspício (adivinhação pelas entranhas de animais).[28] O deus Sol emerge ao amanhecer da "montanha do leste", descendo ao entardecer para a "montanha do oeste".[29] Na mitologia babilônica de Šamaš, ele abre a porta do céu no oeste ao pôr do sol, viaja pelo "interior do céu" ou pelo submundo, atua como juiz dos mortos e depois se retira para sua câmara. De manhã, levanta-se e abre a porta do céu no leste.[30]

Subindo pelos céus, o Sol está associado a uma variedade de pássaros de luz, do cisne branco à águia dourada, ao falcão e à fênix. A águia é capaz de ascender às alturas do céu e simboliza a ascensão da alma em direção ao Supremo, como no voo de Etana, rei pastor sumério. Seguindo o conselho de Utu, Etana resgata uma águia de uma cova e cavalga com ela até o céu para encontrar "a planta do dar à luz".[31] Nesse caso, é somente alcançando a esfera celestial que o rei cria uma nova vida (e um herdeiro) em seu reino. De acordo com Jung, o cisne, a águia e a fênix são símbolos alquímicos que "significam o Sol e, portanto, o ouro filosófico".[32] O cisne cantor sobe triunfante das águas do inconsciente, símbolo de renascimento, como a fênix.

O pássaro solar, no entanto, é precedido pelo habitante da Terra – malicioso, de sangue frio e experiente. No processo de evolução, tanto física quanto espiritual, os ciclos serpentinos de vida, morte e renascimento são aperfeiçoados por meio da arte da natureza, transmutada em asas douradas subindo para a terra dos imortais. A serpente e o pássaro solar são iguais, e o equilíbrio das forças universais é mantido por intermédio de sua eterna oposição. No caso de Apolo matando o dragão Píton, que guardava o oráculo de Delfos, a derrota da serpente facilita os poderes proféticos do deus do Sol.[33] O principal inimigo de Rá era a serpente gigante Apep, ou Apófis, que fazia tentativas diárias de interferir no movimento da barca solar de Rá. Essa batalha crucial de opostos é representada pela serpente e pela águia em um mito da Mesopotâmia em que Utu age como conselheiro da serpente na derrota da águia.[34]

O OLHO DO SOL

Na maioria das culturas, o Sol é um deus ou um aspecto da divindade, considerado filho ou olho da Divindade Suprema. Esse é o olho que tudo vê da Alma, pela qual o Sol conhece todos os segredos. Para os gregos, o Sol era o "olho de Júpiter", e, para os parsis, o olho de Ahura Mazda.[35] Em nível básico, a relação do Sol visível com o olho é captada por Plotino, quando escreve: "O Sol, causa da existência das coisas sensíveis e do fato de serem vistas, é indiretamente a causa da visão".[36] Contudo, em nível mais arcano, o verdadeiro Sol ilumina o olho interior, permitindo-nos ver, além do mundo dos sentidos, a verdadeira natureza da realidade. Na descida da alma, segundo Macróbio, o Sol é a quarta esfera na qual a alma desenvolve as faculdades de percepção sensorial e da imaginação.[37]

Antigos nômades do Egito visualizavam o Sol como um falcão voando pelo céu, tornando-se o olho direito de Hórus, o deus falcão, e, mais tarde, o "olho de Rá".[38] Macróbio garante que Osíris é o Sol, pois nos hieróglifos os egípcios o representavam como um olho em um cetro, como o olho que tudo vê no céu, monitorando o Cosmos.[39] Quando descrito como um olho sobre um trono, o nome *Osíris* significa "lugar do olho"[40]. Em uma versão dos mitos de criação egípcios, um lótus florescia e se abria das águas primordiais, revelando um besouro escaravelho simbolizando o Sol. O escaravelho se transformava num garoto de cujas lágrimas emergia a humanidade. A criança no lótus era Rá, que criava todas as coisas, e, às vezes, o lótus era chamado Olho de Rá.[41]

O olho era símbolo da Grande Deusa, cujo lado destrutivo era expresso por meio do terrível calor do Sol e equiparado à raiva e à fúria. A deusa leoa Sekhmet era chamada, em muitos textos, de "olho de Rá" e costumava ser desenhada usando o disco solar e a *uraeus* sobre a coroa. Conhecida como *Nesert,* significando "chama", funcionava como protetora do bem derrotando o mal.[42] O olho também era visto como chama e associado à cobra régia, ou *uraeus*, empinando a cabeça e cuspindo chamas. Quando posto na testa, ele se tornava o protetor da coroa.[43] A *uraeus* era identificada como a deusa Wadjet, que assumia a forma da cobra na testa do rei.[44] Assim, o olho *wedjat* (ou *utchat-eye*), também chamado Olho de Hórus, representava o Sol ou Rá, enquanto o olho esquerdo representava a Lua ou o *wedjat* de Thoth. O olho *wedjat* foi usado como amuleto protetor para afastar o mal.[45]

Em termos esotéricos, o Sol governa o chakra da coroa, chamado *Sahasrara*, o sétimo chakra no topo da cabeça, que vibra para a cor violeta ou para o branco puro. Simbolizado por um lótus de mil pétalas, o chakra da coroa é o centro da verdade, do eu superior, do conhecimento divino, da consciência cósmica e de nosso senso de conexão e identidade no Universo. Está associado ao cérebro, ao sistema nervoso central e ao diencéfalo, onde a glândula pineal, a glândula pituitária e o hipotálamo (a "glândula máster") são encontrados. Essas glândulas trabalham juntas para produzir e liberar hormônios, que circulam por todo o sistema endócrino e todo o corpo, afetando nossas emoções, nossos níveis de energia, nossa cognição e muitas outras funções corporais. Assim como a coroa tem função regulatória sobre os outros chakras, a pituitária, a glândula pineal e o hipotálamo trabalham em sinergia para regular a homeostase e a produção hormonal por todo o corpo. O símbolo do disco solar alado atribuído a Hórus e a várias outras divindades solares faz um paralelo com a esfera alada coroando o caduceu e se refere a essa área do cérebro. Sendo assim, a ativação da glândula pineal, da glândula pituitária e do hipotálamo é a chave para a soberania e o domínio de todo o corpo energético. O glifo do Olho de Hórus (ver figura 13.1) é, muitas vezes, interpretado como uma seção transversal anatômica dessa parte do cérebro, localizada no sistema límbico, chamada, às vezes, de cérebro "sensível" ou "emocional". Curiosamente, está escrito no feitiço 316 dos Textos do Caixão:

> Eis que (o Olho) será mais forte que todos os deuses,
> Dominou os habitantes nos confins da Terra,
> É soberano sobre todos os deuses.[46]

O tálamo, do grego *thalamus*, significando "câmara interna, quarto", é uma das estruturas englobadas pelo sistema límbico, juntamente com o subtálamo, o hipotálamo e o epitálamo. Essa área é a "câmara nupcial" onde o Sol e a Lua se unem no *hieros gamos*, a mente consciente, racional, pensante, com a mente inconsciente, irracional, a mente do sentimento. Ao unificar os opostos, despertamos o verdadeiro Eu e nos tornamos conscientes do Ser Essencial, capaz de ver através do véu. A prática do hatha-yoga é um meio de unificar o Sol e a Lua, como é mostrado no significado do sânscrito *hatha,* de *ha* = Sol e *tha* = Lua.[47] Dennis William Hauck escreve que essa união produz o "intelecto do sentimento". Esse refinamento leva à "intuição perfeita", ou ao que os egípcios chamaram "Inteligência do Coração".[48]

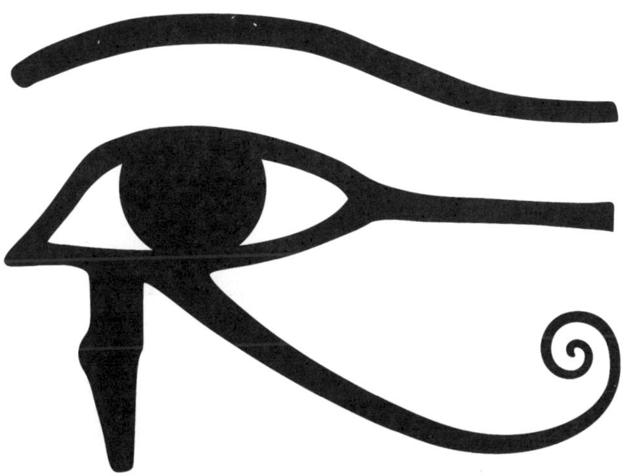

Figura 13.1. O Olho de Hórus.
De Jeff Dahl. GNU Licença de Documentação Gratuita.

Essa região do cérebro é chamada de Palácio de Cristal nas práticas taoistas que visam estimular e despertar esse centro e ativar a iluminação, pois todas essas glândulas são extremamente sensíveis à luz.[49] A glândula pineal está banhada em líquido cefalorraquidiano (LCR) produzido nos ventrículos, um líquido claro e incolor circulando basicamente pelo cérebro e pela coluna vertebral (o sistema nervoso central) em um movimento rítmico, ondulatório, entre o crânio e o sacro, envolvendo e amortecendo o cérebro. O dr. Randolph Stone, fundador de uma modalidade de cura prática chamada Terapia da Polaridade, concebeu o LCR como o "Mar da Essência da Vida", transmitindo "energias ultrassônicas e luminosas", ou energias da Mente, ao longo do corpo.[50] Fluindo pelo sistema nervoso central, o polo neutro do nadi *sushumna*, o LCR é "água que não molha as mãos", o Mercúrio filosófico, a *aqua vitae*, o mensageiro dos deuses. Flui entre o Acima e o Abaixo, viabilizando todo o sistema nervoso, que busca informações colhidas por nossos cinco sentidos, transmitindo sinais motores por todo o corpo. É o fluido mais condutor do corpo, transportando eletrólitos e altas concentrações de moléculas mensageiras de neuropeptídeos. Esses neuropeptídeos influenciam a saúde celular, a respiração, a digestão, a eliminação e a saúde mental-emocional.

O LCR aparece em altas concentrações ao redor da glândula pineal, que tem concentração de sangue por volume cúbico maior que qualquer outro órgão.[51] Considerando isso, vamos continuar lendo o Texto do Caixão citado acima:

> Pasmem, Homens e Deuses! Porque foi assim que me tornei o
> Olho ardente de Hórus...
> o Dilúvio, fonte dos deuses, foi quem *me* vestiu,
> criando, a partir daí, o olho para seu corpo.[52]

O Olho tem origem no Oceano Primordial – o LCR, o "Pai dos deuses"[53]. Na interseção da cosmogonia, do mito, da anatomia e da arte, o Olho de Hórus demonstra profundo conhecimento alquímico da relação entre consciência e matéria, criação e destruição, vida, morte, renascimento e ressurreição, como experimentados por meio da moldura mortal.

Na terapia craniossacral, a conexão entre o sacro e o occipital é de fundamental importância no equilíbrio e na regulação do líquido cefalorraquidiano.

Curiosamente, um símbolo importante associado a Osíris foi *Ṭeṭ*,* que representava o sacro de Osíris e era usado próximo do canal de esperma, a semente de Osíris. Ele foi muitas vezes transformado em amuleto e emparelhado ao amuleto de Ísis, a "fivela", como às vezes é chamado, que Budge argumenta representar o órgão sexual e o sangue menstrual de Ísis. Assim, os poderes generativos do homem e da mulher acompanhariam o falecido para o outro mundo.[54] Sêmen e sangue são paralelos às tinturas branca e vermelha da *opus* alquímica, e a alquimia sexual tântrica concentra-se na retenção do sêmen e no redirecionamento da energia sexual, subindo a coluna vertebral até a "câmara nupcial".

A morte e o desmembramento de Osíris é a descida da consciência solar masculina na escuridão do inconsciente, descendo pela coluna vertebral até o sacro; como retratado na décima segunda xilogravura do *Rosarium Philosophorum*, um Sol alado desce para um banho mercurial. A legenda diz: "Aqui o *Sol* claramente torna a morrer e é afogado com o Mercúrio dos Filósofos".[55] O Mercúrio filosófico é simbolizado por dragões e serpentes. A relação entre o deus do Sol e a serpente aponta para a relação do iniciado com poderosas forças das profundezas. A serpente é sinônimo da *kundalini* enrolada no sacro, e a natureza dual do dragão, às vezes ígnea, às vezes aquosa, correlaciona-se com as serpentes gêmeas do cajado de Hermes. Do sacro, a *kundalini* sobe das profundezas até alcançar a sede da consciência, na glândula pineal.

Por meio da tranquilidade da mente, a região talâmica do cérebro é ativada. A palavra latina *thalamus* se refere, em termos botânicos, "ao receptáculo de uma flor". Pela atenção e receptividade da luz do Sol, floresce a consciência. A história de Hélio e Clytië (Clítia ou Clície) contada por Ovídio descreve a transformação de Clytië numa flor heliotrópica. Clytië amava Hélio, mas Hélio desprezou Clytië. Desconsolada, ela perdeu a cabeça e sentou-se no chão, virando tristemente o rosto para o curso do Sol e aos poucos se transformando num heliotrópio.[56] Essa planta solar, *heliotropium*, de *hēlios*, "sol", e *tropos*, "virada, voltada" sempre para o Sol, é como o girassol. Assim, o heliotrópio simboliza a alma na devoção à luz ou na devoção da amante ao amado.[57] Assim como o heliotrópio

---

* *Ṭeṭ* era um hieróglifo em forma de pilar que indicava estabilidade, muitas vezes usado como amuleto. (N. do T.)

Figura 13.2. O disco alado do Sol descendo para o banho mercurial.
Do *Rosarium Philosophorum*, xilogravura 12.

segue o Sol, a mente receptiva é como uma flor: as pétalas se abrem em cálices, captando por movimentos naturais as emanações do Uno e do Deus que descem pelos raios solares. Isso indica um estado de espírito desenvolvido além do tatear inicial, esvaziado de todos os preconceitos e onde as polaridades foram unificadas, e sujeito e objeto se tornaram sinônimos e inseparáveis. A verdadeira gnose é uma experiência que nenhuma quantidade de esforço mental pode compreender ou atingir, pois ocorre no movimento sem esforço da alma ao se voltar de modo gentil e fiel para o Bem.

Mead compara a mente da maioria das pessoas com uma planta que ainda não amadureceu; o "desabrochar só é alcançado pelo Calor do Sol".[58] Pelo calor, a floração acontece, e os poderes de regeneração, como simbolizados pelos eternos ciclos do Sol, são alcançados dentro do indivíduo. Por intermédio da divina loucura bêbada de Dionísio, deus da videira e senhor da vegetação, a flor cresce, e o fruto é colhido com o calor da alma, o fogo da mente e a chama do desejo, queimando juntos em união extática.

EMANAÇÕES INCESSANTES

Em *The Definitions of Asclepius Unto King Ammon,* Asclépio explica que o Sol é o demiurgo que ordena o Céu e a Terra, "derramando a Essência e elevando a Matéria, colocando ambas ao redor de si, chamando a si todas as coisas e a partir de si dando a todas as coisas" (*CH* 16.5-6).[59] A Fonte inefável e indizível emana ilimitado Bem por meio dos raios do Sol, os quais se difundem por todos os mundos Inteligentes e Sensíveis, pela Terra e pela "mais baixa Profundidade e pelo Abismo" (*CH* 16.5-6).[60] Pela gnose, a Alma dentro de um ser humano está unificada com o Bem que flui pela luz do Sol. Nosso Sol visível é a cabeça do Supremo que está "envolto com o Cosmos" e usa uma coroa de raios solares.

Ao redor do Sol existem oito esferas – a esfera das estrelas fixas, a de seis outros planetas e uma "circunterrena", ou esfera terrestre (*CH* 16.17).[61] *Daimones*, ou poderes espirituais, cuja essência é atividade, agem sobre os seres humanos de acordo com os regentes planetários e com o destino determinado pela roda zodiacal. Recordemos, no entanto, as duas partes da alma humana – uma racional e além da esfera do destino, a outra irracional e escravizada pelos *daimones.* Há uma parte consciente da alma e uma parte inconsciente; aquilo de que estamos inconscientes, seja o que for, nos impulsiona sem nossa consciência. Vendo o Sol como um cocheiro, devemos atrelar a mente (as rédeas) para que o Ego seja "de corcéis, o regente, e da vida, a luz".[62] Na história de Faetonte, filho de Hélio, vemos um exemplo claro do tipo de destruição que ocorre quando os corcéis não são controlados.

Entrando nas cavernas escuras das minas, trazemos para a superfície impulsos inconscientes, como se fossem minérios, e começamos o trabalho alquímico de transmutação, refinando-os, por fim, para alcançar a perfeição do Ouro alquímico. Pela Grande Obra, a alma se torna cada vez mais liberta e consciente dos próprios mecanismos, ascendendo para além das influências de demônios (para a Harmonia):

> Quem, então, tem um Raio brilhando sobre si graças ao Sol em sua parte racional – e esses são poucos –; neles os *daimones* [demônios] não agem; pois nenhum dos *daimones* ou dos deuses tem qualquer poder contra um Raio de Deus.
>
> Quanto ao restante, todos eles são liderados e conduzidos, alma e corpo, pelos *daimones*, amando e odiando as atividades destes (*CH* 16.16).[63]

Como o Sol, as emanações do Uno se irradiam sem limites para fora, mas o brilho da Fonte nunca é diminuído. Adônis, às vezes chamado de Sol, ou filho do *Sol,* e comparado a Dionísio e a Osíris, é dilacerado e destruído pelo javali do inverno, mas sua natureza essencial permanece intocada, pois ele é revivido pela Mãe. O caráter incorruptível do Sol fica evidenciado na seguinte passagem dos *Upanishads*: "Como o Sol, revelador de todos os objetos para o vidente, não é prejudicado pelo olho pecaminoso, nem pelas impurezas dos objetos que contempla, assim o Ser Uno, habitando em tudo, não é tocado pelos males do mundo. Pois ele transcende tudo".[64] Plotino comparou as emanações do Sol às autoemanações do Uno, já que ambos mantêm "autossemelhança" enquanto irradiam, de maneira incessante, para fora.[65]

Esse estado incorruptível, que todas as almas são capazes de atingir pelo poder da transmutação, escapa à maioria das mentes, que tropeçam em um estupor embriagado. Em contrapartida, ao tornar a Mente sóbria, a Alma fica embriagada com o Divino, compartilhando da natureza imortal. Folia embriagada dos mistérios Dionisíacos e dos Bacanais é união extática com o Divino pela identificação tanto com o deus desmembrado quanto com o Sol. Em um fragmento dos *Oráculos Caldeus*, está escrito: "A alma dos homens deve pressionar Deus com intimidade para si, sem que nada esteja sujeito à morte; [mas agora] está tudo embriagado, pois se glorifica na Harmonia [isto é, nas esferas sublunares ou do destino], sob cuja influência existe a moldura mortal".[66] Tal estado de separação é lamentado na invocação de Hélio nos *Papiros Mágicos Gregos* (1.195-22): "Eu te invoco, senhor do Universo, em uma hora de necessidade; ouve-me, porque minha alma está [angustiada], e estou perplexo e na falta de [tudo. Portanto, vem] a mim tu, que és senhor sobre todos os anjos; protege-me contra todo excesso de poder mágico de demônio aéreo [e] destino".[67]

A ROSA DOURADA E A CRIANÇA DIVINA

Na Cabala, o Sol se propaga em *Tiphareth*, a *sephirah* da "Beleza", cujo vício é orgulho, e virtude é "devoção à Grande Obra", que une e equilibra toda a Árvore. Knight escreve que Tiphareth "concede a Visão da Harmonia das Coisas e uma compreensão dos Mistérios da Crucificação", pois é a *sephirah* de "todos os Deuses Redentores", incluindo Cristo.[68] Seu simbolismo é a cruz, e, em particular, a Rosa-Cruz, que une o Espírito com a Cruz da Matéria. Crowley, ao descrever o tau e o círculo como forma da Cruz Rosada, diz que eles são a união de sujeito e objeto, que é o objetivo da *Magnum opus,* e também são simbolizados pela *ankh* (*cruz ansata*), o *lingam-yoni* e o casamento alquímico.[69]

Tiphareth se alinha no quadro esotérico humano com o chakra do coração, enquanto a coroa, *Sahasrara*, se alinha com ou abaixo de Kether. Tiphareth carrega o título cabalístico de "Menor Semblante" (*Zoar Anpin*), ou Microprosopo, enquanto Kether é o "Vasto Semblante" (*Arik Anpin*), ou Macroprosopo.[70] Macroprosopo emana o Pai Soberano (ABBA) e a Mãe Soberana (AIMA), e de sua união nasce o Microprosopo, ou *filius philosophorum*, que é Tiphareth como centro aglutinador das *sephirot* emocionais (Chesed, Geburah, Tiphareth, Netzah, Hod, Yesod). Podemos, então, conceber um poder solar em mais altas e mais baixas expressões no corpo, um próximo ao coração e outro como o Sol de mil raios irradiando como o lótus de mil pétalas de *Sahasrara*. O nascimento do filho – o redentor, a consciência crística – depende do potencial autogerador do "Ancião dos Dias" (Kether).

A unificação simbolizada pela Rosa-Cruz representa uma atitude despreocupada, receptiva e conscientemente inconsciente em relação à vida, em que o fluxo da intuição não é inibido por constrições corporais e medos. Ser conscientemente inconsciente resulta do *hieros gamos*, em que o mundo visível e sensível é infundido e integrado com os elementos oníricos, irracionais, do inconsciente. As ações se alinham com o nível mais alto de consciência, que reside na coroa e ressoa pelo coração. É o estágio *rubedo* da *opus*, a fixação da verdade no Corpo, na Mente e na Alma.

Essa união encontra paralelo na simbologia do número 6, atribuída a Tiphareth e ao Sol, número de harmonia e perfeição geometricamente refletido na forma do hexagrama. Estruturas hexagonais são encontradas no crescimento da natureza inorgânica, como cristais, favos de mel e o próprio Universo. A estrela de seis pontas (✡), símbolo do Macrocosmo, também conhecida como Estrela de Davi dos judeus, representa uma unificação completa dos princípios polares de expansão e contração pela união de dois triângulos, um apontado para o céu e outro apontado para a terra. Esse é o símbolo para o chakra do coração, representando a divina união de *yang* e *yin*, masculino e feminino, fogo e água, ativo e passivo, céu e terra, espírito e matéria, impulso e reação. A chave da estrela de seis pontas jaz em seu centro, o sétimo ponto, que é o Sol.

No *Livro Egípcio dos Mortos*, a pureza, a proteção e a preservação do coração era de extrema importância. O coração era considerado igual à mente, órgão tanto do intelecto quanto das emoções, pois o mundo é criado pelo coração e pela língua de Ptah, ou o intelecto e o *logos*.[71] Grandes amuletos de escaravelho eram colocados no peito do falecido, fosse no lugar do coração ou grudado nele. Eram ungidos com mirra, e o texto do capítulo 30B do *Livro dos Mortos* era pronunciado sobre eles, impedindo que o coração do falecido se recusasse a aceitá-los no domínio de Deus, onde era pesado na balança da verdade (Ma'at).[72]

O escaravelho, ou besouro escaravelho, era associado a Khepri, deus com cabeça de escaravelho, do Sol da manhã. Era símbolo solar da nova vida, da regeneração e da fertilidade no Antigo Egito. Rolando sua bola de esterco, como o orbe solar rola pelas várias estações nos céus, o escaravelho vivifica o mundo e, como a ressurreição do Sol das profundezas da noite, renasce da própria putrefação.[73] De acordo com Manly P. Hall, o ovo do escaravelho é uma analogia para a semente dos metais, e os hábitos do besouro espelham os diversos processos necessários à transmutação de metais básicos em ouro. Dentro do hieróglifo espiral da alquimia (ver figura 13.3), a semente avança em direção a cada esfera planetária para atingir a perfeição no centro, no Sol, e então retorna à fonte unificadora.[74] Dentro dessa espiral, o Sol é duas vezes encontrado – uma como o Sol mais baixo, entre Marte e Vênus, e depois como o Sol central, onde trocamos as direções. Tendo atingido a consumação da jornada involutiva interior, espiralamos para fora, num movimento evolucionário de volta à Fonte.

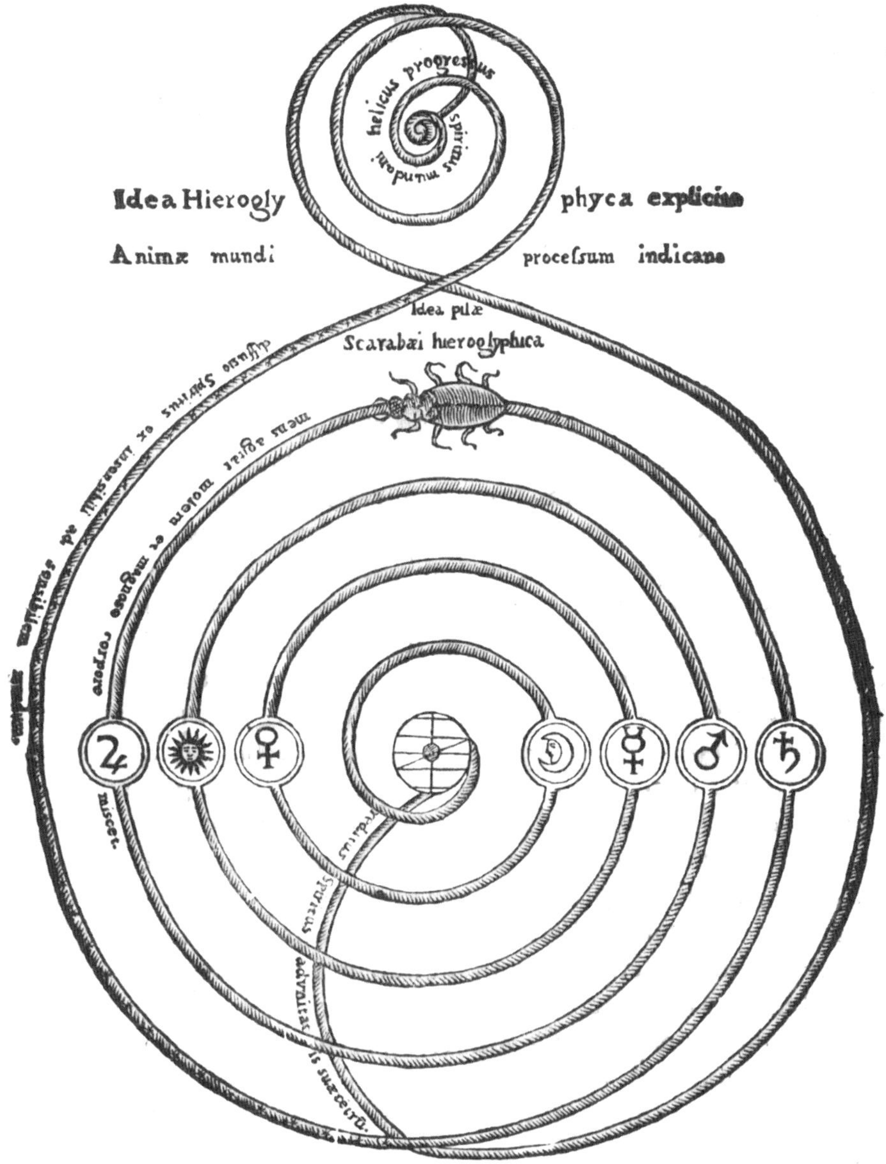

Figura 13.3. O caminho em espiral do escaravelho pelas sete esferas. De Athanasius Kircher, *Oedipus Aegyptiacus*, 1650.

Na evolução da Alma, temos a progressão da criança ao adulto e ao corpo ressuscitado, paralela ao nascimento, à exaltação e à crucificação do Cristo e, em termos alquímicos, à transmutação da pedra. Em termos junguianos, é o processo de individuação, representado pela mandala ou pela rosa, que atrai para o centro a consciência que está se irradiando e se expandindo para fora, assim como o indivíduo passa por um processo de expansão e contração. Há uma mandala de rosa solar na versão de Crowley do arcano XIX (ilustrada por Lady Frieda Harris), o Sol, sob o qual crianças gêmeas com asas de borboleta, meninos e meninas, dançam nuas. A rosa, nessa gravura, é a plena realização da consciência solar se desdobrando em resplandecente beleza, enquanto as crianças gêmeas simbolizam a desinibida rendição ao fluxo da intuição, da completa liberdade e da inocência sem pudor. O *lapis philosophorum* passou a ser identificado com a Criança Divina no século I d.C., na obra de Comarius, que escreve que "a arte imita a criança [o nascimento], pois também ganha forma como uma criança, e, quando está completa em todos os sentidos, contemplamos o mistério ali guardado".[75] Von Franz explica que o inconsciente, antes de se tornar conhecido, é o "pai". Quando se torna consciente, o inconsciente torna-se o "filho" nascido dentro do alquimista, transmitindo vitalidade infantil e eterna.[76] Assim, como o rei recém-nascido, recebemos os três presentes dos magos: ouro, incenso e mirra – a Alma, a Mente e o Corpo do Sol. Como nos é dito no *Corpus Hermeticum* (11.15), "O humano é uma imagem do Sol".[77] Segundo Blavatsky, "primogênito" é um título dado a alguém recém-iniciado, e um iniciado que recebeu a Palavra é chamado "Filho de Deus".[78]

RESSURREIÇÃO

A fênix constrói um ninho e o incendeia para ser reduzida a cinzas e nascer de novo. Seu simbolismo está intimamente relacionado às histórias de morte e ressurreição de Osíris, Mitras, Tammuz e Cristo, deuses do Sol representando ciclos de morte e renovação.[79] O relato de Plínio sobre a fênix declara que "na Arábia, ela é consagrada ao Sol e vive 660 anos; quando envelhece, constrói um ninho com ramos de cássia (canela) e de árvores de olíbano e, depois que o enche de especiarias, morre em cima dele".[80] De acordo com Heródoto, a fênix voaria carregando o corpo (ou cinzas) de seu pai encerrado em um ovo oco de mirra,[81] entregando o ovo ao templo do Sol em Heliópolis. Por sua regeneração, a fênix simbolizava a morte e o renascimento diários do Sol e a cheia anual do Nilo.[82]

R. T. Rundle Clark chama a fênix de símbolo mais persuasivo dos egípcios e garante que a descrição de Heródoto revela uma incompreensão da religião egípcia. Na realidade, os egípcios viam a fênix como o prenúncio de uma nova era, trazendo luz e vida da Ilha do Fogo, lugar de vida eterna onde nasciam os deuses.[83] Os egípcios associavam a fênix à garça roxa, chamada pássaro benu.[84] Osíris, chamado "a misteriosa fênix"[85] e "Senhor da Eternidade", era descrito como uma múmia com cabeça de fênix ou benu, simbolizando a renovação e o indefinido prolongamento da existência.[86]

A palavra *phoenix* está relacionada ao grego *phoinix*, que significa "roxo" ou "vermelho-escuro", e ao nome da antiga civilização da Fenícia, que significa "país roxo".[87] *Phoinix* também tem sido usado com o sentido de "tamareira" ou "palmeira", e Ovídio conta que o ninho da ave é construído no alto de uma palma trêmula.[88] Quadros cristãos em sarcófagos e mosaicos absidais também costumam estampar uma fênix e uma palmeira.[89] No Domingo de Ramos, folhas frescas de palmeiras são quase sempre usadas em cerimônias, com recriações de como Jesus foi saudado na chegada a Jerusalém. As cores litúrgicas desse dia são o branco e o vermelho, que representam o sacrifício e o sangue de Cristo e correspondem ao *albedo* e ao *rubedo* alquímicos, ou *Luna* e *Sol*. Também se diz que o nascimento de Apolo ocorreu debaixo de uma palmeira. Horapolo atribuiu simbolismo astronômico ou astrológico à palma e à fênix. A cada Lua nova, a palmeira gera um novo ramo; um ramo, portanto, representa um mês, e, com o crescimento de doze ramos, temos o ano.[90] A fênix, por outro lado, simboliza o *magnus annus*, ou grande renovação cíclica de períodos celestes mais longos.[91] Sua presença também sugeria uma inundação ou a existência de uma alma que vinha, havia muito tempo, se destacando por uma associação com a longa vida do pássaro e o simbolismo solar.[92]

Como o próprio Sol, o pássaro da ressurreição com plumas vermelhas e douradas é com frequência retratado como símbolo do *rubedo* (vermelhidão). A vermelhidão final que ocorre no mundo, também conhecida pela palavra grega *iosis*, é às vezes descrita como de cor violeta ou roxa, assim como a fênix é às vezes descrita, de maneira variada, como vermelha, dourada e roxa.[93] Na alquimia

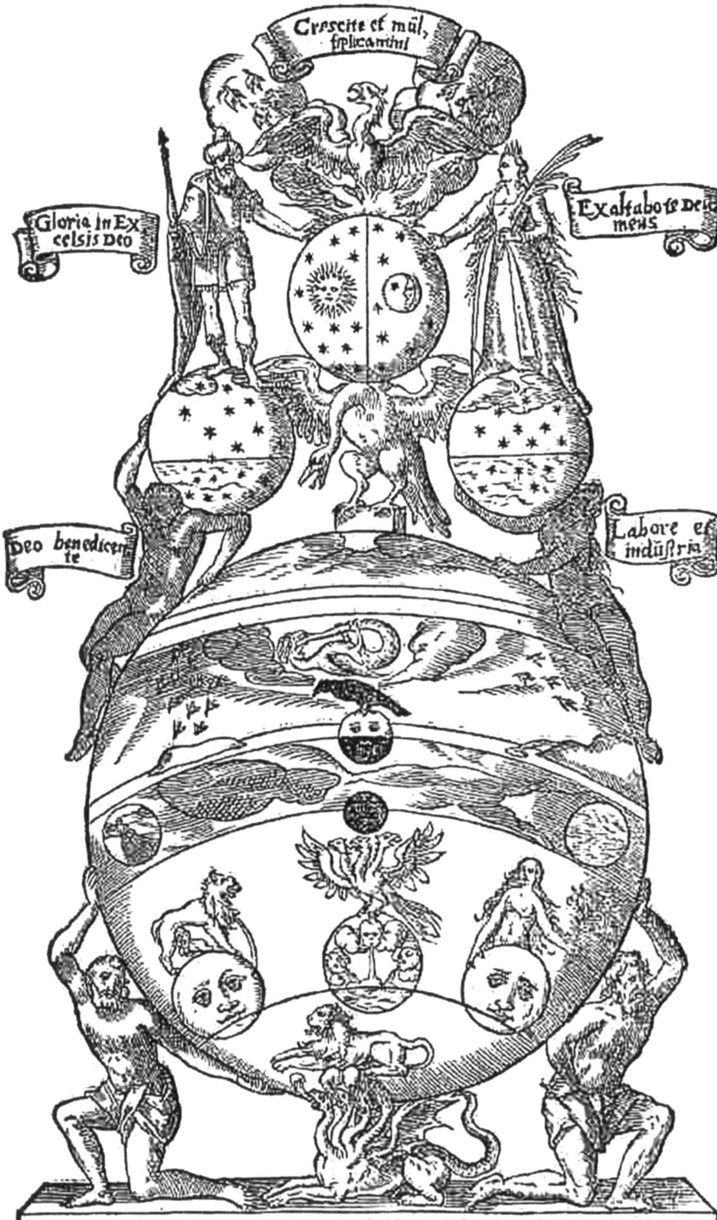

Figura 13.4. A fênix no cume da *opus* alquímica.
De Andreas Libavius, *Alchymia*, Frankfurt, 1606.

espiritual, o *rubedo* ocorre quando a pedra filosofal se torna realidade e o alquimista fica liberto do corpo físico ao reconhecer a consciência imortal como núcleo de seu ser. A fênix é então retratada no topo do monumental diagrama de camadas de Andreas Libavius, "A Pedra Filosofal", em seu *Alchymica* (figura anterior) de 1606, em que o casamento celeste dos opostos transpira na esfera da fênix, o que significa a conclusão da Grande Obra.[94] Os taoistas chamavam a fênix de "pássaro cinábrio" (*tan-niao*), relacionado ao enxofre vermelho do mercúrio.[95]

O Livro Egípcio dos Mortos está repleto de hinos e litanias para Rá e Osíris, que são identificados ou surgem como sinônimos um do outro. No "Hino e Litania para Osíris", Osíris é exaltado como "o vitorioso uno, governante do mundo em estações agradáveis... senhor do mundo celestial".[96] Na "Litania de Rá" (2.2), é declarado claramente que "o Osíris régio é o próprio Rá".[97] Que o deus morto e ressucitado e o Sol sejam equivalentes não causa supresa; é a unificação natural de princípios opostos – o Sol inviolável no curso diário e sua contraparte terrestre, desmembrada. Deve-se enfatizar, no entanto, que o falecido, identificado como Osíris-Ani, está invocando o Poder Supremo e a imortalidade do Sol, fundindo-os, assim, em um Rá-Osíris de maneira dupla. Como Eliade explica, "a identificação dos dois deuses ocorre na pessoa do faraó morto; após o processo de osirificação, o rei revive como o jovem Ré [Rá]".[98] Isso representa uma "osirificação" de Rá e uma solarização de Osíris, de modo que o deus assassinado foi feito triunfante, e o deus solar tornou-se acessível à humanidade. Assim como o Sol viaja pelos céus em eternos ciclos de vida, morte e renascimento, o falecido desce ao submundo na morte e é então ressuscitado.

No *Rosarium Philosophorum* nos dizem: "A fundação desta arte está no *Sol* e na sua sombra", em que Hermes diz: "Meu Filho, tire sua sombra do raio do Sol".[99] Por um lado, o Sol é o eterno Apolo, e sua sombra corpórea, Dionísio, vítima do desmembramento e da separação saturninos. O que, no entanto, encontramos na sombra do Sol além da Lua, sua esposa? Assim diz o *Rosarium Philosophorum*: "Nenhum traço de veneno é engendrado sem o *Sol* e sua sombra, isto é, sua esposa".[100] E de novo a *Turba Philosophorum*: "E fica sabendo que nenhum corpo é mais precioso ou mais puro que o Sol, e que nenhuma coloração venenosa é engendrada sem o Sol e sua sombra".[101] "Traço de veneno" ou "coloração venenosa" podem ser entendidos, pela definição de Zózimo, como espírito separado do corpo ou, em outras palavras, um veneno gerando a morte do alquimista. Como aponta van Franz, "a conquista da individuação, a tomada de consciência do eu, coincide, em última análise, com a morte".[102] Pela luz da Lua descemos às profundezas do inferno, nossa sombra nos envolvendo com a morte para que possamos renascer de nós mesmos.

Não nos esqueçamos das palavras de Hermes Trismegisto na *Tábua de Esmeralda*: "Seu pai é o Sol, e sua mãe, a Lua". Novamente em *The Glory of the World; Or, Table of Paradise* [A Glória do Mundo; Ou Tábua do Paraíso], lemos: "Pois o Sol é o Pai dos metais, e a Lua é sua Mãe: e, se a geração ocorrer, eles devem ser reunidos como marido e mulher. Sozinho, nenhum pode produzir nada, e, portanto, o

Figura 13.5. O Sol e sua sombra. De Michael Maier, *Atalanta Fugiens*, 1618. Cortesia do Instituto de História da Ciência.

vermelho e o branco têm de ser reunidos".[103] Como a fênix, o alquimista ressuscitado é a criança divina nascida do pai morto, como Hórus nasceu do falecido Osíris, e, por meio da criança, o reino do pai é restaurado. No entanto, nada disso é possível sem a mãe e os poderes geradores do princípio feminino, e sem a sombra do Sol. "O pai é quente e seco, engendrando infusão; a mãe é fria e úmida, nutrindo aquilo que é engendrado".[104] Pela união do casal mãe-pai, a pedra filosofal, ou criança divina, vem ao mundo.

Rá também é identificado sob uma forma feminina e com a estrela Sírius ou Sothis (Ísis).[105] Em uma lista de títulos do Novo Império, Ísis é chamada "a Rá feminina", "o Olho de Rá" e "a criadora da aurora".[106] Sothis, com sua ascensão helíaca, anunciava a inundação e a estação da renovação, razão pela qual foi chamada de "segundo Sol". As águas crescentes do Nilo eram vistas como as lágrimas de Ísis

Figura 13.6. A ascensão do ressuscitado Sol Vermelho. Gravura 22 do *Splendor Solis*, Alemanha, 1582. Biblioteca Britânica, Harley 3469, fólio 33 v.

lamentando a morte de Osíris, assim como as águas crescentes dos líquidos cefalorraquidianos enchem o olho do Sol de regeneradora umidade. A jornada do rei Osíris, que é como nosso Enxofre, reflete os variados processos na perfeição da pedra: selado no caixão de chumbo; dissolvido nas águas do Nilo; coagulado no tronco da tamargueira; separado por Seth; putrefato; concebido, sublimado e revivido com Ísis (Mercúrio); e ressuscitado como a Pedra Vermelha, união perfeita dos aspectos masculino-feminino da Alma e do Espírito, unidos no Corpo do *Rebis*, o Divino Hermafrodita. Da mesma maneira, o alquimista é ressuscitado em uma nova forma, quando as polaridades são reconciliadas, compartilhando no ser imortal do *Sol Invictus*, "primogênito", um raio de luz eterna que brilha sobre as águas do lótus em flor.

Na alegria e na tristeza, no prazer e na dor, a essência do Ouro brilha em cada partícula de matéria. Tudo, em essência, é perfeição. O renascimento do Sol é a percepção de que não há nada mais a fazer que atender à perfeição de cada momento – estar em perpétuo movimento sem resistência ao que aparece, vendo tudo em plena luz do dia pelo Olho unificado da criança macrocósmica. A Mente, o Corpo e a Alma estão unificados e iluminados pela gnose da eternidade. Como os raios solares se misturam com as águas celestiais do Espírito, uma auréola de arco-íris de unidade planetária ascende sobre o horizonte do Corpo. Assim são os poderes criativos da Alma, dada sua expressão plena e autêntica, pois as imperfeições e obstruções das esferas inferiores foram removidas pelas operações da arte.

14

Vênus

A Alegria da Criação

Musa, conta-me os feitos da áurea Afrodite cipriana, que desperta a doce paixão nos deuses e subjuga as tribos de homens mortais e os pássaros que voam no ar, e todas as muitas criaturas que a terra seca cria, e tudo que é do mar: todos eles amam os feitos da rica Citereia coroada.

– Hino Homérico a Afrodite

COMO UMA PONTE ENTRE O EM CIMA E O EMBAIXO, Vênus reside no chakra do coração, no ponto crucial de nossas naturezas superior e inferior, convidando-nos a superar as limitações humanas ou nos seduzindo para descer da Árvore em busca de desejos terrenos. Conhecida na Idade Média como "fortuna menor" (sendo Júpiter a "fortuna maior"), a suave influência de Vênus incorpora qualidades de amor, harmonia, equilíbrio, esplendor, opulência, afeto, atração, graça e prazer. As artes são seu domínio, pois ela é a alegria da criação que se delicia com a beleza da forma. Em "A Virgem do Mundo", aprendemos que o desejo, a felicidade e o riso são dádivas de Vênus; que nosso sofrimento pode ser abrandado.[1] Sua energia estimula a vontade, o contentamento e a compaixão, mas também a raiva, o ciúme, a vaidade e os poderes abusivos do amor.

Vênus, "a estrela mais bela",[2] é considerada um planeta "inferior", juntamente com Mercúrio, com órbitas inferiores à da Terra em relação ao Sol e opostas às dos planetas "superiores" que orbitam além da Terra (Marte, Júpiter, Saturno). Perdendo apenas para a Lua em brilho, Vênus há muito vem inspirando a imaginação humana. Como deusa radiante, a magnitude de Vênus chama, de modo sedutor, nossa atenção ao ofuscar as estrelas fixas e móveis à volta dela. Sua forma luminosa surge perto do horizonte durante as "horas mágicas", quando a luz é mais requintada e onde os desejos terrenos encontram imaginação e possibilidades sublimes, acendendo as chamas do Amor e da fantasia.

No mundo animal, Vênus é representado por graciosas criaturas aladas – a pomba, o cisne e o ganso. A união do *Sol* e da *Luna* é muitas vezes descrita com a descida do Espírito Santo em forma de pomba, cujas penas brancas simbolizam a pureza e a purificação que ocorrem no estágio branco da transmutação alquímica. Como diz a inscrição trazida pela pomba, "é o Espírito que vivifica" (*Spiritus est qui vivificat*) e unifica na *coniunctio oppositorum*.[3]

A lebre (*lepus*) é consagrada a Afrodite, simbolizando a energia libidinal da primavera, a regeneração, a fertilidade e o desejo insaciável. Rápidas, esquivas, vigilantes contra o perigo e autoprotetoras, as lebres simbolizam os aspectos voláteis e mutáveis do amor. Com impulso energizado para se multiplicarem, incorporam a necessidade da natureza. Como a lebre, os peixes são mestres em reprodução e fertilidade, colocando multidões de ovos. São sagrados para a Afrodite nascida das espumas, e foi essa a forma que a deusa assumiu quando os deuses estavam fugindo de Tifão.[4] O peixe é feminino, mercurial e navega nas profundezas do inconsciente, representando emoções, sonhos e aspectos escorregadios da psique, que fogem de nossa compreensão. Símbolo similar de Vênus é a *vesica piscis*, produzida por dois círculos sobrepostos: a área de sobreposição entre os círculos se assemelha a um peixe ou a uma bexiga de peixe, daí o nome, que significa "recipiente do peixe". Esse símbolo representa a união alquímica de opostos, ou o casamento de Céu e Terra, assim como o poder criativo da maternidade.[5] Os dois círculos são extremos que encontram equilíbrio, abrindo entre eles o útero da

Figura 14.1. *Sol* e *Luna*, despojados de suas vestes exteriores, são unificados pela pomba do Espírito descendo sobre eles. Do *Rosarium Philosophorum*, xilogravura 3.

criação. Como Afrodite, esse símbolo é um arquétipo de beleza ideal e com frequência se apresenta na arte e na arquitetura religiosas, em particular em janelas.

Vênus preside a sexta-feira, do inglês antigo *frigedæg*, ou "Dia de Frigga", em referência à deusa germânica do amor conjugal em associação com a deusa do amor, Freia. O planeta do amor rege o prático, terreno e sensual Touro (feminino) e a balança equilibrada da arejada Libra (masculino). Touro é o animal viril e a energia da primavera, relacionada ao processo alquímico da coagulação, significando união. Libra representa o equilíbrio entre princípios opostos e se relaciona ao processo de sublimação, no qual as pulsões inferiores se transmutam nas mais elevadas virtudes. No corpo, esses sinais têm relação com o pescoço (Touro) e os rins (Libra). Vênus também governa a genitália, a barriga e as nádegas, assim como males frios e úmidos, em particular no fígado, no coração, no estômago e nos órgãos reprodutores femininos.[6] No mundo mineral, Vênus se relaciona com o metal cobre.

Muitas vezes referido como planeta "irmão" da Terra, Vênus é nosso mais próximo vizinho planetário, o segundo a contar do Sol, depois de Mercúrio. De acordo com Ptolomeu, Vênus estaria aquecendo por causa da proximidade com o Sol, mas umedecendo como a Lua, "porque se apropria das exalações da atmosfera úmida cercando a Terra".[7] Como a Terra, Vênus é um planeta terrestre, mas sua rotação é bastante lenta (um dia em Vênus é mais longo que um ano), e ele gira na direção oposta.* Essa rotação retrógrada, oposta à rotação de todos os planetas, exceto Urano, significa que o Sol, visto da superfície do planeta, se levanta no oeste e se põe a leste. Sua revolução ao redor do Sol é mais veloz que a da Terra, levando cerca de 225 dias para completar um ano. Outro traço singular de Vênus é uma quase perfeita órbita circular, oposta às órbitas elípticas de outros planetas. Temperaturas da superfície em Vênus são suficientemente quentes para derreter o chumbo, característica provocada por uma atmosfera espessa que retém o calor do Sol em um vertiginoso efeito estufa. A atmosfera é composta de nuvens de ácido sulfúrico e dióxido de carbono. Abaixo dessas nuvens espessas se encontra uma superfície incandescente coberta de vastas planícies, planaltos e vulcões muito altos.[8]

AFROGENEIA, A DEUSA NASCIDA DA ESPUMA

A superfície sulfúrica, volátil e inóspita de Vênus pode parecer contrária ao planeta de amor e desejo. De longe, ela é "a incorruptível Afrodite sentada no trono"[9], mas de perto vemos os extremos do planeta. Paixão ardente é expressa em seus temas mitológicos de ciúme, luxúria e vingança. O lado negro do amor venusiano encontra semente no nascimento de Afrodite, de quem se diz que brotou, de

* A rotação se refere ao movimento ao redor do próprio eixo e não deve ser confundida com a revolução em torno do Sol. (N. da A.)

modo partenogenético, da espuma do mar (*aphros*), surgindo ao redor das partes castradas de Urano, que haviam sido cortadas e jogadas no mar por seu filho Kronos.[10] Foi um ato de parricídio em retaliação pelas crianças que Urano andara prendendo no Tártaro. Por isso Afrodite é *Afrogeneia*, "a nascida da espuma", brotando do caos de um tirano derrubado pelo filho e representando tanto renovação quanto potencial regressão.

Plotino tem uma opinião diferente sobre Afrodite, pois alguns dizem que ela havia nascido de Zeus e Dione.[11] Assim, Plotino diz que ela tem duas partes, uma celeste e outra terrestre. Ao contrário da filha de Zeus e Dione, a Afrodite celeste nada tem a ver com casamento e está sempre acima do desejo e da esfera terrestre.[12] Devemos, no entanto, lembrar que seu pai celeste "encontrou prazer na obra perversa"[13] de esconder suas criações, para grande consternação e dor da Terra. Com certeza, a deusa tem natureza dupla, mas parece justo dizer que seus aspectos apaixonados e voláteis se originam da semente de Urano, mais que de Zeus, sábio rei dos deuses. Assim como Urano temia o desafio que acabaria com seu reinado como governante dos céus, a pretensão de Afrodite à beleza se torna sua fraqueza. Vemos isso no mito de Afrodite e Adônis, que começa com o ciúme que Afrodite sente da bela mortal Mirra, e na história de Cupido e Psiquê, quando ela pune Psiquê por sua beleza, que desviava atenções que deviam se voltar para ela. Em ambos os casos, a vaidade e o ciúme de Vênus, enraizados no medo de uma perda de poder, resultam em um retorno kármico: a morte de Adônis e o casamento do próprio filho Cupido com Psiquê. Afrodite também nascera com intensa necessidade de expressar a energia criativa suprimida por Urano. Se não fosse respeitada, essa energia se distorceria em formas negativas e perniciosas.

Sedutora, símbolo de paixões animais, Afrodite é descrita nos *Hinos Homéricos* (ca. 700 a.C.) como "a mãe das criaturas selvagens".[14] Afrodite estimula a força atrativa do desejo e o impulso para a união, o ato físico de amor entre corpos animais. Todos os deuses imortais e mortais ficam sujeitos à sua persuasão, salvo três mentes que permanecem imunes: a deusa da guerra, Atena; Ártemis, a caçadora selvagem; e Héstia, a virgem perpétua.[15]

Embora os artistas da Renascença retratassem Vênus em um esplendor suave e tentador, sua forma mais antiga não fora concebida de maneira tão pura, abrangendo aspectos tanto brandos quanto sombrios de amor e sexualidade, ou amor e guerra. Antes da grega Afrodite, houve outra deusa do amor e da sexualidade cultuada durante todo o período da civilização mesopotâmica. Era conhecida como Inanna, em sumério (acadiano *Ištar*, babilônico *Ishtar*, sírio *Ashtarte*). Três aspectos da deusa Inanna aparecem ao longo de suas histórias e hinos: evocação de amor, da sexualidade e do sexo extraconjugal; representação do planeta Vênus como "Rainha do Céu"; representação do aspecto guerreiro como deusa violenta, ansiando por poder no campo de batalha, "parque de diversões de Ištar".[16] O desejo de aumentar seu poder está exemplificado na descida ao submundo e na jornada para Eridu.[17]

Endossando a agressão de Inanna, seu animal sagrado era o leão.[18] A deusa assíria Astarte, equivalente a Vênus, era representada com um leão e chamada de "leão furioso" ou "leoa dos deuses do céu".[19] O motivo da deusa-leoa é exemplificado pelo décimo primeiro arcano, Energia (Força) ou Luxúria, como Crowley o chama, que representa a energia de Vênus no signo de *Leo* regido pelo Sol. A figura exemplifica um instinto divino, a força do subconsciente que é em si sagrado, pois não contém resistência ao fluxo do desejo. É a energia do puro ser, da inquestionável coragem e da ação autoconfiável a que o leão se submete de bom grado. Tendo domesticado e explorado, de modo simultâneo, sua natureza animalesca e sua divindade, ela liberta uma potente força criativa, tomando na mão o "Santo Graal incendiado com amor e morte".[20]

NOVO SOPRO DE VIDA
O AMOR DE AFRODITE E ADÔNIS

A ira e o ciúme febris de Afrodite são inflamados por aqueles que desprezam o culto da deusa, por oferendas e sacrifícios impróprios e pelas reivindicações de alguma beleza rivalizando com a dela. No mito de Afrodite e Adônis, Adônis foi o filho de Mirra, uma mortal tão adorável que despertou o temperamento ciumento de Afrodite. Por vingança, ela fez com que Mirra caísse de amores pelo próprio pai, e, ao descobrir que estava grávida, Mirra implorou aos deuses que a libertassem da vida.[21] Ouvindo sua súplica, os deuses a transformaram em uma árvore de mirra, com gotas de mirra que se formavam de suas lágrimas derramadas.[22] Adônis foi mantido no tronco da árvore até que um javali se aproximou e perfurou o tronco com o chifre, fazendo com que o bebê caísse.

Afrodite encontrou o bebê e deu Adônis para que Perséfone, rainha do submundo, o criasse, até que ela viesse pegá-lo de novo. Ao vê-lo como um belo jovem, Afrodite se apaixonou perdidamente, mas Perséfone se recusou a abrir mão dele. Zeus, então, decretou que Adônis passaria quatro meses do ano no submundo com Perséfone, quatro meses com Afrodite e o tempo restante onde ele bem quisesse, e ele optou por passá-lo com Afrodite. Assim acabou a primavera, passou-se o verão, e, quando chegou o tempo da colheita, ele desceu para o submundo, marcando o início do inverno.

Figura 14.2. "Adônis é morto por um javali que Vênus afugenta, tingindo as rosas com seu sangue." De Michael Maier, *Atalanta Fugiens*,1618. Cortesia do Instituto de História da Ciência.

Embora Afrodite tenha avisado Adônis, ele foi morto por um javali durante uma caçada. De acordo com Nonnos, o javali era o ciumento Áries (Marte) disfarçado.[23] Após o ataque, Afrodite desceu do céu, puxada por cisnes brancos, e correu para o lado dele. Das lágrimas da deusa brotou uma rosa vermelha, e ela derramou no sangue de Adônis um néctar de cheiro doce, transformando-o em flores muito vermelhas de anêmona (assim chamadas por causa do vento, *anemoī*). Como aconteceu com Adônis, sua beleza foi breve, pois o vento arranca com facilidade as pétalas soltas.[24]

O culto de Adônis foi adotado pelos gregos dos povos semitas da Síria (ca. século V a.C.).[25] Assim, o mito de Afrodite e Adônis é a versão grega de um mito mais antigo de morte cíclica e renascimento sazonal, refletido no mito sírio de Ashtarte e Adon, e em um antigo poema sumério de amor, *The Courtship of Inanna and Dumuzi* [Um Cântico de Inanna e Dumuzi]. Adônis tem origem no cananeu *Adon* ("Senhor", em língua semítica), deus da renovação, da fertilidade e da beleza. Dumuzi era também deus da renovação vegetal, pastor e o "touro celestial",[26] referência à constelação de Touro,[27] que ressurge na primavera após um desaparecimento de seis semanas passadas sob o horizonte. Esse período de janeiro a março precede o tempo em que o calendário sumério começava,[28] durante o qual Dumuzi morria e, com a união com Inanna, a vida vegetal era renovada.

Adon é a forma hebraica de *Aton* (também *Aten*), o deus do Sol egípcio com seus raios doadores de vida. Mas, se Adônis representa o *Sol*, o javali, como diz Joseph Campbell, "era a força do abismo".[29] Como vimos, a crueldade de Marte é um aspecto necessário da Grande Obra, pois separa, divide e desmembra experiências precondicionadas do eu, revelando o corpo da ressurreição. Vemos, assim, esse tema de renovação cíclica nos deuses mortos e ressuscitados Dionísio (Baco romano) e Osíris (deus do planeta Vênus no Egito).[30] Como Adônis, que nasceu do tronco da árvore de mirra, o caixão de Osíris foi selado com a casca de uma tamargueira. Depois que Ísis recuperou o caixão do marido, Seth o encontrou quando estava caçando um javali, desmembrou o corpo de Osíris e espalhou os pedaços pelo Egito. Quando Ísis o reconstituiu, ele se tornou governante dos mortos e assumiu seu trono no submundo.[31] Osíris foi, portanto, um deus ctônico da fertilidade, simbolizado tanto pelas águas fertilizantes do Nilo quanto pelo

Figura 14.3. O alquimista e sua irmã mística coletando o orvalho de regeneração da primavera. De Isaac Baulot, *Mutus Liber*, 1702. Cortesia da Biblioteca do Congresso, Divisão de Livros Raros e Coleções Especiais.

milho, que, depois de passar algum tempo debaixo da terra escura (Mundo Inferior)[32], era ressuscitado na germinação da nova semente.

A revivificação da natureza coincide com o tradicional início da *opus* alquímica, do fogo iniciático (*calcinação*) e da separação de Áries regido por Marte. A seguir, vem Touro regido por Vênus. Como na coleção das partes desmembradas de Osíris e Vênus, nascidas dos membros de Urano (a *medeia*, da qual Afrodite recebeu o nome *Filomedeia*[33]), é quando a alma se recolhe – a *coagula* da *solve et coagula* alquímica – e se prepara para outro ciclo de crescimento. Em *Mutus Liber* (O Livro Mudo da Alquimia) é retratado o alquimista e sua *soror mystica* ("irmã mística") nos campos, com o cordeiro de Áries e o touro de Taurus, coletando generativo orvalho da primavera, ou a *prima materia*, da qual o trabalho começa. Daqui o mundo renasce e se reforma após a morte do inverno e o término do ciclo saturnino frio, contrativo. Recolher as partes desmembradas do deus moribundo relaciona-se com a *Aniada*, "os frutos e os poderes do Paraíso e do Céu" que devem ser reunidos para dar início à Grande Obra.[34]

O trabalho de libertação criativa requer uma separação e uma morte servindo como ponto de ruptura entre os ciclos em nosso desenvolvimento. Os arquétipos e mitos de regeneração cíclica de Áries e Touro nos ajudam a entender as formas como isso se manifesta em nossa vida. Assim como fazemos uma separação de figuras parentais no processo de individuação, a nova separação ocorre ao nível do coração, nos modos como temos sido condicionados a amar os outros. A vaidade e o ciúme de Afrodite resultaram na morte de seu *animus*, Adônis. Pois há um desejo masculino interior de poder e glória, subjacente aos atos vingativos, que afasta o coração da verdadeira e frutífera fonte do Amor Divino.

SOMBRA DE INANNA: A JORNADA AO SUBMUNDO

Há momentos em que, voluntária ou involuntariamente, descemos para as profundas e escuras regiões de nosso ser. Como o alquimista que desce às cavernas das minas, procuramos partes cruas e imperfeitas de nós mesmos para recuperá-las e trazê-las à luz do Sol. É uma jornada para realizar a totalidade espiritual, um confronto com a sombra, um encontro humilde com o desconhecido. Há morte e transformação, mas primeiro há separação do conforto do esplendor superficial, acarretando perda temporária da eficiência criativa. Nesses momentos mais sombrios, a ajuda divina está disponível quando pedimos, mas, em geral, é requerido um sacrifício.

No poema sumério *A Descida de Inanna ao Submundo*, um dos poemas mais antigos do mundo, que podemos datar entre 3500 e 1900 a.C.,[35] "Inanna abandonou o Céu e a Terra para descer ao submundo".[36] Inanna é a deusa do "Grande

Acima, enquanto sua irmã Ereshkigal governa o submundo (*kur*) – o Grande Abaixo, reino dos mortos. As duas irmãs são, muitas vezes, consideradas deusa única com dois aspectos:[37] toda luz e vida que Inanna incorpora é contrabalançada pela sombria depravação de sua irmã do submundo, que bebe água imunda e come barro, nua e sozinha, sexualmente carente e frustrada.[38] O conhecimento de Inanna é limitado ao Acima, e só descendo ao Grande Abaixo ela pode chegar a entender a morte e o renascimento, assim como as partes negligenciadas e vulneráveis de si mesma.[39]

A pretexto de comparecer ao funeral de Gugulanna, marido de Ereshkigal,[40] Inanna vai para o submundo e, por meio de uma série de provações, encontra seu oposto para se unir a ele, mas isso acarreta seu próprio funeral.[41] Antes de descer para encontrar a irmã, Inanna abandona seus sete templos e reúne sete *me* (*mei*), poderes sagrados dos deuses,[42] que traz sobre o corpo, como uma coroa e outros adornos. Como se previsse a própria morte, ela aconselha Ninshibur, seu fiel servo, a implorar aos deuses por seu retorno em segurança. Para que ocorra união entre seus eus Superior e Inferior, Inanna tem de cruzar sete portões, despindo-se da identidade divina, removendo cada um dos sete *eu,* um por um – morrendo, em essência, para seu eu anterior. Ela chega à Cidade das Trevas e se mostra humilhada diante de Ereshkigal, revelando sua vulnerabilidade nua. Como explica Diane Wolkstein,

> quando [Ereshkigal] ouve falar da aparição em seus portões da "toda branca", fértil e enfeitada Deusa do Amor, fica enfurecida, pois a luz, a glória e o movimento perpétuos de Inanna foram, até certo ponto, alcançados à sua custa. Ereshkigal manda que Neti despoje a brilhante deusa de tudo que ela realizou, para que a força efervescente do Universo, o sempre ascendente planeta do Oriente, possa experimentar o que é ser rejeitado – incapaz de movimento ou relacionamento – e entregue a *prima materia.*[43]

Compreender a animosidade entre as duas irmãs pode estar relacionado ao papel de Inanna na morte de Gugulanna no poema mítico acadiano *A Epopeia de Gilgamesh* (ca. 2150-1400 a.C.). Embora talvez não existisse em forma escrita quando *A Descida de Inanna* foi composto, é provável que esse poema fosse conhecido pela tradição oral, explicando como a morte de Gugulanna levou em consideração a descida de Inanna.[44] Gilgamesh rejeita os avanços sexuais de Inanna (Ishtar, em acadiano), listando seu abuso de amantes anteriores e questionando sua aptidão para ser uma esposa adequada.[45] Furiosa, ela envia o "Touro do Céu" – Gugulanna – para destruir Uruk. Depois de muita destruição e morte de centenas de homens, o Touro do Céu é morto por Gilgamesh.[46] Vemos com facilidade a sombra da sexualidade sombria de Ereshkigal na fúria vingativa expressa pela rejeitada Inanna. Talvez sua culpa não reconhecida pela morte de Gugulanna atraia Inanna para o submundo, assim como seu orgulho e sua invulnerabilidade. Ela sabe que sua jornada para o Grande Abaixo será uma confrontação com suas trevas, mas é compelida a ir.

Vemos agora por que a visita de Inanna ao submundo, sob pretexto de assistir ao funeral de Gugulanna, é encarada com tanto desprezo por Ereshkigal. Quando Neti, o porteiro, informa a Ereshkigal que Inanna está nos portões, a Rainha do submundo "deu um tapa na coxa, mordeu o lábio" e "assumiu de vez o problema".[47] Depois de refletir, ela ordena que Neti feche os sete portões do submundo e remova um adereço das vestes reais de Inanna em cada portão, dizendo: "Deixem a sagrada sacerdotisa do céu entrar de cabeça baixa".[48]

Inanna, exposta, despojada de seus poderes e "de cabeça baixa", é considerada culpada pelos juízes do submundo, e Ereshkigal foca o olho da morte sobre ela.[49] Inanna é transformada em cadáver, um pedaço de carne podre pendurado na parede. Depois de três dias e três noites, ela é ressuscitada por ajuda Divina. Como, no entanto, ninguém tem permissão para simplesmente partir do submundo, Inanna tem de escolher alguém para ficar em seu lugar. Quando encontra seu amante Dumuzi, vestido com finas roupas *me* e sentado no trono, sem dar qualquer sinal de lamentar sua sina, ela o escolhe como substituto. Tal é seu sacrifício.

Em outro poema chamado *O Retorno*, Inanna relembra seu amor por Dumuzi e lamenta sua perda. Encontrando a irmã Geshtinanna também atormentada pela dor, as duas vão ao encontro dele. Inanna pega a mão de Dumuzi dizendo que ele vai passar metade do ano no submundo e Geshtinanna tomará seu lugar pela outra metade.[50] Assim, juntos, Geshtinanna e o irmão presidem os eternos ciclos de morte e revivificação da natureza. Dumuzi recebe uma nova vida, e, durante seu tempo acima, a terra floresce e dá frutos. Seu tempo no submundo é a passagem do inverno. Por meio de humilde confronto com o inconsciente, do sacrifício de Dumuzi e da mágoa subsequente, Inanna recebe a gnose, e a sombria Ereshkigal é louvada:

> Bendita Ereshkigal! Grande é o teu renome!
> Bendita Ereshkigal! Eu canto teus louvores![51]

FÓSFORO E HÉSPERO: CICLOS SINÓDICOS DE VÊNUS

A história da descida de Inanna espelha a jornada que Vênus faz pelos céus. De nosso ponto de vista terrestre, Vênus é visível no céu da manhã e no céu noturno, pouco antes da aurora e do pôr do sol, em diferentes pontos do ciclo sinódico. Os antigos gregos achavam que se tratava de distintos objetos celestes, que eles chamavam estrela da manhã (*Stella matutina*) e estrela da noite (*Stella vespertina*). À estrela da manhã chamavam de *Phosphorus*, que significa "arauto da luz", ou "o que traz a luz" (*Lúcifer*), porque ela aparece nos céus orientais anunciando o amanhecer. A estrela da noite era chamada *Héspero*, filho de Atlas. Os mesopotâmicos consideravam Vênus bissexual, mudando de sexo entre a estrela da noite e a estrela da manhã, embora as tradições conflitassem sobre qual delas era masculina e qual era feminina.[52] A Vênus feminina era benéfica, e a masculina, considerada maléfica, o que correspondia a seus aspectos duais como amante e guerreira.[53]

Vênus atravessa quatro estágios distintos no ciclo sinódico, como os ciclos crescentes e minguantes da Lua. São eles conjunção inferior, estrela da manhã, conjunção superior e estrela da noite. Durante a conjunção inferior (CI), Vênus desce ao submundo, ficando fora de vista por cerca de oito dias, no que pode ser considerado sua fase de Lua nova. Isso ocorre quando Vênus está mais próximo da Terra, posicionado entre o Sol e a Terra, com sua luz obscurecida pelo Sol. Do nosso ponto de vista terrestre, seu movimento é retrógrado.

Com ascensão helíaca, Vênus renasce como estrela da manhã, e nos próximos 263 dias o planeta aparece no horizonte oriental com o amanhecer. A estrela da manhã era, com frequência, considerada guerreira.[54] Vinte e um dias após a CI, as estações de Vênus tomam a frente, e, aos 36 dias, o planeta se torna mais luminoso no céu matinal. Vênus alcança o alongamento máximo 72 dias após a CI, o que significa que se encontra no ponto mais distante do Sol.

A conjunção superior (CS) começa cerca de 216 dias após a CI, quando Vênus está do outro lado do Sol e desaparece de vista, quando está "cheio". Isso representa outra fase de retirada e reflexão interior, muito mais longa que a primeira. Depois da CS, vem um tempo de purificação com o renascimento de Vênus como estrela da noite, período associado a Vênus como amante, que dura cerca de 263 dias, durante os quais, ao entardecer, o planeta é visível nos céus ocidentais.

Vênus realiza um ciclo sinódico completo – retrógrado a retrógrado – a cada 584 dias (cerca de 18 meses). A cada conjunção com o Sol, cria um ponto em uma estrela de cinco pontas desenhada nos céus.[55] Assim, o número 5 é sagrado para Vênus, simbolizado pela maçã de Afrodite, com a flor de cinco pétalas e a estrela de cinco pontas no centro, quando dividida ao meio, assim como a rosa de cinco pétalas, simbolizando a geração, a pureza, o amor, o coração e um desdobrar da iluminação. A estrela de cinco pontas é o ser humano microcósmico e cinco elementos. Cinco ciclos sinódicos de Vênus levam oito anos para transpirar, portanto o número 8 também é sagrado para a deusa, como visto na estrela de oito pontas de Ishtar.

LÚCIFER E A QUEDA

Lúcifer, o "portador da luz", ou estrela da manhã, nos traz conhecimento de nós mesmos, requerendo o afastamento da participação mística da consciência indiferenciada.[56] A noite escura da alma é o momento de ser arrastado para as profundezas do sofrimento, quando a lâmpada do conhecimento se apaga e as tentações nos atraem para os padrões habituais de distração, entorpecendo a dor ou amenizando os tormentos da separação. Assim, encaramos o dragão venenoso e devorador que tem de ser enfrentado com paciência e bravura, pois, quando passa, seu rastro nos deixa em estado mais elevado de consciência integrada. Por meio de um processo alquímico de calcinação, que requer resistência, coragem e, por fim, rendição às chamas, a alma é purificada. Por mais, no entanto, que o dragão seja evitado, continua a existir veneno à espreita nas cavernas da mente, e, de forma natural, magnetizamos situações e experiências que mexem com o dragão e o fazem despertar. Entregar-se a essa força transformadora requer um ato de bravura, como a descida de Inanna e a renúncia simultânea do ego.

Israel Regardie iguala o dragão vermelho ao "poder invertido do Eros" que se apodera de nós, até unirmos, no íntimo, os reinos inconsciente e consciente para alcançar a libertação, cuja participação mística é experimentada de forma consciente.[57] Lúcifer oferece salvação por meio da queda e de uma jornada de autoconhecimento. Não podemos alcançar os Céus sem cruzar o submundo e entender as profundezas da dor e da separação, pois isso é parte inevitável de nossa própria criação. Como explica Crowley, é uma morte necessária, e "nenhum meio pode ser empregado para aliviá-la".[58] A Queda, ligada ao pecado original, é a *maldição* do conhecimento e do livre-arbítrio nos atraindo para paixões e impulsos animalescos. É, no entanto, a energia libidinal que dá origem ao poder criativo da humanidade, e Vênus nos ensina a canalizar essa força vital para a criação, para o benefício de nossa existência compartilhada.

O inconsciente coletivo está além de nossa capacidade de perceber ou interpretar. É a albumina que mantém o mundo unido, interpenetrando tudo e, no entanto, invisível; o campo de possibilidades ilimitadas e de acúmulo de todas as realidades potenciais. É o caos precedendo a criação, que, por meio do poder avassalador do amor, emerge em consciência. Assim, na *Teogonia* de Hesíodo, Eros (Amor) passou a existir após o Caos. Do mesmo modo, o ato criativo começa com uma escuridão da qual sementes de criação têm de ser extraídas pelo poder discreto da sedução, da instigação da Musa, da coragem e do desejo desenfreado pela vida. Voltando para dentro, o amor-próprio se enrola em volta do ovo do mundo, apertando-o até que ele estale e abra, fazendo o impulso criativo irromper em manifestação.

SOL, VÊNUS E A NECESSIDADE DO DESEJO

Os trânsitos diários do Sol e de Vênus, estando intimamente alinhados, e a posição de Vênus entre a Terra e o Sol deram a Vênus o papel de "mensageiro do Sol".[59]

A relação entre eles está refletida na cabalística Árvore da Vida, que atribui o Sol à sexta *sephirah* centrada no coração, Tiphareth (Beleza). Na verdade, o Sol encontra seu lugar em cada um dos sete chakras como sua mais alta perfeição, e cada chakra é uma faixa de luz solar. Tanto Vênus quanto o Sol exibem um processo de morte e renascimento; o Sol em ciclos sazonais, e Vênus em conjunções.

Vênus é a sétima *sephirah*, Netzah, ou Vitória, a "inteligência oculta" dos mistérios e a esfera que "emana a inspiração não só do artista, mas de todos que trabalham de maneira criativa".[60] É vitória sobre si mesmo e da realização criativa, simbolizada pela perfeição da rosa, além de superação da inércia criativa com ativação de pleno potencial criativo.[61] Desse modo, experimentamos as dádivas de Vênus – bem-aventurança e alegria – por meio do processo criativo. Essa energia criativa é a geração vital de Vênus casada com o fogo de Geburah (Marte) refletido em Netzach, a primeira e mais elevada das quatro *sephiroth* elementais (Hod/Água, Yesod/Ar, Malkuth/Terra).[62] Netzach se relaciona com as formas do heptágono e do heptagrama, as sete cores do arco-íris, os sete dias da semana, os sete chakras, os sete planetas e os sete metais. É a totalidade alcançada pela integração da sombra.

Enquanto o Sol reside no coração da Árvore da Vida, Vênus é o regente do chakra do coração, *Anahata*, perfeitamente equilibrado entre acima e abaixo, com três chakras espirituais acima e três chakras terrestres abaixo. *Anahata* vibra com a cor verde e expressa o elemento Ar que existe na interface entre Espírito e Forma. No corpo, o chakra do coração regula o coração e os pulmões, governando o sentido do toque. É o sopro vital da vida e do desejo.

Anuket, também conhecida como Anúkis, era a deusa do desejo e da luxúria no panteão egípcio. Seu nome significava "abraçar", e seu abraço indicava o tempo das inundações fertilizantes.[63] Era cultuada em forma de gazela, símbolo de graça e agilidade,[64] e como mulher com coroa de penas. Ela representa a necessidade do desejo e as águas doadoras de vida que renovam e reabastecem a terra. Desejar é um impulso natural, um guia que dá propósito e significado à vida, que se apresenta até ser cumprido ou liberado, surgindo depois sob uma forma nova. Diariamente desejamos comida e água, abrigo e dormir. Desejamos ter mais do que possuímos agora, sermos mais e melhor do que somos agora. Quando um desejo é realizado, outro surge. Desejamos ser amados, amar e receber o melhor do que esse mundo tem a oferecer. E, dentro de todos os nossos desejos, está o desejo de nos livrarmos do sofrimento, de nos libertarmos de constrangimentos e das limitações do corpo e da tortura da mente, a ser expiada com nossa Alma. Embora o desejo seja visto como fonte de sofrimento, não é o desejo em si que causa o sofrimento; o apego a ele e o medo de não o satisfazer é que assombram a alma e corrompem a mente em padrões de pensamento cíclicos, compulsivos. O desejo e o amor, no entanto, geraram nosso próprio ser, como está escrito no "Poimandres" (*CH* 1.12):

> Mas a Mente do Pai de Todos, sendo Vida e Luz, gerou o Homem semelhante a Ele Próprio, por quem ele sentiu o mesmo amor que sentiria por um filho, pois o ser humano era muito belo, reproduzido à imagem do Pai. Na verdade, Deus se apaixonou por Sua própria Forma, a qual legara todos os traços de sua constituição.[65]

A Mente dentro de nós detém o mesmo poder de formação, pelo qual pretendemos nos referir à criação. Para manifestar o desejo, é preciso elevar-se além das esferas inferiores do destino e repousar na esfera criativa da imaginação, em que toda e qualquer coisa é possível.

O desejo é um presente concedido por nossa própria essência, mas a armadilha é ser governado por ele, movendo-se pela vida como os trens em trilhos fixos, sem vontade criativa. O desejo é a manifestação do Amor, e o Amor é a força que cria vínculos entre tudo o que existe e impulsiona a criação. O objeto do Desejo não é em si a questão que gera sofrimento, mas a ignorância de nossos próprios poderes formativos de criar – ou negar por meio do pensamento negativo. Para nos tornarmos o que desejamos, devemos nos transformar na coisa – não pela pura força de Vontade e pela ação motivadora, mas por meio da presença da Mente e da gnose do Eu como criador, abandonando concepções estabelecidas de quem somos e do que é possível. Apaixonamo-nos pela nossa criação na esfera formativa da imaginação, cheia de desejo, e por sua satisfação.

Somos Corpo, Mente e Alma, e o Corpo é aquilo que se dissolve após a morte e se reforma pela continuação da Alma imortal. Assim, os desejos do corpo não devem ser negados ou desdenhados, mas reconhecidos como aspectos do desejo mais profundo que temos pela união e pelo supremo cumprimento no Divino. Nenhum desejo terreno satisfará esse anseio. Assim que satisfazemos um desejo, outro aparece. No entanto, é por meio da busca e da realização do desejo terreno que percebemos que existe apenas um desejo verdadeiro: existir como o criador completo e ilimitado que somos. É por confundir coisas da matéria com o objetivo final que vacilamos, pois isso é o "amor que é enganado e engana" (*CH* 16.16).[66] Se, ao contrário, entendemos nosso poder como criadores e, desse modo, agimos sobre o desejo, a satisfação confirma o Bem dentro de nós e começamos a transcender os desejos terrenos e a aplicar nossa vontade criativa a objetivos mais elevados.

A ANKH E A IMORTALIDADE

A Ankh ou *crux ansata* ("cruz com uma alça") é o antigo símbolo egípcio da vida que remonta ao início do período dinástico (ca. 3150-2613 a.C.).[67] Era o símbolo da vida, também representando a vida após a morte, e com frequência mostrado nas mãos de deuses no *Livro Egípcio dos Mortos*, em gravações em pedra e em pinturas tumulares. A ankh se assemelha e está relacionada ao símbolo de Vênus, um círculo colocado sobre uma cruz. Pelos traços masculinos (cruz) e femininos (círculos), esse símbolo representa a unificação hermafrodita dos opostos, assim como a unificação de Céu e Terra, eterno e temporal.[68] É também o único símbolo planetário que engloba e unifica, pelo poder do amor,[69] todas as dez *sephiroth* da Árvore da Vida, com as seis *sephiroth* superiores mantidas na alça e os quatro elementos na cruz tau abaixo.[70]

No *Livro Egípcio dos Mortos*, os mortos seguram a ankh quando entram no Salão das Duas Verdades, onde seus corações são pesados nas balanças de Ma'at, simbolizando o desejo de alcançar a imortalidade. É uma chave para o Túmulo dos Fiéis[71] e a porta ou portão a ser aberto; quando o laço é mantido, a ankh lembra uma chave, e o hebraico correspondente para Vênus é *Daleth* (porta). A chave para cruzar a porta venusiana entre a vida mortal e a imortalidade é a leveza do coração.

A ankh egípcia é particularmente sagrada para Ísis, e o chamado "Cinto de Ísis",* representado, com mais frequência, por um símbolo chamado *tyet*, que é como a cruz ansata com os braços dobrados e linhas semelhantes a cordas. O *tyet*

---

* Ou "Nó de Ísis". (N. do T.)

Figura 14.4. Cruz ansata de madeira do Egito, Reino Médio, ca. 1981-1802 a.C. Cortesia do Met Museum, Rogers Fund, 1912.

era considerado o nó do cinto, bem como o sangue, de Ísis,[72] representando fertilidade e poderes generativos.[73] Embora os nós possam ser a unificação de opostos, os "nós de Néftis"[74] são também emaranhados de consciência que devem ser desatados para alcançarmos a imortalidade. Tanto o *tyet* quanto a cruz ansata nos fornecem a chave simbólica para desvendar os mistérios, apontando para a importância do coração virtuoso e desatando padrões kármicos que nos prendem a ciclos de sofrimento. Esse conceito é encontrado em outras tradições espirituais, como na história grega do nó górdio e no texto do budismo *mahayana Surangama Sutra,* em que Buda explica a uma congregação de discípulos como as percepções dos seis sentidos são como seis nós em um pano de seda. Cada um dos nós tem de ser desfeito a partir do centro; não podem ser desfeitos todos em um segundo. O místico espanhol Abraham Abulafia (nascido em 1240, morto depois de 1291) desenvolveu métodos não diferentes dos usados por psicanalistas modernos para afrouxar esses nós e atingir a inspiração profética. Como forma judaica do yoga, seus métodos incorporavam o uso de respiração, mantra e *asanas* (posturas) para alterar a consciência. Ele acreditava na necessidade "de abrir a alma, de desatar os nós que a prendem".[75]

A BENDITA *VIRIDITAS*: O AZINHAVRE DO COBRE

No *Ḥall ar-Rumūz*, Muḥammad ibn Umail diz que o primeiro nome da pedra é "fontes de cobre".[76] Cobre é símbolo do microcosmo, assim como a *prima materia*; como Zózimo escreve: "O cobre é como um ser humano: tem um espírito, uma alma e um corpo. Antes de mais nada, é necessário quebrá-lo, fazer desmoronar a grosseria do corpo e transformá-lo em um espírito festivo, agradável a todos". Mais adiante, nas visões de Zózimo, ele descreve um homem de cobre que "mudou a cor de sua natureza", tornando-se primeiro prateado e depois um homem de ouro.[77]

Dentro do brilho quente e avermelhado do cobre está escondido o ouro solar. O cobre é o mais nobre dos metais terrestres e assume o papel do ouro no nível material inferior, que é tornar realidade a purificação, a perfeição e a liberação da alma terrena. O *Livro de Sophé*, atribuído a Zózimo, compara o cobre a uma flor: "Assim como existe um Sol, uma flor do fogo, um Sol celestial, o olho direito do Cosmos, o cobre, quando vira uma flor por meio da purificação, torna-se uma alma terrena, que reina na Terra, assim como o Sol reina no céu".[78] Como uma flor, a alma purificada e perfeita tem uma coroa de pétalas radiantes bebendo na luz do Sol de todos os seus 360 graus.

Os antigos gregos extraíam a maior parte de seu cobre da ilha de Chipre, *Kupros* (grego), de onde o metal recebe seu nome.[79] É esse o mítico local de nascimento de Afrodite; daí seu epíteto de deusa cipriana. O cobre é um metal macio, maleável, que se liga facilmente com outros metais para fazer ligas ou com o estanho para fazer bronze. A propensão para a *união* pode vir do fato de o cobre ter estado associado a Vênus.[80] Contudo, assim como é facilmente combinado, o cobre é facilmente influenciado por forças externas e está sujeito à bela, mas venenosa, pátina verde, ou azinhavre do cobre, que se forma quando o metal fica exposto aos elementos (Ar e Água) ou a ácido acético e sofre uma reação oxidativa resultante da perda de elétrons.[81] Essa esplêndida cor verde é significativa por causa da sua imperfeição, pois a "corrupção" do metal é o meio pelo qual a alma é purificada e redimida. É a *enantiodromia,* ou transformação, do metal natural avermelhado em seu oposto verde pelo processo de corrosão, espelhado na corrupção do amor.

Verde é a cor do chakra do coração, e Regardie se refere a um brilhante verde-esmeralda que surge dos raios de Chesed (Júpiter) e Tiphareth (Sol) se encontrando em Netzach (Vênus). Ele escreve que "a Esfera dessas operações é a de *Nogah,* ou Externo Esplendor, produzindo zelo, amor, harmonia e regendo a Esfera de Ação do Planeta Vênus e a natureza do Mundo vegetal".[82] A dualidade de Vênus é expressa no próprio símbolo, com um círculo representando o Ouro, a Alma imortal, repousando sobre uma cruz, símbolo da natureza corrosiva da matéria.[83] Isso exemplifica por que tanto o cobre quanto o amor têm aspectos perigosos. Esse verdor corrupto ou "leproso" é também a *Benedicta viriditas,* ou "abençoado verdor", de que fala Hildegard von Bingen, referindo-se à fecundidade do espírito à medida que cresce em direção ao Divino. Essa corrupção é transformada em ouro, como descrito no *Rosarium Philosophorum*:

> Saiba, portanto, que o cobre, que é o ouro dos Filósofos, é seu ouro, mas Sênior disse: "Nosso ouro não é ouro comum". E vocês têm buscado o verde achando que o cobre tinha sido um corpo leproso em razão daquele verdor que ele tem. Diante disso, digo que tudo que é perfeito no cobre é apenas esse verdor que está nele, pois esse verdor é rapidamente transformado por nosso magistério em nosso mais puro ouro.[84]

A degeneração do cobre não deve ser evitada, menosprezada ou muito menos rejeitada do ponto de vista dualístico em favor do metal imaculado; assim como os aspectos mais básicos do amor, como ciúme, possessividade, insegurança e projeção, são crescimentos abençoados dos quais podemos derivar o Ouro da consciência pura. É só passando pelo Abismo que nos deparamos com nossas próprias imperfeições, alcançando, assim, a gnose do Ser eterno, que é revivida pelo Espírito Santo. Basílio Valentim diz que Vênus "está envolto [*sic*] por um *enxofre* celestial que supera, em muito, o brilho do Sol; pois nele o *enxofre* é muito, muito mais abundante que no Ouro".[85] O espírito do cobre pode amadurecer e aperfeiçoar os outros metais imperfeitos, apesar de seu próprio Corpo imperfeito, por causa do Ouro incorruptível dentro dele.

A perfeição alcançada pela corrupção é a necessidade de expor a divindade exterior ou superficial à ação corrosiva do espírito, de modo que a verdadeira, latente, divindade possa nascer dela. O espírito pode ser ar ou água, correspondente a pensamento e à emoção. O ar cria uma brilhante paisagem verde no coração, além de fornecer atmosfera para a vida se desenvolver na Terra (*earth*, terra, é um anagrama para *heart*, coração).[86] Assim como ar e água podem corromper o cobre, pensamentos e emoções tóxicos podem sobrecarregar o coração. Curiosamente, o ácido acético, componente primário do vinagre, também tem esse efeito poluente, razão pela qual Maier equipara o javali que ataca Adônis "à acidez do vinagre, ou água dissolvida, que tem, como um Javali, dentes terríveis".[87] Assim, a morte precede o verdor e a regeneração da vegetação associada aos deuses moribundos e ressuscitados.

O "desverdeamento" da Terra, irmã caçula de Vênus, pelos desejos insaciáveis da humanidade é um reflexo interessante da corrupção do cobre. Talvez o antigo símbolo da deusa Ísis seja também a chave para transformar nossa corrupção como espécie em uma nova Idade do Ouro. Aliás, a ankh é também chamada "correia de sandália" e indicada por Crowley como "meio de progresso pelos mundos, que é a marca distintiva da divindade".[88] Nesse contexto, podemos dizer que o coração é a chave para criar um novo mundo e para a divindade – consciência imortal – ser revelada dentro de cada um de nós pela ação corrosiva da existência física.

15

Mercúrio

Uma Voz do Æther

Vem a mim, Senhor Hermes, tu de muitos nomes, que conheces os segredos escondidos tanto sob os polos [do céu] quanto embaixo da terra.

– Papiros Mágicos Gregos

MISTAGOGO,* PSICOPOMPO, MENSAGEIRO e mágico, Mercúrio é o Grande Reconciliador de todos os opostos, o Mestre dos Mestres, o Senhor da Sabedoria, guardião dos mistérios, um entre os muitos nomes que se encontram nos portões do infinito. Quer o chamemos Thoth, Tehuti, Mercúrio, Hermes ou Odin, ele é inominável, tanto homem quanto mulher, tão luminoso quanto escuro, jovem e velho, leve e pesado, em todo o lugar e em parte alguma, presente em todos os tempos e lugares e transcendendo as fronteiras da classificação. Mercúrio é o meio pelo qual o ouro é finalizado; é o Espírito que dissolve e unifica; são as águas do sábio; é o líquido cefalorraquidiano e a quintessência. É o elemento etérico que

* Mistagogo era um sacerdote grego, um guru de iniciação nos mistérios da religião, que transmitia o ritual e as cerimônias. (N. do T.)

abrange todos os outros elementos e a substância de sua expressão, campo neutro em que dançam as polaridades, tecido pelo qual se movem as vibrações. Como a totalidade da arte e da filosofia Herméticas repousam sobre os ombros largos de Hermes, não é tarefa fácil destilar a essência desse deus em um só capítulo. Faremos, no entanto, todo possível para definir a natureza volátil e evasiva de Mercúrio na extensão suficiente, para nos aproximarmos do que é, em última análise, incognoscível. Assim, seguimos sua voz até as cavernas escuras da Terra e voamos com ele para os Céus, abrindo nossa mente para a magia da criação.

Nos ensinamentos Herméticos, é na esfera de Mercúrio que a alma desenvolve "a capacidade de falar e interpretar, a *hermeneutikon*".[1] Do "Hermes de asas justas", desenhamos o poder da razão (*Stob.* 24),[2] e ele concede à humanidade prudência, sabedoria, poder de persuasão e verdade, sempre oferecendo apoio ao espírito de Invenção (*Stob.* 25, 17).[3] Na subida de regresso pela segunda zona de Mercúrio, segundo o *Corpus Hermeticum* (1.25), a alma troca seu "Dispositivo de Males".[4] Na tradução de Salaman, a palavra *trapaça* é acrescentada aqui,[5] pois efeitos tão poderosos quanto o dom da fala podem estar no reino da criação também como meio de enganar. Por isso Crowley diz que Mercúrio representa "tanto a verdade quanto a falsidade, tanto a sabedoria quanto a loucura".[6]

Mercúrio, "a estrela brilhante",[7] é um dos planetas internos (inferiores), juntamente com Vênus. Como sua órbita se situa entre o Sol e a Terra, é visível apenas num raio de 28° do Sol, aparecendo brevemente por uma hora e meia antes da aurora e depois do pôr do sol. É o menor e o mais rápido planeta, o que talvez explique por que Mercúrio era conhecido como o "saltador" pelos antigos astrólogos babilônios.[8] Sua estreita proximidade ao Sol é relacionada por Ptolomeu a um efeito de secura, e, no entanto, os efeitos de Mercúrio são também umidificantes, por causa de sua proximidade da esfera da Lua; a rapidez de seu movimento pode provocar uma rápida alternância entre esses dois efeitos.[9]

O metal correspondente a Mercúrio é o metilmercúrio, ou *quicksilver*, único entre os metais que é líquido em temperatura ambiente. Em termos alquímicos, os nomes a Mercúrio são tão numerosos quanto a complexidade de sua natureza escorregadia – *argent vive*, *aqua vitae*, Espírito, tintura, água filosófica, vinagre, pedra branca, leite de virgem, azoto e remédio principal; Mercúrio é chamado *argent vive*, "prata viva", porque parece vivo, tremendo por muito tempo à menor vibração. Bartlett explica que Mercúrio contém as qualidades dos outros metais nobres: "brilhante como a prata e pesado como ouro".[10] É a contraparte feminina do ouro masculino (Sol), e a pedra filosofal é produzida de sua união.[11]

Em geral se diz que o planeta Mercúrio é neutro, exibindo tendências tanto benéficas quanto maléficas, dependendo de onde aparece na relação com outros planetas e de que signo ocupa em determinado mapa.[12] Essa neutralidade torna Mercúrio um regente apropriado para o meio da semana, *mittwoch* ("meio da semana"), em alemão, ou quarta-feira, do inglês arcaico *wodnesdæg*, "Woden's day". Woden é uma variação do deus nórdico Odin, com fequência associado a Mercúrio. Os romanos se referiam à quarta-feira pelo nome latino *dies Mercurii,* ou "dia de Mercúrio".[13]

Mercúrio, em sentido cósmico, é filho do Sol e da Lua. Comanda os signos do zodíaco *Gemini* (+), os Gêmeos, e *Virgo* (–), a Virgem, entre os quais estão situados os signos dos luminares, Câncer (Lua) e *Leo* (Sol). No corpo, Ptolomeu atribui a Mercúrio a "fala e o pensamento, a língua, a bílis e as nádegas",[14] enquanto Valens lhe dá "autoridade sobre as mãos, ombros, dedos, articulações, barriga, orelhas, traqueia, tripas e língua".[15] No corpo sutil, Mercúrio rege o chakra da garganta (*Vishuddhi*), o centro de comunicação, de verdade pessoal, de autoexpressão, de fala, de cura, do quinto elemento éter e da glândula tireoide.

Os antigos babilônios associavam Mercúrio ao deus acadiano Nabû, deus da sabedoria considerado salvador e redentor.[16] Como o egípcio Thoth, Nabû era o "escriba divino dos destinos" e deus patrono da escrita, com frequência retratado com um buril de escrita e uma tábua de argila e, às vezes, montado em uma cobra-dragão.[17] Por causa da aparência como simultaneamente estrela da manhã e estrela vespertina, Mercúrio era às vezes considerado bissexual.[18] Também podia ser associado à Lua na astrologia babilônica,[19] associação também feita na tradição hindu, em que o planeta é chamado *Budh* ou *Budha*,* filho da Lua. Ele também é chamado Soma na intoxicante mistura dos deuses.[20] No panteão hindu, Mercúrio carrega forte correlação com Nārada, filho de Brahmā, astuto e eloquente mensageiro dos deuses. Enquanto Mercúrio inventou a lira, Nārada inventou o alaúde indiano, ou vina, e foi reconhecido como músico talentoso.[21]

* Não confundir com Buda, o fundador do budismo. (N. da A.)

O JOVEM MENSAGEIRO

O deus romano Mercúrio, de quem o planeta veloz deriva seu nome, é o dinâmico mensageiro dos deuses que adora servir de companhia aos mortais.[22] É um jovem inquieto, animado, voando entre os céus e a humanidade, cumprindo a vontade de seu pai, Júpiter. No Hino Órfico a Mercúrio, é amigo da humanidade, trazendo boas palavras, lucros e paz; mensageiro com a "terrível arma da língua".[23] Mercúrio era bastante identificado com o grego Hermes, nascido em uma caverna da união de Zeus e Maia,[24] filha de Atlas e a mais velha das sete Plêiades. Hermes foi ladrão, trapaceiro e sábio; deus da comunicação, das viagens e do comércio. Às vezes é

Figura 15.1. *Mercúrio.* Pintura de Hendrick Goltzius, 1611.

retratado com barba, embora com frequência não, e costuma carregar seu cajado com as serpentes enroscadas (caduceu), um chapéu de abas largas com asas (*petasus*), sandálias aladas (*talaria*), uma bolsa e o cachimbo de cana.[25]

É provável que Hermes tenha derivado seu nome do grego *herma,* "pilha de pedras", referência a dólmens colocados como marcadores de limites, tornando Hermes um deus de fronteiras e um guia para viajantes. Isso também se relaciona a seu papel como Hermes *Psicopompo*, cruzando as fronteiras entre a vida e a morte. Hermes foi originalmente cultuado na forma desses pilares fálicos (os dólmens), e danças orgiásticas eram conduzidas em volta deles em honra de sua mãe, a deusa Terra.[26] Heródoto conta que imagens de Hermes (*Hermai*) com o pênis ereto eram os objetos rituais celebrados nos ritos do Cabiri dos mistérios samotrácios.[27] Hermes, portanto, tinha associações com fertilidade e prosperidade.[28]

No Hino Homérico a Hermes,[29] ele era o "mensageiro que traz sorte" e que entrou rapidamente em ação ao nascer, inventando, de imediato, a lira de sete cordas. Na noite de seu nascimento, roubou cinquenta cabeças de gado do rebanho de Apolo, o que negou com veemência ao ser interpelado pelo deus. O assunto foi discutido com seu pai, Zeus; vendo o que estava por trás de suas mentiras, Zeus ordenou que ambos encontrassem o gado e resolvessem o assunto. Por meio da provação, Apolo e Hermes se tornaram amigos; Hermes presenteou Apolo com a lira, e, por sua vez, Apolo deu a ele um bastão de ouro com três ramos – o caduceu – para protegê-lo e ajudá-lo em seu trabalho. Deu-lhe também poderes para induzir o sono ou se manter desperto.[30] Apolo informou a ele, ainda, sobre onde encontrar as Trías, as três Virgens aladas proféticas do Parnaso, para aprender a arte da adivinhação.

Hermes era às vezes chamado de *Argeiphontes*,[31] "matador de Argus", por ter decapitado o gigante de cem olhos depois de tê-lo embalado para dormir com sua flauta de cana e varinha mágica.[32] Usando o elmo de Hades, que lhe teria dado o poder da invisibilidade, Hermes também assasssinou o gigante Hipólito.[33] E tinha o hábito de transformar os outros em pedra. Na versão de Ovídio da história do gado roubado de Apolo, o roubo de Mercúrio* fora testemunhado por um velho chamado Battus. Aceitando propina do deus ladrão, Battus prometeu ficar calado

* Mercúrio e Hermes eram o mesmo deus. (N. do T.)

como uma pedra. Mercúrio retornou disfarçado e, depois de induzir o velho desleal a revelar quem era o ladrão, puniu o mentiroso transformando-o em uma "pedra dura, conhecida como a pedra do informante, o velho estigma que se ligou a uma inocente pedra comum".[34] Hermes empregou de novo essa metamorfose quando se apaixonou por Herse, cuja irmã mais velha, Aglauro, graças às obras de Minerva, foi dominada pelo demônio da inveja e transformada em pedra por Hermes.[35]

Prevalecem na mitologia de Hermes as histórias de seu papel como guia e psicopompo, pois Zeus o nomeou mensageiro oficial do Hades.[36] O mais notável é que Hermes resgatou Perséfone do submundo depois de seu sequestro por Hades. A mãe dela, Deméter, deusa da colheita, desolada e triste com a ausência da filha, suprimiu sua semente da terra. Perséfone, no entanto, tendo provado as doces sementes de romã do Hades, seria obrigada a passar um terço do ano sob os "lugares secretos da terra", no escuro e na tristeza do Hades, e as outras duas partes do ano permaneceria com os deuses imortais, quando a terra voltasse a florescer.[37]

THOTH: SENHOR DA FALA

Muitos dos atributos de Hermes são compartilhados por seu homólogo egípcio, Thoth, de quem muita coisa já foi dita. O nome Thoth é uma transliteração grega do egípcio *Tehuti* (também *Tahuti*).[38] No *Livro Egípcio dos Mortos*, Thoth é o "grande da magia na Barca de Milhões de Anos",[39] aquele que "fala com os grandes encantamentos que estão em seu corpo e provêm de sua boca".[40] Por meio de Thoth, Rá deu à humanidade feitiços mágicos para protegê-la na vida na Terra.[41] Tanto como deus criador em si mesmo quanto como o coração do artista e deus criador Ptah, Thoth representa a vontade criativa do Universo, e seus pensamentos se materializam por meio de um poder de expressão com fala eloquente e palavras mágicas divinas.

Deus da justiça e da lei, Thoth era reconciliador dos deuses Hórus e Seth, representativos da ordem e do caos do mundo. Como o planeta neutro Mercúrio, Thoth, em geral, é descrito como neutro entre os dois deuses opostos, embora, às vezes, se alinhe mais com um ou com outro.[42] Sua eterna tarefa é a mediação do bem e do mal e a manutenção do equilíbrio da ordem cósmica. Também

Figura 15.2. Thoth na forma de um macaco cinocéfalo, 664-380 a.C. Cortesia do Met Museum.

desempenhou importante papel na criação e manutenção da ordem social. Era ele "o Senhor da Justiça" e "juiz da verdade", atuando como juiz dos deuses e como defensor legal de Hórus para provar sua legitimidade como sucessor de Osíris. Ele defendeu Osíris (o falecido), dissipando a escuridão e as tempestades,[43] e destruiu os inimigos de Rá, tomando posição na proa de sua barca solar,[44] intimamente conectado, como estava, aos ciclos diários do Sol.

Na forma de uma íbis ou de um homem com cabeça de íbis, Thoth foi o provedor da sabedoria, concedendo à humanidade os dons da magia, da alquimia, da astrologia, da escrita, da fala, da ciência, da medicina e da matemática. Era conhecido como médico, mas o poder de Thoth para curar se dava mais pela magia que por meio de drogas, e ele ficou conhecido como "Thoth, Senhor do Céu, que dá toda a vida, toda a saúde".[45] Thoth ajudou Ísis a devolver a vida ao falecido Osíris[46] e ajudou-a a passar à humanidade seu conhecimento de magia e artes médicas.[47] Com o poder de Rá, curou o bebê Hórus do veneno de Seth, impedindo que a escuridão tomasse conta do mundo.[48] Como psicopompo, guiou almas para o submundo e observou como era registrado o peso do coração do morto no Salão do Julgamento. Como babuíno cinocéfalo (com cabeça de cachorro), Thoth era a língua do equilíbrio da balança de Ma'at.[49] Era tanto a Lua quanto o protetor dela, guardião do tempo e profeta do futuro. O babuíno era uma criatura que imitava ou macaqueava a mente e a palavra de Thoth, do mesmo modo como a Lua reflete a luz da consciência, e, portanto, o macaco era uma aproximação da mente em vez de sua essência.

Escriba original dos deuses e pessoal de Osíris, atribui-se a Thoth a invenção da escrita, razão pela qual ele é conhecido como "Senhor dos Hieróglifos". É o patrono de todos os livros e bibliotecas, atributo compartilhado por sua esposa e assistente Seshat (ou Sheshat). Thoth é o "escriba habilidoso cujas mãos são puras; é possuidor da pureza que afasta o mal, escreve a verdade, detesta a mentira, cuja pena defende o Senhor de Tudo; é o mestre das leis que interpretam os escritos".[50] Com base em sua palavra de que o coração do falecido não carregava pecado e tinha sido pesado na Grande Balança, a Grande Enéade poupou o coração do Grande Devorador, Ammit,* e concedeu-lhe um lugar ao lado de Osíris no Campo de Oferendas.[51]

PODERES DO ACIMA E ABAIXO

Com posição de neutralidade e como o quinto elemento, Mercúrio detém o potencial de unificar o *quaternio* dos elementos – o que Jung chama de *tetrassomia*.[52] Assim, voltamos ao problema filosófico de enquadrar o círculo, pois Hermes é tanto redondo quanto quadrado, como observado nos hermais, que eram construídos com um pilar de pedra quadrado coroado com uma cabeça de Hermes em pedra. Ele também é uma tríade, a serpente de três cabeças, unindo o círculo, o

* Na mitologia egípcia, demônio que personificava o pior castigo divino para os males praticados durante a vida, misto de hipopótamo, leão e crocodilo que devorava certos pecadores. (N. do T.)

quadrado e o triângulo. Nos *Papiros Mágicos Gregos* (5400-403), seu aspecto circular é mencionado como Lua:

> Hermes, senhor do mundo, que estás no coração,
> Ó círculo de Selene, esférico
> E quadrado, fundador das palavras do discurso.[53]

Como tétrade, ele é Mercúrio *quadratus*, a "substância arcana cuja transformação resulta na produção do *lapis,* objetivo da *opus*".[54] Tendo natureza de quatro partes, ele se refere aos quatro estágios da *opus* alquímica: *nigredo, albedo, citrinitas* e *rubedo*.

Hermes extrai seu conhecimento dos quatro cantos da Terra e dos quatro cantos do Céu. Nos *Papiros Mágicos Gregos* (8.1-63), seus nomes e suas formas são invocados como uma íbis no leste, um babuíno com cara de cachorro no oeste, uma serpente no norte e um lobo no sul.[55]

Thoth é o chefe das quatro divindades masculinas e femininas da Ogdóade, e Mercúrio é a quintessência da intuição (fogo-lobo), do pensamento (ar-íbis), do sentimento (água-babuíno) e da sensação (terra-serpente). No tarô, Mercúrio é representado pelo primeiro arcano, o Mago, Malabarista ou Mágico, que empunha as quatro armas elementares: a varinha, a espada, a taça e o disco. Em seu chapéu está a lemniscata (∞), símbolo do infinito e do poder unificador, pelo qual ele aperfeiçoa o equilíbrio entre os hemisférios esquerdo e direito do cérebro e as polaridades masculina-feminina. Esse símbolo da díade é emblemático da mudança contínua e do estado intuitivo de fluxo infinito.

Quando é girado, o quadrado dos elementos é dobrado, colocando ordem no movimento. Tal é a virada das estações, produzindo a roda de oito raios do ano observada pelos pagãos, que celebram os quatro principais eventos solsticiais e equinociais e os pontos médios entre eles. Mercúrio põe em movimento o *opus circulatorium*. Seu símbolo é o octângulo, manifestando-se como octograma, ou estrela de oito pontas, que representa a "união das concentradas Forças Positivas e Negativas dos Elementos sob o nome IAHDONHI [ADONAI]".[56] A *circulatio* alquímica põe os quatro pares elementais em movimento contínuo, pelo qual eles são virados e transformados. A fluidez e a rapidez de Mercúrio são caóticas

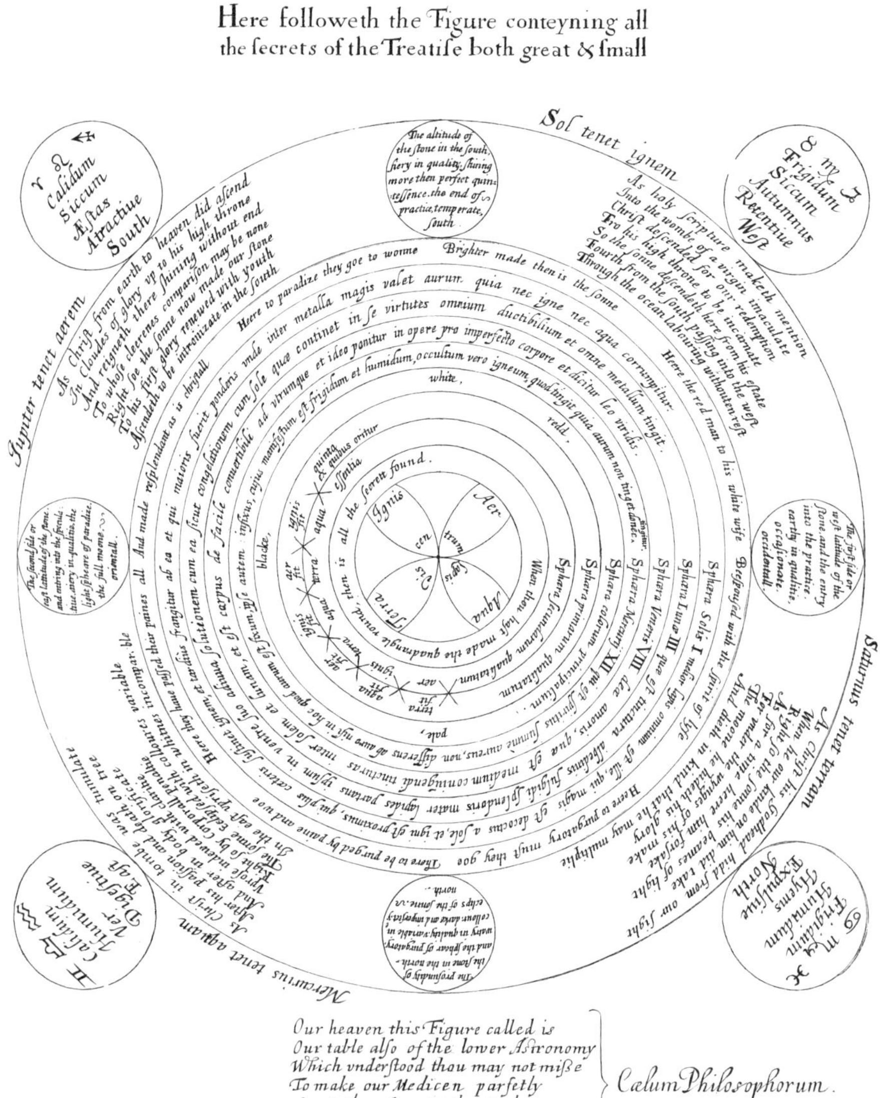

Figura 15.3. Roda de Ripley: a figura que contém todos os segredos do Tratado, tanto os grandes quanto os pequenos. De George Ripley, *The Compound of Alchymie* [O Complexo da Alquimia], em Elias Ashmole, *Theatrum Chemicum Britannicum*, 1652. Cortesia do Instituto de História da Ciência.

quando estão separadas da cruz estabilizadora dos elementos, mas a roda traz unidade por meio de movimento e equilíbrio.

O oito vertical e a lemniscata horizontal (∞) formam os dois eixos da cruz da humanidade. Verticalmente está o potencial para um fluxo livre entre Acima e Abaixo, macrocosmo e microcosmo. Portanto, Hermes, "que conhece as coisas escondidas sob o Céu e a Terra" (*PGM* 8.1-63),[57] segura o astrolábio, dispositivo para medições astrológicas, comandando os poderes do macrocosmo para unificar Acima e Abaixo (ver figura 15.4). Horizontalmente está o equilíbrio entre direita e esquerda, masculino e feminino, ativo e passivo. O centro do oito e da lemniscata é composto de um X marcando o cruzamento de energia. Juntos são dois X's se correlacionando com o vigésimo arcano do tarô, o Julgamento, ou *Aeon* (Crowley), carta da ressurreição.

Figura 15.4. Hermes Trismegisto, deus do Acima e Abaixo. De Daniel Stolcius, *Viridarium Chymicum*, 1624. Cortesia de Wellcome Collection. Licenças Creative Commons.

Em *Meditations on the Tarot* [Meditações sobre o Tarô], o autor denota a diferença em ação entre os eixos vertical e horizontal como a diferença entre criação e imitação.[58] Criatividade autêntica é a divina palavra de Thoth, a íbis, que voa entre acima e abaixo, como oposta à imitação do macaco, que repousa sobre as balanças horizontais. A criação autêntica requer uma reconciliação da polarização leste-oeste e da separação norte-sul entre espírito e matéria, estabelecendo, assim, um fluxo quádruplo. A sobreposição do 8 e da lemniscata (∞) forma uma flor de quatro pétalas, também lembrando um trevo de quatro folhas (como no centro da roda de Ripley, figura 15.3). No ponto central de convergência está o quinto elemento, Éter ou Mente. A imitação é um mecanismo da mente inconsciente que ainda não começou o trabalho de reconciliação. É a mente do macaco que imita até aprender por si mesma que o Criador existe dentro dela. A discórdia entre as esferas inferiores é trazida ao equilíbrio por Thoth, o "juiz dos dois deuses oponentes",[59] que restaura o equilíbrio por meio da consciência.

No *Corpus Hermeticum* (*CH* 1.15), a harmonia perfeita é perceber a transcendência da pessoa sobre a Harmonia: "Assim, embora acima da Harmonia, dentro da Harmonia ele se tornou escravo. Embora masculino-feminino, a partir de um Pai masculino-feminino, e embora esteja insone por causa de um [Senhor] insone, ainda assim ele é dominado [pelo sono]".[60] No sono, ou na inconsciência, a Harmonia (ou desarmonia) cria uma trilha sonora dramática para nossa vida. E aqui não há dilema moral. Só uma questão de estar na Harmonia ou acima dela, como alguém que está dormindo ou acordado. Adormecidos, ficamos identificados com a Criação; despertos, recordamos nossa verdadeira identidade como Criadores. O artífice, cujo trabalho nasce do Criador, envolve a Harmonia com a maestria que só pode ser alcançada quando se está vivendo um sonho acordado. Os taoistas chamam isso "o caminho", que é um fluxo atemporal entre as polaridades: "O caminho é amplo, estendendo-se tanto para a esquerda quanto para a direita".[61] Estar acima da Harmonia significa estar existindo no nível da oitava, onde acessamos a verdadeira imaginação e a autêntica criatividade, como o discípulo que proclama: "Sou o instrumento de seu espírito; a mente é sua palheta, e sua orientação faz música comigo" (*NHC* 6.6).[62] Isso está refletido na "Inteligência Perfeita ou Absoluta" e no criativo "Esplendor" da oitava *sephirah*, Hod, a mente fluida do hermafrodita Mercúrio, as águas divinas em que as formas simbólicas se fundem com a interação entre imaginação e vontade.[63]

Em seus escritos sobre astronomia Hermética, Paracelso descreve um sistema óctuplo de astrologia composto de quatro estrelas básicas, uma quinta estrela para a humanidade, uma sexta estrela para os animais, uma "estrela superior", a sétima, e uma oitava estrela como a "imaginação no homem, superior a todo o resto". A oitava estrela é superior às outras, mas as pessoas não vão agir de acordo com a imaginação, com medo de se reconciliarem umas com as outras. E, enquanto houver desarmonia entre as sete estrelas, aquilo que é imaginado como uma diretiva de consciência superior será influenciado pelas desarmonias das esferas inferiores.[64] Se, no entanto, as sete estrelas estão unificadas em um alinhamento vertical, vai aparecer um pilar com sete notas e cores do espectro. Esse é o arco-íris vertical retratado no décimo quarto arcano, Arte ou Temperança, seu número denotando os sete duplos unificados pela fusão alquímica. Como previamente mencionado, a união segue a separação ou a morte. O arco-íris é a *cauda pavonis,* ou cauda do pavão – as *omnes colores* (muitas cores) produzidas como resultado de putrefação. Aqui se encontra a chave para entender a unificação das oito estrelas e a lemniscata: ao abraçar a morte, somos imortais, pois a morte é a contração necessária que permite o surgimento de uma nova vida. O medo da morte é em si um sintoma de consciência horizontal privada do eixo vertical e da gnose da imortalidade – o corpo da ressurreição. Morrer é ser transformado, e para estarmos verdadeiramente vivos devemos morrer a cada dia para quem nos concebemos ser (ver figura 15.5). Só então ficaremos livres para criar a nós mesmos de novo, renascendo a cada dia como o Sol, vivendo como os Criadores de nosso próprio ser.

Enquanto a Lua é a Mente, Mercúrio é o próprio pensamento. Pode ser encarado como o fogo do leão ou do lobo caçador, traiçoeiro como o cinocéfalo, equilibrado e claro na concentração como a íbis, ou ondulante e transformador como a serpente. Todos somos capazes de acessar a Quaternidade de Thoth no pensamento cotidiano. Rodeando o quadrado, unimos os quatro aspectos de Hermes na unicidade do eterno agora. Quando eles se fundem em um, somos capazes de abrir o agora círculo em uma espiral que nos conecta como o poder maior do Uno de

Figura 15.5. O Pássaro Hermes descendo na bocarra de morte e regeneração do dragão de duas cabeças. Oito sábios se ajoelham em oração, emoldurados por dez virtudes: astúcia, experiência, prática, prudência, paciência, graça, natureza, razão, especulação e vida santa. De Elias Ashmole, *Theatrum Chemicum Britannicum*, 1652. Cortesia do Instituto de História da Ciência.

muitos nomes, que não é apenas o guia, mas também o portal e os campos abertos além, espalhando-se infinitamente para a frente e para trás na ilusão do tempo.

MENSAGEM DAS SERPENTES GÊMEAS

A *circulatio* assume significado adicional quando aplicada ao recipiente corporal, onde a energia prânica vital e o líquido cefalorraquidiano circulam pelo cajado de Hermes. O caduceu (ver figura 5.3) se refere aos sistemas de comunicação primários do corpo: o sistema nervoso, o sistema endócrino e o líquido cefalorraquidiano. Mercúrio é o mensageiro dos deuses, o Espírito, a força vital que liga a Alma e o Corpo, e seu cajado de serpente é sinônimo do cajado de cura de Asclépio.

Sushumna, o cajado central do caduceu, é o sistema nervoso central, composto do cérebro e da medula espinhal, que controla toda comunicação de sensação e pensamento no corpo, recebendo *inputs* sensoriais do sistema nervoso periférico e enviando impulsos motores que estimulam a ação. As serpentes gêmeas *ida* e *pingala* simbolizam os dois ramos do sistema nervoso autônomo (SNA) – o sistema nervoso parassimpático (SNPS) e o sistema nervoso simpático (SNS). O SNA controla funções involuntárias do corpo, como batimentos cardíacos, fluxo sanguíneo, digestão e respiração.

O SNS é ativado em momentos de estresse e está associado à reação de "lutar ou fugir", desviando o fluxo sanguíneo para os músculos entrarem em ação, aumentando a frequência cardíaca e a respiração e ativando a produção de hormônios do estresse. Muitas vezes é comparado a pisar no acelerador de um carro ou ao SNPS, que funciona como pisar no freio. O SNPS desacelera as coisas, facilitando o descanso e a recuperação. Esses dois sistemas, como os princípios ativo e passivo do *Sol* e da *Luna*, ou Enxofre e Mercúrio, funcionam em oposição um ao outro, mas podem ser trazidos à harmonia, ou à homeostase, por meio da alquimia interna.

O sistema endócrino (glandular) está diretamente conectado aos chakras. Enquanto o sistema nervoso é um sistema de comunicação elétrica, contando com a transmissão nervosa, o sistema endócrino se comunica quimicamente por meio de hormônios. O SPNS e o SNS ativam a produção de hormônios no sistema endócrino por intermédio do hipotálamo, afetando, por sua vez, emoções e comportamento. Essa área do cérebro está associada ao botão no topo do caduceu, sede da consciência que alçou voo, sendo as asas os hemisférios direito e esquerdo do cérebro.

Como mensageiro dos deuses, Mercúrio transmite informações vitais por meio do líquido cefalorraquidiano (LCR) que circula pelo canal espinhal, movendo-se entre o sacro e o crânio em um movimento rítmico e ondulatório. Esse líquido é o meio pelo qual o Espírito se comunica com a Matéria. O cajado central está sintonizado com práticas de conscientização que aumentam o fluxo ótimo de LCR, como yoga, meditação, *pranayama*, exercício físico terapêutico e uso de enteógenos.* A alquimia interna trabalha para direcionar o fluxo de energias vitais, usando a respiração, o som e a imaginação para unificar princípios opostos e ativar o

* Plantas capazes de alterar a consciência, levando a um estado xamânico ou de êxtase. (N. do T.)

Figura 15.6. Mercúrio, com um caduceu em cada mão, de pé atrás de uma asa inteira. À esquerda está um alquimista com uma espada onde se enrosca uma serpente coroada (Enxofre). À direita, um alquimista empunha uma espada com uma águia (Sal). De Basílio Valentim, "Clavis II", *The Twelve Keys*, em *Musaeum Hermeticum Reformatum Et Amplificatum*, 1678. Cortesia do Instituto de História da Ciência.

soberano deus interior. Uma adormecida serpente *kundalini* pode ser guiada na ascensão do sacro à coroa, dando suporte ao estado parassimpático e sensibilizando o hipotálamo, responsável por fenômenos de ação da "mente sobre a matéria".

Em caso de trauma, a perturbação dos sistemas nervoso e endócrino pode ser altamente desestabilizadora e debilitante. No livro *Rhythms of Recovery* [Ritmos de Recuperação], a dra. Leslie Korn explica como Hermes, como psicopompo, serve para guiar, pelo submundo, a traumatizada Perséfone da inconsciência para a consciência.[65] É necessário mexer com a perturbação causada pelo trauma para curar e recuperar um senso de controle na vida que os sistemas nervoso e endócrino possibilitam. Korn descreve o processo como uma jornada da vitimização à autoconscientização, do "sono" ao "despertar",[66] referindo-se tanto a um processo espiritual quanto ao relacionamento entre o ritmo circadiano, a luz e a glândula pineal.[67]

Enquanto os *Hinos Homéricos* descrevem o caduceu como uma vara de ouro presenteada a Hermes pelo deus Sol, um mito órfico coloca a origem do cajado no trauma do estupro. Zeus foi proibido de se casar por sua mãe, Reia (no papel de Deméter), e então resolveu estuprá-la. Reia se transformou em serpente, e Zeus fez o mesmo. Juntas, as duas serpentes se entrelaçaram em um nó indissolúvel de união incestuosa. Assim, o cajado de Hermes foi formado com as duas serpentes enroladas, e Perséfone nasceu. Zeus, ainda serpente, passou a estuprar a filha, que deu à luz Dionísio.[68]

Serpentes são, muitas vezes, intercambiáveis com dragões em imagens alquímicas, como na figura 15.7, em que os dois princípios estão interligados, embora ainda puxem com força nas direções opostas do *Sol* e da *Luna*. Os dois dragões se mantêm em delicado equilíbrio sobre a orbe do mundo, indicando que uma oposição inconsciente ainda tem de ser resolvida. Com frequência, a descida às profundezas implica confronto com aspectos perigosos da psique em forma de

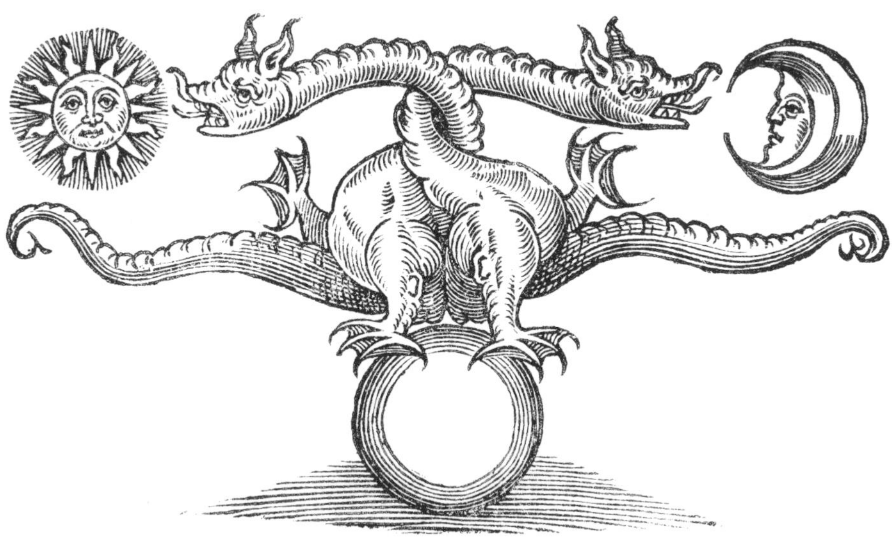

Figura 15.7. Os dragões mercurianos *Sol* e *Luna*. De Elias Ashmole, *Theatrum Chemicum Britannicum*, 1652. Cortesia do Instituto de História da Ciência.

dragões, lobos, leões, cachorros e serpentes, todos relacionados com Mercúrio, pois, como afirma Maier, "um dragão sempre denota Mercúrio, seja ele fixo ou volátil".[69] Os dragões alados e os sem asas são os aspectos fixos e voláteis, ou matéria e espírito, que têm de ser conciliados.

O ouroboros, serpente-dragão circular que devora a própria cauda, sintetiza os ciclos eternos de vida, morte e regeneração, bem como ciclos infernais de tormento autodestrutivo. A cobra muda de pele assim como muda de vida, apenas para continuar renascendo, uma e outra vez, pela mesma energia imortal. Como Campbell salienta: "Existe algo tremendamente apavorante acerca da vida quando a olhamos dessa maneira. E assim a serpente carrega em si o sentido tanto do fascínio quanto do terror da vida".[70] Um círculo fechado é "o mundo do eterno retorno, o mundo onde 'não há nada de novo sob o sol'... Não é nada senão um inferno cósmico".[71]

Na sexta figura de *O Livro Alquímico de Lambspring*, o dragão devora a própria cauda venenosa, produzindo um bálsamo curativo no corpo. Esse dragão terrível, ou corpo, que "mora na floresta"[72] deve ser morto. Assim, seu veneno é transmutado em "remédio supremo".[73] Em *Aurelia Occulta*, Mercúrio proclama ser "o dragão que pinga veneno, que está em toda parte e pode ser adquirido por um preço baixo".[74] Dragões guardam o tesouro e o ouro alquímico, vivendo em cavernas e profundezas da terra, para onde o herói deve descer para renascer. Representam o aspecto devorador do inconsciente, assim como o sopro flamejante da transformação. Por meio do confronto com as profundezas de nós mesmos na gnose que se derrama para dentro, o "veneno" do inconsciente é transmutado em poderoso remédio curativo.

A relação entre emoção e pensamento é um aspecto-chave das funções inter-relacionadas dos sistemas nervoso e endócrino. Tanto as emoções quanto os pensamentos podem ser "venenosos". As emoções se relacionam com a água, e os pensamentos, com o ar; de fato, o dragão mercurial pode ser tanto água quanto ar, fixo e volátil, sem asas e alado. Emoções, aquecidas no atanor do corpo, sobem como vapores para a mente, como a umidade é carregada para cima, para a atmosfera. Elas giram em nuvens – pensamentos – o sob pressão; produzem tempestades e aguaceiros de expressão emocional. Se há bloqueios nos chakras, essas emoções podem simplesmente entrar em um ciclo de volta para o corpo de energia inferior, onde se cristalizam, como a umidade faz na terra. A grande pressão da matéria física age sobre elas, endurecendo-as em minerais e metais e empurrando-as lentamente para a superfície. Essa é a raiz de muitas doenças: emoções endurecidas ansiando para serem sentidas e liberadas. Quando os chakras estão abertos, as emoções sobem à mente, mas se a mente do macaco não está domada pensamentos e emoções podem irromper numa tempestade avassaladora que

Figura 15.8. O dragão devorando o próprio veneno produz o remédio mais elevado. De *O Livro Alquímico de Lambspring*, no *Musaeum Hermeticum Reformatum Et Amplificatum*, 1678. Cortesia do Instituto de História da Ciência.

causa estragos no corpo. Reconhecendo o corpo como microcosmo dos ciclos atmosféricos e terrestres de transformação, o alquimista aprende a fazer circular, de maneira adequada, o ar e a água em ciclos repetitivos que purificam e refinam cada vez mais suas substâncias, reconciliando-as em união. Como ensina Patanjali, o yoga, que significa "união", "é a cessação das reviravoltas do pensamento".[75] Assim, o espírito separa sua verdadeira identidade das circulações de pensamento e emoção, unindo-se com a calma e presente consciência objetiva.

A lemniscata do mago denota estado de "concentração sem esforço" e a "eternidade do ritmo" – em especial, o ritmo do sistema nervoso e a capacidade do mago de trazer harmonia às "oscilações da substância mental", levando-a a um estado de quietude, silêncio e descanso, para que a concentração seja otimizada.[76] O Magus é atribuído ao décimo segundo caminho na Árvore da Vida que conecta Kether a Binah, pois tanto o mágico quanto o mensageiro transmitem o Espírito Divino de cima para baixo.

BEBENDO O LEITE VIRGEM DA ILUSÃO CÓSMICA

Maia, mãe de Hermes, era a deusa romana da fertilidade e foi "Deusa da Terra quando Anciã".[77] Em sua homenagem, foi batizado o mês de maio, pois Maia é, literalmente, "aquela que traz crescimento"[78] e está associada com a primavera. É a "boa mãe", a primeira mãe, a *prima mater* da pedra filosofal, de cujo seio flui o *lac virginis*. É esse "leite virgem" que, combinado com o *acetum fontum,* ou "fonte de vinagre" – as chuvas fertilizantes de *Zeus-pater* –, produz a *aqua vitae,* ou "águas de Mercúrio".[79] Como agente do *albedo* (branqueamento), o *lac virginis* tem efeitos purificadores; segundo o *Léxicon da Alquimia,* a "virgem pura e não contaminada" é outro nome para a *prima materia,* e ela "permanece pura e não grávida, apesar de ter filhos. É a mais extraordinária das mães, pois mata o marido e os filhos e os ressuscita por meio dos seios".[80] O *lac virginis* é a "Água Mercurial, a Cauda do Dragão; lava e coagula sem qualquer trabalho manual; é o Mercúrio dos Filósofos, a Seiva Lunar e Solar, diferente da terra e da água católicas".[81] O leite é considerado, pelas mais diversas culturas, símbolo de imortalidade, dos vedas indianos e dos antigos rituais egípcios na tumba de Osíris aos hinos órficos e à tradição celta.[82]

A palavra sânscrita *māyā*, homófona de Maia, é a ilusão cósmica da realidade fenomenal, em constante mudança, que existe como véu sobre a realidade absoluta (*brahman*), que é a verdadeira, imutável e eterna realidade. *Māyā* é também "magia" e análoga a Maia no sentido de que o mágico trapaceiro nasce da ilusão. Além da *māyā* ilusória, há um aspecto criativo, instrumental, que pode ser entendido como a rede de Indra, que Aaron Cheak chama "símbolo da superioridade divina e, portanto, de soberania".[83] A palavra *māyā* deriva da raiz sânscrita *mā*, que significa "medir", o que Cheak sugere estar relacionado com as medidas de controle da divindade soberana e seu estabelecimento da ordem por meio de princípios criativos e formativos. Assim, *māyā* se relaciona com a manifestação do invisível no visível e com o esboço e o surgimento de formas.[84] *Māyā* é o próprio poder de criação; como a natureza dual de Mercúrio, pode ser usada para o bem ou para o mal, dependendo de como é empregada. Essa energia criativa é personificada pela deusa Māyā, que é a "potencialidade e a medida materna do mundo".[85]

Ela é a primeira expressão da indiferenciada consciência do Supremo, a princípio parte da totalidade e depois, gradualmente, experimentada como separada dele, percebida pela Mente em sua "alteridade" – processo equivalente à própria criação.[86] É por meio da ilusão de *māyā* que o Absoluto experimenta a si mesmo e passa a se conhecer, e toda a existência depende do fluxo de criatividade que Māyā engendra. No hino a seguir, extraído do *Atharva-Veda*, o sustento dos Asuras (demônios) dependia do leite da deusa:

> Ela se levantou. Os Asuras a viram. Chamaram por ela. O clamor era: "Vem, ó Māyā, vem para cá"!!
> Sua vaca era Virochana Prahradi. Seu recipiente de ordenha era uma panela de ferro.
> Dvimurdha Artvya fez a ordenha.
> Os Asuras dependem sempre de Māyā para seu sustento.
> Aquele que sabe disso torna-se um bom apoiador.[87]

A Vontade do *magus* nasce da primeira mãe e é purificada pelo leite da virgem, a realidade mutável, fluida, temporal que nos fornece o sustento com o qual vivemos e por meio do qual descobrimos a realidade imutável, eterna. A purificação, então, não precisa se dar por qualquer outro meio que não pela própria vida; pelo envolvimento com a ilusão de modo consciente, significativo, como pontos criativos e autoexpressivos de consciência na rede de Indra. Era dito que existia uma rede no mundo subterrâneo egípcio; o falecido era obrigado a aprender os nomes de cada parte da rede – postes, cordas, pesos, cordas, ganchos – para ter alguma chance de escapar dela. Mead sugere que as várias partes da rede se referem à anatomia do corpo sutil, e aprender os nomes significava renascimento e lembrança de uma verdadeira natureza interior, imortal. A rede era o motor do destino, que deve ser transmutado da rede de emaranhamento para uma rede com a qual pegar "alimento" ou a verdadeira nutrição espiritual.[88]

Vishuddhi é sânscrito para "purificação", e assim o chakra da garganta atua como filtro. Sua posição no pescoço entre a terceira e a quarta vértebras cervicais indica que está filtrando as energias de cima e de baixo. Há muita interferência gerada nos chakras inferiores; a ilusão de desejos pessoais obscurece nossa visão de um plano maior que se desenrola. Esses desejos podem ser, em última análise, nada mais que miragens no deserto que, embora convincentes, se dissolvem à medida que as abordamos no tempo. Quando sobe das quatro polaridades elementais inferiores e alcança a garganta hermafrodita, a energia se divide no último par, *Sol* e *Luna*. Enquanto a espada de Marte abre caminho pelas ilusões, libertando-nos dos apegos, as aspirações superiores da mente – transmitidas pelo Æther mercurial – purificam e nos inspiram a nos rendermos a uma ordem mais elevada de eventos dirigida pelos chakras superiores. Diante das inevitáveis decepções que surgem ao longo de nossos caminhos, temos a opção de aceitá-las com elegância e recuperar nosso equilíbrio ou continuar tropeçando em nossos esforços para alcançar uma miragem cada vez mais distante.

Assim como o mercúrio tem de ser purificado em sua forma "filosófica" antes que o trabalho de criar a pedra possa começar, a *magnum opus* espiritual requer uma purificação do arquétipo mercurial – significando a Mente e todos os nossos pensamentos, nossa fala e nossa capacidade de ouvir a voz do Espírito. No laboratório, o mercúrio é lavado com água da chuva, limpo com sal e vinagre, depois "reanimado" pela adição de ouro nativo puro, moído e reduzido a um pó fino,[89] uma conjunção de princípios femininos e masculinos. Eles são digeridos em conjunto por um período de seis meses, e durante esse tempo a fêmea Mercúrio é inseminada pela semente do Ouro.[90] Em nosso trabalho espiritual e criativo, o processo é o mesmo. Purificamos a mente, a animamos com uma consciência divina, para que cada pensamento, palavra, ação e feito estejam imbuídos da sutil essência do ouro. Assim como no laboratório, esse processo leva tempo, mas resultará em um mercúrio vivo e animado dentro de nós.

Para os alquimistas hindus, o elixir alquímico era sinônimo da imortalidade do corpo, objetivo do yoga tântrico. Assim, as operações alquímicas se traduziam numa transmutação do corpo terreno em um corpo divino, libertando, assim, o Espírito.[91] O ouro tinha de ser purificado e "fixado" com Mercúrio antes que pudesse ser absorvido.[92] No texto alquímico *Raseśvara-Darśana*, que significa "sistema mercurial" ou "ciência do mercúrio", mercúrio é o meio pelo qual a alma é transportada além dos ciclos transmigratórios.[93] A ênfase é colocada na purificação do corpo pela aplicação de mercúrio purificado, pois a emancipação depende da saúde do corpo. Tendo adquirido corpo divino, "a luz da pura inteligência brilha... Colocada entre as duas sobrancelhas, ilumina o Universo como fogo, como relâmpago ou como o Sol".[94] Mercúrio é ainda identificado com o eu supremo, que preserva a alma dos "terrores da metempsicose" e a liberta da "ilusão envolvente".[95] Animado pelo Espírito Santo, sopro do Supremo, o corpo é iluminado e disperso; seus limites já não são fixos, mas fluidos, dissolvendo as fronteiras entre dentro e fora. As estruturas que o sustentam se soltam e se quebram, amenizadas pelas águas do Espírito, que fluem sem parar do Céu e nos submergem em uma enchente de gnose.

16

A Lua

Reflexões do Incognoscível

A Lua prometeu derramar luz sobre o curso pós-Sol
e disse que já havia dado à luz o Medo, o Silêncio,
e também o Sono e a Memória – uma coisa que se revelaria
mais útil para eles.

– Trechos do *Stobæus* (25.17), de Mead,
Hermes, o Três Vezes Grande

O ESPELHO BRILHANTE DA LUA reflete de volta para nós o que não é visto pela luz do dia, falando-nos por meio de símbolos, sonhos, fantasias e memórias. Pelo suave brilho branco da Lua medimos o tempo e, pela esfera lunar, desenvolvemos a "função de moldar e ampliar corpos (*phytikon*)",[1] os poderes lunares da imaginação, por meio dos quais criamos à semelhança de nossas imagens internas, manifestando o pensamento em forma tangível. A Lua é, ao mesmo tempo, masculina e feminina, a força espermática inseminando o ovo solar e o ovo lunar recebendo os raios fertilizantes do Sol. Claro e escuro, nascimento e morte, inspiração e loucura – a Lua habita o espaço liminar entre o acima e o abaixo, sendo tanto fonte de fertilidade e regeneração quanto de corrupção e loucura. Do cálice da Lua (*Mēnē*) ganhamos o "dormir tranquilos" (*Stob.* 24)[2] e somos atraídos para as profundezas do inconsciente, pois a Lua é a guardiã da sabedoria noturna. Em sua luz prateada encontramos a sacerdotisa, o oráculo, o profeta e a bruxa – tudo que está escondido atrás do véu enevoado da Lua.

Nosso mais próximo vizinho celestial e mais brilhante objeto no céu depois do Sol, a Lua brilha com suave "luz falsa",[3] um reflexo do Sol iluminando e revelando o que de outra maneira está envolto em escuridão. Com seu desaparecimento cíclico, a Lua ressoa com temas de morte e renascimento que têm inspirado a imaginação humana desde tempos imemoriais. Aproximadamente quinze mil anos antes do desenvolvimento da agricultura, os seres humanos estavam memorizando e usando ciclos lunares para fins práticos.[4] Sua influência sobre a humanidade é igual, senão superior, à do Sol, pois a Lua não só faz seu aparecimento ser lembrado dia e noite como exerce atração gravitacional sobre as marés, doadoras de vida, e sobre a fisiologia humana, direcionando o fluxo de sangue menstrual e os ciclos de procriação.

Embora não seja tecnicamente um planeta, a Lua é a última na ordem descendente das estrelas errantes. Como satélite, é a companheira única e constante da Terra, que orbita num período de 27 dias, a uma distância de 384 mil quilômetros. Como o tempo de rotação da Lua está sincronizado com o da Terra, ela gira na mesma velocidade que leva para orbitar o planeta, por isso vemos sempre o mesmo lado da Lua, o que nos faz acreditar que existe um lado escuro que se adiciona a seu mistério e à sua relação com o inconsciente. A empoeirada e desolada superfície de crateras revela uma longa história de violentas colisões com asteroides, cometas e meteoros, que deixaram uma camada de poeira cinza e detritos rochosos, conhecida como regolito lunar. De nosso privilegiado ponto de vista na Terra, vemos as crateras, as *maria* ("mares"), como áreas escuras na superfície contrastando com as terras altas mais claras, o que cria formas que a imaginação torna semelhantes a um homem, um coelho ou um sapo.

Quanto vemos da Lua depende de onde ela está no ciclo de fases lunares e de sua posição em relação à Terra e ao Sol, variando da completa invisibilidade, na Lua nova, ao disco branco cheio e brilhante, na Lua cheia. De uma Lua nova para a próxima há um período de 29 dias e meio, decomposto em quatro, oito ou 16 fases. O aparente desaparecimento e reaparecimento da Lua tem sido interpretado como um processo simbólico de nascimento, morte, ressurreição e ciclos de geração. O aumento e a diminuição da vida, como as fases crescente e minguante da Lua, podem ser considerados os princípios opostos de *yang* e *yin*, que trabalham para equilibrar continuamente um ao outro. Quando crescente, a Lua é mais *yang*, podendo ser considerada mais masculina, ativa e expansiva, enquanto a Lua minguante é mais *yin*, isto é, feminina, contrativa e passiva.

No Antigo Egito, os eclipses lunares eram associados a Tifão, a que alguns se referem como "a sombra da Terra" e que representa tudo que é sombrio e destrutivo na natureza. Assim como Osíris foi jogado no caixão pela trapaça de Seth, a Lua caía na sombra da Terra no eclipse lunar, adquirindo uma sinistra cor vermelha.[5] Como alternativa, durante um eclipse solar, o Sol era oculto pela Lua, imaginada como uma terrível serpente, Apep (Apófis), que devorava o Sol e trazia escuridão e caos para o mundo.

A Lua é uma influência impassível, mas quente, úmida e umidificante, que rege os aspectos aquosos de corpos individuais e do corpo da Terra. No *Tetrabiblos*, Ptolomeu escreve que a Lua suaviza, decompõe e está moderadamente se aquecendo com a luz que recebe do Sol.[6] A Lua rege o signo de água do Caranguejo, Câncer, signo cardinal de verão que confere qualidades maternas e femininas de nutrição, geração e segurança. No corpo, a Lua se relaciona com o lado esquerdo, em particular com o olho esquerdo, assim como com os seios, o estômago, a barriga, a bexiga, o útero, o baço, as membranas e a medula.[7] A segunda-feira é atribuída à Lua, do inglês arcaico *mōndæg*, "dia da Lua". Em termos alquímicos, *Luna* se relaciona com o brilhante tom cinza da prata e com os elementos Água e Terra combinados como o terceiro princípio, Sal, a forma estruturada de pensamento.

Em climas em que o calor não abrandado pode atribuir ao Sol caráter mais perigoso, como no Egito e na Índia, a Lua é um farol de luz e fonte de geração. Na Índia, a Lua é imaginada como um cálice dentro do qual se encontra o elixir da imortalidade, *amrita*, a bebida dos deuses, etimologicamente relacionada ao grego *ambrosia*.[8] Como condutora das marés e regente da água, a Lua tem influência sobre tudo que diz respeito à vida; é o elixir se manifestando como orvalho, seiva, leite e sangue.[9] Os chineses falam de um orvalho lunar coletado da Lua em uma grande concha e dos Imortais da ilha de Ho-chu que bebem o orvalho e o ar.[10] A interação entre a energia feminina-*yin* da umidade da Lua e a energia masculina-*yang* da secura do Sol representa os opostos que compõem o Tao, a ordem eterna e flutuante do Universo.[11]

A Lua é mencionada no segundo arcano do tarô, a Suma Sacerdotisa, que encarna a luz de Ísis e o véu dos mistérios. A sacerdotisa se encontra no limiar do incognoscível. Como Crowley escreve: "Ela é a verdade por trás do véu da luz" e "a alma da luz".[12] Ilumina o olho interno, *Ajna*, ou Terceiro Olho, localizado no centro da testa e com frequência associado à glândula pineal,* que regula nossa vivência de experiências espirituais e a receptividade a elas. Também é chamado de centro da testa e considerado o ponto de transmissão para a consciência entrando no corpo físico, o "Olho da Alma".[13] Pela união do Sol e da Lua, o Olho da Alma é aberto. Essa pequena glândula em forma de pinha é o produtor principal da melatonina, que afeta nosso humor, ajudando a acalmar a mente e o corpo, e desempenha papel fundamental no ciclo sono-vigília. Diz-se que a melatonina é o hormônio da escuridão; sua produção pela glândula pineal é inibida pela luz e estimulada pelo escuro. Além da melatonina, a pineal também produz as substâncias psicoativas pinolina e DMT.[14] A relação entre experiências místicas – fora do corpo, quase morte, abduções alienígenas, visões angélicas – e DMT é demonstrada pelos estudos de Rick Strassman, que sugere que a DMT é a molécula espiritual que liga a alma ao corpo.[15] Segundo Bruce Burger, "a glândula pineal é o elo que ressoa com a energia primária da fonte".[16] É o botão no topo do caduceu, o cajado de Hermes, enquanto as duas asas são os hemisférios esquerdo e direito do cérebro (ver figura 5.3). Regido pela Lua, esse chakra é o centro relacionado à percepção além dos sentidos físicos, às habilidades psíquicas, à "segunda visão", à intuição, às premonições e aos oráculos.

---

* O terceiro olho está associado à glândula pineal em muitos contextos, mas também à glândula pituitária. Quando está alternativamente associado à pituitária, o chakra da coroa, regido pelo Sol, é atribuído à glândula pineal. Como na alquimia o que nos interessa é a união do *Sol* e da *Luna*, entendemos que ambas as glândulas se relacionam com esses dois chakras de diferentes maneiras. (N. da A.)

O HOMEM NA LUA

Na jornada que a Lua empreendeu pela imaginação humana, esse satélite em constante mudança foi concebido como masculino e feminino em termos linguísticos e míticos. O simbolismo alquímico e astrológico ocidental costuma se referir à Lua como *Luna* (latim, feminino), e as palavras para Lua em inglês, francês, italiano e grego são femininas, mas acontece o oposto com as línguas teutônicas (germânicas).[17] Em alemão, Lua é *der mond*, masculino; em nórdico arcaico, temos o masculino *máni*; e, em sânscrito, o masculino *mâs*. Culturas em todo o mundo têm atribuído gênero masculino à Lua; para os escandinavos, o Sol e a Lua eram, respectivamente, irmã e irmão, e os chineses se referem ao ancião da Lua, *Yue-lao.* A Lua foi considerada homem segundo a mitologia astrológica dos sertões africanos e para os khasias das montanhas do Himalaia. E mitos de uma Lua masculina existem em locais tão distantes quanto a Groenlândia e o Panamá.[18]

O deus babilônio da Lua, Sin, contração de *Su'en*, era "o senhor da sabedoria", correspondente ao sumério Nanna(r), às vezes combinado como Nanna-Suen. Sin era o deus da sabedoria e pai do deus Sol[19], descrito geralmente com ou como um crescente deitado (*uskaru*)[20], relacionado ao touro chifrudo que gerava vida, regulava o tempo e tinha poderes oraculares.[21] Gentil, confiável e misericordioso, Sin era visto como um deus que se autorregenerava e estava associado à fertilidade e à abundância das colheitas, desempenhando, por vezes, papel de parteira.[22] O deus frígio Mên, divindade lunar masculina cultuada em toda a Ásia Menor, visto como associado ao deus persa da Lua, Mao,[23] trazia as pontas do crescente nos ombros e estava associado à fertilidade, à cura e à punição dos malfeitores. Ele segura uma pinha (*patera*) na mão direita, considerada símbolo de imortalidade, iluminação e da glândula pineal.[24]

Na Índia, o deus Shiva, o Transformador, está relacionado com a Lua e carrega o crescente como emblema. O deus da Lua Chandra, senhor da fertilidade, das plantas e da vegetação, recebeu 108 nomes no texto sagrado *Ashtottara Shatanamavali of Lord Chandra*, incluindo "Aquele dotado de um coelho", "o Depósito de néctar", "o Imortal" e "o Conhecedor de tudo". Sagrado nas religiões dhármicas, o número 108 é uma chave matemática para a geometria cósmica do Universo – a distância média da Terra à Lua é 108 vezes o diâmetro da Lua (o raio da Lua é de

1.738 quilômetros); a distância da Terra ao Sol é 108 vezes o diâmetro do Sol; e o diâmetro do Sol é 108 vezes o diâmetro da Terra. Essas proporções cósmicas estão refletidas no microcosmo nos 108 chakras do corpo energético,[25] e 108 é a massa atômica da prata.

Os egípcios consideravam o Sol e a Lua os olhos do céu, ou os olhos direito e esquerdo de Hórus. A Lua masculina era filho do deus do céu Nut e irmão do Sol.[26] Chamada de "o Sol que brilha à noite", a Lua estava simbolizada por um disco em um crescente[27], associado às divindades masculinas Thoth, Khonsu, Osíris e Iah (Aah). Muito já foi dito sobre a associação de Thoth com a Lua. Ele assimilou um deus anterior da Lua chamado Iah ou Aah,[28] obtendo o nome Aah-Tehuti, o "criador da eternidade e da perenidade"[29]. Como Aah, ele era descrito como uma múmia, adornado com o crescente e a Lua cheia, e retratado no topo do símbolo de Mayet (*ma'at*), a pena de avestruz da verdade e da justiça.[30] Embora Thoth represente todas as fases da Lua, Aah-Tehuti estava especificamente associado à Lua nova, base tradicional para os cálculos lunares. O *wedjat* (olho) de Thoth, contudo, era símbolo da Lua cheia.[31]

Segundo Plutarco, Hermes (Thoth) ganhou, jogando damas com a Lua, certo número de períodos de luz, compondo, a partir deles, os cinco dias intercalados que foram adicionados aos 360 dias do ano egípcio.[32] Thoth tinha muitos epítetos lunares, incluindo "Sol de Prata", "Senhor do Céu" e "Touro dos Céus".[33] Costumava ser descrito com uma arma cortante simbolizando a Lua crescente.[34] O Thoth lunar regulava a passagem do tempo; era o "senhor do tempo" e o "contador de anos"[35], como um profeta que vê e prediz o futuro.[36] Sob alguns aspectos, Thoth era a própria Lua e, quando o deus do Sol, Rá, ascendeu às estrelas com a separação do Céu e da Terra, Thoth devolveu a luz à humanidade por intermédio da Lua.[37] Sob outros aspectos, Thoth é guardião e protetor da Lua, como quando encontra e devolve o olho esquerdo de Hórus, representando a cura da Lua eclipsada ou escura e restaurando-a para a saúde "plena".[38]

Khonsu, derivado da raiz *khens,* que significa "viajar, locomover-se, correr",[39] era conhecido como o "viajante",[40] olhando por aqueles que viajam à noite. Era o Senhor da Verdade, retratado como um jovem com as pernas amarradas como uma múmia e adornadas com o disco e o crescente lunar. Khonsu era comparado a um touro viril e poderoso como a Lua nova e, como Lua cheia, era visto como um touro castrado.[41] Khonsu era portador de fertilidade e usava o *menat*, símbolo da virilidade, com poderes que se estendiam a proclamar oráculos e construir destinos.[42]

A morte e a ressurreição de Osíris foi relacionada com as fases da Lua, que representavam a vida e a morte; os catorze dias da Lua minguante correspondiam aos catorze pedaços que faltavam no corpo de Osíris.[43] Também foi dito que Osíris reinou por 28 anos ou viveu até os 28 anos, aproximadamente o número de dias no ciclo lunar. Osíris assimilou o deus da Lua, Iah, no Período Final como Osíris-Iah, representado com o disco e o crescente na coroa, e foi associado a Ápis, touro sagrado e deus da fertilidade, assimilando-o na forma combinada *Usar-Hape*, a quem os gregos chamavam *Osorápis*.[44] Como Ápis, Osíris era associado ao início da primavera, quando na Lua nova, no mês de Phamenoth, os egípcios celebravam um festival que chamavam "Osíris está vindo para a Lua".[45] Nos mistérios osirianos, o corpo de Osíris era colocado num caixão em forma de vaca celestial, de cujo útero poderia surgir como renascido.[46]

DEUSAS LUNARES

Das divindades lunares egípcias femininas, encontramos Bast (Bastet), com cabeça de gato. Embora representando o Sol como poder gentil e protetor, Bast também personificava a Lua,[47] presumivelmente ou em parte, por causa da correlação entre gatos – em particular, por causa dos olhos – e a Lua. Associada ao pai e à mãe do deus da Lua Khonsu, era solicitada para, ajudada por Khonsu, dar assistência a mulheres grávidas na câmara de parto.[48] Muitas vezes, era mostrada segurando o sistro, instrumento musical semelhante a um chocalho e usado para afastar a escuridão, em particular Tifão, com seus efeitos nocivos. Plutarco descreve o sistro como encimado por um gato com rosto humano e alças de metal que simbolizam a órbita da Lua. Contou que o sistro representava a necessidade de todas as coisas serem mantidas em movimento incessante, pretendendo dizer "acordadas" e "agitadas", para se livrarem do entorpecimento. As faces de Ísis e Néftis são encontradas no fundo do sistro, em ambos os lados, representando geração e corrupção como a natureza dual da Lua.[49]

Embora Ísis, "a grande da magia" e deusa da fertilidade e da geração, tenha inerentes qualidades lunares, só no terceiro século a.C. a correlação entre ela e a Lua tornou-se proeminente, com os escritos do sacerdote egípcio Mâneto. Os chifres de vaca lunares e o disco solar que ela usava foram adotados durante o Novo Reino, quando Isís se associou a Hathor.[50] Como mãe de Hórus, Ísis era, às vezes, chamada "a mãe da Lua", e, como esposa-irmã do lunar Osíris, estava também casada com a Lua. Ela passou a ser adorada como deusa da Lua pelos druidas da Bretanha e da Gália por causa da influência da Lua sobre as águas da Terra.[51]

A deusa virginal Ártemis, aparentada com Hécate, com a persa Anahita e com Bendis, a deusa trácia da Lua, é a Donzela lunar do Arco de Prata e a deusa da caça, dos animais selvagens, do parto e das mulheres solteiras. Ártemis era filha de Zeus e Leto e irmã de Apolo, o deus do Sol. Foi identificada com a Diana romana, originalmente uma deusa da floresta que se chamava Diana *Lucífera*, "a que Traz a Luz", Diana *Omnivaga*, "errante",[52] e Mãe do Mundo.[53] Ártemis desempenha papéis contraditórios, protegendo mães e crianças ou trazendo doenças repentinas para mulheres e meninas. Proporciona forte contraste e uma alternativa à sexualidade e aos prazeres de Afrodite, defendendo as mulheres castas e não mostrando piedade pelas que sucumbem às domesticadoras rotinas do amor ou às paixões do corpo. É a senhora das colinas, vagando sozinha nas montanhas e se deliciando com a solidão. Afrodite não tem poder sobre ela; muitos mitos falam das tentativas frustradas de seduzir a deusa, modo seguro de desperar sua ira.

Selene: Imortalidade e o Portão da Lua

Selene era a deusa grega titã da Lua, filha de Hipérion e Teia, irmã do Sol (*Helios*) e Dawn (*Eos*). Em outros relatos, ela é a filha de Hélio. Presidindo os meses, Selene é chamada *Mene* (Lua, mês). Embora fizesse parte de uma tríade lunar composta por Ártemis-Hécate-Selene, foi Selene a verdadeira personificação da Lua, viajando com frequência em uma carruagem puxada por dois cavalos ou touros. Selene, de *selas* ou "luz", também é conhecida pelo nome Febe, a de "brilho lunar", "pura", e uma das princesas gêmeas messenianas, deusas cavaleiras conhecidas como leucípides. Selene era às vezes chamada Hilaeira, nome da outra leucípide e que significa "brilhando suavemente". O nutriente orvalho da Lua foi personificado como Ersa ("orvalho"), filha de Selene, que reabastecia a terra e estimulava o crescimento.

Selene se apaixonou por um jovem mortal, um pastor de grande beleza chamado Endímion, que Zeus colocou em estado de sono perpétuo no qual ele não ia envelhecer nem morrer. Foi durante a fase escura da Lua que Selene visitaria Endímion numa caverna no Monte Latmus.[54] Como pastor, Endímion foi retratado com Selene em um relevo impressionante sobre um sarcófago do século III (ver figura 16.1).[55] Endímion é mostrado se reclinando, a cabeça caindo para trás, como se estivesse adormecendo, e uma figura feminina junto dele segurando o elixir da imortalidade e papoulas, graças às quais ele adormecera. Enquanto isso, Selene desce de uma carruagem e se aproxima do amado. Endímion mantém sua união com a deusa imortal, caindo num sono sem morte.

As papoulas, usadas como oferendas aos mortos, representam paz e sono, mas também a morte, por sua cor vermelho-sangue, muito parecida com a sombra avermelhada que toma conta da Lua durante um eclipse lunar. Esse também é o vermelho do estágio final da *opus* alquímica, pois é a rendição e a morte do antigo eu e o nascimento do eu imortal. Será que uma união perpétua com o mundo dos sonhos, em que morremos e nascemos a cada noite e a cada amanhecer, não é a verdadeira experiência da imortalidade? Que a Lua seja vista com tanta frequência como o vaso de onde flui o elixir sagrado é indicativo do poder dela na prática da magia, recebendo visões e despertando a verdadeira imaginação.

Figura 16.1. Sarcófago de mármore com o mito de Selene e Endímion, século III. Cortesia do Museu Metropolitan.

Na Árvore da Vida, a Lua é a nona *sephirah,* Yesod, "Fundação", e permanece como portal entre a Terra (Malkuth, "Reino") e as esferas elementais e celestiais por onde o iniciado tem de passar para atingir estados elevados da consciência. Assim, ela também atua sobre os espíritos sublunares e os espíritos da terra. As papoulas eram relacionadas à terra no simbolismo de Elêusis, que significa a colheita e a deusa papoula Deméter.[56] À luz da Lua, imaginamos o que será colhido a tempo do mundo não manifesto antes da forma. O sono de Endímion é um despertar para o eu imortal – uma ressurreição para um sonho acordado, em que as linhas entre o real e o imaginário, ou não manifesto, se dissolvem. Por isso, um dos nomes de Yesod é "Casa do Tesouro de Imagens", pois ela é a guardiã da imagem de todas as coisas existentes e detém o poder de modificá-las e refiná-las.[57] Por meio da Lua, o reino astral se abre, e o poder da geração é revelado no processo criativo que nos permite influenciar, pela imaginação, mudanças no mundo físico.

Como intermediária entre o material e o imaterial, a Lua é a precursora dos sete mundos, o "instrumento da natureza" e o "transmutador de sua matéria inferior", circulando a meio caminho entre os reinos imortal e mortal do Céu e da Terra (*CH* 11.7).[58] A Lua é, assim, o portal para os reinos celestes superiores, no qual o iniciado começa a acessar o imortal, indestrutível e verdadeiro Eu.

Hécate: Loucura, Magia e a Passagem das Trevas

Embora brilhante e estimulante, o lado escuro da Lua incita à loucura, uma conhecida associação refletida no ditado comum de que "deve ser a Lua cheia", quando coisas incomuns ou misteriosas acontecem à noite. *Lunacy* (demência), da palavra raiz *luna*, referia-se originalmente a um estado de loucura causado por mudanças da Lua, e é provável que *lunático* derive do latim tardio *lunaticus*, que significa "tocado pela Lua".[59] Quando inunda a mente consciente, o inconsciente pode desestabilizar um indivíduo e levá-lo à loucura. Na resposta aos apelos de Dionísio, que estava sendo perseguido por Penteu, Mene responde: "Como acontece com Bakkhos (Baco), eu governo uma loucura aérea. Sou o Mene de Baco não só porque no céu dou a virada nos meses, mas porque comando a loucura e desperto a coisa lunática".[60] Existe um mal na Lua que não gera nenhuma luz própria além da projetada sobre ela. Projeções da mente, inconscientes por natureza, e externalizações sinistras são, ao mesmo tempo, estranhas e sutilmente familiares; seu propósito é nos despertar para conteúdos inconscientes ocultos nas complexidades do Eu.

A mãe sombria, mortal ou devoradora é materializada na forma de uma deusa lunar ctônica, Hécate (a *Trivia* romana), uma figura feminina sinistra, personificação da loucura e dos pesadelos.[61] Hécate está associada ao parto, às encruzilhadas, bem como à feitiçaria, à magia, aos fantasmas e à invocação dos mortos. De acordo com Hesíodo, ela era a filha de Astéria e Perses, honrada por ninguém menos que Zeus, que tecia louvores à sua honra nos céus, entre deuses e poderes imortais, bem como na terra e no "infrutífero mar"; muitas graças eram concedidas aos que rezavam a ela.[62] Identificada com a virginal Ártemis, Hécate é às vezes retratada com uma saia mídi e segurando duas tochas acesas. Seus animais familiares são a cadela negra, a doninha, as éguas e as lobas.

Como Cérbero, o cão infernal de três cabeças, Hécate às vezes tem três corpos e três cabeças, capturados pelo epíteto *Brimo Trimorphos* (Hécate das três formas),[63] simultaneamente simbólicos das três fases da Lua, das três fases da vida e dos três níveis de Céu, Terra e Inferno.[64] Isso também se relaciona ao papel de Hécate como deusa das encruzilhadas, das estradas bifurcadas, das junções de três estradas e das ocasiões da vida em que têm de ser tomadas decisões, gerando mudanças para melhor ou para pior, ou novas direções têm de ser escolhidas e seguidas. Jung entendeu a encruzilhada como uma unificação dos opostos, e as bifurcações na estrada, como separação ou divisão – como a mãe que unifica e de quem temos de nos separar.[65]

Nas encruzilhadas do conhecido e do desconhecido, a mãe sombria representa o perigoso aspecto do inconsciente que surge em momentos de separação. É como a terra se abrindo para revelar os terrores desconhecidos que jazem escondidos nela, pressionando para sair, manifestando-se em formas de loucura e psicose para que possam ser assimilados e transformados. Há certa quantidade da loucura divina da Lua que pode ser absorvida, uma imersão criativa, por assim dizer, nas realidades absurdas fora da realidade consensual. O artista, o mago e o alquimista conhecem bem a linha tênue que deve ser respeitada e como boa parte do escuro elixir da Lua pode ser bebido antes que a realidade comece a se dissolver ou a quebrar como espelho. Tal doença lunar inunda a mente consciente e, para o processo criativo, pode ser ricamente produtiva, mas apenas em doses adequadas.

Como deusa do parto, Hécate representa o relacionamento íntimo entre a escuridão e a geração criativa, além do fluxo e refluxo das marés criativas. É muito fácil esquecer que a vida e a morte andam de mãos dadas e a semente precisa da escuridão para germinar. Os bloqueios de criatividade podem ser caracterizados por uma mania frustrada, em que o mar de inspiração inconsciente inunda a imaginação, mas os meios de trazê-lo à luz fogem da consciência. Tal doença não pode ser aliviada pela força, assim como uma mãe não pode decidir quando o filho vai nascer. As águas vão quebrar no próprio tempo, mas, enquanto isso, é necessário desenvolver paciência e coragem, pois a única saída está definida.

Na descida para o submundo, encontramos a cadela negra de Hécate, rainha de Troia, antes de ser transformada em cadela como punição por assassinato. Os cães, capazes de devorar e destruir de modo indiscriminado, mas também conectados com a cura e a orientação, têm afinidade natural com o submundo, o inferno e a morte: o cão infernal Cérbero; o babuíno cinocéfalo de Thoth; Garm, o horripilante cão que ficava nos portões de Niflheim; e o psicopompo deus-chacal Anúbis dos egípcios, guiando a alma dos falecidos para o Duat. Cães, lobos e chacais compartilhavam de definida simbologia no Antigo Egito. Desde cedo, surgiram associações entre o chacal e os mortos pelo fato de que esse animal fazia sua casa nos desertos e nas montanhas onde os egípcios construíam seus túmulos e enterravam seus mortos.[66] Plutarco compara Anúbis com Hécate porque ambos têm capacidade de enxergar de dia e de noite.[67]

No simbolismo alquímico, os cães assumem outro papel quando as naturezas duais de *Sol* e *Luna* entram em um violento ritual de acasalamento que antecede a união. O casal real é descrito como dois cães, ou um cão e um lobo, em uma luta sexualmente carregada, em que as paixões animalescas são extremas e devoradoras, o que resulta em uma união de forças libidinosas opostas de *anima* e *animus*, Eros e Logos. O par de combate é identificado como um lobo do leste e um cão do oeste em *O Livro Alquímico de Lambspring*, embora sejam da mesma índole, cheios de ciúme, raiva e loucura.[68]

Em sua fúria, os dois cães se matam para produzir um grande veneno, mas sua ressurreição produz "o Grande e Precioso Remédio".[69] Os dois cães são a Alma e o Espírito, e a morte de ambos é a mortificação do Corpo (*Luna*). Em nível

Figura 16.2. Batalha de princípios opostos na forma de um lobo do leste e um cão do oeste. De *O Livro Alquímico de Lambspring*, em *Musaeum Hermeticum Reformatum Et Amplificatum*, 1678. Cortesia do Instituto de História da Ciência.

espiritual, a *mortificatio* inicia a jornada ao submundo guiada pelos cães ctônicos duais de leste e oeste, retratados no décimo oitavo *arcanum*, a Lua, como dois cães uivantes, ou, no tarô de Thoth, como formas gêmeas de Anúbis guardando duas torres, entre as quais se encontra o caminho estreito que o aspirante deve trilhar para encontrar o rumo para as terras solares. Nessa região infernal o aguardam a loucura e a feitiçaria de Hécate, fantasmas e pesadelos, o veneno intoxicante da ilusão e o engano, além de todos os terríveis horrores da noite. Felizmente, Anúbis guia a alma pelo submundo para que possa reconciliar as duas metades de seu ser – Alma e Espírito – e ser renascida, pois, quando trazidas à união, elas produzem a medicina reconciliadora, o elixir da imortalidade, a umidade regeneradora da Lua que ressuscita o corpo desmembrado.

ONDE O UNICÓRNIO SE ESCONDE

Enquanto muitas culturas imaginam um Grande Coelho na face da Lua, outras veem um sapo. No noroeste do Pacífico, os *salish** têm uma história sobre um sapo que saltou para a Lua quando fugia da perseguição amorosa de um lobo, e, na China, o sapo da Lua está associado à deusa Chang'e, depois que ela bebeu o elixir da imortalidade. Um símbolo comum, embora muitas vezes sutil, na alquimia é o Sapo Negro, simbolizando a *prima materia*, tanto uma massa escura, rodopiante, de absurda confusão, quanto o reino de puro potencial imaginativo em que todas as coisas são possíveis. Ao buscar o sapo, somos conduzidos ao unicórnio, ao *monoceros*, pois se diz que unicórnios gostam de se esconder nas montanhas mais difíceis de alcançar, no fundo das cavernas escuras e nas tocas de sapos venenosos e de outras criaturas repugnantes,[70] pois que melhor lugar para esconder algo sagrado que os locais indesejáveis e menos prováveis? Muitos disseram que o unicórnio pode ser encontrado na Abissínia (Etiópia), em particular nas "Montanhas da Lua", lendária cadeia de montanhas onde se acredita ficar a nascente do Nilo.[71]

Assim como nos projetamos no espelho prateado da *Luna*, nossas ideias do sagrado são projetadas no unicórnio. O unicórnio vai fugir de todos, exceto da Virgem, pois o chifre discerne a impureza no mais diminuto grau. Com seu brilhante pelo branco, sugestivo do brilho da Lua, os unicórnios simbolizam a virgindade e a pureza, que têm relação com o *albedo*. Pelo princípio do semelhante atrai semelhante, o chifre só atrai para si aquilo de completa pureza, repelindo as coisas contrárias.[72] É por essa razão que tem sido dito que os unicórnios são úteis para

* Etnia indígena. (N. do T.)

expelir venenos da água mergulhando seus chifres nela. Segundo Manly P. Hall, "o unicórnio foi adotado pelos Mistérios como símbolo da iluminada natureza espiritual do iniciado, sendo o chifre com o qual ele se defende a espada flamejante da doutrina espiritual contra a qual nada pode prevalecer".[73]

O unicórnio lunar, com prata nos pelos, é o animal mítico por excelência para a arte da imaginação projetada para fora, para o processo mesmo de manifestação, com os poderes de *Ajna*, o Terceiro Olho. A natureza fálica do chifre emergindo do centro da testa e apontando para os céus representa tanto a fertilidade quanto a unificação da visão em direção aos reinos superiores. Notavelmente, a semelhança clitoriana do sapo e do fálico chifre branco representa a força geradora negra da terra abaixo e o olho espiritual do céu acima. Juntos, eles representam a transmutação da *prima materia* em *materia ultima*, a matéria aperfeiçoada e a conclusão do trabalho alquímico. Assim o unicórnio encarna o foco espiritual, singular, da mente, que leva à iluminação. Como reflexo superior do centro sacral, *Svadhisthana*, o Terceiro Olho recebe as energias criativas estimuladas pela eletricidade de Júpiter, trazidas para cima para serem projetadas na realidade. No símbolo de Júpiter, o crescente lunar sobre a cruz da matéria simboliza "a mente sobre a matéria" e o poder da imaginação para formar a realidade. É nessa esfera que a mente transcende o corpo e, portanto, o crescente fica acima da cruz da matéria, a cruz que Cristo teve de carregar – que todos nós temos de carregar – ao assumir a carne. Com certeza, a mente lunar está conectada ao impulso criativo abaixo por meio do fluxo das águas mercuriais que fluem pelo *axis mundi*, a Árvore do Mundo, ou *sushumna nadi*.

Luna e unicórnio são ambos referidos como símbolo do Espírito Mercurial. Nesse contexto, um unicórnio é retratado ao lado de um veado em *O Livro Alquímico de Lambspring* (ver figura 16.3), em que o veado é a Alma (*Anima*), o unicórnio é o Espírito (*Spiritus*), e a floresta onde eles se encontram é o Corpo (*Corpus*). No texto que acompanha, somos avisados de que o mestre "os conduz e os restringe", pela arte, a permanecerem juntos no corpo, alcançando, assim, a "carne dourada".

Considerado símbolo hermafrodita, o unicórnio está relacionado tanto com o espírito feminino, equiparado à Virgem Maria e à concepção do Espírito Santo, quanto com o chifre ereto, que é uma força masculina, penetrante, e uma potência

Figura 16.3. Um veado e um unicórnio estão escondidos na floresta. Do *The Alchemical Book of Lambspring*, em *Musaeum Hermeticum Reformatum Et Amplificatum*, 1678. Cortesia do Instituto de História da Ciência.

espiritual da mente. Na China, o unicórnio macho é chamado de *ch'i,* e a fêmea, *lin*, enquanto o unicórnio em si é mencionado por sua condição como *ch'i-lin.*[74] Chevalier e Gheerbrandt apontam que o unicórnio transcende por completo a sexualidade e, na Idade Média, era equiparado ao "Verbo de Deus feito carne no útero da virgem Maria".[75] Na verdade, a mente inconsciente é o útero receptor da semente, ou palavra de Deus. Na *prima materia,* fecunda e rica, onde existem todas as possibilidades, o foco singular da imaginação, a palavra de Deus, é implantado e cresce com o próprio período de gestação.

Como a Lua, o unicórnio não deve ser considerado puro como um todo, apesar da ênfase nessa qualidade em boa parte da tradição que cerca seu mistério. Segundo Odell Shepard, tanto o chifre do unicórnio quanto a Lua, outrora considerados da mais pura natureza, passaram a ser considerados, em essência, venenosos.[76] Diz-se no *Physiologus Graecus* que o unicórnio "não tem boas inclinações em relação ao homem" e foi mencionado por São Basílio como demônio que "trama o mal contra o homem" e é "astuto em fazer o mal".[77] A Lua rege o que está embaixo, relacionando-se com todos os espíritos, demônios, fantasmas e outras entidades que ocupam os reinos sublunares. Fantasmas do inconsciente, que podem ser considerados venenos e são tão "reais" quanto descobrimos que são, tornam-se conscientes ante o chifre do unicórnio ou o chifre crescente da Lua mergulhando nas águas inconscientes e repelindo os venenos ou os atraindo pela simpatia. Que tanto o unicórnio quanto a Lua revelem e iluminem os aspectos ocultos da psique pode ser uma explicação para sua associação com o mal, mas também para nossa capacidade de integrar o inconsciente e a mente consciente.

Na *dissolutio* lunar, a Lua conduz as águas que agem para dissolver as estruturas fixas da mente, comparadas a um dilúvio avassalador que muda o mundo e no qual podemos sucumbir à loucura ou nos dissolvermos na unidade oceânica. O Talmude descreve um unicórnio enorme que não cabia na arca, mas conseguiu sobreviver ao Dilúvio, sendo amarrado no costado.[78] Quando o inconsciente ameaça a psique com inundação, a preservação do unicórnio, ou seja, a pureza da mente, ou sanidade, é afetada por uma externalização dela. Assim, chegamos a projetar nossos conteúdos inconscientes no mundo como meio de compreendê-los. Na alquimia, esses conteúdos interiores são projetados no arcano substância e no processo criativo, em nossas criações. Só, no entanto, quando reconhecemos as origens das projeções ocultas nas profundezas das cavernas das montanhas e difíceis de capturar é que passamos a integrá-las.

Que o unicórnio seja difícil de capturar é parcialmente atribuído à sua rapidez, como a da Lua e de Mercúrio, e também a uma tendência a se esconder. A natureza evasiva do unicórnio sugere estado de pureza mental alcançado pelo isolamento, o qual, às vezes, é vital para o processo criativo. Além disso, é na quietude, na solidão e na reflexão que sintonizamos a capacidade intuitiva e perceptiva do Terceiro Olho, por meio da qual adquirimos informações além de um nível superficial e desenvolvemos a capacidade de discernir e repelir aquilo que é venenoso, tóxico ou de alguma maneira perigoso. Como o espelhamento mágico da Lua, quando o Terceiro Olho está funcionando com clareza, somos naturalmente atraídos para aquilo que reflete nosso estado de consciência pura.

VENDO À LUZ DA LUA

No convencional sistema educativo de nossos dias, somos treinados basicamente para identificar, categorizar, julgar, possuir e ser membros úteis e produtivos de uma sociedade materialista. Não somos ensinados a enxergar as coisas sutis visíveis apenas por meio da reflexão. A formação da criança moderna a conduz, aos poucos, para fora de suas sintonias naturais, com participação mística e união com o inconsciente. Ela vai adotando uma atitude predominantemente consciente, racional perante a vida, enquanto o mistério de si e do Cosmos desliza para trás do véu do conhecimento assumido e da separação da natureza. Quaisquer ocorrências anômalas ou paranormais são rápida e racionalmente classificadas e descartadas. Excluindo alguma experiência que altere a vida e atrapalhe o "sono" de alguém que viva inteiramente acima das águas do inconsciente, é improvável que esse treinamento racionalista leve a qualquer verdadeira compreensão do eu em nível mais profundo. Para outros, no entanto, as anomalias são adicionadas a uma lista de experiências inexplicáveis e perguntas sem resposta que não descansam com facilidade sob a cega aceitação da visão de mundo materialista. À medida que a lista cresce e o eu se desenvolve, tão certo quanto a água é eliminada pela gravidade da Lua, essas pessoas se interessam por encontrar respostas.

Em seu esplendor prateado pressionado contra o véu negro da noite, a Lua só brilha por causa do Sol, e sem o calor e o efeito de secagem do Sol sua umidade só geraria corrupção. A verdadeira mensagem da Lua é alcançar o caminho do meio pelo equilíbrio entre as polaridades, ocupando tanto o Céu quanto a Terra como uma experiência consciente da participação mística. A Suma Sacerdotisa, portanto, ocupa o décimo terceiro caminho de Tiphareth a Kether na Árvore da Vida, no pilar do meio entre o coração e a coroa, conectando o indivíduo com o Espírito.[79]

Esse caminho passa pelo Abismo, a *sephirah* oculta *Daath*, o ponto em que são ligados os princípios masculino (Chokmah) e feminino (Binah) do Supremo.[80] Chokmah e Binah são as asas dos caduceus, e Ísis, Sacerdotisa da Estrela de Prata, guia o Espírito, subindo pelo Abismo até o topo do cajado em Kether.

O pilar do meio da Árvore corresponde ao bastão do caduceu e do *sushumna nadi* central, em torno do qual as serpentes opostas *ida* e *pingala* se entrelaçam e se unem em *Ajna*. No *Dhyānabindu Upanishad*, o Terceiro Olho é "a raiz das narinas e a sede da imortalidade".[81] O processo tântrico de despertar a *kundalini* é descrito como puxar a respiração pelos três *nadis* – *ida*, *pingala* e *sushumna* –,

Figura 16.4. A pedra lunar do mar é a raiz da Árvore da Vida. De Michael Maier, *Atalanta Fugiens*, 1618. Cortesia do Instituto de História da Ciência.

como se estivéssemos sugando o ar por um canudo. Trabalhando com o fluxo de energia sexual, o sêmen é redirecionado, da mesma maneira, para cima, para residir em *Ajna*. Como os elixires branco e vermelho dos alquimistas, a energia sexual no *Dhyānabindu* é descrita como uma forma branca, o *śukra* [sêmen], que reside entre o centro da Lua (*Ajna*), nas sobrancelhas e em *Sahasrara*, a coroa, e o *mahārajas* vermelho, que tem cor coral e reside nos genitais.[82] Essas duas forças sexuais relacionam-se com Shiva e Shakti, Sol e Lua, Consciência e Matéria.

Do ponto de vista alquímico, o Sol e a Lua vermelho e branco são emblemas da *arbor vitae*, a "Árvore da Vida", descrita como uma árvore de coral, alegoria para a pedra filosofal.[83] Nas palavras de Maier, "assim como o Coral cresce sob a Água e é endurecido pelo Ar, o mesmo acontece com a Pedra".[84] Enquanto sob a água, domínio da Lua, o coral é de cor branca, mas quando se livra de sua umidade pelos efeitos de secagem do ar se torna vermelho, a pedra sofre uma mudança de cor de branco para vermelho na coagulação final, pela qual se torna fixa e endurecida, impermeável à destruição. Senior (ibn Umail) chamou a Lua cheia de "amante da umidade", "perfeita pedra redonda do mar" e "raiz dessa ciência oculta".[85] No mar, a pedra é cultivada "como os corais" e chega à praia "quando as ondas e o vento sul se acalmam"[86], pois quando a tempestade interior se dissipa a pedra da personalidade integrada é liberada das profundezas.

É a Lua que dirige o fluxo e o refluxo das serpentes em sua subida. De acordo com uma passagem em *An Open Entrance to the Closed Palace of the King* [Uma Entrada Aberta para o Palácio Fechado do Rei], de Irineu Filaleto, é "Diana com as asas de suas pombas" que "abre uma passagem para a câmara nupcial", purificando o "ar venenoso".[87] Isso permite que "o jovem", Mercúrio, agite as "águas acima", na cabeça, como "uma nuvem rude e avermelhada".[88] A "escuridão diante do abismo", o oculto e misterioso inconsciente, é iluminada e integrada quando as serpentes gêmeas se elevam, misturando os opostos em uma visão singular no Terceiro Olho. A "nuvem avermelhada" é sugestiva do *rubedo* e a consumação da obra, além de o nascimento do redentor "Filho do Sol".[89]

O Rei vermelho e a Rainha branca se reúnem na *coniunctio oppositorum*, uma união que produz a criança Mercurial que se move livremente entre o consciente e o inconsciente. Desse modo, os aspectos da experiência anteriormente velados, recebidos em forma de sonhos, visões, fantasias, fenômenos paranormais, intuição e premonição, são elevados ao nível da consciência para facilitar uma compreensão mais precisa e profunda da realidade além do nível superficial retratado apenas pelo Sol. Trata-se da percepção de causas ocultas que se movem sob as águas. Quando o inconsciente começa a se tornar conhecido, padrões de emoção, comportamento e pensamento são iluminados, permitindo que sua resolução como psique os integre ou os liberte com compreensão e gnose.

CONCLUSÃO

Considerações Finais sobre o Velho, Velho Caminho

Todas as coisas existem na imaginação humana.

– William Blake

ESTE LIVRO PROCUROU FORNECER um fundamento histórico para os ensinamentos Herméticos e extrair sua essência por intermédio de um sistema filosófico que serve como meio de aprofundar uma relação pessoal com o Divino. Tentei apresentar, com a maior clareza possível, a cosmogonia Hermética e a jornada da alma de sua involução na matéria à evolução para a gnose. Além disso, ao longo deste trabalho, introduzi a base da Alquimia Criativa, cujo objetivo é a liberação da imaginação e a realização do pleno potencial criativo de cada um. Uma compreensão fundamental das filosofias subjacentes à alquimia, assim como uma compreensão completa dos planetas e suas correspondências, é a base dessa prática.

Para aqueles que se encontram em um caminho Hermético de autoiniciação ou talvez estejam apenas curiosos sobre o assunto, este livro é um recurso e um guia, mas de modo algum a palavra final sobre essas questões. Temos de mergulhar tanto no trabalho criativo prático quanto no estudo dedicado de fontes contemporâneas e tradicionais, assim como formar uma compreensão pessoal do material. Em particular, ler a *Hermética* teológica e filosófica é essencial, pois elas são, em si mesmas, uma iniciação à gnose. No que diz respeito à *Hermética* técnica e a textos alquímicos arcanos, há muito a ganhar em sua leitura, mesmo que a compreensão seja evasiva, pois nas entrelinhas da obscuridade a verdade, com o tempo, será revelada. Ainda assim, não é suficiente permanecer no reino mental. Devemos também nos envolver emocional e fisicamente para integrar esses ensinamentos e dar início ao trabalho de transmutar energias planetárias em suas formas mais nobres e elevadas. Como trindade de Corpo, Mente e Alma, nos cabe a tarefa de integrar sentimento, pensamento e ação, uma união que vai nos elevar como indivíduos e formar uma ponte entre nossa cura interior e sua externalização, pela qual compartilhamos nossos dons singulares com o mundo.

No cerne dos ensinamentos Herméticos, está a ideia de que tudo na vida é parte de um campo contínuo, sem emendas de criação, em constante mudança, e no entanto, eterno. No solitário trabalho de autorrealização, não devemos perder de vista nossa obrigação com a melhoria de toda a vida, ou seja, da própria consciência. Nossa contribuição individual será inteiramente única, e, por meio da purificação e do refinamento contínuos do conteúdo de nosso corpo, de nossa mente e de nossa alma, podemos aspirar a dotar nossos dons de autenticidade e de uma potência espiritual que será de grande benefício não apenas para nós, mas também para os outros.

Não se engane achando que há um fim para este trabalho, nem se deixe iludir acreditando em uma perfeição final; é um processo para a vida inteira, e sem dúvida haverá momentos de triunfo sobre os vícios e as corrupções que têm nos escravizado e um número ainda maior de momentos de fracasso. Com as vitórias vêm grandes poderes e grande responsabilidade. E a única perfeição que pode ser atingida existe na conclusão ininterrupta de cada momento. Enquanto nos esforçamos para atingir a perfeição em nosso trabalho alquímico, passamos a compreender que a verdadeira perfeição reside em quanto podemos nos relacionar claramente com Tudo-Que-É, que existe em perfeição eterna. Cada um de nós tem suas estações de luz e escuridão, e não devemos desanimar quando todo o nosso árduo trabalho parecer em vão. Na realidade, o que acontece por meio de uma prática devotada de Hermetismo e Alquimia Criativa é que desenvolvemos resiliência às adversidades da vida e fé profunda fixada em nosso eterno e verdadeiro Eu. Esse é o verdadeiro *lapis philosophorum*, o elixir da vida, equivalente à gnose Hermética e o meio pelo qual podemos realizar as transmutações mais sublimes em nossa vida.

É possível criar a pedra filosofal por meio do próprio processo criativo, sem a utilização de qualquer equipamento de laboratório? Em um próximo livro, contaremos com a compreensão fundamental das raízes do Hermetismo desenvolvidas aqui para explorar uma abordagem prática da arte da Alquimia Criativa. Tomara que, após nossa jornada de imersão pelas esferas planetárias, tenhamos começado a ver como essas energias se relacionam com o processo criativo, bem como com nossas histórias e experiências pessoais de vida, inspirando a imaginação e abrindo a possibilidade desse ideal Hermético de desenergizar os sete regentes para alcançar a oitava esfera de liberdade criativa. Em meu próximo livro, veremos como os artistas, ao longo dos séculos XIX e XX, tentaram libertar a imaginação das restrições sociais; como procuraram restabelecer o subjetivo como uma lente válida com a qual ver a realidade e como o papel do inconsciente na arte entrou em foco e fez seu aparecimento no surrealismo. Durante essa etapa, veremos como a alquimia penetrou na mente desses artistas e encontrou expressão em termos metafóricos e práticos. Daqui, iniciaremos uma jornada de imersão na *magnum opus,* a "Grande Obra", explorando os quatro estágios do *nigredo*, do *albedo,* do *citrinitas* e do *rubedo* – que já abordamos neste livro – e aplicando-os ao processo criativo de modo que resulta em transmutação interna e externa.

Porque, uma vez comprometido com a *opus* alquímica, este livro pode ser consultado como referência ao buscarmos uma visão mais profunda dos arquétipos planetários com os quais estamos trabalhando em nosso próprio processo de transmutação, bem como da filosofia fundamental subjacente à *opus* alquímica. Depois de ascender à árvore Hermética desde suas raízes até a vastidão de seus ramos espalhados, e depois de viajar do abismo sem limites para completar a jornada pelas sete esferas, sua mente ficou saturada com os ensinamentos de Hermes e as qualidades polivalentes das esferas. À medida que começar a reconhecer as maneiras pelas quais essas energias estão operando em sua vida, encontrando seu próprio mito pessoal nelas, você começará a desbloquear os poderes secretos que residem nos chakras. Essa experiência ajudará a informar-lhe, quando você se envolver com a *magnum opus,* não apenas sobre como liberar a imaginação, mas também sobre como purificar, pelos processos da alquimia, as sete camadas essenciais de seu ser, para que sua autenticidade e seus dons singulares brilhem em tudo que você cria.

Em minha própria vida, unir o caminho Hermético com a arte tem sido uma experiência extremamente gratificante, instilando em mim uma confiança inabalável em meu processo criativo e na capacidade de enfrentar os altos e baixos da vida. Foi desse modo que consegui atravessar uma longa e escura noite da alma, precipitada por um terrível encontro com a *prima materia*. Foi uma experiência de quase morte e despertar simultâneo da *kundalini* que me deixou despedaçada, em uma busca desesperada por terra firme. Todos os meus métodos habituais de autorregulação pareciam exacerbar minha separação e meu medo. Aliás, foi nessa época que minha jornada com a pintura a óleo e minha iniciação alquímica começaram. Aprendi que podia transmitir minha dor por meio de símbolos visuais e, unindo arte e alquimia, consegui me recompor após um completo desmembramento psicológico e uma separação de alma e espírito. Assim tiveram início muitos anos de contemplação da retorta alquímica em meu "laboratório" – meu estúdio – e uma lenta digestão da matéria secreta que eu tinha recuperado do abismo. Compreendi que toda pintura era um processo alquímico e passei a tratar a tela como um tubo de ensaio vazio no qual colocava o material a ser retificado ou transmutado. Quando não estava pintando, estava lendo tudo sobre Hermetismo em que conseguia pôr as mãos – alquimia, magia, astrologia, Cabala e tarô, assim como mitologia, meditação e psicologia. O Hermetismo parecia ser a chave que destrancava todas as tradições espirituais, trazendo-as à união.

A prática do Hermetismo e da alquimia me levou a uma existência profundamente intencional, da qual minha expressão criativa floresceu de maneira que eu nunca poderia ter previsto quando comecei. Nesse caminho mágico-alquímico, a separação entre a realidade subjetiva e objetiva se dissolve, permitindo um diálogo contínuo entre a experiência interior e a experiência exterior. Esta obra me ensinou a arte de ouvir, para que, em cada instância, a voz inconsciente possa ser escutada; me ensinou a olhar para a face indescritível do mistério, extrair a essência de uma ideia e colocá-la em prática. Sonhos, impressões sutis, sinais da natureza e mensagens subliminares tornam-se parte de uma rica tapeçaria a encarar como um autorreflexo e da qual posso fazer uso para desenvolver o assunto.

Quando combinado com magia planetária e mitologia, isso pode levar a alguns resultados inesperados, surreais e reveladores.

Cada nova criação é um universo próprio; vim a entender a arte como ato sagrado, uma comunhão com os deuses; passei a ver a mitologia como uma história viva e me vejo como um canal para as energias cósmicas se expressarem e evoluírem. Desci para o *kur* e abandonei o Céu e a Terra; fiquei pendurada como um pedaço de carne podre nas paredes do submundo e escondida em uma caverna até ficar forte o bastante para emergir e superar meus inimigos; bani minhas criações para as profundezas da terra e as ressuscitei das chamas; fiquei dissolvida em uma poça no chão do meu estúdio e me rendi a todas as torturas concebíveis; andava como um gigante com a cabeça nas nuvens e carregava um sapo no ventre; me dividi em duas e circundei a Terra em ambas as direções até me encontrar olhando para meu próprio umbigo; cheguei às encruzilhadas no jardim de Vênus e suportei suas privações; saltei entre os chifres em espiral de Lúcifer; chorei pelo *Anima Mundi*; banhei-me na fonte da Lua; pulei no colo de uma virgem; fui seduzida pelo cisne e pelo touro branco e rolei sob as águas turvas nas mandíbulas do crocodilo; sublimei gerações de trauma e culpa e perfurei as escamas do crocodilo; encontrei a pedra-mãe, a pedra-sapo e o antraz sob o chifre do unicórnio; encontrei significado nos padrões de minha pátina leprosa e converti-a em colinas ondulantes; e ascendi à oitava esfera e cantei em silêncio os hinos do Inominável. Fiz tudo isso, e ainda mais, porque nada é impossível na imaginação, e imaginação é vida.

Os sete planetas, esferas e chakras são portas de entrada para o inconsciente; o sentimento fala à mente subliminar. Sentir-se no papel dos arquétipos é tanto um meio de reverenciá-los quanto de assisti-los em sua evolução para uma consciência maior. Ao longo do caminho, desenvolvemos uma relação pessoal com eles, e reconheço, para onde quer que vá, seus sinais se refletindo de volta para nós, para onde, atualmente, estamos orientados em nosso trabalho. Quando esses sete portais estão plenamente abertos, livres de obstruções, e suas energias opostas são desenergizadas e trazidas à união, podemos chegar a experimentar a realidade transcendental da oitava esfera, que conserva as outras em si e existe acima da harmonia. Em minha experiência pessoal, relaciono isso à sensação de estar em pleno fluxo com os elementos interiores e exteriores da própria vida, muitas vezes marcada por uma inundação de sincronicidades, sonhos intensificados, fenômenos paranormais, maiores habilidades de projeção astral, comunicação com a Natureza, equilíbrio elemental e a capacidade de autorregular emoções, sentimentos e pensamentos. Com isso, vem um fortalecimento da vontade e uma confiança inabalável no processo, que, em última análise, leva a uma rendição à Vontade Divina. Essa entrega não significa renúncia à vontade, mas, sim, que a vontade pessoal de alguém está alinhada com a Vontade Divina, que é a essência do magnetismo espiritual. Manter tal estado exige prática e pode ser facilitado por meio da meditação, da Alquimia Criativa e da devoção.

Começamos nossa jornada na introdução com a premissa do tratado Hermético chamado "A Taça ou a Mônada": "É muito difícil deixar as coisas com as quais nos acostumamos, que encontram nosso olhar em cada lado, e nos voltarmos para o Velho, Velho [Caminho]" (*CH* 4.9). Nós que trilhamos o Velho, Velho Caminho, que reverenciamos a gnose e detestamos a falsidade, reconhecemos que sem a direita e a esquerda não haveria caminho algum. O perigo de perceber a união com o Tudo-Que-É é ficar embriagado de solipsismo e cego pelo narcisismo, incapaz de conciliar o paradoxo de que o Eu é Tudo e também os Muitos. Tal arrogância encontrará seu fim, do mesmo modo que Ícaro e Faetonte acabaram caindo. Ícaro escapou do labirinto, mas não deu ouvidos à advertência do pai para se manter no meio caminho entre as chamas solares e o mar lunar, caindo para a morte nas águas inconscientes. A verdadeira maturidade espiritual nos permite voar entre os raios abrasadores da consciência e as águas dissolventes. Isso é a liberdade real. Às vezes, no entanto, só depois que caímos alcançamos a sabedoria necessária para firmar nossas asas e tomar o caminho do meio. Faetonte ("brilhante") dirigia a carruagem e os cavalos de seu pai pelos céus e perdeu o controle, pondo a Terra em chamas e destruindo cidades e nações inteiras, secando rios e transformando a fértil terra da África em deserto. A própria Terra abriu os lábios ressecados para implorar ao Rei dos Deuses que desse fim à destruição, impedindo que as coisas voltassem ao caos primordial. Jove atingiu Faetonte com um raio, detendo a carruagem de fogo, e Faetonte caiu para a morte. É esse o desastre que se abate sobre a mente destreinada e arrogante, desviada do curso por forças inconscientes. Além de prejudicarmos a nós mesmos por nossa ignorância, também prejudicamos o mundo ao nosso redor.

Enquanto o Sol acena para subirmos, para nos alinharmos com o Divino por meio de suas emanações, a Lua nos mantém no caminho do meio por um humilhante reflexo de nossas próprias ilusões. Unificar os princípios opostos é a chave para ter uma existência equilibrada, harmoniosa, e uma desinibida expressão de criatividade. Assim caminhamos, na luz e na sombra, na perfeição de nossas imperfeições, confiando no processo criativo à medida que ele se desenrola.

Notas

INTRODUÇÃO
O CAMINHO HERMÉTICO DA AUTOINICIAÇÃO

1. Waddell. *Manetho*, p. 209.
2. Waddell. *Manetho*, p. ix.
3. Copenhaver. *Hermetica*, pp. xv-xvi.
4. Mead. *Thrice-Greatest Hermes*, 2:131.
5. Mead. *Thrice-Greatest Hermes*, 2:146.
6. Mead. *Thrice-Greatest Hermes*, 2:146.
7. Mead. *Thrice-Greatest Hermes*, 2: 90.
8. Valentim. "Concerning the Great Stone of the Ancient Sages", p. 315.
9. Valentim. "Concerning the Great Stone of the Ancient Sages", pp. 316-17.
10. Mead. *Apollonius*, p. 63.
11. Mead. *Thrice-Greatest Hermes*, 2:17.
12. Faivre. "Renaissance Hermeticism", pp. 109-10.
13. Faivre. "Renaissance Hermeticism", pp. 109-10.
14. Hanegraaff. "Hermes Trismegistus", p. 2.

1. TEXTOS HERMÉTICOS

1. Waddell. *Manetho*, p. 209.
2. Bullock. "Hermetic Philosophy", p. 5.
3. Salaman *et al.*, *The Way of Hermes*, p. 81; Yates. *Giordano Bruno*, p. 26.
4. Ebeling. *The Secret History*, p. 3.
5. Bullock. "Hermetic Philosophy", p. 6; Yates. *Giordano Bruno*, p. 6.
6. Jâmblico. *On the Mysteries*, pp. 304-05.
7. Ebeling. *The Secret History*, p. 9.
8. Copenhaver. *Hermetica*, pp. xxxii-xxxiii; Hanegraaff. "Hermes Trismegistus", p. 2.
9. Scott. *Hermetica*, p. 1.
10. Cotnoir. *Alchemy*, p. 41.
11. Hauck. *The Emerald Tablet*, p. 17.
12. Pomeroy *et al. Ancient Greece*, p. 409.
13. Hauck. *The Emerald Tablet*, p. 20.
14. Ebeling. *The Secret History*, p. 49.
15. Hermes Trismegisto. "The Emerald Tablet of Hermes", disponível em Sacred-Texts (*website*), acessado em 19 de setembro de 2021.
16. Mead. *Thrice-Greatest Hermes*, 1:7-8.
17. Salaman *et al. The Way of Hermes*, pp. 9, 85.
18. Mead. *Thrice-Greatest Hermes*, 1:7-8; Eliade. *A History*, 3:251.
19. Eliade. *A History*, 3:251; Yates. *Giordano Bruno*, pp. 12-3.
20. Mead. *Thrice-Greatest Hermes*, 1:7-9.
21. Copenhaver. *Hermetica*, p. 125.
22. Salaman *et al. The Way of Hermes*, p. 77.
23. Mead. *Thrice-Greatest Hermes*, 2:281.
24. Copenhaver. *Hermetica*, p. 60; Salaman *et al. The Way of Hermes*, p. 76.
25. Mahé. "The Definitions", p. 101.
26. Quispel. "The Asclepius", p. 74.
27. Mahé. "The Definitions", pp. 109-18.
28. Ebeling. *The Secret History*, p. 10.

29. Mead. *Thrice-Greatest Hermes*, 2:391.
30. Mahé e Meyer. "Perfect Discourse", p. 425.
31. Goodrick-Clarke. *Western Esoteric Traditions*, p. 34.
32. Mead. *Thrice-Greatest Hermes*, 2:307.
33. Mead. *Thrice-Greatest Hermes*, 2:309.
34. Mead. *Thrice-Greatest Hermes*, 2:332.
35. Copenhaver. *Hermetica*, p. 90.
36. Copenhaver. *Hermetica*, p. 81.
37. Copenhaver. *Hermetica*, p. 90.
38. Copenhaver. *Hermetica*, p. 81.
39. Copenhaver. *Hermetica*, p. 81.
40. Copenhaver. *Hermetica*, p. 83; Mahé e Meyer. "Perfect Discourse", p. 435.
41. Copenhaver. *Hermetica*, p. 84.
42. Ebeling. *The Secret History*, p. 10; Mead. *Thrice-Greatest Hermes*, 1:3-4.
43. Mead. *Thrice-Greatest Hermes*, 3:93-4.
44. Pagels. *The Gnostic Gospels*, pp. xiii-xvii. [*Os Evangelhos Gnósticos*. São Paulo: Cultrix, 1990 (fora de catálogo).]
45. Mahé e Meyer. "The Prayer of Thanksgiving", p. 419.
46. Mahé e Meyer. "The Prayer of Thanksgiving", p. 423; Mead. *Thrice-Greatest Hermes*, 2:390.
47. Mahé e Meyer. "Perfect Discourse", p. 425.
48. Mead. *Thrice-Greatest Hermes*, 3:222-25.

2. THOTH E AS ANTIGAS RAÍZES EGÍPCIAS DA TRADIÇÃO HERMÉTICA

1. Mead. *Thrice-Greatest Hermes*, 3:95; Scott. *Hermetica*, p. 459.
2. Mead. *Thrice-Greatest Hermes*, 3:96-7.
3. Ions. *Egyptian Mythology*, pp. 84-6.
4. Lurker. *Gods and Symbols*, pp. 68-9.
5. Ions. *Egyptian Mythology*, pp. 84-6.
6. Lurker. *Gods and Symbols*, p. 121.

7. Oldfather. *Diodorus* (4.25.3), p. 425.
8. Jâmblico. *On the Mysteries*, p. 21.
9. Plutarco. *Moralia*, pp. 25-7.
10. Guthrie. *The Pythagorean Sourcebook*, pp. 60-1.
11. Waite. *Turba Philosophorum*, p. 9.
12. Hedesan. "Glossary", pp. 169-70.
13. Russell. *Western Philosophy*, p. 105.
14. Mead. *Thrice-Greatest Hermes*, 2:279; Scott. *Hermetica*, p. 9.
15. Mead. *Thrice-Greatest Hermes*, 1:129-38.
16. Mead. *Thrice-Greatest Hermes*, 1:136-38.
17. Scott. *Hermetica*, p. 12.
18. Scott. *Hermetica*, p. 13.
19. Ebeling. *The Secret History*, p. 45.

3. O TRONCO HERMÉTICO: PERÍODOS HELENISTA E ROMANO

1. Russell. *Western Philosophy*, p. 221.
2. Pomeroy *et al. Ancient Greece*, pp. 455-69.
3. Russell. *Western Philosophy*, pp. 218-19.
4. Mead. *Thrice-Greatest Hermes*, 1:41.
5. Pomeroy *et al. Ancient Greece*, p. 428.
6. Russell. *Western Philosophy*, p. 230.
7. Russell. *Western Philosophy*, p. 254.
8. Mead. *Thrice-Greatest Hermes*, 1:63.
9. Mead. *Thrice-Greatest Hermes*, 1:48-9.
10. Pigliucci, Massimo. "Stoicism", *Internet Encyclopedia of Philosophy* (*on-line*), acessado em 20 de setembro de 2021.
11. Russell. *Western Philosophy*, p. 322.
12. Lévy, Carlos. "Philo of Alexandria". *Stanford Encyclopedia of Philosophy* (*on-line*), organizado por Edward N. Zalta, edição da primavera de 2018.
13. Russell. *Western Philosophy*, pp. 254-55.

14. Moore, Edward. "Middle Platonism". *Internet Encyclopedia of Philosophy* (*on-line*), acessado em 20 de setembro de 2021.
15. Mead. *Thrice-Greatest Hermes*, 1:416.
16. Russell. *Western Philosophy*, p. 287.
17. Russell. *Western Philosophy*, p. 288.
18. Plotino. *The Enneads*, p. xxiv.
19. Plotino. *The Enneads*, p. 371.
20. Plotino. *The Enneads*, p. 370.
21. Plotino. *The Enneads*, p. 369.
22. O'Brien. *The Essential Plotinus*, p. 97.
23. Plotino. *The Enneads*, p. 374.
24. Plotino. *The Enneads*, pp. 374-75.
25. Henry. "Introduction", p. xxxvii.
26. Ebeling. *The Secret History*, p. 37.
27. Ebeling. *The Secret History*, p. 45.
28. Hanegraaff. "Hermes Trismegistus", p. 1.
29. Hanegraaff. "Hermes Trismegistus", p. 4.
30. Hanegraaff. "Hermes Trismegistus", p. 6.
31. Hanegraaff. "Hermes Trismegistus", p. 7.
32. Hanegraaff. "Hermes Trismegistus", p. 9.
33. Salaman *et al.*. *The Way of Hermes*, p. 81.
34. Faivre. "Renaissance Hermeticism", pp. 111-14.
35. Greer e Warnock. *Picatrix*.
36. Ficino. *Three Books on Life*, pp. 236-393.
37. Faivre. "Renaissance Hermeticism", p. 113.
38. Faivre. "Renaissance Hermeticism", pp. 114-16.
39. Salaman *et al. The Way of Hermes*, p. 82.
40. Grafton. "Protestant versus Prophet", p. 84.
41. Salaman *et al. The Way of Hermes*, p. 82; Grafton. "Protestant *versus* Prophet", p. 88.
42. Yates. *Giordano Bruno*, p. 398. [*Giordano Bruno e a Tradição Hermética*. São Paulo: Cultrix, 1987 (fora de catálogo).]

43. Copenhaver. *Hermetica*, p. l; Yates. *Giordano Bruno*, pp. 402-31.
44. Ebeling. *The Secret History*, p. 94.
45. Grafton. "Protestant *versus* Prophet", p. 91; Copenhaver. *Hermetica*, p. li; Mead. *Thrice-Greatest Hermes*, 3:222-25.
46. Salaman *et al. The Way of Hermes*, p. 83.
47. Copenhaver. *Hermetica*, p. lii.

4. OS TRÊS RAMOS DO HERMETICISMO

1. Newman e Grafton. "Introduction", p. 18.
2. Newman e Grafton. "Introduction", p. 18.
3. Hanegraaff. "Romanticism", p. 259.
4. Mead. *Thrice-Greatest Hermes*, 2:186-87.
5. Black e Green. *Encyclopedia*, pp. 36-7.
6. Black e Green. *Encyclopedia*, pp. 36-7.
7. Black e Green. *Encyclopedia*, pp. 36-7.
8. Brennan. *Hellenistic Astrology*, p. 2; Parpola. "Mesopotamian Astrology", p. 53.
9. Cícero. *De Senectute*; Koch-Westenholz. *Mesopotamian Astrology*, p. 9.
10. Koch-Westenholz. *Mesopotamian Astrology*, p. 134.
11. Koch-Westenholz. *Mesopotamian Astrology*, p. 134.
12. Koch-Westenholz. *Mesopotamian Astrology*, p. 168.
13. Koch-Westenholz. *Mesopotamian Astrology*, p. 173.
14. Koch-Westenholz. *Mesopotamian Astrology*, p. 178.
15. Ebeling. *The Secret History*, p. 22.
16. Brennan. *Hellenistic Astrology*, p. 6.
17. Budge. *Gods of the Egyptians*, 2:304-8.
18. Budge. *Gods of the Egyptians*, 2:312-14.
19. Mead. *Thrice-Greatest Hermes*, 2:341.
20. Mead. *Thrice-Greatest Hermes*, 3:45-54.
21. Feliciano. "The Sacred Book", pp. 247-77.
22. Mead. *Thrice-Greatest Hermes*, 2:341-42.

23. Mead. *Thrice-Greatest Hermes*, 2:282.
24. Mead. *Thrice-Greatest Hermes*, 2:275-76.
25. Mead. *Thrice-Greatest Hermes*, 2:273-74.
26. Mead. *Thrice-Greatest Hermes*, 2:270.
27. Mead. *Thrice-Greatest Hermes*, 2:275.
28. Valens. *The Anthology*, p. 7.
29. Brennan. *Hellenistic Astrology*, p. 159; Brennan, Chris. "Vettius Valens", The Hellenistic Astrology *Website*, última atualização em 20 de dezembro de 2011.
30. Thorndike. *History of Magic*, p. 5; Yates. *Giordano Bruno*, p. 60.
31. Mead. *Thrice-Greatest Hermes*, 1:50.
32. Mead. *Thrice-Greatest Hermes*, 3:97.
33. Mead. *Thrice-Greatest Hermes*, 3:123-24.
34. Mead. *Thrice-Greatest Hermes*, 3:208.
35. Thorndike. *History of Magic*, p. 4.
36. *Online* Etymology Dictionary, s.v. "Magi", acessado em 21 de setembro de 2021.
37. *Online* Etymology Dictionary, s.v. "*magh-", acessado em 21 de setembro de 2021.
38. Cheak, "Magic", p. 261.
39. Jâmblico. *On the Mysteries*, pp. 305-6.
40. *Online* Etymology Dictionary, s.v. "Thaumaturge", acessado em 21 de setembro de 2021.
41. Budge. *Egyptian Magic*, p. 11.
42. Budge. *Egyptian Magic*, pp. 3-4.
43. Budge. *Egyptian Magic*, p. 11; Budge. *Osiris*, 2:169-71.
44. Budge. *Osiris*, 2:170.
45. Budge. *Osiris*, 2:170.
46. Budge. *Osiris*, 2:170-71.
47. Budge. *Osiris*, 2:177-78.
48. Goelet. "Commentary", pp. 145-46.
49. Ions. *Egyptian Mythology*, p. 103.
50. Lurker. *Gods and Symbols*, p. 97.
51. Goelet. "Commentary", p. 146.

52. Mead. "The Chaldaean Oracles", 1:9-10.
53. Mead. "The Chaldaean Oracles", 1:11.
54. Copenhaver. *Hermetica*, pp. xxiv-xxv.
55. Mead. "The Chaldaean Oracles", 1:12-3.
56. Mead. "The Chaldaean Oracles", 1:12-3.
57. Copenhaver. *Hermetica*, p. xxv.
58. Addey. "Oracles", p. 31.
59. Addey. "Oracles", p. 31.
60. Addey. "Oracles", p. 31.
61. Porfírio. "Philosophy from Oracles", p. 157.
62. Porfírio. "Philosophy from Oracles", pp. 258-59.
63. Mead. "The Chaldaean Oracles", 1:33; Copenhaver. *Hermetica*, p. xxv.
64. Goodrick-Clarke. *Western Esoteric Traditions*, pp. 25-6.
65. Copenhaver. *Hermetica*, p. xxv.
66. Mead. "The Chaldaean Oracles", 2:44.
67. Copenhaver. *Hermetica*, p. 20.
68. Betz. *Greek Magical Papyri*, pp. xlii-xlvii.
69. Betz. *Greek Magical Papyri*, p. xlvii.
70. Betz. *Greek Magical Papyri*, pp. xlii-xlvii.
71. Moore, Edward. "Middle Platonism", Internet Encyclopedia of Philosophy (*on-line*), acessado em 20 de setembro de 2021.
72. Betz. *Greek Magical Papyri*, p. xli.
73. Rohmann. "Book Burning", p. 118.
74. Shushan. "Greek and Egyptian Dreams", p. 129.
75. Greer e Warnock. Picatrix, p. 11.
76. Greer e Warnock. Picatrix, p. 248.
77. Greer e Warnock. Picatrix, p. 28.
78. Agrippa. *Three Books of Occult Philosophy*.
79. Mead. *Thrice-Greatest Hermes*, 3:275.
80. Mead. *Thrice-Greatest Hermes*, 3:273-74.

81. Mead. *Thrice-Greatest Hermes*, 3:283-84.
82. Copenhaver. *Hermetica*, p. 18.
83. Von Franz. *Corpus Alchemicum Arabicum*, pp. 25-6; ver também as obras de Jung na bibliografia.
84. Grazzini. "Documenta inedita", pp. 435-36.
85. Eliade. *A History*, 3:256; Von Franz, *Corpus Alchemicum Arabicum*, p. 16.
86. Von Franz. *Corpus Alchemicum Arabicum*, p. 16; Jung. "Confrontation with the Unconscious", pp. 170-99; Jung. *Psychology and Alchemy*; Von Franz. *Alchemical Active Imagination*.
87. Eliade. *A History*, 2:302-03.
88. Eliade. *A History*, 2:304.
89. Von Franz. *Corpus Alchemicum Arabicum*, pp. 16-7.
90. Eliade. *A History*, 2:302.
91. Eliade. *A History*, 2:37-8.
92. Cockren. *Alchemy Rediscovered*, pp. 20-1.
93. Budge. *Egyptian Magic*, p. 20.
94. Budge. *Egyptian Magic*, p. 20; Thorndike. *History of Magic*, pp. 12-3.
95. Bartlett. *Real Alchemy*, pp. 11-2.
96. Bartlett. *Real Alchemy*, pp. 11-2; Eliade. *A History*, 3:257.
97. Eliade. *A History*, 2:301.
98. Ebeling. *The Secret History*, p. 25.
99. Ebeling. *The Secret History*, p. 25.
100. Thorndike. *History of Magic*, p. 196.
101. Atwood. *A Suggestive Inquiry*, p. 12; Jung. *Psychology and Alchemy*, p. 23.
102. Thorndike. *History of Magic*, p. 196.
103. "Chrysopoeia of Kleopatra", News, Ouroboros Press (*website*), 16 de novembro de 2020.
104. Sendivogius. *New Chemical Light*, pp. 7-8.
105. Eliade. *A History*, 2:301.
106. Thorndike. *History of Magic*, p. 194.
107. Haughton, Brian. "What Happened to the Great Library at Alexandria?". World History Encyclopedia (*website*), última alteração em 1º de fevereiro de 2011.

108. Gibbon. *History of the Decline*, p. 65.
109. Goodrick-Clarke. *Western Esoteric Traditions*, pp. 71-2; Holmyard e Russell. *Works of Geber*.
110. Von Franz, *Corpus Alchemicum Arabicum*, pp. 25-6.
111. Eliade. *A History*, 3:257.
112. Waite. *Turba Philosophorum*, p. 9; Hedesan. "Glossary", pp. 169-70.
113. Abt. *Book of Pictures*, p. 9; Ebeling. *The Secret History*, p. 26.
114. Abt. *Book of Pictures*, p. 9.
115. Abt. *Book of Pictures*, pp. 9-11.
116. Jung. *Alchemical Studies*, pp. 59-65; Eliade. *A History*, 2:304.
117. Jung. *Alchemical Studies*, pp. 60-1.
118. Jung. *Alchemical Studies*, p. 313; Von Franz. *Corpus Alchemicum Arabicum*, p. 63; Morienus. *Book of Morienus*.
119. Goodrick-Clarke. *Western Esoteric Traditions*, p. 73.
120. Goodrick-Clarke. *Western Esoteric Traditions*, pp. 73-4.
121. Eliade. *The Forge*, p. 226.
122. Eliade. *The Forge*, p. 227.
123. Goodrick-Clarke. *Western Esoteric Traditions*, pp. 71-4; Waite. *Writings of Paracelsus*.
124. Faivre. "Renaissance Hermeticism", pp. 114-16; Goodrick-Clarke. *Western Esoteric Traditions*, p. 84.
125. Bartlett. *Real Alchemy*, p. 15.
126. McLean. "Commentary on the Rosarium".
127. Eliade. *A History*, 3:257; Jung. "The Lapis-Christ Parallel".
128. Eliade. *A History*, 3:258.
129. Eliade. *A History*, 3:258; para mais informações sobre John Dee, ver Louv, *John Dee*.
130. Faivre. "Renaissance Hermeticism", pp. 115-16; Goodrick-Clarke. *Western Esoteric Traditions*, pp. 90-1.
131. Goodrick-Clarke. *Western Esoteric Traditions*, pp. 90-1; Jung. *Psychology and Alchemy*, p. 357.
132. Goodrick-Clarke. *Western Esoteric Traditions*, pp. 120-21; Maier. *Atalanta Fugiens*.
133. Goodrick-Clarke. *Western Esoteric Traditions*, pp. 120-21.

134. Principe e Newman. "Historiography of Alchemy", p. 386.
135. Principe e Newman. "Historiography of Alchemy", pp. 385-86.
136. Principe e Newman. "Historiography of Alchemy", pp. 387-88.
137. Principe e Newman. "Historiography of Alchemy", p. 389; Atwood. *A Suggestive Inquiry*, p. 143.
138. Atwood. *A Suggestive Inquiry*, p. 542.
139. Principe e Newman. "Historiography of Alchemy", p. 394.
140. Bartlett. *Real Alchemy*, p. 16.
141. Bartlett. *Real Alchemy*, p. 16.
142. Eliade. *The Forge*.
143. Cotnoir. *Alchemy*; Cotnoir. *Weiser Concise Guide*; Bartlett, *Real Alchemy*; Bartlett. *Real Alchemy II*.
144. Cotnoir. *Weiser Concise Guide*, p. 17.
145. Waite. *Writings of Paracelsus*, 1:16.
146. Waite. *Writings of Paracelsus*, 1:294.
147. Albertus. *The Alchemist's Handbook*, p. 14.
148. *Rosarium Philosophorum*, disponível *on-line* no *site The Alchemy* em Levity.com.
149. Paracelso. Theophrastus. *The Book of the Revelation of Hermes (Liber Apocalypseos Hermetis, Theo. Paracelso, Interprete, De Supremo Mundisecreto. &c.)* (1608), disponível *on-line* em Internet Archive em Archive.org.
150. Filaleto, Irineu. "Concerning the Philosopher's Stone and its Grand Arcanum", disponível *on-line* no *site The Alchemy* como "A Brief Guide to the Celestial Ruby" em *Tres Tractatus de Metallorum Transmutatione* (Amsterdã, 1668), acessado em 21 de setembro de 2021.
151. Waite. *Writings of Paracelsus*, 2:42.
152. Eliade. *A History*, 3:256-57.

5. CÉU E TERRA

1. Mead. *Thrice-Greatest Hermes*, 2:3-4.
2. Mead. *Thrice-Greatest Hermes*, 2:3-4.
3. Mead. *Thrice-Greatest Hermes*, 2:26.

4. Mead. *Thrice-Greatest Hermes*, 2:5.
5. Taylor. *Mystical Hymns of Orpheus*, p. xxiv.
6. Ions. *Egyptian Mythology*, p. 22.
7. Ions. *Egyptian Mythology*, p. 22.
8. Ions. *Egyptian Mythology*, p. 25.
9. Goelet. "A Commentary", p. 142.
10. Goelet. "A Commentary", p. 142.
11. Kramer. *Sumerian Mythology*, pp. 40-1.
12. Mead. *Thrice-Greatest Hermes*, 2:79.
13. Copenhaver. *Hermetica*, p. 13.
14. Hermes Trismegisto. "The Emerald Tablet of Hermes", disponível em Sacred-Texts (*website*), acessado em 19 de setembro de 2021.
15. Sanchuniathon *et al. Phoenician History*, pp. 1-2.
16. *Online* Etymology Dictionary, s.v. "Matter", acessado em 21 de setembro de 2021.
17. Waite. *Writings of Paracelsus*, 1:201.
18. Waite. *Writings of Paracelsus*, 1:297.
19. Waite. *Writings of Paracelsus*, 1:207.
20. Morienus. *Book of Morienus*.
21. Ruland. *Lexicon*, s.v. "Matter of the Philosophers".
22. Cotnoir. *Weiser Concise Guide*, p. 33.
23. *Online* Etymology Dictionary, s.v. "Mother", acessado em 21 de setembro de 2021.
24. *Online* Etymology Dictionary, s.v. "Matter", acessado em 21 de setembro de 2021.
25. Fabricius. *Alchemy*, p. 16.
26. Ruland. *Lexicon*, s.v. "Materia Prima".
27. Ruland. *Lexicon*, s.v. "Materia Prima".
28. Fabricius. *Alchemy*, 18.
29. Anônimo. "The Golden Tract", p. 12.
30. Hermes Trismegisto. "The Emerald Tablet of Hermes", disponível em Sacred-Texts (*website*), acessado em 19 de setembro de 2021.
31. Mead. *Thrice-Greatest Hermes*, 2:116.

32. Copenhaver. *Hermetica*, p. xxxix.
33. Mead. *Thrice-Greatest Hermes*, 3:218.

6. A TÉTRADE E A TRINDADE

1. Russell. *Western Philosophy*, pp. 55-6; Atchity. *Classical Greek Reader*, pp. 118-21.
2. Russell. *Western Philosophy*, p. 206.
3. Waite. *Turba Philosophorum*, pp. 14-5.
4. Lurker. *Gods and Symbols*, pp. 50, 125.
5. Atchity. *Classical Greek Reader*, p. 112.
6. Atchity. *Classical Greek Reader*, p. 112.
7. Atchity. *Classical Greek Reader*, pp. 74-5.
8. Waite. *Writings of Paracelsus*, 1:206-7.
9. Ions. *Egyptian Mythology*, p. 25; Lurker. *Gods and Symbols*, p. 112.
10. Ions. *Egyptian Mythology*, p. 7.
11. Lurker. *Gods and Symbols*, p. 127.
12. Ruland. *Lexicon*, s.v. "Quinta Essentia".
13. Mead. *Thrice-Greatest Hermes*, 2:65-6.
14. Goodrick-Clarke. *Western Esoteric Traditions*, pp. 71-2.
15. Waite. *Writings of Paracelsus*, 1:36.
16. Waite. *Writings of Paracelsus*, 1:204.
17. Waite. *Writings of Paracelsus*, 1:125.
18. Von Franz. *Corpus Alchemicum Arabicum*, p. 85.
19. Russell. *Western Philosophy*, p. 206.
20. Hermes Trismegisto. "The Emerald Tablet of Hermes", disponível em Sacred-Texts (*website*), acessado em 19 de setembro de 2021.

7. A HARMONIA DO DESTINO E OS DOZE TORMENTOS

1. Regardie. *Golden Dawn*, pp. 150-51.
2. Black e Green. *Encyclopedia*, pp. 144-45.

3. Chevalier e Gheerbrandt. *Symbols*, p. 861.
4. Chevalier e Gheerbrandt. *Symbols*, p. 861.
5. Blavatsky. *Secret Doctrine*, 2:618-19. [*A Doutrina Secreta – VI Volumes*. São Paulo: Pensamento, 1980.]
6. Budge. *Osiris*, 2:247.
7. Eliade. *A History*, 2:324-26.
8. Evans-Wentz. *Tibetan Book of the Dead*, p. 6. [*O Livro Tibetano dos Mortos*. São Paulo: Pensamento, 2ª ed., 2020.]
9. Michell e Brown. *Sacred Geometry*, p. 213; Hall. *Secret Teachings*, p. 72.
10. Macróbio. *Dream of Scipio*, p. 135.
11. Macróbio. *Dream of Scipio*, p. 135.
12. Macróbio. *Dream of Scipio*, pp. 135-36.
13. Macróbio. *Dream of Scipio*, 135-36.
14. Macróbio. *Dream of Scipio*, 136-37.
15. Mead. *Thrice-Greatest Hermes*, 1:417-18; Karamanolis, George. "Numenius", *Stanford Encyclopedia of Philosophy* (*on-line*), organizada por Edward N. Zalta, edição do inverno de 2016.
16. Mead. *Thrice-Greatest Hermes*, 2:16.
17. Mead. *Thrice-Greatest Hermes*, 2:9.
18. Mead. *Thrice-Greatest Hermes*, 3:40.
19. Mead. *Thrice-Greatest Hermes*, 3:42.
20. Sadhguru. "7 Chakras: Mystical Dimensions of the Body's Seven Chakras", 8 de janeiro de 2021, disponível em Isha.Sadhguru (*website*).
21. Sadhguru. "7 Chakras: Mystical Dimensions of the Body's Seven Chakras", 8 de janeiro de 2021, disponível em Isha.Sadhguru (*website*).
22. Copenhaver. *Hermetica*, p. 50.
23. Mead. *Thrice-Greatest Hermes*, 2:223.
24. Mead. *Thrice-Greatest Hermes*, 3:46.
25. Copenhaver. *Hermetica*, p. 51.
26. Salaman *et al*. *The Way of Hermes*, p. 68.

8. OGDÓADE: A ESFERA CRIATIVA

1. Mahé e Meyer. "Eighth and Ninth", p. 410.
2. Mahé e Meyer. "Eighth and Ninth", p. 416.
3. Mead. *Thrice-Greatest Hermes*, 2:16.
4. Mahé e Meyer. "Eighth and Ninth", p. 418.
5. Ions. *Egyptian Mythology*, pp. 29-30.
6. Lévi. *Transcendental Magic*, p. 84.
7. Lévi. *Transcendental Magic*, p. 87.
8. Lévi. *Transcendental Magic*, p. 86.
9. Lévi. *Transcendental Magic*, p. 87.
10. Hall. *Secret Teachings*, p. 72.
11. Mead. *Thrice-Greatest Hermes*, 2:41.
12. Crowley. *Book 4*, p. 47.
13. Crowley. *Book 4*, p. 106.
14. Knight. *Qabalistic Symbolism*, 1:175.
15. Mead. *Thrice-Greatest Hermes*, 2:21.
16. Mead. *Thrice-Greatest Hermes*, 2:4-5.
17. Mead. *Thrice-Greatest Hermes*, 2:8.
18. Mahé e Meyer. "Eighth and Ninth", p. 417.

9. VAGANDO COM OS ARQUÉTIPOS

1. Mead. *Thrice-Greatest Hermes*, 2:276.
2. Rochberg-Halton. "Babylonian Astrology", pp. 319-24.
3. Ptolomeu. *Tetrabiblos*, p. 39.
4. Ptolomeu. *Tetrabiblos*, p. xxiii.

10. SATURNO: NA ESCURIDÃO

1. Macróbio. *Dream of Scipio*, p. 136.
2. Kasak e Veede. "Understanding Planets", p. 26.

3. Wilkins. *Hindu Mythology*, p. 162.
4. Black e Green. *Encyclopedia*, p. 37.
5. Koch-Westenholz. *Mesopotamian Astrology*, pp. 85, 122.
6. Zucker. "Hebrew Names", p. 304.
7. Kasak e Veede. "Understanding Planets", p. 25; Koch-Westenholz. *Mesopotamian Astrology*, pp. 85, 122.
8. Wilkins. *Hindu Mythology*, p. 163.
9. NASA. "Saturn In Depth", NASA Science Solar System Exploration (*website*), última atualização 18 de agosto de 2021.
10. Stothers. "Saturn", pp. 254-55.
11. Ptolomeu. *Tetrabiblos* (1.4), pp. 35-7.
12. Valens. *The Anthology*, p. 3.
13. Valens. *The Anthology*, p. 3.
14. Crombie. *Writings of Origen* (6.22), p. 360.
15. NASA. "Mythology of Saturn", p. 221.
16. Kasak e Veede. "Understanding Planets", p. 14; Black e Green. *Encyclopedia*, p. 142; Leick. *Dictionary of Ancient Near East Mythology*, p. 135.
17. Budge. *Gods of the Egyptians*, 2:94.
18. Zucker. "Hebrew Names", p. 304.
19. Falk. "Astronomical Names", p. 123.
20. Laitman. *Zohar*, p. 46.
21. Copenhaver. *Hermetica*, p. 49.
22. Copenhaver. *Hermetica*, p. 137.
23. Hesíodo. *Theogony and Works and Days*, p. 40.
24. West. *Orphic Poems*, p. 178.
25. West. *Orphic Poems*, p. 178; Taylor. *Mystical Hymns of Orpheus*, p. xiv.
26. West. *Orphic Poems*, p. 178.
27. Theoi Project (*website*). "Ananke", citando Alcman, Fragmento 5, acessado em 23 de setembro de 2021.
28. West. *Orphic Poems*, p. 180.
29. West, *Orphic Poems*, p. 178.

30. Hesíodo. *Theogony*, p. 7.
31. Hesíodo. *Theogony*, p. 7.
32. Hesíodo. *Theogony*, p. 7.
33. Blavatsky. *Secret Doctrine*, 2:269.
34. Kasak e Veede. "Understanding Planets", p. 26.
35. Black e Green. *Encyclopedia*, pp. 35-6.
36. Leick. *Dictionary of Ancient Near East Mythology*, p. 40.
37. Parasara. *Brihat Parasara Hora Sastra*, p. 53.
38. Jung. *Symbols*, p. 198.
39. Leick. *Dictionary of Ancient Near East Mythology*, p. 10.
40. George. *Gilgamesh*, p. 225.
41. Dalley. *Myths from Mesopotamia,* pp. 205-21.
42. Nonnos. *Dionysiaca*, 2:325.
43. Apolodoro. *Library* (1.1.4-7), 1:7.
44. Roman e Roman. *Encyclopedia of Greek and Roman Mythology*, p. 521; Apolodoro. *Library* (1.1.11), 1:9.
45. Graves. *Greek Myths*, p. 40.
46. Budge. *Gods of the Egyptians*, 2:302-03.
47. Budge. *Osiris*, p. 76.
48. Mead. *Thrice-Greatest Hermes*, 2:6-7.
49. Turner e Meyer. "Secret Book of John", p. 114.
50. Turner e Meyer. "Secret Book of John", p. 116.
51. Meyer. "Nature of the Rulers", p. 197; Meyer. "On the Origin", p. 209.
52. Meyer. "On the Origin", p. 208.
53. Turner e Meyer. "Secret Book of John", p. 116; Jung. *Alchemical Studies*, p. 228.
54. Jung. *Symbols*, p. 280.
55. Knight. *Qabalistic Symbolism*, 1:98.
56. Knight. *Qabalistic Symbolism*, 1:97.
57. Clark. *A Bardon Companion*, p. 397.
58. Von Franz e Boa. *Way of the Dream*, p. 130. [*O Caminho dos Sonhos*. São Paulo: Cultrix, 1992 (fora de catálogo).]

59. Mead. *Thrice-Greatest Hermes*, 2:116.

60. Mead. *Thrice-Greatest Hermes*, 2:89.

61. Mead. *Thrice-Greatest Hermes*, 2:41, 3:105.

62. Jâmblico. *On the Mysteries*, pp. 68-71.

63. Von Franz. *Shadow and Evil*, p. 126.

64. Von Franz. *Shadow and Evil*, p. 126.

65. Armstrong. *A History of God*, pp. 249-50.

66. Mead. *Thrice-Greatest Hermes*, 3:85.

67. Jung. *Alchemical Studies*, pp. 265-66.

68. Wilkins. *Hindu Mythology*, p. 163; Dalal. *Hinduism*, p. 373.

69. Stratford. *Western Alchemy*, p. 9.

70. Bartlett. *Real Alchemy II*, p. 237.

71. Valentim. "The 'Practica', with Twelve Keys", p. 325.

72. Bartlett. *Real Alchemy II*, p. 236.

73. Valentim. "The 'Practica', with Twelve Keys", p. 87.

74. Bartlett, *Real Alchemy II*, p. 237.

75. Holland. "Work of Saturn", p. 184.

76. Maier. *Atalanta Fugiens*, Discurso 12.

77. Mead. *Thrice-Greatest Hermes*, 3:91-2.

78. Valentim. "The 'Practica', with Twelve Keys", p. 331.

79. Maier. *Atalanta Fugiens*, Discurso 12.

80. Mead. Thrice-Greatest Hermes, 3:29.

81. Copenhaver. *Hermetica*, p. 37.

82. Copenhaver. *Hermetica*, p. 37.

83. Copenhaver. *Hermetica*, p. 40.

84. Mead. *Thrice-Greatest Hermes*, 2:187-88.

11. JÚPITER: A TEMPESTADE PERFEITA

1. *Online* Etymology Dictionary, s.v. "Jupiter", acessado em 21 de setembro de 2021.

2. *Online* Etymology Dictionary, s.v. "Zeus", acessado em 21 de setembro de 2021.

3. Waddell. *Manetho*, p. 23.
4. Mead. *Thrice-Greatest Hermes*, 3:105.
5. Black e Green. *Encyclopedia*, p. 128; Dalley. *Myths from Mesopotamia*, p. 266.
6. Black e Green. *Encyclopedia*, p. 129.
7. Leick. *Dictionary of Ancient Near East Mythology*, p. 53.
8. Dalley. *Myths from Mesopotamia*, p. 329.
9. Leick. *Dictionary of Ancient Near East Mythology*, pp. 45-6.
10. Chevalier e Gheerbrandt. *Symbols*, p. 561.
11. Choi, Charles Q. "Jupiter: Our Solar System's Largest Planet", Space.com (*website*), 9 de agosto de 2019, acessado em 24 de setembro de 2021.
12. Gates, Sara. "Diamond Rain May Shower Jupiter and Saturn, New Research Suggests", Huffington Post (*website*), última atualização em 11 de outubro de 2013, acessado em 24 de setembro de 2021.
13. Plínio. *Natural History* (bk. 7), p. 233.
14. Hesíodo. *Theogony*, p. 14.
15. Crowley. *777*, p. 99.
16. Choi, Charles Q. "Jupiter: Our Solar System's Largest Planet", Space.com (*website*), 9 de agosto de 2019, acessado em 24 de setembro de 2021.
17. Crowley. *777*, p. 106.
18. Rowe. *The Golden Verses*, p. 80.
19. Turner e Meyer. "Secret Book of John", p. 116.
20. Meyer. "On the Origin", p. 205.
21. Betz. *Greek Magical Papyri*, p. 11.
22. Betz. *Greek Magical Papyri*, pp. 69, 101.
23. Kasak e Veede. "Understanding Planets", p. 20.
24. Kasak e Veede. "Understanding Planets", p. 20.
25. Kasak e Veede. "Understanding Planets", p. 27; Koch-Westenholz. *Mesopotamian Astrology*, p. 120.
26. Koch-Westenholz. *Mesopotamian Astrology*, p. 121.
27. Koch-Westenholz. *Mesopotamian Astrology*, p. 121.
28. Wilkins. *Hindu Mythology*, p. 163.

29. Wilkins. *Hindu Mythology*, p. 163.
30. Ptolomeu. *Tetrabiblos* (1.4), p. 37.
31. Mead. *Thrice-Greatest Hermes*, 3:91-2; Copenhaver. *Hermetica*, pp. 77, 83.
32. Fabricius. *Alchemy*, p. 43.
33. Maier. *Atalanta Fugiens*, Discurso 23.
34. Ptolomeu. *Tetrabiblos* (1.17), p. 81.
35. Bartlett. *Real Alchemy*, pp. 164-67.
36. Ptolomeu. *Tetrabiblos* (3.12), p. 319.
37. Magno. *Book of Secrets*, p. 67.
38. Laitman. *The Zohar*, pp. 22-3.
39. Knight. *Qabalistic Symbolism*, 1:113-14.
40. Knight. *Qabalistic Symbolism*, 1:114.
41. Knight. *Qabalistic Symbolism*, 1:114.
42. Smith, W. *Greek and Roman*, 1:144.
43. Ions. *Egyptian Mythology*, p. 93.
44. Ions. *Egyptian Mythology*, p. 91.
45. Chevalier e Gheerbrant. *Symbols*, p. 131.
46. Black e Green. *Encyclopedia*, p. 128.
47. Dalley. *Myths from Mesopotamia*, p. 325.
48. Frazer. *Ovid's Fasti* (5.603), p. 305.
49. Ions. *Egyptian Mythology*, p. 92.
50. Smith, W. *Greek and Roman*, 1:145.
51. Lurker. *Gods and Symbols*, p. 26.
52. Lurker. *Gods and Symbols*, p. 26.
53. Lurker. *Gods and Symbols*, p. 26.
54. Ions. *Egyptian Mythology*, p. 97.
55. Blavatsky. *Secret Doctrine*, 1:331.
56. Blavatsky. *Secret Doctrine*, 1:332.
57. Smith, W. *Greek and Roman*, 1:144.
58. Higino. "Fabulae", *sec.* p. 133.

59. Smith, W. *Greek and Roman*, 1:144.

60. Lurker. *Gods and Symbols*, p. 26.

61. Higino. *Poetica Astronomica*, traduzido por Mary Grant, Theoi Project (*website*), acessado em 24 de setembro de 2021.

62. Taylor. *Mystical Hymns of Orpheus*, p. 48.

63. Jung. *Psychology and Alchemy*, p. 71.

64. Von Franz. *Corpus Alchemicum Arabicum*, p. 149.

65. Dee. *Monas Hieroglyphica*.

66. Clulee. "Astronomia Inferior", p. 186.

67. Jung. *Psychology and Alchemy*, p. 404.

68. Chevalier e Gheerbrant. *Symbols*, p. 324.

69. Pseudo-Hyginus. "Astronomica 2.16", traduzido por Grant, citado em "Aetos Dios", Theoi Project (*website*), acessado em 24 de setembro de 2021.

70. Plínio. *Natural History*, pp. 188-92.

71. Apolodoro. *Library*, 1:153-55; Fabricius, *Alchemy*, pp. 40-1.

72. Fabricius. *Alchemy*, p. 42.

73. Lycophron. "Alexandra 838", traduzido por A. W. Mair, citado em "Danae", Theoi Project (*website*), acessado em 24 de setembro de 2021.

74. *Rosarium Philosophorum*, disponível *on-line* em The Alchemy, *Website*, em Levity.com.

75. Plínio. *Natural History*, p. 139.

76. Maier. *Atalanta Fugiens*, Emblema 40.

77. Waite. *Writings of Paracelsus*, 1:375.

78. Ruland. *Lexicon*, s.v. "Aquila".

79. Hall. *Secret Teachings*, p. 166.

80. Stratford. *Western Alchemy*, p. 8.

81. Hollandus. "Hand of the Philosophers", p. 10.

82. Roob. *Hermetic Museum*, p. 394.

83. Hauck. *Emerald Tablet*, p. 113.

84. Valentim. "The 'Practica', with Twelve Keys", p. 330.

85. Anônimo. "The Golden Tract", p. 26.

86. Valentim. "The 'Practica', with Twelve Keys", p. 330.

87. Maier. *Atalanta Fugiens*, Discurso 30.
88. Chevalier e Gheerbrant. *Symbols*, p. 407.
89. Chevalier e Gheerbrant. *Symbols*, p. 408.
90. Fabricius. *Alchemy*, p. 34.
91. Chevalier e Gheerbrant. *Symbols*, p. 209.
92. Chevalier e Gheerbrant. *Symbols*, p. 209.
93. Copenhaver. *Hermetica*, pp. 51, 77-8, 83.
94. Crowley. *Book of Thoth*, p. 64.
95. Taylor. *Mystical Hymns of Orpheus*, p. 172.
96. Crowley. *Book of Thoth*, p. 91.
97. Mead. *Thrice-Greatest Hermes*, 3:274.

12. MARTE: AS CHAMAS DE TRANSFORMAÇÃO

1. Mead. *Thrice-Greatest Hermes*, 3:91-2.
2. Mead. *Thrice-Greatest Hermes*, 3:105.
3. Chevalier e Gheerbrandt. *Symbols*, p. 40.
4. Macróbio. *Dream of Scipio*, p. 136.
5. *Online* Etymology Dictionary, s.v. "Tuesday", acessado em 24 de setembro de 2021.
6. Evelyn-White. *Hesiod,* p. 171.
7. Apolodoro. *Library* (3.4.1), pp. 313-17.
8. Ovídio. *Metamorphoses* (4).
9. Maier. *Atalanta Fugiens*, Discurso 50.
10. Stratford. *Western Alchemy*, p. 14.
11. Crowley. *777*, p. 89.
12. Smith, W. *Greek and Roman*, 1:276.
13. *Rosarium Philosophorum*. Disponível *on-line* em The Alchemy, *Website,* em Levity.com.
14. *Rosarium Philosophorum*. Disponível *on-line* em The Alchemy, *Website,* em Levity.com.
15. Waddell. *Manetho* (Fr. 5), p. 23.
16. Ptolomeu. *Tetrabiblos* (1.4), p. 37.

17. Hesíodo. *Theogony*, pp. 30-1; Roman e Roman. *Encyclopedia of Greek and Roman Mythology*, p. 79.
18. Budge. *Gods of the Egyptians*, 2:303.
19. Budge. *Gods of the Egyptians*, 2:303.
20. Lurker. *Gods and Symbols*, p. 100.
21. Skinner. *Complete Magician's Tables*, p. 245.
22. Crowley. *777*, p. 81; Skinner. *Complete Magician's Tables*, p. 242.
23. Wilkins. *Hindu Mythology*, p. 162.
24. Zucker. "Hebrew Names", p. 304.
25. Kasak e Veede. "Understanding Planets", p. 27.
26. Koch-Westenholz. *Mesopotamian Astrology*, p. 129.
27. Kasak e Veede. "Understanding Planets", p. 14; Black e Green. *Encyclopedia*, p. 136.
28. Kramer. *Sumerian Mythology*, p. 35.
29. Smith, W. *Greek and Roman*, 1:276.
30. Koch-Westenholz. *Mesopotamian Astrology*, pp. 128-29.
31. Kasak e Veede. "Understanding Planets", pp. 27-8.
32. Kasak e Veede. "Understanding Planets", pp. 27-8.
33. Dalley. *Myths from Mesopotamia*, p. 325.
34. Leick. *Dictionary of Ancient Near East Mythology*, p. 57.
35. Dalley. *Myths from Mesopotamia*, p. 325.
36. Leick. *Dictionary of Ancient Near East Mythology*, p. 77.
37. Smith, W. *Greek and Roman*, 1:276.
38. Smith, W. *Greek and Roman,* 1:481.
39. Smith, W. *Greek and Roman*, 2:1160.
40. Roman e Roman. *Encyclopedia of Greek and Roman Mythology*, p. 56.
40. Hesíodo. *Theogony* (923-25), p. 30.
42. Hesíodo. *Theogony* (923-25), p. 30.
43. Homero. *Iliad* (4.420-45), 1:185.
44. Smith, W. *Greek and Roman*, 1:276.
45. Homero. *Iliad* (5.867-909), 1:259-61.

46. Frazer. *Ovid's Fasti*, pp. 277-79.
47. Smith, W. *Greek and Roman*, 1:276.
48. Taylor. *Commentaries of Proclus*, 1:29.
49. Taylor. *Commentaries of Proclus*, 1:96.
50. Atchity. *Classical Greek Reader*, p. 113.
51. Atchity. *Classical Greek Reader*, p. 112.
52. Ruland. *Lexicon*, s.v. "Ares".
53. Jung. *Alchemical Studies*, pp. 141-42.
54. Quinto de Esmirna. *Fall of Troy*, p. 57.
55. Crowley. *777*, p. 110.
56. Knight. *Qabalistic Symbolism*, 1:125.
57. Knight. *Qabalistic Symbolism*, 1:125.
58. Hollandus. "Hand of the Philosophers", p. 38.
59. Duncombe. "Earth's Core".
60. Chevalier e Gheerbrandt. *Symbols*, p. 543.
61. Chevalier e Gheerbrandt. *Symbols*, p. 543; Budge. *Gods of the Egyptians*, 2:247.
62. Cotnoir. *Guide to Alchemy*, p. 64.
63. Ruland. *Lexicon*, s.v. "Athanor".
64. Crowley. *777*, p. 44.
65. Magno. *Book of Secrets*, p. 68.
66. Valens. *The Anthology*, p. 4.
67. Apolodoro. *Library* (2.4.2), pp. 157-59.
68. Chevalier e Gheerbrandt. *Symbols*, p. 750.
69. Maier. *Atalanta Fugiens*, Discurso 23.
70. Skinner *et al. Splendor Solis*, p. 114.
71. Jung. "The Visions of Zosimos", em *Alchemical Studies*, p. 63.
72. Maier. *Atalanta Fugiens*, Discurso 8.
73. Abt. *Book of Pictures*, pp. 47-8.
74. Abt. *Book of Pictures*, pp. 47-8.
75. *Rosarium Philosophorum*. Disponível *on-line* em The Alchemy, *Website*, em Levity.com.

76. Jung. *Alchemical Studies*, p. 198.
77. Jung. *Alchemical Studies*, p. 87; Silberer. *Hidden Symbolism*, p. 91.
78. Jung. *Alchemical Studies*, p. 64.
79. Ovídio. *Metamorphoses*, "Mars and Venus"; Roman e Roman. *Greek and Roman*, p. 72.
80. Dee. *Monas Hieroglyphica*.
81. Jung. *Alchemical Studies*, p. 93.
82. Willard. "Beya and Gabricus", p. 269.
83. Maier. *Atalanta Fugiens*, Emblema e Discurso 4; Magno. *Book of Secrets*, p. 70.
84. Jung. *Psychology and Alchemy*, p. 327.
85. Maier. *Atalanta Fugiens*, Discurso 31.
86. Jung. *Psychology and Alchemy*, p. 415.
87. Maier. *Atalanta Fugiens*, Discurso 31.
88. Jung. *Psychology and Alchemy*, p. 337.
89. Maier. *Atalanta Fugiens*, Discurso 31.
90. Willard. "Beya and Gabricus", p. 271.
91. Maier. *Atalanta Fugiens*, Discourse 31.
92. Atchity. *Classical Greek Reader*, p. 45.
93. Asimov. *Understanding Physics*, p. 140.
94. Asimov. *Understanding Physics*, p. 141.
95. Asimov. *Understanding Physics*, p. 141.

13. O SOL: A ESSÊNCIA DA ETERNIDADE

1. Mead. *Thrice-Greatest Hermes*, 2:270.
2. Valens. *The Anthology*, p. 1.
3. Magno. *Book of Secrets*, p. 69.
4. Cory. *Hieroglyphics of Horapollo*, pp. 38-9.
5. Plutarco. *Moralia*, 5:101.
6. Budge. *Gods of the Egyptians*, 1:514-16.
7. Mead. *Thrice-Greatest Hermes*, 2:273.
8. Ions. *Egyptian Mythology*, p. 36.

9. Ions. *Egyptian Mythology*, p. 35.
10. Lurker. *Gods and Symbols*, p. 118.
11. Ions. *Egyptian Mythology*, p. 40.
12. Ions. *Egyptian Mythology*, pp. 21, 34-5.
13. Eliade. *A History*, 1:104.
14. Ions. *Egyptian Mythology*, p. 43.
15. Ions. *Egyptian Mythology*, pp. 19-21.
16. Faulkner. *Book of the Dead*, lâmina 1.
17. Ions. *Egyptian Mythology*, p. 35.
18. Apolodoro. *Library* (1.2.2), 1:13.
19. Ovídio. *Methamorphoses* (2).
20. Smith, W. *Greek and Roman*, 2:376.
21. Smith, W. *Greek and Roman*, 2:376; Homero. *Homeric Hymns*, p. 335.
22. Homero. *Homeric Hymns*, p. 325.
23. Homero. *Homeric Hymns*, p. 333; Smith, W. *Greek and Roman*, 2:376; Roman e Roman. *Encyclopedia*, p. 73.
24. Homero. *Homeric Hymns*, p. 333; Smith, W. *Greek and Roman*, 1:230.
25. Black e Green. *Encyclopedia*, p. 55.
26. Black e Green. *Encyclopedia*, p. 184.
27. Leick. *Dictionary of Ancient Near East Mythology*, p. 148; Kasak e Veede. "Understanding Planets", p. 14.
28. Dalley. *Myths from Mesopotamia*, p. 328; Black e Green. *Encyclopedia*, pp. 137, 184.
29. Kramer. *Sumerian Mythology*, pp. 41-2.
30. Leick. *Dictionary of Ancient Near East Mythology*, p. 148.
31. Black e Green. *Encyclopedia*, p. 78.
32. Jung. *Symbols*, p. 164n.
33. Homero. *Homeric Hymns*, p. 333; Apolodoro, *Library*, 1: 27.
34. Black e Green. *Encyclopedia*, p. 78.
35. Blavatsky. *Secret Doctrine*, 3:278.
36. Plotino. *The Enneads*, p. 574.

37. Macróbio. *Dream of Scipio*, pp. 136-37.
38. Lurker. *Gods and Symbols*, p. 114.
39. Budge. *Osiris*, 1:15.
40. Lurker. *Gods and Symbols*, p. 48.
40. Ions. *Egyptian Mythology*, p. 30.
42. Budge. *Gods of the Egyptians*, 1:514-16.
43. Clark. *Myth and Symbol*, pp. 218-20.
44. Lurker. *Gods and Symbols*, p. 125.
45. Lurker. *Gods and Symbols*, p. 128.
46. Clark. *Myth and Symbol*, p. 222.
47. Eliade. *Yoga*, pp. 228-29.
48. Hauck, Dennis William. "AZoth Ritual", disponível *on-line* em AzothAlchemy.org, acessado em 25 de setembro de 2021.
49. Chia e Thom. *Craniosacral Chi Kung*, p. 201.
50. Stone. *Polarity Therapy*, 2:207; Sills. *Polarity*, pp. 26-8.
51. Chia e Thom. *Craniosacral Chi Kung*, p. 195.
52. Clark. *Myth and Symbol*, pp. 222-23.
53. Clark. *Myth and Symbol*, p. 223.
54. Budge. *Osiris*, 1:276-77.
55. *Rosarium Philosophorum*. Disponível *on-line* em The Alchemy, *Website*, em Levity, com.
56. Ovídio. *Methamorphoses* (4).
57. Chevalier e Gheerbrandt. *Symbols*, p. 490.
58. Mead. "Chaldaean Oracles", 1:26.
59. Mead. *Thrice-Greatest Hermes*, 2:269-70.
60. Mead. *Thrice-Greatest Hermes*, 2:269-70, 2:275-76.
61. Mead. *Thrice-Greatest Hermes*, 2:275-76.
62. Taylor. *Mystical Hymns of Orpheus* (8), pp. 22-4.
63. Mead. *Thrice-Greatest Hermes*, 2:275.
64. Prabhavananda e Manchester. *The Upanishads*, p. 13.
65. Plotino. *The Enneads* (5.1.6), p. 374; O'Brien. *Essential Plotinus*, p. 97.

66. Mead. "*Chaldaean Oracles*", 1:31.
67. Betz. *Greek Magical Papyri*, p. 8.
68. Knight. *Qabalistic Symbolism*, 1:137-39.
69. Crowley. *Book 4*, p. 57.
70. Knight. *Qabalistic Symbolism*, 1:147; Regardie. *Golden Dawn*, p. 77.
71. Goelet. "A Commentary", p. 151.
72. Budge. *Osiris*, 1:277; Faulkner. *Book of the Dead*, lâmina 15.
73. Chevalier e Gheerbrant. *Symbols*, p. 833.
74. Hall. *Secret Teachings*, p. 157.
75. Von Franz. *Corpus Alchemicum Arabicum*, p. 176.
76. Von Franz. *Corpus Alchemicum Arabicum*, pp. 176-77.
77. Copenhaver. *Hermetica*, p. 40.
78. Blavatsky. *Secret Doctrine*, 3:278-79.
79. Jung. *Symbols*, p. 109.
80. Plínio. *Natural History*, p. 188.
81. Heródoto. *History*, p. 267.
82. Chevalier e Gheerbrant. *Symbols*, p. 752.
83. Clark. *Myth and Symbol*, pp. 247-48.
84. Chevalier e Gheerbrant. *Symbols*, p. 752.
85. Budge. "Book of the Dead", p. 443.
86. Budge. *Osiris*, 1:60.
87. Nigg. *Phoenix*, p. xvii.
88. Ovídio. *Metamorphoses* (15.395-97).
89. Nigg. *Phoenix*, p. 111.
90. Cory. *Hieroglyphics of Horapollo*, (1.3-4), pp. 8-11.
91. Cory. *Hieroglyphics of Horapollo* (2.57), p. 121; Thorndike. *History of Magic*, p. 333.
92. Cory. *Hieroglyphics of Horapollo* (1.34), p. 54.
93. Plínio. *Natural History*, p. 187.
94. Fabricius. *Alchemy*, p. 209.
95. Chevalier e Gheerbrant. *Symbols*, p. 752.

96. Budge. "Book of the Dead", p. 11.
97. Budge. "Book of the Dead", pp. 427-33.
98. Eliade. *A History*, 1:109.
99. *Rosarium Philosophorum*. Disponível *on-line* em The Alchemy, *Website*, em Levity.com.
100. *Rosarium Philosophorum*. Disponível *on-line* em The Alchemy, *Website*, em Levity.com.
101. Waite. *Turba Philosophorum*, p. 45.
102. von Franz. *Corpus Alchemicum Arabicum*, p. 81.
103. Waite. *Hermetic Museum*, 1:182.
104. *Rosarium Philosophorum*. Disponível *on-line* em The Alchemy, *Website*, em Levity.com.
105. Budge. "Book of the Dead", pp. 424-25.
106. Budge. *Osiris*, 2:277.

14. VÊNUS: A ALEGRIA DA CRIAÇÃO

1. Mead. *Thrice-Greatest Hermes*, 3:105-06.
2. Waddell. *Manetho* (Fr. 5), p. 23.
3. *Rosarium Philosophorum*. Disponível *on-line* em The Alchemy, *Website*, em Levity.com.
4. Ovídio. *Metamorphoses* (5.331).
5. Hall. *Secret Teachings*, p. 49-fronstipício.
6. Magno. *Book of Secrets*, pp. 70-1.
7. Ptolomeu. *Tetrabiblos* (1.4), p. 37.
8. NASA. "Venus In Depth", NASA Science Solar System Exploration (*website*), última atualização em 3 de agosto de 2021.
9. Atchity. *Classical Greek Reader*, p. 59.
10. Hesíodo. *Theogony*, pp. 8-9.
11. Apolodoro. *Library* (1.3.1), pp. 15-7; Homero. *Iliad* (5.370), p. 223.
12. Plotino. *The Enneads*, p. 193.
13. Hesíodo. *Theogony*, p. 7.
14. Homero. *Homeric Hymns*, p. 411.
15. Homero. *Homeric Hymns*, pp. 407-9.
16. Black e Green. *Encyclopedia*, p. 109.

17. Wolkstein e Kramer. *Inanna*, pp. 51-73; 11-27.
18. Black e Green. *Encyclopedia*, pp. 108-9.
19. Chevalier e Gheerbrandt. *Symbols*, p. 1065.
20. Crowley. *Book of Thoth*, p. 94.
21. Ovídio. *Methamorphoses* (10.503-59).
22. Ovídio. *Ars Amatoria*.
23. Nonnos. *Dionysiaca* (41.204-11), 3:211.
24. Ovídio. *Methamorphoses* (10.708-38).
25. Frazer. *Golden Bough*, p. 279.
26. Wolkstein e Kramer. *Inanna*, p. ix.
27. Black e Green. *Encyclopedia*, p. 49.
28. Leick. *Dictionary of Ancient Near East Mythology*, p. 34.
29. Campbell. *Masks of God*, p. 427.
30. Budge. *Gods of the Egyptians*, 2:303.
31. Campbell. *Masks of God*, pp. 425-27.
32. Lurker. *Gods and Symbols*, pp. 92-3.
33. Atchity. *Classical Greek Reader*, pp. 25-6.
34. Ruland. *Lexicon*, s.v. "Aniada".
35. Mingren, Wu. "The Descent of Inanna into the Underworld: A 5,500-Year-Old Literary Masterpiece", Ancient Origins (*website*), última atualização em 2 de janeiro de 2017.
36. Wolkstein e Kramer. *Inanna*, p. 52.
37. Wolkstein e Kramer. *Inanna*, p. 158; Campbell, *Hero*, p. 108; Leick. *Dictionary of Ancient Near East Mythology*, p. 55.
38. Leick. *Dictionary of Ancient Near East Mythology*, p. 55; Wolkstein e Kramer. *Inanna*, p. 158.
39. Wolkstein e Kramer. *Inanna*, p. 156.
40. Wolkstein e Kramer. *Inanna*, p. 55.
40. Campbell. *Hero*, p. 108; Wolkstein e Kramer. *Inanna*, p. 157.
42. Black e Green. *Encyclopedia*, p. 130.
43. Wolkstein e Kramer. *Inanna*, p. 158.

44. Mark, Joshua J. "Inanna's Descent: A Sumerian Tale of Injustice", World History Encyclopedia (*website*), última alteração em 23 de fevereiro de 2011.
45. Dalley. *Myths from Mesopotamia*, pp. 77-83; Black e Green. *Encyclopedia*, p. 49.
46. Dalley. *Myths from Mesopotamia*, pp. 77-83.
47. Wolkstein e Kramer. *Inanna*, p. 56.
48. Wolkstein e Kramer. *Inanna*, p. 57.
49. Wolkstein e Kramer. *Inanna*, p. 60.
50. Wolkstein e Kramer. *Inanna*, pp. 88-9.
51. Wolkstein e Kramer. *Inanna*, p. 89.
52. Koch-Westenholz. *Mesopotamian Astrology*, p. 125.
53. Koch-Westenholz. *Mesopotamian Astrology*, p. 125; Kasak e Veede. "Understanding Planets", p. 22.
54. Koch-Westenholz. *Mesopotamian Astrology*, p. 125.
55. Guttman. *Venus Star*, p. 25.
56. Regardie. *Golden Dawn*, p. 34.
57. Regardie. *Golden Dawn*, p. 34.
58. Crowley. *Liber Astarte*, p. 192.
59. Chevalier e Gheerbrandt. *Symbols*, p. 1.064.
60. Knight. *Qabalistic Symbolism*, 1:150-1.
61. Knight. *Qabalistic Symbolism*, 1:152.
62. Regardie. *Golden Dawn*, pp. 20, 331.
63. Ions. *Egyptian Mythology*, p. 106.
64. Lurker. *Gods and Symbols*, pp. 53-4.
65. Mead. *Thrice-Greatest Hermes*, 2:8.
66. Mead. *Thrice-Greatest Hermes*, 2:275.
67. Mark, Joshua J. "The Ankh", World History Encyclopedia (*website*), última alteração em 19 de setembro de 2016.
68. Chevalier e Gheerbrant. *Symbols*, p. 27.
69. Regardie. *Golden Dawn*, p. 275.
70. Regardie. *Golden Dawn*, p. 224.

71. Regardie. *Golden Dawn*, p. 224.
72. Lurker. *Gods and Symbols*, p. 72.
73. Ions. *Egyptian Mythology*, p. 63.
74. Chevalier e Gheerbrant. *Symbols*, p. 28.
75. Armstrong. *History of God*, p. 250.
76. Von Franz. *Corpus Alchemicum Arabicum*, p. 61.
77. Von Franz. *Corpus Alchemicum Arabicum*, p. 62; Jung. *Alchemical Studies*, p. 89.
78. Von Franz. *Corpus Alchemicum Arabicum*, p. 68.
79. Hemingway. Colette e Seán Hemingway. "Cyprus – Island of Copper", em *Heilbrunn Timeline of Art History*, Museu Metropolitano de Arte (*website*), outubro de 2004.
80. Von Franz. *Psychological Meaning of Redemption Motifs*, pp. 71-2.
81. Pappas, Stephanie. "Facts about Copper", LiveScience (*website*), 12 de setembro de 2018.
82. Regardie. *Golden Dawn*, p. 97.
83. Regardie. *Golden Dawn*, p. 83.
84. *Rosarium Philosophorum*. Disponível *on-line* em The Alchemy, *Website,* em Levity.com.
85. Valentim, Basílio. "Triumphal Chariot of Antimony", com anotações de Theodore Kirkringus (1678), disponível em Sacred-Texts (*website*), acessado em 27 de setembro de 2021.
86. Crowley. *777*, p. 68.
87. Maier. *Atalanta Fugiens*, Discurso 41.
88. Crowley. *Book of Thoth*, p. 71.

15. MERCÚRIO: UMA VOZ DO ÆTHER

1. Macróbio. *Dream of Scipio*, p. 136.
2. Mead. *Thrice-Greatest Hermes*, 3:91-2.
3. Mead. *Thrice-Greatest Hermes*, 3:106.
4. Mead. *Thrice-Greatest Hermes*, 2:16.
5. Salaman. *The Way of Hermes*, p. 23.
6. Crowley. *Book of Thoth*, p. 70.
7. Waddell. *Manetho* (Fr. 5), p. 23.

8. Black e Green. *Encyclopedia*, p. 37; Koch-Westenholz, *Mesopotamian Astrology*, p. 127.
9. Ptolomeu. *Tetrabiblos* (1.4), p. 39.
10. Bartlett. *Real Alchemy*, p. 159.
11. Bartlett. *Real Alchemy*, p. 159.
12. Brennan. *Hellenistic Astrology*, pp. 189-91.
13. *Online* Etymology Dictionary, s.v. "Wednesday", acessado em 28 de setembro de 2021.
14. Ptolomeu. *Tetrabiblos* (3.12), p. 321.
15. Valens. *The Anthology*, p. 6.
16. Kasak e Veede. "Understanding Planets", p. 14.
17. Black e Green. *Encyclopedia*, pp. 133-34; Leick. *Dictionary of Ancient Near East Mythology*, p. 123.
18. Kasak e Veede. "Understanding Planets", p. 24.
19. Koch-Westenholz. *Mesopotamian Astrology*, p. 128.
20. Wilkins. *Hindu Mythology*, pp. 29, 36, 162.
21. Wilkins. *Hindu Mythology*, p. 143.
22. Homero. *Iliad* (24.334-42), 2:587-91.
23. Taylor. *Mystical Hymns of Orpheus*, pp. 64-5.
24. Apolodoro. *Library* (3.10.2), 2:5; Homero. *Homeric Hymns* (4), p. 363.
25. Homero. *Iliad* (24.334-69), 2:589.
26. Graves. *Greek Myths*, p. 56.
27. Heródoto. *History* (2.51), pp. 252-53.
28. Roman e Roman. *Greek and Roman*, p. 222.
29. Homero. *Homeric Hymns*, pp. 363-405.
30. Taylor. *Mystical Hymns of Orpheus*, p. 116; Homero. *Iliad* (24.343-69), 2:589.
31. Homero. *Iliad* (24.370-95), 2:591.
32. Ovídio. *Metamorphoses* (1.668-720).
33. Apolodoro. *Library* (6.2), 1:47.
34. Ovídio. *Metamorphoses* (2.685-707).
35. Ovídio. *Metamorphoses* (2.708-832).
36. Homero. *Homerics Hymns*, p. 405.

37. Homero. *Homerics Hymns*, 289-324.
38. Mead. *Thrice-Greatest Hermes*, 1:48.
39. Faulkner. *Book of the Dead* (Theban Recension, 182), p. 133.
40. Faulkner. *Book of the Dead*, p. 117.
40. Ions. *Egyptian Mythology*, p. 38.
42. Boylan. *Thoth*, p. 42.
43. Faulkner. *Book of the Dead* (Theban Recension, 182), p. 133.
44. Ions. *Egyptian Mythology*, p. 38.
45. Mead. *Thrice-Greatest Hermes*, 1:50.
46. Ions. *Egyptian Mythology*, p. 52.
47. Ions. *Egyptian Mythology*, p. 56.
48. Ions. *Egyptian Mythology*, p. 60.
49. Boylan. *Thoth*, p. 57.
50. Faulkner. *Book of the Dead* (Theban Recension, 182), p. 133.
51. Faulkner. *Book of the Dead*, cap. 30B; Budge. *Gods of the Egyptians*, 1:408.
52. Jung. *Alchemical Studies*, p. 278.
53. Betz. *Greek Magical Papyri*, p. 108.
54. Jung. *Alchemical Studies*, pp. 278-79.
55. Betz. *Greek Magical Papyri*, p. 145.
56. Regardie. *Golden Dawn*, p. 508.
57. Betz. *Greek Magical Papyri*, p. 145.
58. Anônimo. *Meditations on the Tarot*, p. 574.
59. Budge. *Gods of the Egyptians*, 2:242.
60. Mead. *Thrice-Greatest Hermes*, 2:10.
61. Lao-Tzu. *Tao Te Ching*, p. 93. [*Tao-Te King – O Livro do Caminho e do sentido da Vida para Alcançar a Integridade*. São Paulo: Pensamento, 2ª ed., 2023.]
62. Mahé e Meyer. "Eighth and Ninth", p. 416.
63. Knight. *Qabalistic Symbolism*, 1:164-74.
64. Waite. *Writings of Paracelsus*, 2:286.
65. Korn. *Rhythms of Recovery*, p. 93.

66. Korn. *Rhythms of Recovery*, p. 93.
67. Korn. *Rhythms of Recovery*, pp. 11-3.
68. Kerenyi. *Gods of the Greeks*, pp. 113-14.
69. Maier. *Atalanta Fugiens*, Discurso 25.
70. Campbell. *Power of Myth*, p. 53.
71. Anônimo. *Meditations on the Tarot*, p. 243.
72. Smith, P. *Alchemical Book of Lambspring*, p. 20.
73. Smith, P. *Alchemical Book of Lambspring*, p. 20.
74. Jung. *Alchemical Studies*, p. 218.
75. Miller. *Yoga*, p. 29.
76. Anônimo. *Meditations on the Tarot*, p. 10.
77. Graves. *Greek Myths*, p. 56.
78. *Online* Etymology Dictionary, s.v. "Maia", acessado em 28 de setembro de 2021.
79. Hyde, Kathryn. "The Rosarium Philosophorum", Biblioteca da Universidade de Glasgow, Departamento de Coleções Especiais, Livro do Mês (*on-line*), abril de 2009, acessado em 28 de setembro de 2021.
80. Ruland. *Lexicon*, s.v. "Materia Prima et Hujus Vocabula".
81. Ruland. *Lexicon*, s.v. "Lac Virginis".
82. Chevalier e Gheerbrant. *Symbols*, p. 654.
83. Cheak. "Magic", p. 270.
84. Cheak. "Magic", pp. 267-70.
85. Zimmer. *Indian Art*, p. 203.
86. Zimmer. *Indian Art*, p. 203.
87. Griffith. *Atharva-Veda* (8.10.22), 1:423.
88. Mead. *Thrice-Greatest Hermes*, 1:58-59.
89. Bartlett. *Real Alchemy*, pp. 160-63.
90. Bartlett. *Real Alchemy*, pp. 160-63.
91. Eliade. *Yoga*, p. 283.
92. Eliade. *Yoga*, p. 281.
93. Ácharya. *Sarva-Darśana-Samgraha*, p. 137.

94. Ácharya. *Sarva-Darśana-Samgraha*, p. 143.
95. Ácharya. *Sarva-Darśana-Samgraha*, pp. 143-44.

16. A LUA: REFLEXÕES DO INCOGNOSCÍVEL

1. Macróbio. *Dream of Scipio*, pp. 136-37.
2. Mead. *Thrice-Greatest Hermes*, 3:91-92.
3. Valens. *The Anthology*, p. 2.
4. Eliade. *A History*, 1:23.
5. Plutarco. *Moralia*, pp. 105-09.
6. Ptolomeu. *Tetrabiblos* (1.4), p. 35.
7. Ptolomeu. *Tetrabiblos* (3.12), p. 321; Valens, *The Anthology*, p. 2.
8. Zimmer. *Indian Art*, pp. 175-76.
9. Zimmer. *Indian Art*, p. 60.
10. Chevalier e Gheerbrandt. *Symbols*, p. 289.
11. Campbell. *Masks of God*, p. 452.
12. Crowley. *Book of Thoth*, p. 73.
13. Sills. *Polarity Process*, pp. 26-8.
14. Chia e Thom. *Craniosacral Chi Kung*, pp. 195-98.
15. Strassman. *DMT*.
16. Burger. *Esoteric Anatomy*, p. 235.
17. Harley. *Moon Lore*, pp. 12-3.
18. Harley. *Moon Lore*, pp. 17-25.
19. Kasak e Veede. "Understanding Planets", p. 17.
20. Black e Green. *Encyclopedia*, p. 54.
21. Leick. *Dictionary of Ancient Near East Mythology*, p. 152.
22. Leick. *Dictionary of Ancient Near East Mythology*, pp. 152-53.
23. Encyclopedia Britannica, org. "Men: Anatolian God", Britannica (*website*), 22 de novembro de 2000, acessado em 28 de setembro de 2021.
24. Encyclopedia Britannica, org. "Men: Anatolian God", Britannica (*website*), 22 de novembro de 2000, acessado em 28 de setembro de 2021.

25. Sadhguru. "7 Chakras: Mystical Dimensions of the Body's Seven Chakras", 8 de janeiro de 2021, disponível em Isha.Sadhguru (*website*).
26. Ions. *Egyptian Mythology*, p. 21.
27. Lurker. *Gods and Symbols*, p. 82.
28. Ions. *Egyptian Mythology*, p. 84.
29. Budge. *Gods of the Egyptians*, 1:412.
30. Ions. *Egyptian Mythology*, p. 86.
31. Budge. *Gods of the Egyptians*, 1:413.
32. Plutarco. *Moralia*, p. 31.
33. Boylan. *Thoth*, pp. 65-6.
34. Lurker. *Gods and Symbols*, p. 82.
35. Lurker. *Gods and Symbols*, p. 121.
36. Faulkner. *Book of the Dead* (Revisão Tebana, 182), p. 133.
37. Ions. *Egyptian Mythology*, pp. 37-8.
38. Boylan. *Thoth*, p. 34.
39. Budge. *Gods of the Egyptians*, 2:33.
40. Lurker. *Gods and Symbols*, p. 74.
41. Budge. *Gods of the Egyptians*, 2:35.
42. Ions. *Egyptian Mythology*, p. 100.
43. Lurker. *Gods and Symbols*, p. 82.
44. Ions. *Egyptian Mythology*, p. 139.
45. Plutarco. *Moralia*, pp. 103-5.
46. Lurker. *Gods and Symbols*, p. 42.
47. Ions. *Egyptian Mythology*, p. 101.
48. Budge. *Gods of the Egyptians*, 1:448.
49. Budge. *Gods of the Egyptians*, 2:257.
50. Lurker. *Gods and Symbols*, p. 72.
51. Hall. *Secret Teachings*, p. 48.
52. Cícero. "De Natura Deorum 2. 27", traduzido por M. A. Rackham, citado em "Artemis Goddess Of", Theoi Project (*website*), acessado em 28 de setembro de 2021.

53. Hall. *Secret Teachings*, p. 54.
54. Roman e Roman. *Greek and Roman*, p. 155.
55. "Sarcófago de mármore como o Mito de Endímion, meados do século II d.C.". Museu Metropolitano de Arte (*website*), acessado em 28 de setembro de 2021.
56. Chevalier e Gheerbrant. *Symbols*, p. 769.
57. Knight. *Qabalistic Symbolism*, 1:175-76.
58. Mead. *Thrice-Greatest Hermes*, 2:179-80.
59. *Online* Etymology Dictionary, s.v. "Lunatic", acessado em 28 de setembro de 2021.
60. Nonnos, *Dionysiaca* (44.218), 3:313-15.
61. Jung. *Symbols*, pp. 369-70.
62. Hesíodo. *Theogony* (391-461), pp. 15-6.
63. Licofrão. "Alexandra 1174 ff", traduzido por A. W. Mair e G. R. Mair, citado em "Hekate", Theoi Project (*website*), acessado em 28 de setembro de 2021.
64. Chevalier e Gheerbrandt. *Symbols*, p. 489.
65. Jung. *Symbols*, pp. 370-71.
66. Budge. *Gods of the Egyptians*, 2:366-67.
67. Plutarco. *Moralia*, p. 107.
68. Smith, P. *Alchemical Book of Lambspring*, pp. 18-9.
69. Smith, P. *Alchemical Book of Lambspring*, pp. 18-9.
70. Jung. *Psychology and Alchemy*, p. 437.
71. Shepard. *Unicorn*, pp. 45, 67.
72. Valentim, Basílio. "Triumphal Chariot of Antimony", com anotações de Theodore Kirkringus (1678), disponível em Sacred-Texts (*website*), acessado em 27 de setembro de 2021.
73. Hall. *Secret Teachings*, p. 92.
74. Jung. *Psychology and Alchemy*, p. 466.
75. Chevalier e Gheerbrandt. *Symbols*, p. 1054.
76. Shepard. *Unicorn*, pp. 205-06.
77. Jung. *Psychology and Alchemy*, pp. 446-47.
78. Jung. *Psychology and Alchemy*, pp. 460-61.
79. Knight. *Qabalistic Symbolism*, 2:145.

80. Knight. *Qabalistic Symbolism*, 2:101.

81. Eliade. *Yoga*, pp. 133-34.

82. Eliade. *Yoga*, pp. 133-34.

83. Fabricius. *Alchemy*, pp. 84-5.

84. Maier. *Atalanta Fugiens*, Emblema 32.

85. Jung. *Psychology and Alchemy*, p. 404.

86. Von Franz. *Corpus Alchemicum Arabicum*, p. 155.

87. Waite. *Hermetic Museum*, 2:168-69.

88. Waite. *Hermetic Museum*, 2:168-69.

89. Waite. *Hermetic Museum*, 2:168-69.

Bibliografia

Abt, Theodor. *The Book of Pictures: Muṣḥaf aṣ-ṣuwar by Zosimos de Panopolis*. Zurique: Living Human Heritage Publications, 2007.

Áchárya, Mádhava. *The Sarva-Darśana-Samgraha*. Traduzido por E. B. Cowell e A. E. Gough. Londres: Trubner, 1882.

Addey, Crystal. "Oracles, Religious Practices and Philosophy in Late Neoplatonism". *Practical Philosophy Special Edition*. Outono de 2007, pp. 31-5.

Agrippa, Henrique Cornélio. *Three Books of Occult Philosophy*. Traduzido por J. F. Londres: Impresso por R. W. para Gregory Moule, 1651. Disponível *on-line* em Internet Archive, em Archive.org.

Albertus, Frater. *The Alchemist's Handbook: Manual for Practical Laboratory Alchemy*. Nova York: Samuel Weiser, 1974.

Anônimo. "The Golden Tract Concerning the Stone of the Philosophers". *In The Hermetic Museum: Restored and Enlarged*, v. 1, traduzido por A. E. Waite, 5-50. Londres: James Elliott, 1893. Disponível em Sacred-Texts (*website*).

Anônimo. *Meditations on the Tarot: A Journey into Christian Hermeticism*. Traduzido por Robert Powell. Nova York: Tarcher/Penguin, 1985.

Apolodoro. *The Library*. 2 vols. Organizado por E. Capps, T. E. Page e W. H. D. Rouse. Traduzido por *Sir* James George Frazer. Londres: William Heinemann, 1921.

Armstrong, Karen. *A History of God*. Nova York: Ballantine Books, 1993.

Asimov, Isaac. *Understanding Physics: Light, Magnetism, and Electricity*. Vol. 2. Nova York: Signet, 1966.

Atchity, Kenneth, org. *The Classical Greek Reader*. Nova York: Oxford University Press, 1996.

Atwood, Mary Anne. *A Suggestive Inquiry into the Hermetic Mystery*. Londres: Yogi Publication Society, 1918.

Bartlett, Robert Allen. *Real Alchemy: A Primer of Practical Alchemy*. Lake Worth, Fla.: Ibis Press, 2007.

__________. *Real Alchemy II: The Way of the Crucible*. Lake Worth, Fla.: Ibis Press, 2008.

Betz, Hans Dieter, org. *The Greek Magical Papyri in Translation Including the Demotic Spells*. Chicago: University of Chicago Press, 1986.

Black, Jeremy e Anthony Green. *Encyclopedia of Gods, Demons and Symbols of Ancient Mesopotamia, An Illustrated Dictionary*. Londres: British Museum Press, 1992.

Blavatsky, Helena P. *The Secret Doctrine: The Synthesis of Science, Religion, and Philosophy*. Vol. 1, *Cosmogenesis*. Pasadena, Calif.: Theosophical University Press, 1999. [*A Doutrina Secreta – Síntese da Ciência, da Religião e da Filosofia. Vol. 1 – Cosmogênese*. São Paulo: Cultrix, 1980.]

__________. *The Secret Doctrine: The Synthesis of Science, Religion, and Philosophy*. Vol. II, *Occultism*. Kila, Mont.: Kessinger Publishing, 1993. [*A Doutrina Secreta – Síntese da Ciência, da Religião e da Filosofia. Vol. 2 – Simbolismo Arcaico Universal*. São Paulo: Cultrix, 1980.]

__________. *The Secret Doctrine: The Synthesis of Science, Religion, and Philosophy*. Vol. III, *Anthropogenesis*. Pasadena, Calif.: Theosophical University Press, 1999. [*A Doutrina Secreta – Síntese da Ciência, da Religião e da Filosofia. Vol. III – Antropogênese*. São Paulo: Cultrix, 1980.]

Boylan, Patrick. *Thoth: The Hermes of Egypt, a Study of Some Aspects of Theological Thought in Ancient Egypt*. Londres: Oxford University Press, 1922.

Brennan, Chris. *Hellenistic Astrology: The Study of Fate and Fortune*. Denver, Colo.: Amor Fati Publications, 2017.

Budge, E. A. Wallis, org. "The Book of the Dead According to the Theban Recension". *In Egyptian Literature Comprising Egyptian Tales, Hymns, Litanies, Invocations, The Book of the Dead, And Cuneiform Writings*, organizado por Epiphanius Wilson. Nova York: Colonial Press, 1901.

Budge, E. A. Wallis. *Egyptian Magic*. Londres: Kegan, Paul, Trench e Trübner, 1901.

_________. *The Gods of the Egyptians: Studies in Egyptian Mythology*. Vol. 1. Nova York: Dover Publications, 1969.

_________. *The Gods of the Egyptians: Studies in Egyptian Mythology*. Vol. 2. Chicago: Open Court Publishing, 1904.

_________. *Osiris and the Egyptian Resurrection*. 2 vols. Nova York: Dover Publications, 1973.

Bullock, P. W. "Hermetic Philosophy". *In The Hermetic Papers of the Golden Dawn*, organizado por Darcy Küntz, pp. 5-18. Sequim, Wash.: Holmes Publishing Group, 1998.

Burger, Bruce. *Esoteric Anatomy: The Body as Consciousness*. Berkeley, Calif.: North Atlantic Books, 1998.

Campbell, Joseph. *The Hero with a Thousand Faces*. Nova York: Bollingen Foundation, 1949. [*O Herói de Mil Faces*. São Paulo: Cultrix, 1989.]

_________. *The Masks of God: Primitive Mythology*. Nova York: Penguin, 1976.

_________. *The Power of Myth: With Bill Moyers*. Nova York: Anchor Books, 1988.

Cheak, Aaron. "Magic through the Linguistic Lenses of Greek *mágos*, Indo-European **mag(h)-*, Sanskrit *māyā* and Pharaonic Egyptian Heka". *Journal for the Academic Study of Magic 2* (2004): 260-86.

Chevalier, Jean e Alain Gheerbrant. *The Penguin Dictionary of Symbols*. Traduzido por John Buchanan-Brown. Londres: Penguin, 1994.

Chia, Mantak e Joyce Thom. *Craniosacral Chi Kung: Integrating Body and Emotion in the Cosmic Flow*. Rochester, Vt.: Destiny Books, 2016.

Cícero. *De Senectute De Amicitia De Divinatione*. Traduzido por William Armistead Falconer. Cambridge, Mass.: Harvard University Press, 1923.

Clark, R. T. Rundle. *Myth and Symbol in Ancient Egypt*. Nova York: Grove Press, 1960.

Clark, Rawn. *A Bardon Companion: A Practical Companion for the Student of Franz Bardon's System of Hermetic Initiation*. 2ª ed. San Bernardino, Calif.: Create Space, 2010.

Clulee, N. H. "Astronomia Inferior: Legacies of Johannes Trithemius and John Dee". *In Secrets of Nature: Astrology and Alchemy in Early Modern Europe*, organizado por William R. Newman e Anthony Grafton, pp. 173-233. Cambridge, Mass.: MIT Press, 2001.

Cockren, Archibald. *Alchemy Rediscovered and Restored*. Filadélfia: David McKay, 1941.

Copenhaver, Brian P. *Hermetica: The Greek Corpus Hermeticum and the Latin Asclepius in a New English Translation with Notes and Introduction*. Cambridge, UK: Cambridge University Press, 1992.

Cory, Alexander Turner. *The Hieroglyphics of Horapollo Nilous*. Londres: William Pickering, 1840.

Cotnoir, Brian. *Alchemy: The Poetry of Matter*. Nova York: Khepri, 2017.

__________. *The Weiser Concise Guide to Alchemy*. Organizado por James Wasserman. São Francisco: Red Wheel/Weiser, 2006.

Crombie, Frederick, trad. *The Writings of Origen*. Vol. 2. No vol. 23 de *Ante-Nicene Christian Library, Translations of the Writings of the Fathers Down to A.D. 325*, organizado por Alexander Roberts e James Donaldson. Edimburgo: T. & T. Clark, 1872.

Crowley, Aleister. *777*. Organizado por Israel Regardie. São Francisco: Weiser Books, 1912.

__________. *Book 4*. York Beach, Maine: Weiser, 1994.

__________. *The Book of Thoth: A Short Essay on the Tarot of the Egyptians*. Boston: Weiser Books, 1986.

__________. "De Mercurio". Disponível em Hermetic Library (*website*), The Libri of Aleister Crowley. Acessado em 4 de outubro de 2021.

__________. "Liber Astarte Vel Berylli, SVB FIGVRA CLXXV, 27". *In Gems from the Equinox*, organizado por Israel Regardie, pp. 181-201. São Francisco: Red Wheel/Weiser, 2007.

Dalal, Roshen. *Hinduism: An Alphabetical Guide*. Índia: Penguin Books, 2010.

Dalley, Stephanie, org. e trad. *Myths from Mesopotamia: Creation, the Flood, Gilgamesh, and Others*. Oxford: Oxford University Press, 1989.

Dee, John. *Monas Hieroglyphica* [A Mônada Hieroglífica]. Traduzido por J. W. Hamilton--Jones. Np.: 1947. Publicado pela primeira vez em Antuérpia, 1564. Disponível *on-line* em EsotericArchives.com. Última atualização em 23 de julho de 2019.

Duncombe, Jenessa. "Earth's Core Is in the Hot Seat". *Eos* 101, nº 7 (2020): 36-40.

Ebeling, Florian. *The Secret History of Hermes Trismegistus: Hermeticism from Ancient to Modern Times*. Traduzido por David Lorton. Ithaca, N.Y.: Cornell University Press, 2007.

Eliade, Mircea. *The Forge and the Crucible: The Origins and Structures of Alchemy*. 2ª ed. Traduzido por Stephen Corrin. Chicago: University of Chicago Press, 1978.

_________. *A History of Religious Ideas: From the Stone Age to the Eleusinian Mysteries*. Vol. 1. Chicago: University of Chicago Press, 1978.

_________. *A History of Religious Ideas: From Gautama Buddha to the Triumph of Christianity*. Vol. 2. Traduzido por Willard R. Trask. Chicago: University of Chicago Press, 1982.

_________. *A History of Religious Ideas: From Muhammed to the Age of Reforms*. Vol. 3. Traduzido por Alf Hiltebeitel e Diane Apostolos-Cappadona. Chicago: University of Chicago Press, 1985.

_________. *Yoga: Immortality and Freedom*. Traduzido por Willard R. Trask. Bollingen Series. Princeton, N.J.: Princeton University Press, 1969.

Evans-Wentz, W. Y. *The Tibetan Book of the Dead*. Nova York: Causeway Books, 1973. [*O Livro Tibetano dos Mortos*. 2ª ed. São Paulo: Pensamento, 2020.]

Evelyn-White, Hugh G., trad. *Hesiod: The Homeric Hymns and Homerica*. Organizado por T. E. Page e W. H. D. Rouse. Londres: William Heinemann, 1964.

Fabricius, Johannes. *Alchemy: The Medieval Alchemists and Their Royal Art*. Londres: Diamond Books, 1994.

Faivre, Antoine. "Renaissance Hermeticism and the Concept of Western Esotericism". *In Gnosis and Hermeticism from Antiquity to Modern Times,* organizado por Roelof van den Broek e Wouter J. Hanegraaff, pp. 109-23. Albany: State University of New York Press, 1998.

Falk, Michael. "Astronomical Names for the Days of the Week". *Journal of the Royal Astronomical Society of Canada* 93 (1999): 122-33.

Faulkner, Raymond, trad. *The Egyptian Book of the Dead: The Book of Going Forth by Day*. São Francisco: Chronicle Books, 1994.

Feliciano, J. Pedro, trad. "The Sacred Book of Hermes to Asclepius: A Hermetic Astrological Text on the 36 Decans". *Revue de philologie, de littérature et d'histoire anciennes* 32 (1908): 247-77.

Ficino, Marsílio. *Three Books on Life*. Trad. de Carol V. Kaske e John R. Clark. Tempe, Ariz: Medieval & Renaissance Texts & Studies, em trabalho conjunto com a Sociedade Renascentista da América, 1998.

Frazer, James George, trad. *Ovid's Fasti*. Organizado por T. E. Page, E. Capps, W. H. D. Rouse, L. A. Post e E. H. Warmington. Londres: William Heinemann, 1959.

Frazer, James George. *The Golden Bough: A Study in Comparative Religion*. Vol. 1. Nova York: MacMillan, 1894.

George, Andrew, trad. *The Epic of Gilgamesh: A New Translation*. Londres: Penguin Classics, 2000.

Gibbon, Edward. *The History of the Decline and Fall of the Roman Empire*. Vol. 6. Londres: George Bell & Sons, 1900.

Goelet, Ogden. "A Commentary on the Corpus of Literature and Tradition Which Constitutes the Book of Going Forth By Day". *In The Egyptian Book of the Dead: The Book of Going Forth by Day*, traduzido por Raymond Faulkner. São Francisco: Chronicle Books, 1994.

Goodrick-Clarke, Nicholas. *The Western Esoteric Traditions: A Historical Introduction*. Nova York: Oxford University Press, 2008.

Grafton, Anthony. "Protestant versus Prophet: Isaac Casaubon on Hermes Trismegistus". *Journal of the Warburg and Courtauld Institutes* 46 (1983): 78-93.

Graves, Robert. *The Greek Myths*. Vol. 1. Londres: Penguin Books, 1960.

Grazzini, Maria Grazia. "Documenta inedita: Discorso sopra la Chimica: The Paracelsian Philosophy of Antonio Neri". *Nuncius* 27 (2012): 411-67.

Greer, John Michael e Christopher Warnock, trad. *The Illustrated Picatrix*. Renaissance Astrology, Morrisville, N.C.: Lulu, 2010-2015.

Griffith, Ralph T. H., trad. *The Hymns of the Atharva-Veda*. Vol. 1. Londres: E. J. Lazarus, 1895.

Guthrie, Kenneth Sylvan, org. *The Pythagorean Sourcebook and Library*. Grand Rapids, Mich.: Phanes Press, 1987.

Guttman, Arielle. *Venus Star Rising*. Santa Fé, N. Mex.: Sophia Venus Productions, 2010.

Hall, Manly P. *The Secret Teachings of All Ages*. Los Angeles: Philosophical Research Society, 1977.

Hanegraaff, Wouter J. "Hermes Trismegistus and Hermetism". *In Encyclopedia of Renaissance Philosophy*, organizado por Marco Sgarbi. Springer, Cham, 2018 (*on-line*).

__________. "Romanticism and the Esoteric Connection". *In Gnosis and Hermeticism from Antiquity to Modern Times*, organizado por Roelof van den Broek e Wouter J. Hanegraaff, pp. 237-68. Albany: State University of New York Press, 1998.

Harley, Timothy. *Moon Lore*. Londres: Swan, Sonnenschein, Le Bas e Lowry, 1885. Disponível como *e-book* de GlobalGreyEbooks.com.

Hauck, Dennis William. *The Emerald Tablet: Alchemy for Personal Transformation*. Nova York: Penguin Compass, 1999.

Hedesan, Georgiana. "Glossary of Alchemical Philosophers and Works Referred to in *Splendor Solis*". *In Splendor Solis*, org. por Stephen Skinner, Rafal T. Prinke, Georgiana Hedesan e Joscelyn Godwin, pp. 163-70. Londres: Watkins, 2019.

Henry, Paul. "Introduction". *In* Plotino, *The Enneads*, 2ª ed., traduzido por Stephen MacKenna, pp. xxxiii-li. Londres: Faber and Faber, 1956.

Heródoto. *The History of Herodotus*. Traduzido por George Rawlinson. *In The Historians of Greece*. Vol. 1. Nova York: Tandy-Thomas, 1909.

Hesíodo. *Theogony and Works and Days*. Traduzido por M. L. West. Oxford: Oxford University Press, 1988.

Higino. "Fabulae". *In The Myths of Hyginus*, traduzido e organizado por Mary Grant. University of Kansas Publications in Humanistic Studies 34. Lawrence: University of Kansas Press, 1960. Disponível *on-line* em ToposText.com.

Holland, John Isaac. "A Work of Saturn". *In Of Natural & Supernatural Things: Also, of the First Tincture, Root, and Spirit of Metals and Minerals, How the Same are Conceived, Generated, Brought forth, Changed, and Augmented*, de Basílio Valentim, traduzido por

Daniel Cable, pp. 182-38. Londres: Moses Pitt, 1671. Disponível *on-line* como *e-book* do Projeto Gutenburg.

Hollandus, Isaac. "The Hand of the Philosophers". *In Complete Alchemical Writings*, pp. 1-79. Vol. 4 da AMORC *Alchemical Manuscript Series*. San Jose, Calif.: English Grand Lodge, Rosicrucian Order, AMORC, 2016.

Holmyard, E. J. e Richard Russell, orgs. *The Works of Geber*. Whitefish, Mont.: Kessinger Publishing, 1928.

Homero. *The Homeric Hymns. In Hesiod: The Homeric Hymns and Homerica*, organizado por T. E. Page e W. H. D. Rouse, traduzido por Hugh G. Evelyn-White, pp. 285-597. Londres: William Heinemann, 1964.

__________. *The Iliad*. 2 vols. Traduzido por Augustus Taylor Murray. Londres: William Heinemann, 1925-1947.

Hymns of the Rigveda. Disponível em Internet Archive (*website*), em Archive.org. Acessado em 4 de outubro de 2021.

Ions, Veronica. *Library of the World's Myths and Legends: Egyptian Mythology*. Nova York: Peter Bedrick Books, 1983.

Jâmblico. *On the Mysteries of the Egyptians, Chaldeans, and Assyrians*. Traduzido por Thomas Taylor. Londres: Bertram Dobell, 1821.

Jung, Carl G. *Alchemical Studies*. Bollingen Series. Princeton, N. J.: Princeton University Press, 1967.

__________. "Confrontation with the Unconscious". *In Memories, Dreams, Reflections*, pp. 170-99. Nova York: Vintage Books, 1989.

__________."The Lapis-Christ Parallel". *In Psychology and Alchemy*, 2ª ed., pp. 345-431. Bollingen Series. Princeton, N. J.: Princeton University Press, 1968.

__________. *Memories, Dreams, Reflections*. Nova York: Vintage Books, 1989.

__________. *Psychology and Alchemy*. 2ª ed. Bollingen Series. Princeton, N. J.: Princeton University Press, 1968.

__________. *Symbols of Transformation*. 2ª ed. Bollingen Series. Princeton, N. J.: Princeton University Press, 1967.

Kasak, Enn e Raul Veede. "Understanding Planets in Ancient Mesopotamia". *Folklore* 16 (2001): 6-33.

Kerényi, Carl. *Gods of the Greeks*. Londres: Thames and Hudson, 1951.

Khunrath, Heinrich. *Amphitheatrum Sapientiae Aeternae, solius verae*. Hanôver: Wilhelm Anton, 1609.

Knight, Gareth. *A Practical Guide to Qabalistic Symbolism*. 2 vols. York Beach, Maine: Samuel Weiser, 1978.

Koch-Westenholz, Ulla. *Mesopotamian Astrology: An Introduction to Babylonian and Assyrian Celestial Divination*. Copenhague: Museum Tusculanum Press, 1995.

Korn, Leslie E. *Rhythms of Recovery: Trauma, Nature, and the Body*. Nova York: Routledge, 2013.

Kramer, Samuel Noah. *Sumerian Mythology: A Study of Spiritual and Literary Achievement in the Third Millenium B. C.* Filadélfia: University of Pennsylvania Press, 1972.

Kyokai, Bukkyo Dendo. *The Teaching of Buddha*. Tóquio: Buddhist Promoting Foundation, 1966.

Laitman, Rav Michael. *The Zohar*. Nova York: Laitman Kabbalah Publishers, 2007.

Lao-Tzu. *Tao Te Ching*. Traduzido por D. C. Lao. Nova York: Penguin Books, 1963.

Leick, Gwendolyn. *A Dictionary of Ancient Near East Mythology*. Londres: Routledge, 1991.

Lévi, Éliphas. *Transcendental Magic*. York Beach, Maine: Weiser, 1995.

Liddell, Henry George. *A Greek-English Lexicon: Based on the German Work of Francis Passow*. Nova York: Harper and Brothers, 1846.

Louv, Jason. *John Dee and the Empire of Angels: Enochian Magick and the Occult Roots of the Modern World*. Rochester, Vt.: Inner Traditions, 2018.

Lurker, Manfred. *An Illustrated Dictionary of the Gods and Symbols of Ancient Egypt*. Londres: Thames and Hudson, 1980.

Macróbio, Ambrósio Teodósio. *Commentary on the Dream of Scipio*. Traduzido por Wiliam Harris Stahl. Nova York: Columbia University Press, 1952.

Magno, Alberto. *The Book of Secrets*. Organizado por Michael R. Best e Frank H. Brightman. Boston: Weiser, 1999.

Mahé, Jean-Pierre, trad. "The Definitions of Hermes Trismegistus to Asclepius". *In The Way of Hermes: New Translations of the Corpus Hermeticum and the Definitions of Hermes*

Trismegistus to Asclepius, traduzido por Clement Salaman, Dorine van Oyen, William D. Wharton e Jean-Pierre Mahé, pp. 99-122. Rochester, Vt.: Inner Traditions, 2004.

Mahé, Jean-Pierre e Marvin Meyer, trad. "The Discourse on the Eighth and Ninth". *In The Nag Hammadi Scriptures*, organizado por Marvin Meyer, pp. 409-18. Nova York: HarperCollins, 2007.

_________. trad. "Excerpt from the Perfect Discourse". *In The Nag Hammadi Scriptures*, organizado e traduzido por Marvin Meyer, pp. 425-36. Nova York: HarperCollins, 2007.

_________. trad. "The Prayer of Thanksgiving". *In The Nag Hammadi Scriptures*, organizado por Marvin Meyer, pp. 419-24. Nova York: HarperCollins, 2007.

Maier, Michael. *Atalanta Fugiens, or New Chymical Emblems of the Secrets of Nature.* Oppenheim, Germany: Johann Theodor de Bry, 1617. Disponível *on-line* em *The Alchemy, Website,* em Levity.com. Acessado em 30 de outubro de 2021.

McLean, Adam. "The Birds in Alchemy". *Hermetic Journal*, nº 5 (1979): 15-8. Disponível *on-line* em *The Alchemy, Website,* em Levity.com.

_________. "A Commentary on the Rosarium philosophorum". *In Rosary of the Philosophers*, vol. 6 da Magnum Opus Hermetic Sourceworks series. Edimburgo: Hermetic Research Trust, 1980. Disponível *on-line* em The Alchemy, *Website,* em Levity.com.

Mead, G. R. S. *Apollonius of Tyana: The Philosopher-Reformer of the First Century A.D.*, Nova York: University Books, 1966.

_________. trad. "The Chaldaean Oracles". 2 vols. *In Echoes from the Gnosis*, vol. 8. Londres: Theosophical Publishing Society, 1908.

_________. *Thrice-Greatest Hermes: Studies in Hellenistic Philosophies and Gnosis*. 3 vols. Londres: Theosophical Publishing Society, 1906.

Meyer, Marvin, org. *The Nag Hammadi Scriptures*. Nova York: HarperCollins, 2007.

_________. trad. "The Nature of the Rulers". *In The Nag Hammadi Scriptures*, organizado por Marvin Meyer, pp. 187-98. Nova York: HarperCollins, 2007.

_________. trad. "On the Origin of the World". *In The Nag Hammadi Scriptures*, organizado por Marvin Meyer, pp. 199-222. Nova York: HarperCollins, 2007.

Michell, John e Allan Brown. *How the World Is Made: The Story of Creation According to Sacred Geometry*. Rochester, Vt.: Inner Traditions, 2009.

Miller, B. S. Yoga: *Discipline of Freedom, the Yoga Sutra Attributed to Patanjali.* Nova York: Bantam Books, 1998.

Morienus. *The Book of Morienus*. Traduzido e organizado por Lee Stavenhagen e publicado como *A Testament of Alchemy*. Hanover, N.H.: University Press of New England, 1974.

NASA. "Mythology of Saturn". *In Saturn Educator Guide*, pp. 219-24. Cassini Program (*website*). PDF disponível *on-line* em Er.jsc.nasa.gov. Acessado em 23 de setembro de 2021.

Newman, William R. e Anthony Grafton. "Introduction: The Problematic Status of Astrology and Alchemy in Premodern Europe". *In Secrets of Nature: Astrology and Alchemy in Early Modern Europe*, organizado por William R. Newman e Anthony Grafton, pp. 1-37. Cambridge, Mass.: MIT Press, 2001.

__________. orgs. *Secrets of Nature: Astrology and Alchemy in Early Modern Europe*. Cambridge, Mass.: MIT Press, 2001.

Nigg, Joseph. *The Phoenix: An Unnatural Biography of a Mythical Beast.* Chicago: University of Chicago Press, 2016.

Nonnos. *Dionysiaca*. Vols. 2 e 3. Traduzido por W. H. D. Rouse. Cambridge, Mass.: Harvard University Press, 1940-1942.

Novak, Philip. *The World's Wisdom: Sacred Texts of the World's Religions*. Nova York: HarperCollins, 1994.

O'Brien, Elmar, trad. *The Essential Plotinus*. Indianapolis, Ind.: Hackett Publishing, 1964.

Oldfather, C. H., trad. *Diodorus of Sicily: In Twelve Volumes*. Vol. 2. Cambridge, Mass.: Harvard University Press, 1967.

Ovídio. *Ars Amatoria*. Traduzido por Henry T. Riley, 1885. Disponível *on-line* como Project Gutenberg *e-book*, 16 de dezembro de 2014.

__________. *Metamorphoses*. Traduzido por David Raeburn. Londres: Penguin, 2004.

Pagels, Elaine. *The Gnostic Gospels*. Nova York: Vintage Books, 1979. [*Os Evangelhos Gnósticos*. São Paulo: Pensamento, 1990 (fora de catálogo).]

Parasara, Maharshi. *Brihat Parasara Hora Sastra.* Vol. 1. Traduzido por R. Santhanam. Nova Délhi, Índia: Ranjan Publications, 1984.

Parpola, Simo. "Mesopotamian Astrology and Astronomy as Domains of the Mesopotamian 'Wisdom'". *In Die Rolle der Astronomie in den Kulturen Mesopotamien*, organizado por Hannes D. Galter. Beitriige zum, 3. Grazer Morgenliindischen Symposion (23-27 de setembro de 1991), 1993: 47-59.

Penglase, Charles. *Greek Myths and Mesopotamia: Parallels and Influence in the Homeric Hymns and Hesiod.* Londres: Routledge, 2005.

Platão. *The Timaeus of Plato.* Organizado por R. D. Archer-Hind. Londres: MacMillan, 1888.

Plínio. *Pliny's Natural History in Thirty-Seven Books.* Traduzido por Philemon Holland. Londres: G. Barclay, 1847-1848.

Plotino. *The Enneads.* 2ª ed. Traduzido por Stephen MacKenna. Londres: Faber and Faber, 1956.

Plutarco. *Moralia.* Vol. 5. *Isis and Osiris; The E at Delphi; The Oracles at Delphi No Longer Given in Verse; The Obsolescence of Oracles.* Traduzido por Frank Cole Babbitt. Loeb Classical Library. Cambridge, Mass.: Harvard University Press, 1936.

Pomeroy, Sarah B., Stanley M. Burstein, Walter Donlan e Jennifer Tolbert Roberts. *Ancient Greece: A Political, Social, and Cultural History.* Nova York: Oxford, 1999.

Porfírio. "Philosophy from Oracles". *In* Eusébio. *Preparation for the Gospel.* Traduzido por Edwin Hamilton Gifford. Parte I. Oxford: Clarendon Press, 1903.

Prabhavananda, Swami e Frederick Manchester, trad. *The Upanishads: Breath of Eternal Life.* Nova York: Signet Classics, 2002.

Principe, Lawrence M. e William R. Newman. "Some Problems with the Historiography of Alchemy." *In Secrets of Nature: Astrology and Alchemy in Early Modern Europe,* organizado por William R. Newman e Anthony Grafton, pp. 385-431. Cambridge, Mass.: MIT Press, 2001.

Ptolomeu, *Tetrabiblos.* Traduzido por F. E. Robbins. *In Manetho: Ptolemy, Tetrabiblos,* traduzido por W. G. Waddell. Cambridge, Mass.: Harvard University Press, 1964.

Quinto de Esmirna, *The Fall of Troy.* Organizado por T. E. Page e W. H. D. Rouse. Traduzido por Arthur S. Way. Londres: William Heinemann, 1913.

Quispel, Gilles. "The Asclepius: From the Hermetic Lodge in Alexandria to the Greek Eucharist and the Roman Mass". *In Gnosis and Hermeticism: From Antiquity to Modern Times,* organizado por Roelf van den Broek e Wouter J. Hanegraaff, pp. 69-77. Albany: State University of New York Press, 1998.

Regardie, Israel. *The Original Account of the Teachings, Rites and Ceremonies of the Hermetic Order of the Golden Dawn*, 6ª ed. St. Paul, Minn.: Llewellyn, 2002.

Rochberg-Halton, Francesca. "Benefic and Malefic Planets in Babylonian Astrology". *In A Scientific Humanist: Studies in Memory of Abraham Sachs*, org. por Erle Leichty, Pamela Gerardi, Abraham Sachs e Maria dej Ellis, pp. 319-24. Filadélfia: Universidade da Pensilvânia, 1988.

Rohmann, Dirk. "Book Burning as Conflict Management in the Roman Empire (213 a.C.-200 d.C.)". *Ancient Society* 43 (2013): 115-49.

Roman, Luke e Monica Roman. *Encyclopedia of Greek and Roman Mythology*. Nova York: Facts on File, 2010.

Roob, Alexander. *The Hermetic Museum: Alchemy & Mysticism*. Colônia, Alemanha: Taschen, 2016.

Rowe, N., trad. *The Golden Verses of Pythagoras: With the Commentary of Hierocles*. Oxford: Concord Grove Press, 1983.

Ruland, Martin. *A Lexicon of Alchemy*. Traduzido por A. E. Waite. Londres: John M. Watkins, 1964.

Russell, Bertrand. *A History of Western Philosophy*. Nova York: Touchstone, 1945.

Salaman, Clement, Dorinevan Oyen, William D. Wharton e Jean-Pierre Mahé, trads. *The Way of Hermes: New Translations of the Corpus Hermeticum and The Definitions of Hermes Trismegistus to Asclepius*. Rochester, Vt.: Inner Traditions, 2004.

Sanconíaton, Eusébio de Cesareia, Eratóstenes e Filo de Biblos. *Sanchoniatho's Phoenician History: Translated from the first book of Eusebius, De praeparatione evangelica*. Traduzido por Richard Cumberland. Londres: W. B. for R. Wilkin, 1720. Disponível na Biblioteca do Congresso (*website*). Acessado em 1º de outubro de 2021.

Schuré, Edward. *The Great Initiates: A Study of the Secret History of Religions*. São Francisco: Harper and Row, 1961.

Scofield, Bruce. "Quetzalcoatl: Path to Culture." *Gnosis Magazine*, nº 35 (Primavera de 1995): 35-9.

Scott, Walter, org. e trad., *Hermetica: The Ancient Greek and Latin Writings Which Contain Religious or Philosophic Teachings Ascribed to Hermes Trismegistus*. Vol. 1. Oxford: Clarendon Press, 1924.

Sendivogius, Michael. *The New Chemical Light*. Cranston, R. I.: Angelnook Publishing, 2011.

Shepard, Odell. *The Lore of the Unicorn*. Londres: George Allen e Unwin, 1930. Disponível *on-line* em RhinoResourceCenter.com.

Shushan, Gregory. "Greek and Egyptian Dreams in Two Ptolemaic Archives: Individual and Cultural Layers of Meaning". *Dreaming* 16, nº 2 (2006): 129-42.

Silberer, Herbert. *Hidden Symbolism of Alchemy and the Occult Arts* (outrora intitulado *Problems of Mysticism and Its Symbolism*). Traduzido por Smith Ely Jelliffe. Nova York: Dover Publications, 1971.

Sills, Franklyn. *The Polarity Process: Energy as a Healing Art*. Berkeley, Calif.: North Atlantic Books, 2002.

Skinner, Stephen. *The Complete Magician's Tables*. Londres: Golden Hoard Press, 2006.

Skinner, Stephen, Rafal T. Prinke, Georgiana Hedesan e Joscelyn Godwin, orgs. *Splendor Solis*. Londres: Watkins, 2019.

Smith, Patrick J., trad. *The Alchemical Book of Lambspring Concerning the Philosopher's Stone*. Sequim, Wash.: Holmes Publishing Group, 2007.

Smith, William, org. *Dictionary of Greek and Roman Biography and Mythology*. Vols. 1-2. Boston: Little, Brown, 1859.

_________, org. *Dictionary of Greek and Roman Biography and Mythology*. Vol. 3. Londres: John Murray, 1876.

Stone, Randolph. *Polarity Therapy*: *The Complete Collected Works*. Vol. 2. Sebastapol, Calif.: CRCS Publications, 1987.

Stothers, Richard. "The Ancient Colour of Saturn". *Observatory* 131, nº 4 (2011): 254-55.

Strassman, Rick. *DMT: The Spirit Molecule*. Rochester, VT: Inner Traditions, 2001.

Stratford, Jordan. *A Dictionary of Western Alchemy*. Wheaton, IL: Theosophical Publishing House, 2011.

Taylor, Thomas, trad. *The Commentaries of Proclus on the Timæus of Plato, In Five Books*. 2 vols. Londres: Thomas Taylor, 1820. Disponível *on-line* no *site* do Warburg Institute.

_________, trad. *The Mystical Hymns of Orpheus*. Londres: Bertram Dobell, 1896.

Thorndike, Lynn. *A History of Magic and Experimental Science During the First Thirteen Centuries of Our Era*. Vol. 1. Nova York: Columbia University Press, 1923.

Três Iniciados. *The Kybalion: A Study of the Hermetic Philosophy of Ancient Egypt and Greece*. Chicago: Yogi Publication Society Masonic Temple, 1912. Disponível *on-line* como *e-book* do Projeto Gutenburg, 29 de novembro de 2004. [*O Caibalion – Estudo da Filosofia Hermética do Antigo Egito e da Grécia*. 2ª ed. São Paulo: Pensamento, 2021.]

Turner, John D. e Marvin Meyer, trad. "Secret Book of John". *In The Nag Hammadi Scriptures*, organizado por Marvin Meyer, pp. 103-32. Nova York: HarperCollins, 2007.

Valens, Vettius. *The Anthology, Book I*. Traduzido por Robert Schmidt e organizado por Robert Hand. Berkeley Springs, W. V.: Golden Hind Press, 1993.

Valentim, Basílio. *Of Natural & Supernatural Things: Also, Of the First Tincture, Root, and Spirit of Metals and Minerals, How the Same are Conceived, Generated, Brought forth, Changed, and Augmented*. Traduzido por Daniel Cable, Londres, 1671. Disponível *on-line* como *e-book* do Projeto Gutenburg. 17 de agosto de 2008.

_________. "The 'Practica', with Twelve Keys, and an Appendix Thereto, Concerning the Great Stone of the Ancient Sages". *In The Hermetic Museum*, revisto e ampliado, vol. 1, traduzido por Arthur Edward Waite, pp. 312-57. Londres: J. Elliot, 1893. Disponível em sacred-texts.com (*website*).

Van den Broek, Roelof. "Gnosticism and Hermeticism in Antiquity: Two Roads to Salvation". *In Gnosis and Hermeticism from Antiquity to Modern Times*, organizado por Roelof van den Broek e Wouter J. Hanegraaff, pp. 1-20. Albany: State University of New York Press, 1998.

Von Franz, Marie-Louise. *Alchemical Active Imagination*. Ed. rev. Boston: Shambhala, 1997. [*A Alquimia e a Imgainação Ativa*. 2ª ed. São Paulo: Cultrix, 2022.]

_________. *Corpus Alchemicum Arabicum: Book of the Explanation of the Symbols, Kitāb, Hall ar-Rumūz, by Muhammad ibn Umail*. Organizado por Theodor Abt. Zurique: Living Human Heritage Publications, 2006.

_________. *The Psychological Meaning of Redemption Motifs in Fairytales*. Toronto: Inner City Books, 1980. [*O Significado Psicológico dos Motivos de Redenção nos Contos de Fadas*. 2ª ed. São Paulo: Cultrix, 2022.]

_________. *Shadow and Evil in Fairytales*. Boston: Shambhala, 1974.

von Franz, Marie-Louise e Fraser Boa. *The Way of the Dream*. Toronto: Windrose Publishing, 1988. [*O Caminho dos Sonhos*. São Paulo: Cultrix, 1992 (fora de catálogo).]

Waddell, W. G., trad. *Manetho*. Cambridge, Mass.: Harvard University Press, 1964.

Waite, Arthur Edward, org. *The Hermetic and Alchemical Writings of Paracelsus*, 2 vols. Mansfield Center, Conn.: Martino, 2009.

_________, trad. *The Hermetic Museum*, revisto e ampliado. 2 vols. Londres: J. Elliot, 1893.

_________, trad. *Turba Philosophorum or Assembly of the Sages Known Unto the Wise as the Crowd of Philosophers*. Seattle, Wash.: Ouroboros Press, 2015.

West, M. L. *The Orphic Poems*. Oxford: Oxford University Press, 1983.

White, J. E. Manchip. *Ancient Egypt: Its Culture and History*. Nova York: Dover Publications, 1970.

Wilkins, W. J. *Hindu Mythology: Vedic and Puranic*. Londres: W. Thacker, 1900.

Willard, Thomas. "Beya and Gabricus: Erotic Imagery in German Alchemy". *Mediaevistik* 28 (2015): 269-81.

Wolkstein, Diane e Samuel Noah Kramer. *Inanna, Queen of Heaven and Earth: Her Stories and Hymns from Sumer*. Nova York: Harper & Row, 1983.

Yates, Frances A. *Giordano Bruno and the Hermetic Tradition*. Londres: 1964. Reimpressão. Chicago, Il.: University of Chicago Press, 1991. [*Giordano Bruno e a Tradição Hermética*. São Paulo: Cultrix, 1987 (fora de catálogo).]

Zimmer, Heinrich. *Myths and Symbols in Indian Art and Civilization*. Organizado por Joseph Campbell. Princeton, N.J.: Princeton University Press, 1992.

Zucker, Shay. "Hebrew Names of the Planets." *The Role of Astronomy in Society and Culture, Proceedings IAU Symposium* 260 (2009): 301-5.

Índice Remissivo

Os números em *itálico* precedidos de *gr.* se referem aos números das gravuras coloridas

Gravura 1: Sem putrefação não há geração. *A Morte do Profano*, Marlene Seven Bremner, 2015, óleo sobre tela, 61 × 91 cm.

Gravura 2: Traga o cisne e o crocodilo ao equilíbrio perfeito em movimento perpétuo. *Concordia Oppositorum*, Marlene Seven Bremner, 2017, óleo sobre pano, 35,5 × 28 cm.

Gravura 3: A dissolução e o afloramento do inconsciente; uma fusão dos *mundos* interior e exterior. *A Composição das Águas,* Marlene Seven Bremner, 2016, óleo sobre pano, 76 × 101 cm.

Gravura 4: O Portador da Luz encaminha os andarilhos para as águas da renovação, longe da cauda do escorpião. *O Rosa-Cruz no Jardim de Vênus*, Marlene Seven Bremner, 2016, óleo sobre tela, 91 × 91 cm.

Gravura 5: Vênus desce ao submundo para ser reconciliada com seu *Animus*. *O Livro do Vitríolo Azul*, Marlene Seven Bremner, 2020, óleo sobre pano, 45 × 57 cm.

Gravura 6: A *Anima* emerge do cálice do deserto como o Espírito ascende do *Corpus*. *Emergência*, Marlene Seven Bremner, 2014, óleo sobre tela, 76 × 101 cm.

Gravura 7: O Senhor do Enunciado e da Justiça perfura as escamas do crocodilo. *A Transfiguração de Thoth* (*Quadratura do Círculo*), Marlene Seven Bremner, 2018, óleo sobre tela, 122 × 122 cm.